한국형 복지사회를 위한 청사진

한국형 복지사회를 위한 청사진

임양택 지음

초판 1쇄 인쇄 2011년 11월 05일 **초판 1쇄 발행** 2011년 11월 15일
발행인 임덕호 **발행처** 한양대학교출판부
주소 133-791 서울 성동구 왕십리로 222 **전화** 02)2220-1432~4 **팩스** 02)2220-1435
홈페이지 www.press.hanyang.ac.kr **전자우편** presshy@hanyang.ac.kr
출판등록 제4-7호(1972년 2월 29일) **인쇄처** 화신문화(주)

ISBN 978-89-7218-404-1 93330

한국형 복지사회를 위한 청사진

A Blueprint for Korean Pattern of Welfare Society

임 양 택

한양대학교출판부

머리말 저자의 생애: 인생의 3가지 선택과 감사

저자는 1979년 가을 귀국한 후 지금까지 한양대학교에서 거의 한평생(만 32년)을 강의와 연구에 종사해왔다. 당시, 30대 초의 청년이 이젠 육순(六旬)이 되어 얼마 후 정년(2014년)을 바라보고 있다. 세월은 참으로 쏜살같다는 것을 새삼 느낀다.

그동안 가족에도 많은 변화가 있었다. 양쪽 부모님께서는 모두 타계하셨고 두 딸(采淑 · 采潤)은 대견스러운 두 사위를 만나 각각 출가하였고 예쁜 외손녀 용주(容周)가 태어난 덕분으로 저자는 외할아버지가 되었다. 법학도인 막내아들(采河)은 군 복무와 졸업을 마치고 법학전문대학원(Law School) 입학을 준비하고 있으니, 아비의 역할이 아직 많이 남아 있는 것 같다. 그러다가 한동안 세월이 또 흐르고 나면, 모든 사람들이 그렇듯이, 저자도 이 세상의 '소풍'(逍風)을 마치고 하늘의 부름을 받을 것이다. 따라서 저자는 "이 세상에 무엇을 남기고 갈 것인가?" 하고 깊은 회한에 사로잡힌다.

매우 다행스러운 것은 저자가 아직도 "백두산을 뛰어넘을 기상과 용암류(熔岩流) 같은 정열"[1]을 갖고 있다는 점이다. 저자에게 항상 용기를 심어 주는 詩가 있다. 그것은, 맥아더(Douglas MacArthur, 1880~1964) 장군이 평소에 애송하였듯이, 사무엘 울만(Samuel Ulman)이 그의 80세 생일(1920년)에 읊은 「청춘」(Youth)이다 :

1 저자의 등단 詩 구절, '지리산', 계간 「백두산문학」 통권 14호, 2006년 11월

청춘이란 인생의 어느 한 기간을 말하는 것이 아니라 마음의 상태를 말한다.

....

때로는 이십의 청년보다 육십이 된 사람에게 청춘이 있다.

나이를 먹는다고 하여 우리가 늙는 것이 아니다.

이상을 잃어버릴 때 비로소 늙는 것이다.

세월은 우리의 주름살을 늘게 하지만 열정을 가진 마음을 시들게 하지는 못한다.

마음에 주름살이 생기게 되는 것은 인생에 대한 흥미를 잃어버리는 경우이다.

....

아름다움, 희망, 용기, 영원의 세계에서 오는 힘,

이 모든 것을 간직하고 있는 한, 언제까지 그대는 젊음을 유지할 것이다.

머리를 드높여 희망이란 파도를 탈 수 있는 한,

그대는 팔십세 일지라도 영원한 청춘의 소유자일 것이다.

인생은 선택과 도전의 궤적(軌跡)이라고 정의해 본다. 저자는 지난 60여년 동안 많은 실수도 하였으나 3가지의 선택을 잘 하였다고 결산(決算)해 본다.

평생 학문으로서 경제학의 선택과 스승의 은혜

첫째는 한국에서 대학시절 전공이었던 정치외교학 대신에 도미(渡美) 유학하여 경제학을 평생의 전공분야로 선택하였다는 점이다.

'경제'란 '정치'의 목적가치인 경세제민(經世濟民)의 축약이듯이, 경제학은 경세제민의 방법론이라고 정의될 수 있다. 저자는 경세제민의 목적가치와 과학적 방법론을 공유한 경제학을 평생의 전공으로 선택하였기 때문에 잠시도 '공허감'을 느끼지 않고 "놀라움에 끌리는 마음, 젖먹이 아이와 같은 미지에 대한 끝없는 탐구심"(울만의 「청춘」 중 일부 인용)으로써 '최대다수의 최대행복'이라는 궁극적 가치를 향해 끊임없는 도전을 할 수 있었다.

이 기회를 빌려, 그러한 '큰 그림'을 그릴 수 있는 사고의 틀을 만들어주신 은사님들(한국의 金命潤 · 金相浹 · 金河龍 · 宋甲鎬 교수님; 미국의 John J. Klein · Rubin Saposnik 교수님)에게 깊은 감사와 존경을 표한다. 이분들은 저자의 인생에서 '잊을 수 없는 사람들'[2]로서 멘토(Mentor)이셨다.

또한, 이 기회를 빌려, 생존해 계신 은사님들의 만수무강을 기원함과 동시에 저자의 박사학위 지도교수이셨던 고(故) John J. Klein 교수님의 명복을 삼가 빈다. 실로, 그 분은 학문의 경지가 높으셨을 뿐만 아니라 따듯한 품성을 간직하셨다. 그분의 사랑이 지극하였기에, 저자는 미국 대학원생 시절부터 "내가 교수가 되면 나의 제자들을 지극히 사랑하겠노라"고 굳게 다짐했다. 그분의 소망은 저자가 학문적으로 성공하는 것뿐만 아니라 '오랜 꿈'을 실현하는 것을 보고 싶어 하셨다. 미국에서 한국 뉴스가 나오면 TV 화면에 혹시 저자의 모습이 나타나는지 여부부터 확인하셨다고 사모님(Mrs. Sylvia Klein)은 전한다. 저자가 1979년 귀국한 후 사제지간에 주고 받은 편지를 가득히 담은 A4 용지 상자가 무려 3개가 된다. 저자는 생부(生父) 못지않게 그분이 무척 그립다. 2008년 봄, 사모님으로부터 스승의 부음(訃音)을 받고 함께 슬피 울었다.

저자는 능력이 부족하여 은사님들의 은덕을 갚을 길이 없다. 그나마 최근에 2008년도 IIAS(*International Institute for Advanced Studies in Systems Research, Informatics and Cybernetics*) 'Oscar Award'라고 불리는 'The Outstanding Scholarly Achievement Award'를 수상(2008. 7. 1, 독일 Baden-Baden)한 것

[2] 저자의 칼럼, 한국경제신문, 1985. 3. 31

으로써 '늙은 제자'가 제대로 기대에 부응하지 못한 점에 대하여 은사님들의 용서를 구하고 싶다.

평생 직업으로서 교수의 선택

둘째는 '경제학 교수'를 평생의 직업으로 선택했다는 점이다. 그 선택의 덕분에, 저자는 교단에서 상대적으로 '맑은 공기'를 마시고 '신선한 영혼'과 교류할 수 있었다는 점이다.

잠시 회고해 보면, 20대 청년 시절, 최루탄이 난무하고 눈물과 콧물을 흘리던 당시, 대다수 한국의 대학생들은 깊은 고뇌에 빠져 방황하였다. 사실, 1960년대 말과 1970년대 초, 한국 사회에는 양호한 직장(decent job)의 기회가 많지 않았다. "*하느님, 저는 어떠한 길을 걸어야 합니까? 저에게 주신 사명은 무엇입니까?*"하고 저자는 수없이 하느님을 찾았다. 때로는 가족 몰래, 밤 12:00 굳게 닫힌 교회 문을 두드리면서 울기도 했다.

고심 끝에, 도미(渡美) 유학을 떠나 경제학을 학부에서부터 시작하여 1978년 미국 조지아주립대학교(Georgia State University)를 졸업한 후, 만 30세에 미국의 조그만 대학교(Union University, Tennessee)에서 생애 처음으로 교수 생활을 시작했다. 갓 고용시장에 나온 '새내기'일 뿐만 아니라 영어능력이 변변찮았지만 '파란 눈'의 미국인 학생들이 저자에게 "*Dr. Lim*" 혹은 "*Professor Lim*"이라고 부르면서 무척 따라주었을 때, "아! 이것이 바로 나의 인생의 길이구나"하고 가슴이 두근거렸다.

1979년 9월(10. 26 사태 1개월 전) 귀국한 후, 한국사회의 격동기를 거치면서, 2011년 현재까지 줄곧 만 32년을 한양대학교 교단을 지켰다는 것은 저자 개인의 의지만으로써는 불가능했었다는 것을 잘 알고 있다. 그렇기 때문에, 저자는 '교수'가 저자에겐 천직(天職)이었다는 것을 확신하고 있다. 따라서 저자로 하여금 교단에서 한 평생을 보낼 수 있도록 인도해 주시고 지켜주신 하느님의 사랑을 항상 감사드린다.

평생 반려자의 선택

셋째는 다소 쑥스러운 이야기이지만 학부시절 열애에 빠졌던 대상인 권오련(權五蓮)을 내자(內子)로 선택하였다는 점이다. 이 기회를 빌려, 최근 저자의 저서인 『한국의 비전과 국가경영전략』(나남출판사, 2007년)의 서문에서도 남겼듯이, 저자는 "*다시 태어나더라도 '그녀'를 찾아 현세(現世)의 가정을 똑같이 꾸리겠다*"는 고백을 남기고 싶다.

실로, 아내는 남편에게 헌신적이었다. 미국 유학생 시절, 명화(名畵)인 '바람과 함께 사라지다'(*'Gone with the Wind'*)로 유명한 아틀란트(Atlanta) 소재 ADP 회사에 근무하면서 7년 동안 남편의 학문생활을 뒷바라지하였다.

귀국 후에도, 아내는 일요일을 제외한 주 6일, 지난 32년 동안 남편의 도시락을 챙겨주었다. 이 결과, 저자는 하루에 1시간을, 한 달에 하루를, 한 해에 약 12일을 각각 절약함에 따라 지난 30년 동안 추가적으로 1년을 더 산 셈이다.

가장(家長)이 선비이니 물질적 넉넉함을 주지 못하였지만 풍파(風波)없이 사랑하는 채숙(采淑) · 채윤(采潤) · 채하(采河)를 낳고 기르고 해로(偕老)하고 있다는 것은 역시 인간의 노력으로써만 가질 수 없는 행복임을 깊이 깨닫고 하느님의 축복을 항상 감사드리고 있다.

아내의 성격은 이성적인 반면에 시인(詩人)인 저자의 성격은 감성적이다. 이러한 이질적 성격 차이로 마음이 불편할 때도 있었지만 이성과 감성이 오히려 상호보완적이어서 다이나믹(dynamic)한 저자에겐 인생의 유일한 안장점(鞍裝點, Saddle Point)으로서 균형성장궤도(the long-run equilibrium growth path)를 유지할 수 있었다.

나이 육순(六旬)이 되니깐, 왜 하느님께서는 인간에게 두 눈을 주셨는가를 깨닫게 된다. 저자가 제자들에게 "한 눈은 현재를 직시하는 육안(肉眼)이며 다른 눈은 미래를 바라보는 혜안(慧眼)이다"라고 가르쳤지만, 두 눈의 '비밀'을 부부의 경우에 적용해 보면 "한 눈으로 상대방의 단점을 보더라도 다른 눈으로 상대방의 장점을 볼 수 있다"는 것을 의미하는 것 같다. 부디, 아내도 그렇게 깨달아, 여러모로 부족한 남편이지만, 남편을 '하늘이 맺어준 짝'으로 생각해 주기 바랄 뿐이다. 그리고 우리가 약속했듯이 하늘나라에서도 다시 만나 현세(現世)와 똑같이 살아가되 보다 더 다정하고 행복하게 살고 싶다.

결론적으로, 저자 개인은 상기한 '3가지 선택'으로써 '행복한 삶'을 영위해 왔다고 말할 수 있다. 그러나 창조적 존재인 인간들은 개인의 행복만으로 만족할 수 없을 것이다. 물론, 자신과 가족을 위하여 열심히 살아야 하겠지만, 그 삶이 사회와 역사의 발전에 기여할 수 있다면 그 이상 보람된 삶은 없을 것이다.

저자 세대의 불운과 한(恨)

그럼에도 불구하고, 저자의 세대는 사나운 팔자(八字)를 타고난 것 같다. 8·15 해방(1945년) 이후, 6·25 한국전쟁(1950~1953년)의 참화

(慘禍) 속에서 유년시절을, 1960년대 및 1970년대의 근대화 과정에서 초(初)·중(中)·고(高)를, 1980년대의 민주화 투쟁에서 대학시절을 각각 보냈으며, 월남전쟁(1960~1975년)에 파병 나가 '고엽제 병'에 걸리거나 베트콩의 총에 맞아 죽기도 하였다.

또한, 뼈골 빠지게 충성해온 직장에서 겨우 중진(重鎭)이 되어 이젠 존경받는 가장 노릇을 제대로 해보려던 참에 청천벽력과도 같은 외환위기(1997년)를 당하였고, 그 파고로 가계 빚과 사업 파산을 견디지 못하여 1,492명이 자살했다는 소식을 들었다. 또한, 부모님을 모셨고 굶주렸던 유년시절을 기억하며 자식들을 끔찍이 사랑했던 나머지, 기꺼이 '기러기 아빠' 신세도 마다하지 않았다.

그러한 우리 60대 장년세대가 우리들의 자식들인 청년들에게는 희망을 주기는 커녕, 대량실업뿐만 아니라 천문학적인 사회보장 재정적자와 국가채무의 부담을 안겨주어야 하는 현실이 안타까움을 넘어 기가 막히고 무력함을 느낀다.

한국 청년의 절망과 기성세대의 소망

저자는 능력이 부족하여 세계적인 '학자'는 되지 못했지만, 지난 30년 동안 후학을 가르쳐온 '선생'으로서 우리 한국의 청년들에 대한 사랑과 연민이 깊다. 특히 대학교를 졸업해도 직장을 못 구하는 한국사회의 현실은 대학생들을 가르치는 장년 교수의 눈에 이슬방울이 맺히게 한다.

한국 청년의 절망

'청년 백수' 104만 4천명(청년 실업자 33만 4천명, 구직 포기자 22만 2천명, 취업 준비생 48만 8천명)은 '뚫린 하늘'과 '빈 들판'만 쳐다보고 있다. 한국인의 자살률(10만 명 당 21.5명)이 세계 1위인 가운데, 특히 20~30대 젊은 남녀의 사망 원인 중 1위가 자살이다.

그럼에도 불구하고, 82.8%(2007년)의 높은 대학 진학률은 계속 대학 졸업장을 마구 양산하고 있다. 요즈음 대학 졸업 예정자나 갓 졸업한 구직자들은 "*우리도 IMF 때처럼 저주 받은 세대가 됐다*"고, "*대학교 졸업장도 다 쓰레기가 됐다*"고 자조하고 있다.

한편, 정부와 한나라당은 2009년 2월 11일 '청년 인턴제'를 도입하여 6만 명 규모의 청년 일자리 대책의 일환으로 대기업이 인턴 채용시 1인당 임금의 최대 50%까지, 중소기업이 인턴 고용시 1인당 임금의 50~80%까지 각각 정부 보조금으로 지원하기로 했다. 이 대책으로써 청년 백수 104만 4천명이 직장을 가질 수 있을 것인지는 매우 회의적이다.

흔히, 우리 청년들이 '캥거루'처럼 부모님만 믿고 아직 배가 불러 3D(Dirty, Dangerous, Difficult) 직종을 기피한다고 비난한다. 우리 모두 냉정히 생각하여 우리들의 청년들을 욕하지 말자! 청년들이 상대적으로 높은 봉급수준을 요구하는 이유는 3D 직장의 봉급수준을 갖고서는 도저히 자기 집을 마련할 수 없으며, 또한 결혼 후 자녀들의 교육비를 마련할 수 없다는 현실을 너무나도 잘 알고 있기 때문이다. 따라서 청년들은 자신들의 자식을 낳고 싶어도 매우 주저·포기하고 있는 것이다.

예로서 전국의 주택보급률은 106%에 달하지만 2005년 약 700만 가구(전체 가구의 44%)가 무(無)주택자이다. 이것은 한국인 약 2천만명이 남의 집에 살고 있는 셈이다. 2006년 말 현재, 전국 아파트 값의 총액은 1,439조원으로 2005년 말의 1,105조원보다 30.3%(334조원)이나 폭등했다. 그 요인은 토지가격과 주택가격이 상승하였기 때문이다. 수도권 주공아파트의 공급가격(평당 기준)은 2005년 620만원, 2006년 1,218만원으로 인상되었다. 이 결과, 서민이 3억원 짜리 집 한 채 장만하려면 매월 100만원씩 24년을, 교육 여건과 생활 여건이 좋은 10억원 대의 강남 주택을 마련하려면 무려 80년을 각각 저축(연이자 5%, 단리 기준)해야 한다. 게다가 유치원부터 과외가 시작되고 있으니, 실로 사(私)교육비는 가산(家産)을 파괴하는 주요 요인 중의 하나이다. 이러한 상황에서, 과연 누가 우리 한국의 청년들의 희망을 앗아갔는가? 그 답은 명명백백하다.

왜 우리 기성세대들은 이 사회를 '고비용 구조'로 만들었는가? 임대주택이 제대로 되어 있는지? 공(公)교육의 정상기능을 복구할 정책방안을, 맞벌이 부부를 위한 탁아소 운영문제를 각각 제대로 고민해 보았는지? 아니, 근본적인 문제로서, 과연 기성세대들은 자녀들의 가정교육에 얼마만큼 시간과 정열을 쏟아부었는지? 혹시, 기성세대가 청소년들에게 보여준 것이 올바른 삶의 가치가 아니라 황금만능주의와 출세주의가 아니었는지? 사실, 우리 세대들은 열심히 가족을 위해서 살아왔지만, 돌이켜보면, 후회스러운 것들이 많을 것이다. 저자도 마찬가지임을 솔직히 고백하고 깊이 뉘우치고 있다.

한국 청년에 대한 소망

청년은 현재 시대의 얼굴이며 미래 시대의 주인공이다. 청년의 얼굴은 국가의 모습이며, 청년의 활기는 그 시대의 역동성을 나타낸다. 그러나 청년들은 현재 자신의 불확실한 미래에 대해 초조·불안·방황·번민·갈등하고 있다. 만약 청년이 좌절·낙망·방황하면 그 사회의 미래는 없다.

따라서 저자는 단재 신채호(丹齋 申采浩) 선생이 '대한(大韓)의 희망(希望)'(1908년)을, 도산 안창호(島山 安昌浩) 선생이 '민족개조론'(1919년)과 '낙관과 비관'(1926년)을 각각 외쳤던 것처럼, 우리 한국의 청년들에게 비전(Vision이 아니라 Prospects)과 희망을 주는 '실용주의적 메시지'를 전달하고 싶나.

부디, 부모님 세대들이 삶에 지쳐 가정 교육·학교 교육·사회 교육을 제대로 못해주었지만, 우리 한국의 청년들이 한반도 주변 강대국(미 · 일 · 중 · 러)의 청년들과 내공(內功)을 겨루어 승리함으로써, 국가와 민족의 운세를 더욱 개척하여 대한민국을 타고르(Rabindranath Tagore, 1868~1941)의 '동방(東邦)의 밝은 등불'(1929년 4월 2일자 동아일보)처럼 환하게 밝혀주기를 저자는 간절히 소망한다.

이 소망과 관련하여, 저자는 아놀드 토인비(Arnold Joseph Toynbee, 1852~1883)의 『역사의 연구』(A Study of History, 전12권, 원작: 1934~1954년)와 오스왈드 슈펭글러(Oswald Spengler, 1880~1936)의 『서구의 몰락』(제1권 1918년, 제2권 1922년)을 상기한다.

토인비(Toynbee) 교수는 사회적 정의(Social Justice)에 대한 불멸의 정열과 창조적인 지성을 갖고 인류문명을 객관적·과학적으로 비교연구함으로써 '도전과 응전'이라는 역사의 끊임없는 진보를 추구했다. 이와 반면에, 슈펭글러(Spengler)는 인류문명을 하나의 유기체로 인식하고 인류문명도 모든 유기체와 마찬가지로 발생·성장·노쇠·사멸의 과정을 밟는 유기체와 같다고 주장하면서 이미 고도성장을 이룬 서구 문명을 옛 그리스·로마 문명의 종말처럼 필연적으로 사멸 및 몰락할 것을 예언하였고 세계의 중심축이 서양의 물질문명에서 동양의 정신문화 쪽으로 이동하고 있음을 감지했다.

이와 관련하여, 동양인으로서는 최초로 노벨문학상을 수상(1913년)하였던 인도의 시인 타고르(Rabindranath Tagore)은 1929년 일본을 방문했을 때 이태로(李太魯) 당시 동아일보 도쿄지국장이 한국 방문을 요청하자 그에 응하지 못함을 안타깝게 생각하며 한국인에게 보낸 격려의 송시(頌詩)에서 다음과 같이 우리 민족을 높이 찬양하였다.

일찍이 아시아의 황금기에 빛나던 등불의 하나인 코리아,
그 등불 다시 한번 켜지는 날에 너는 세계의 밝은 빛이 되리라.
……
마음엔 두려움이 없고 머리는 높이 쳐 들린 곳 ……
…… 나의 마음의 조국 코리아여, 깨어나소서.

감사의 인사와 기도

세상만사 모두 그러하듯이, 탈고(脫稿)를 하는 즉시 많은 아쉬움과 설레임을 느낀다. 본 저서 「한국형 복지사회를 위한 청사진」은 저자가 오랫동안 '가슴앓이'를 해오면서 농축되었던 '응어리'가 하나의 메시지로 엮어진 것이다.

저자가 '가슴앓이'와 '응어리'라고 말하는 이유는, 본 저서가 단지 경제학자의 학문적 동기로부터 연유된 것이 아니라, 저자의 아버님께서 일제(日帝) 시대에 독립운동을 하셨으며 8·15 해방 이후에는 30여 년 동안, '복지국가의 건설'을 위한 정치활동을 전개하셨고 수차례의 옥고(獄苦)를 치르셨다가 「氷下의 政治」(1971)라는 저서를 남기고 세상을 떠나신 선친의 유한(遺恨)을 가슴에 품고 있기 때문이다.

불효스럽게, 병환 중이셨던 아버님을 돌보아드리지 못하고 도미유학을 가지 않을 수 없었던 저자는 1978년 경제학 박사학위 논문 : 'Optimal Economic Growth and Social Security'에서 아버님이 '진정한 애국자'이셨다는 것을 수학적으로 증명하고 싶었다. 이 학위논문은 경제성장의 메카니즘에 사회보장제도를 도입시켜 성장과 복지의 상호보완적 모형을 학문적으로 제시한 것이었다.

그 후, 30년 후인 최근에, 모든 한국인이, 심지어 전(全)세계인이 '복지'를 염원하고 논쟁하고 있으니, 저자는 "이제 세계인이, 특히 한국인이 뒤늦게 '복지주의자, 심지어 '사회주의자'가 되었는가?"라고 자문(自問)해 볼 때도 있다.

사실, "이름 없이 사라진 많은 영혼들은 다만 역사를 미리 내다본 선견(先見)과, 그것의 필요성을 선각(先覺)한 죄(罪)뿐인데, 그것이 그토록 가혹한 정치적 탄압을 받도록 했는가?"라고, 간혹 장년(長年)의 사나이 가슴에 불덩이가 쏟는 것을 느낀다.

상기한 '인생 후편의 드라마'는 계속 전개된다. 그 아들인 저자는 국민복지연금제도가 실시(1988년) 직전에 보건사회부(당시) 산하의 「국민복지연금실시준비위원회」 위원(1984~1986)으로서 한국의 복지제도를 디자인하는데 다소 기여했다. 이어서, 1989년 전(全)국민 대상으로 의료보험이 실시되기 전에, 저자는 한양대학교 경제연구소의 도움을 받아 1985년 「우리나라 의료보험제도의 개선방향과 최적 의료보험정책」을 연구총서로 발간했다.

감사하게도, 금년(2011년)은 저자의 학문생활이 클라이맥스(Climax)에 도달한 것 같다. 한양대학교출판부는 본 저서 「한국형 복지사회를 위한 청사진」과, 나남출판사가 금년 11월 출판한 저자의 「쿼바디스 도미네 : 성장·복지·통일을 위한 청사진」은 2011년 11월 16일 저자의 출판기념회에서 널리 소개된다.

상기의 2개 저서들의 출판뿐만 아니라, 저자는 「2011년 사회정책연합 공동학술대회」(한국보건복지인력개발원)에서 "최적 의료자원 배분 모형과 국민건강보험의 재정 안정화에 관한 연구"(9월 23일)와 "장기 균형성장과 최적 사회보장의 동태적 특성에 관한 연구"(9월 24일)를 각각 발표했다. 또한, 홍콩대학교에서 개최(2011. 12. 9~12)되는 「Health System Reform in Asia 2011 Conference」에서 "An Optimal Dynamic Model of National Health Insurance System"을 발표할 예정이다.

저자는 상기한 학문적 성과를 저자가 지식인으로서 한국사회와 역사발전에 최소한의 '양심 행위'를 하였다고 스스로 위안하고 있다.

사실, 저자는 상기한 저서의 출판을 청년시절부터 오랫동안 꿈꾸어 왔다. 이러한 꿈을 이룰 수 있도록 '무대의 뒷편'에서 묵묵히 수많은 컴퓨터 작업을 헌신적으로 도와 준, 과거 조교였던 박경철(朴慶哲) 군과 최근에 조교로 임용된 이충근(한양대학교 경제금융대학원 재학) 및 김원기(동 대학원 재학)에게 깊은 고마움을 표시하고자 한다. 자식과 같은 제자들의 "새는 날 피 속에 웃는 모습"을 스승은 보고 싶다. 특히 신임 조교, 이충근(李忠根) 군은 컴퓨터를 제대로 다루지 못하는 스승을 위하여 때로는 밤샘까지 하면서 본 저서의 방대한 원고를 수없이 수정·보완·정리해주었으며, 또한 본 저서의 출판기념회(2011. 11. 16) 개최를 위한 수많은 작업을 저자와 함께 수행했다.

또한, 한양대학교 출판부의 박선희 선생께서 저자의 방대한 원고를 수령한 후 다른 교수님들의 원고들도 많이 쌓여 있는데도 불구하고 본 저서의 시사성 높은 메시지를 의식하여 사명감을 갖고 꼼꼼히 편집해주셨다. 참으로, 고마운 분이다. 그리고 박신홍 출판부 팀장께서도 출판기념회의 일정표를 감안하여 본 저서의 성공적 출판을 위하여 많은 배려를 해주셨다.

상기한 바와 같이, '장막'의 뒤편에서 헌신적 수고를 해 준 고마운 사람들의 덕분으로 본 저서가 햇빛을 보게 된 것이다. 이 기회를 빌어, 본 저서의 출판 결정을 해주신 한양대학교 임덕호(林德鎬) 총장님께도 깊은 감사의 인사를 드린다.

마지막으로, 노산 이은상(鷺山 李殷相) 선생의 '*무릎 꿇어 비노니 겨레에 福이 있으라*'는 마음으로, 오든(Wystan Hugh Auden, 1907~1973)의 『불안의 시대』(*The Age of Anxiety*, 1947년)가 去하고 케스틀러(Arthur Koestler, 1905~1983)의 『갈망의 시대』(*The Age of Longing*, 1951년)가 하루 속히 도래하기를 기도하면서 아쉬운 필을 놓는다.

2011년 10월

저자 임 양택

차 례

제3장 국민연금제도의 개혁 방향

제4장 국민건강보험제도의 개혁 방향

제5장 '합리적 복지제도'를 위한 한국의 선택과 재원조달 방안

제6장 최적 사회보장 모형

제7장 요약 및 결론 — 461

제1장

서언

저자가 평소에 고민해온 화두(話頭)는 다음과 같다. 한국사회에서는 이념간·계층간·노사간·세대간 갈등이 심화·확대되고 있는 가운데, 이 갈등을 화해시킬 수 있는 경세제민(經世濟民)의 기본 원리는 무엇인가? 왜 우리는 '최대다수의 최대행복'의 민주사회를 건설하지 못하는가? 왜 한국의 사회경제구조를 빈익빈 부익부(貧益貧 富益富)의 '아령형'에서 두터운 중산층 중심의 '다이아몬드형'으로 바꾸지 못하고 항상 좌·우 대립 속에서 이념간 갈등을 겪어야 하는가? 바람직한 사회구조에 대한 기본철학의 공유(共有) 없이 지속적 경제성장이 과연 가능할 수 있을까? 소득분배의 형평성 추구는 아직도 시기상조인가? 과연 성장과 분배, 자유와 평등은 양립할 수 없는 것일까? 그러한 정책방향(안)은 존재하지 않는 것일까?

특히 2008년 하반기 미국발(發) 글로벌 금융위기는 다시 글로벌 경제위기(대량실업, 인플레이션, 재정적자 누증, 국가부채 급증 등)로 확산 및 심화되고 있다. 이러한 가운데, 세계 각국의 일반시민들은 금융자본주의(Financial Capitalism)의 약육강식(弱肉强食)으로 인한 상대적 박탈감을 느끼고 각 정부에게 최저생계비 보장과 사회보장 급여의 확대를 요구하고 있다. 전형적인 사례로서 최근 '런던 폭동'(2011. 08. 06)과 '뉴욕 시위'(2011년 10월)를 들 수 있다.

이와 반면에, 선진 복지국가들(특히 남유럽 국가)은 최근에 글로벌 경제위기의 파고(대량실업의 만연화와 국가채무의 누증)로 국가재정의 파탄 가능성과 이로 인한 국가신인도의 하락을 우려하여 재정적자 폭을 줄이려고 사회보장 급여 지출을 감축하고 있다.[1] 이러한 정책목표

1 미국은 '자유주의형' 복지제도를 운용해오고 있지만 과도한 군사비 지출, 조지 부시(George W. Bush) 전(前) 대통령의 대규모 감세정책, 2008년 하반기의 글로벌 금융위기의 여파로 인하여 '재정부실국'으로 전락했다. 미국의 재정적자 및

를 달성하기 위한 제도적 장치로서 '확정급여제'(DBP : Defined-Benefits Plan)가 '확정기부제'(DCP : Defined-Contribution Plan)로 전환되고 있다. 예로서 '보편적 복지국가'인 스웨덴, 노르웨이, 핀란드, 영국, 프랑스 등을 들 수 있다.

특히, '보편적 복지국가'의 원조(元組)인 영국은 제2차 세계대전 후의 사회적 피폐를 치유하기 위하여 '요람에서 무덤까지'를 표방할 정도로 전(全)국민을 상대로 사회보장급여를 지급하였으나 최근에 국가 재정부담을 줄이기 위해 저(低)소득계층의 노후생활보장에만 역점을 두는 '선택적 복지' 모형을 채택했다.

이와 대조적으로, 자유주의형 '선택적 복지제도'를 실시하고 있는 미국은 최근에 정부의 적극적 개입을 통한 의료비 부담 경감과 전(全)국민건강보험의 실현을 의료개혁의 최우선 가치로 선정하였고, 지난 1년 동안 치열한 공방을 거쳐 미국의 건강보험개혁안이

국가채무 누증으로 인한 재정위기의 원인은 과도한 사회보장 지출이 아니라 과도한 군사비 지출이다. 미국은 전 세계의 테러를 비롯한 전쟁 문제를 해결하겠다며 매년 막대한 군비를 지출하고 있다. 2007년 회계연도에 펜타곤의 예산은 5,720억 달러로 하루에 무려 16억 달러다. 그러나 세계의 테러리스트의 위협 문제는 전혀 해결되지 않고 있다. 또한, 미국은 1980년 이후 신(新)자유주의(New Liberalism)에 의거하여 대대적인 감세(減稅)를 단행하였으며, 그 결과 'GDP 대비 일반정부'의 비율이 2007년 현재 36.6%이다. 동 기간, 영국의 상기 비율은 45.7%인데, 유로권 전체의 평균은 46.9%, 스웨덴은 56.3%였다. 결국, 현재 미국의 조세체계가 스웨덴의 그것보다 누진성은 강하지만 감세(減稅)로 인해 미국의 정부재정 규모가 지나치게 축소된 것이다. 이것이 또 하나의 미국 재정적자의 요인인 것이다. 참고로, 20세기 초반 이래 1980년대에 이르기까지 미국과 영국의 소득세 및 법인세율은 스웨덴의 그것에 비해 훨씬 가파르고 높았다. 예컨대 1950년대와 1960년대에 미국과 영국의 소득세 최고세율은 85~90%에 달했는데 반해, 스웨덴은 75%였다. 더구나 미국과 영국의 법인세 및 재산세 세율 역시 스웨덴의 그것에 비해 훨씬 높았고 더 누진적이었다. 그리고 총세수에서 소득세와 법인세, 재산세 등이 차지하는 비중 역시 스웨덴보다 미국과 영국이 더 높았다.

2009년 12월 상원에서 가결되었으며, 2010년 3월 22일 하원에서 통과(공화당 의원 전원은 반대)되었고, 오바마 대통령이 서명(2010. 3. 24)했다. 이 결과, 미국 시민 3천2백만 명이 정부보조 등을 통하여 의료보험에 가입할 수 있게 되었으며, 65세 미만의 미국 시민 95%가 의무적으로 의료보험을 갖게 되어 사실상 전국민 의료보험 시대가 2014년부터 개막된다. 이제, 미국의 사회보장제도는 '자유주의형 복지 모형'에서 '보편적 복지 모형'으로의 첫 발을 내디딘 셈이다.

상기와 같은 세계적 추세와는 대조적으로, 최근에 한국에서는 '무상복지' 시리즈(무식급식 · 무상보육 · 무상의료)에 대한 논쟁으로 들끓고 있다.[2] 현재, 여당은 현행 '선택적 복지시스템'을, 야당은 '보편적 복지시스템'을 각각 주장하고 있다. 마치, 한국은 일본의 복지재정 파탄상태를 답습하고 있는 듯하다.

참고로, 2009년 8월 일본 총선은 반세기 만의 정권교체 열기로 후끈 달아올랐다. 일본 민주당은 과거 50여 년 동안 여당이었던 자민당으로부터 정권을 빼앗기 위해 장밋빛 복지를 공약을 전면에 내걸었다. 예를 들어, 중학생까지 모든 어린이에게 1인당 매월 2만

---

2 여기서 저자는 초미의 관심사인 무상급식·무상보육에 관하여 다음과 같은 입장을 분명히 밝힌다 : 저자는 양호한 직장(decent job)이 많이 창출되어 대량실업 문제가 해결되어 완전고용이 실현된다는 전제 하에서는 무상급식·무상보육을 찬성한다. 또한, 상기의 전제 하에서, 무상급식과 무상보육 중에서 우선순위를 선정하면, 젊은 세대의 직장 생활과 저출산으로 인한 인구감소 문제를 고려하여, 무상보육이 무상급식보다 더 시급하고 중요한 과제라고 강조한다. 그러나 상기의 전제가 성립되지 않는다면, '무상급식'은 '무상', 즉 '공짜'의 포퓰리즘을 유발시켜 국가재정을 파탄시킬 가능성이 높으므로 저자는 '무상급식'을 반대한다. 무상급식의 문제는 정부가 아니라 따뜻한 이웃과 종교단체가 나설 문제라고 생각한다. 그 대신에 '무상보육'은 반드시 정부가 국가적 차원에서 추진해야 할 시급한 과제라고 강조한다.

6,000엔의 수당 지급, 출산 격려금을 42만 엔에서 55만 엔으로 인상, 공립고등학교의 전면 무상화, 사립고교생에게 연간 12만 엔 지급, 저소득 가구 고교생에게 연간 24만 엔 지급 등이다. 또한, 월 7만 엔의 최저보장연금 신설, 유가(油價)에 대한 잠정세율 폐지, 연금수급자의 세금 부담 경감, 구직자 생활비 지원, 최저임금 인상, 2012년부터 고속도로 통행료 전면 철폐 등이 공약됐다.

지난 20년 동안 장기 불황에 쪼들려 왔던 일본 국민은 상기의 장밋빛 선거공약에 열광했다. 그러나 복지공약을 실행하기 위해선 무려 16조 8,000억 엔(약 227조 원)이라는 천문학적 돈이 필요했다. 이는 2009년 총 예산의 8%, 국내총생산(GDP)의 3.4%에 해당하는 규모였다. 일본의 언론과 민간연구소가 재원에 대해 꾸준히 의문을 제기했지만, 정권 쟁취를 코앞에 두었던 일본 민주당의 눈은 '돈 계산'보다 '표 계산'에 혈안이 되어있었다.

그러나 일본 민주당은 집권 후 아동수당 인상과 고속도로 무료화·고교 무상화 등의 선심형 복지정책들을 추진하면서 심각한 재정적자에 봉착했다. 공공사업 축소와 예산낭비 척결, 공평과세, 공무원 인건비 절감 등을 통해 복지재원 16조 8,000억 엔(약 227조 원)을 마련하겠다고 큰소리쳤지만 그것은 불가능 했다. 게다가 중소기업 지원을 위해 법인세율 인하를 공약한 데다 경기침체가 계속돼 세수(稅收)는 더욱 감소했다.

이 결과, 국가채무는 당연히 증가했다. 겐바 고이치로(玄葉光一郎) 국가전략상은 최근 민주당 의원총회에서 "*집권 1년차엔 3조 3,000억 엔을, 2년차엔 6,000억 엔을 각각 마련하는 데 그쳤다. 선거공약을 총점검해야 한다*"고 고백했다.

여기서 제기될 수 있는 근본적인 문제는 세계적인 복지제도 연구자인 에스핑-안데르센(Gosta Esping-Anderson)의 3가지 복지 유형, 즉 ① 보편적 복지형(네덜란드 · 노르웨이 · 덴마크 · 스웨덴 · 핀란드), ② 자유주의형(미국 · 스위스 · 오스트레일리아 · 일본 · 캐나다), ③ 보수· 조합주의형(독일 · 벨기에 · 오스트리아 · 이탈리아 · 프랑스) 중에서 과연 어떠한 복지유형이 '한국형 복지 모형'으로서 가장 합리적일까이다. 이것은 실로 한국사회의 미래를 결정하는 중요한 국가적 선택이다.[3]

저자의 견해는 다음과 같다 : 사회보장제도는 단지 경제적 능력으로만 평가될 수 없으며, 오랜 문화적· 사회적· 정치적 투쟁과 도전의 역사적 산물인 것이다. *한국의 현재 사회경제적 및 문화적 여건 하에서*, 상기의 3가지 복지모형 중에서 어느 것도 그대로 한국사회에 이식할 수 없으며 반드시 '한국형 복지모형'을 정립 및 실시해야 한다.

구체적으로 서술하면, 철학적 시각에서 보면 '보편적 복지 모형'(Universalistic Welfare System)이 바람직하며, 정부 재정수지 적자 구조 하에서 복지재정의 측면에서 보면 '선택적 복지모형'(Selective Welfare System)이 적합하다. '선택적 복지론'이 '보편적 복지론'에 수세적 입장으로 몰리는 이유는 대량실업의 문제를 해결할 수 없기 때문이다. 만약 완전고용이 실현될 수 있다면, '선별적 복지론'이 타당하다. 현재, 한국뿐만 아니라 세계적으로 문제가 되는 것은 복지유형이 아니라 대량실업인 것이다.

저자는 독일의 '보수· 조합주의 복지모형'이 이상적인 '한국형 복지모형'으로서 벤치마킹할 복지 모형이라고 생각한다. 단, 독일의

3 임양택 컬럼, "최상의 복지는 '고용'이다", 한국경제신문, 2011. 10. 07.

경우처럼, 한국의 노동시장이 준법정신과 사회연대 철학으로 선진화되어야 한다. 종전처럼 쇠파이프를 휘두르고 자기 손가락을 자르는 전율적인 시위로 대로(大路)가 점거되고, 공권력의 상징인 전투경찰이 시위대의 쇠파이프가 무서워 데모 진압을 기피 혹은 도망가는 사회에서, 어떻게 진정한 복지사회가 건설될 수 있을까하고 심히 우려하고 있다. 이러한 노사갈등 속에서 독일의 '보수-조합주의 복지 모형'이 한국 사회에 착근하는 것에 대하여 매우 회의적이다.

향후, 한국은 독일의 복지모형으로 발전하면서, 우선 현행 복지제도를 사회경제적 및 문화적 요인을 고려하여 건전한 사회보장제도로 개혁하지 않으면 안된다. 그 개혁의 방향은 완전고용을 추구함으로써 노후생계비와 의료비를 자신의 근무 활동기간 동안 마련할 수 있는 사회를 만듦과 동시에 현행 '확정급여제'(DBP : Defined-Benefits Plan)에서 '확정기부제'(DCP : Defined-Contribution Plan)로 전환해야 하며, 국민연금제도 및 국민건강보험제도의 재정을 확충하고, 아동보육 지원과 저(低)소득계층의 노후생활 보장을 확대하는 것이다.

현재, 아동 양육은 현재 두 갈래로 지원된다. 보육시설(어린이집)을 이용하는 0~5세 아동을 위해서 하위소득 70%(4인 가구 기준 480만 원) 이하까지 보육료를 지원하고, 집에서 키우면 차상위(次上位 : 최저 생계비의 100~120%) 계층의 0~2세 아동에게 양육수당을 지급한다. 전자의 경우 해당 사람은 76만 명이며 지원 금액은 월 17만 7천 원~39만 4천 원인 반면에, 후자의 경우 해당 사람은 약 9만 명이며 지원 금액은 월 10만~20만 원이다. 2012년에도 '보육료는 하위소득 70%, 양육수당은 차상위계층' 기준을 적용한다. 만 5세 아동은 2012년부터 무상보육을 시행하기로 2011년 5월 발표했기 때문에 0~4세 아

동 보육 문제가 남아 있다.[4]

상기와 같은 복지제도의 개혁 방향을 실현하기 위해서는 무엇보다도 복지 재원의 합리적 조달방안을 강구하고 국민 합의를 도출해야 한다. 합리적 복지재원 조달 방안이 전제되지 않은, 소위 '복지국가'의 건설은 망국(亡國)의 길로 가는 첩경이다. 이것은 일본, 그리스, 이태리 등에서 여실히 나타나 있는 역사적 교훈임과 동시에 현안 문제이다.

한국의 복지재정은 이미 위기상황에 놓여 있다. 국민건강보험기금은 고갈되어 건강보험 재정위기에 직면해 있다. 2006년에 747억 원의 적자, 2007년에 2,874억 원의 적자, 2008년에 1조 3,667억 원 흑자, 2009년에 32억 원 적자, 2010년에 1조 2,994억 원 적자를 각각 보였다. 현재 국민건강보험 재정에 남아 있는 돈은 불과 9600억 원으로, 2011년에 국민건강보험 재정은 1조 3,000억 원의 적자로서 파산되며 2012년에는 적립금이 완전히 고갈될 것으로 전망된다. 또한, 국민연금 재정수지는 2044년에는 적자를, 2050년에는 98조 8,910억 원의 적자를, 2070년에는 무려 534조 4,160억 원의 적자를 각각 시현할 것으로 전망된다. 결국, 2060년에는 국민연금 기금의 적립금이 고갈될 것으로 전망된다. 그럼에도 불구하고, 이에 대한 대응책은 여·야 모두가 침묵하고 있으며, 무식급식·무상보육·무상의료·'반값 등록금'의 논쟁을 하고 있으니, 나라의 운명이 심히 걱정된다.

그럼에도 불구하고, 현재 한국사회는 건전한 재정구조를 가진,

---

[4] 한나라당 황우여 원내대표는 "저출산 문제를 해소하기 위해 0~4세 영·유아 보육을 의무교육에 준해 확대할 필요가 있다"고 주장한다. 이에 앞서 민주당은 보육시설을 이용하지 않는 만 5세 아동에게 양육수당 지급을 위하여 연간 4조 1,000억 원이 소요될 것으로 추정한다(조선일보, 2011. 08. 26).

지속 가능한 사회보장제도의 확충을 반드시 필요로 한다. 그 이유는 단순히 1인당 국민소득이 약 2만 달러 수준에 접근함에 따라 일반 국민의 복지 욕구가 분출하는 것에 대응하기 위하여 사회보장제도의 확충이 필요한 것이 아니라 다음과 같은 '한국적 요인'들이 사회보장제도의 확충을 시급히 요구하고 있기 때문이다. 이것은 요스타 에스핑-안데르센의 저서, 「우리는 왜 새로운 복지 국가를 필요로 하는가?」(Why We Need a New Welfare State, 2002)와 직결되는 논제이다.

첫째, 소득분배 구조의 악화와 양극화의 심화로 인하여 한국사회는 '사회경제적 분단' 상황이 전개되고 있을 정도로 '사회적 위기' 상황이기 때문이다. 시민민주주의의 메카(Mecca)인 영국에서 '런던 폭동'(2011. 08. 06)이 터지고 자유와 평등의 천국(天國)이라고 하는 미국에서 '뉴욕 시위'(2011. 10. 01)가 계속 되고 있으며 이젠 LA로 확산되고 국경 너머 청정환경의 대명사인 캐나다로 파급되고 있다. 이러한 사태가 서울과 부산 등의 도시에서 벌어지지 않을 것이라는 보장이 없다.

둘째, 초(超)고령화 및 저(低)출산으로 인하여 인구구조가 역(逆)삼각형 구조가 되어가고 있다. 이것은 국가적으로 재앙이다. 점증하는 노인 인구를 부양해야 할 청년세대가 줄어가고 있는 것이다. 가뜩이나 양호한 직장(decent job)을 구하지 못하고 있는 청년 백수들에게 노인 인구의 부양까지 떠맡으라는 것은 너무나도 가혹한 '형벌'이다. 이러한 '양심적 가책'을 느끼고 자식에게 경제적 부담을 주지 않으려고 노인 자살이 급증하고 있다. 이러한 슬픈 상황을 타개하지 않으면, 과거 동방예의지국(東方禮義之國)으로 칭송받았던 한국은 늙은 부모를 산(山)에 묻었던 고려장(高麗葬)의 반(反)인륜적 사회로 피폐해질 것이다. 따라서 사회보장제도의 확충을 시급히 요구하고 기초노령연금을 확대하는 것은 노인들을 위할 뿐만 아니라 바로 청년들을 위한 것이다.

전술한 바와 같이, 선진 복지사회로의 진입은 개인과 정부의 부담 비율과, 개인 부담 중에서도 젊은 세대와 늙은 세대 간의 부담 비율에 관하여 국민 합의를 도출할 수 있는가의 여부에 달려있는 것이다. 그러나 상기의 이슈에 대한 세대간 갈등의 골은 매우 깊다.

조선일보(2011년 1월 4일자)가 한국갤럽에 의뢰해 전국 남녀 1,000명을 설문조사한 결과를 보면 세대간 갈등뿐만 아니라 일반 국민의 의식 수준이 극명하게 나타나 있다. 그 설문조사의 분석결과는 다음과 같다. 우선, 국민건강보험제도의 경우, 10명 중 8명(77%)은 국민건강보험에 대한 정부 지원의 비율(의료 보장성)을 더 높여야 한다고 응답했다. 그러나 정작 이를 위해 건강보험료(현행 소득대비 5.4%)를 더 높여 부담하자는 주장에 대해선 열 명 중 절반 이상(52%)이 반대했다. 또한, 국민연금제도의 경우, '더 내고 덜 받는 방향으로 개혁하자'는 주장에 대해서는 절반 이상(52.4%)이 반대했고, 찬성은 10명에 2명(24%)뿐이었다. 연령별로 보면, 30~40대는 10명에 7명(68.9%, 69.4%)이 반대했지만, 60대 이상은 26.1%만 반대했다.

여기서 유의해야 할 것은 젊은 세대들의 노령세대의 노후생활 대책의 부담에 대한 거부 현상이다. 그러나 저자는 한국의 젊은 세대들이 결코 불효자식들이 아니라고 믿는다. 다만, 그들은 불행하게도 부모는 고사하고 자기 자신도 제대로 건수하지 못하고 있는 것이다. 예로서, 지난 서울시 주민투표(2011. 08. 24)에 대하여, 그들은 셋방도 못 얻어 결혼도 못하고 있는데, 무슨 '무상급식'이냐고 힐난했다는 보도가 있다.

한국의 청년들은 현재 삶의 의욕을 상실하고 있다. 우울증 환자와 자살(하루 평균 34명)이 급증하고 있다. 한국인의 자살률이 10만 명당 21.5명(2008년 OECD 건강 데이터)으로서 OECD 국가들의 평균(10만 명당 11.2명)의 2배에 이른다. 더욱이, 한창 꿈꾸고 진취적이어야 할 20~30대 젊은 남녀의 사망 원인 중에서 자살이 1위이다. 이 사실은, 마치 "사냥꾼의 총부리 앞에 죽어가는 사슴의 눈초리"를 보는 듯, '우리를 슬프게 하는 것들'(Jugendlegende Begegnungen am Abend, Anton Schnack, 1941)이다.

셋째, 사회보장제도는 고령화 및 저출산에 대응한 국가의 생존 원리일 뿐만 아니라 운영 여하에 따라 경제성장에 크게 기여할 수 있다. 그 이유는 복지지출 항목 가운데 보건(보육 포함), 적극적 노동시장정책(Active Labor Market Policy), 실업 관련 지출은 인적자본 축적에 기여하고 지식기반 경제에선 생산성을 높이기 때문이다. 노령·유족·장애·가족·주거·기타(공적연금·고용보험·산재보험·공적부조 포함)는 '보험적, 간접적 투자' 성격을 갖고 있다. 이는 인적자원에의 투자 및 사회통합에 기여한다. 즉, '사회적 자본'(Social Capital)의 축적을 통해 경제성장에 기여할 수 있다.

저출산·고령화 추세에 대응하기 위한 가장 중요한 정책방향은 총요소생산성(Total Factor Productivity)을 향상시킬 수 있는 인적자원 개발정책인데(Yang Taek Lim, 2007), 이를 위한 '생산적' 사회보장지출(즉, 유아·보육시설 등의 확대와 인건비 지원 등)이 필요하다. 여기서 유의할 것은 여성의 노동시장 참가는 생산가능인구(15세~64세 인구)의 감소를 완화시킨다는 점이다. 유럽에서는 여성의 노동참가율이 높은 나라가 출생률 저하 방지에 성공했다. 따라서 민관(民官)이 협력해서 여성이 출산한 후에도 계속 일을 할 수 있는 제도적 보장과 환경 정비를 서두르지 않으면 안된다. 그것이 바로 '보육'제도인 것이다.

참고로, 덴마크에서 여성 노동자들이 노동시장에 적극적으로 진출할 수 있었던 요인은 육아 등 여성의 경제활동에 장애가 되는 제반문제를 극복하기 위한 사회 인프라 구축에 정부가 앞장서 여성의 경제활동에 장애가 되는 요인을 최소화하였기 때문이다. 또한, 프랑스·영국·스웨덴은 GDP의 2~4%를 보육 등 아동관련 복지에 지출하지만 한국의 아동복지지출 수준이 아직 GDP의 0.5%이다. 보육 복지 예산만큼은 획기적으로 늘릴 필요가 있다.

여기서 유의할 것은 일본에서는 '인구 보너스 기간'(생산가능인구 즉, 15세~64세 인구가 피(彼)부양 인구보다 빨리 증가하는 기간)이 끝난 1990년 직후에 버블이 붕괴함과 동시에 곧바로 제로(Zero)성장 시대를 맞았다는 점이다. 기술대국인 일본조차도 이렇게 경제성장이 곤란해졌는데, 국민소득 및 복지 수준이 낮은 상태에서 '인구 보너스'를 더 이상 향유하지 못하는 한국을 포함한 다른 아시아 국가들의 미래는 어둡다. 최근에 세계 최저 수준의 출생률과 인구구조의 초(超)고령화를 겪고 있는 한국사회의 장래는 더욱 어둡다. 참고로, 싱가포르·홍콩·대만·태국·중국과 한국의 경우, 모두 2010년부터 2015년 사이에 '인구 보너스 기간 '이 종료되며 모두 '고령화 사회'로 진입하게 된다.[5] 만약 이에 대한 대책(예로서 총요소생산성 향상)이 없다면, 한국사회의 인구구조는 역(逆)삼각형의 '노인 국가'가 되어 국가경제는 결국

[5] 일본경제연구센터의 2007년 예측에 따르면, '인구 보너스 기간'이 종료되는 시기(2010년~2015년)의 1인당 국민소득(2000년 기준 구매력평가 환산)은 2010년에 홍콩은 3만 2,000달러, 싱가포르는 3만 달러였던 반면에 2015년에 한국은 2만 8,000달러, 중국은 9,700달러, 태국은 8,700달러로 각각 전망된다.

무너질 것이다.

넷째, 한국은 휴전선 바로 넘어 공산주의 국가인 북한과의 군사적 갈등을 빈번하게 겪고 있는 안보적 불안 구조 하에서, 보수(우익)와 진보(좌파)가 첨예하게 대립 및 반목하고 있는 갈등 상황을 '사회통합'(Social Integration)으로 유도할 수 있는 제도적 장치로서 사회보장제도가 필요한 것이다.

상기의 시각은 요스타 에스핑-안데르센(Gosta Esping-Anderson, 1985, 1990, 1996, 1999, 2002)의 수년간 연구의 결론이기도 하다. 직설적으로 말하면, 복지국가는 자본주의 재생산을 위한 수단인 것이다(O'conner, 1985; Gough, 1981 및 1991).

또한, 제프리 삭스(미국 컬럼비아대학 경제학 교수)도 그의 최근 저서 『커먼 웰스 : 붐비는 지구를 위한 경제학』(Common Wealth : Economics for a Crowded Planet)에서 "*두터운 사회안전망이 미래에 대한 믿음을 보장하고 시민들에게 위함을 감수할 수 있게 해준다*"고, "*북유럽이 그러한 일을 해냈고, 그 경험이 다른 국가들의 선택에 밝은 빛을 비춰주고 있다*"고 말했다.

더 나아가, 남한사회뿐만 아니라 통일 후의 북한주민까지 고려하여 한국의 사회보장제도를 다시 설계할 필요가 있다. 저자(임양택, 1999, 2000, 2005, 2007)의 남·북한 5단계 통합 모형에서 제3단계인 사회통합(Social Integration)은 지난 50여 년 동안 이질적인 체제 속에서 형성되어 온 자본주의 문화와 사회주의 문화를 복지사회(Welfare Society)의 틀 속에 융합시킴과 동시에 각종 사회제도(*예로서, 재산권, 사법제도, 행정제도, 교육제도 등*)를 통합하고 '최대다수 최대행복'을 위한 사회보장제도(의료, 연금, 산업재해보험 등)를 확충하는 것이다. 특히, 양측의 사회보장제도를 통합하는 것이 매우 중요하다. 남북한 주민의 삶의 질을 제도적 차원에서 결정하는 사회보장제도의 통합은 실질적인 의미에서 경제통합보다 더 중요하다고 말할 수 있다(임양택, 2011).

'민주복지사회'는 8000만 민족의 '최대다수의 최대행복'을 추구하는 민주사회를 의미한다. 참고로, 독일이 통일(1990. 10. 3)되기 훨씬 전인 1964년, 카를 야스퍼스(Karl Theodor Jaspers, 1883~1969)는 "*나누어져 있는 상태지만 동독의 우리 동포들이 얼마만큼 자유롭게 잘살 수 있느냐가 더 중요하다*"고 역설했다. 그 요지는 어려운 독일 통일보다 게르만 민족의 평화와 복지가 더 중요하다는 것이다.

급작스런 통일이 이루어졌을 경우, 북한 지역에서의 대량실업 사태와 북한으로부터 남한으로의 급격한 인구이동에 따른 혼란, 그리고 이에 따른 북한지역 노동력의 고갈, 북한주민의 최저생활보장, 의료 수요 등과 같은 사회적 욕구가 분출할 것이다. 이러한 사회적 혼란상태는 통일 자체의 정당성을 무너뜨릴 수 있을 것이다. 심지어, 과거 남·북한 예멘의 경우와 같이 군사충돌이 야기될 수 있을 것이다.

설혹, 북한의 체제전환이 순조롭게 이루어진다고 가정하더라도, 대규모의 실업사태가 발생할 경우, 영양상태가 매우 좋지 않고 유아 및 산모의 사망률이 매우 높기 때문에 북한주민의 의료수요가 분출할 것이며, 이에 따른 사회보장지출이 폭증할 것이다. 또한, 북한지역에 대한 투자가 활성화되어 감에 따라 새로운 산업기술에 익숙하지 않기 때문에 북한지역 노동자들의 산업재해가 빈번할 것이다. 현재, 북한지역 노동자는 매우 낮은 임금 수준을 받고 일한다. 노동자의 임금수준에 비례하여 부과하는 보험금으로써는 북한 주민의 복지요구를 도저히 감당할 수 없을 것이다. 따라서 사회보장

재정의 파탄 가능성은 명약관화하다.

만약 남한 주민이 남한 자체의 복지재정 위기로 인하여 북한 주민의 사회보장에 대한 재정보조를 할 수 없다면, 북한 주민들은 사회보장의 수준이 월등히 높은 남한지역으로 이주하려는 엑소더스(Exodus)가 벌어질 것이다. 따라서 남한은 남한지역 자체의 안전을 위해서라도 남·북한 간의 사회보험 지급수준 차이만큼 보조금을 지급함으로써 북한주민의 남한지역에로의 이주를 억제해야 할 것이다.

요컨대, 한국의 사회보장제도는 단순히 경제성장의 과실을 나누기 위한 제도적 장치가 아니라 인구구조의 변화에 대응한 생존의 원리이며 외생적(exogenous) 경제성장에서 내생적(endogenous) 경제성장으로 전환하기 위한 경제발전 전략임을 알 수 있다. 또한, 사회보장제도의 확충은 남북한 통일을 대비하기 위한 사회 통합(Social Integration)의 가장 핵심적 과제인 것이다.

특히 '기대수명 100세의 시대'를 뒷받침할 공적 보험제도(국민연금 · 건강보험 등)의 재정 위기를 극복하기 위해서 국민연금제도와 국민건강보험제도의 개혁을 지금부터 서둘러 진행하지 않으면 '복지재앙'을 피하기 어렵다. 이 중요성은 가까운 이웃나라인 일본, 최근에 국가부도를 당한 그리스와 최근에 복지급여 수준과 수혜대상자를 재조정하고 있는 서(西)유럽 및 북(北)유럽 등의 사례에서 잘 나타나있다. 특히, 일본과 그리스의 사례('재정위기'와 '국가부채 누증')는 한국에겐 타산지석(他山之石)의 교훈이 될 것이다.

한국의 인구구조 고령화 추세를 감안할 때, 현재와 같은 연금재정 시스템에서는 도저히 국민연금제도가 지속될 가능성이 없다. 또한, 현재와 같은 의료비 지출 행태가 지속되는 한, 건강보험수지 재정은 통제 불가능한 정도로 악화될 것이다. 따라서 '저부담 · 저급여'에서 '고부담 · 고급여'의 방향으로 한국의 사회보장제도를 개혁해야 한다. '고부담'의 문제와 관련하여, 어느 소득계층이 얼마만큼 더 부담할 것이며, '고급여', 즉 '급여의 수직적 증가 및 수평적 확대'와 관련하여 어떠한 복지서비스가 시급한가를, 얼마만큼 급여수준이 최적인가를 각각 분석 및 결정해야 한다.

따라서 복지 문제의 핵심은 사회보장제도의 유형이 아니라 고용증대방안 및 합리적 재원조달방안과 이에 대한 국민합의이다. 즉, 저(低)급여의 현행 수준에서 고(高)급여로 전환하려면 저(低)부담에서 고(高)부담으로의 전환은 필수적 과제이다. 여기서 제기될 수 있는 문제가 어느 소득계층이 한국사회의 대내적 통합을 위하여 얼마만큼 복지재정의 부담을 기꺼이 감수할 것인가이다. 이것은 존 롤즈(John Rawls) 교수의 「사회정의론」(Theory of Social Justice, 1971, 1999)과 마이클 샌델(Michael J. Sandel)교수의 「자유주의와 정의의 한계」(Liberalism and the Limits of Justice, 1982) 등과 관련된 문제이기도 하다.

상기의 문제의식을 갖고, 저자는 건전한 재정시스템을 갖춘 지속가능한 복지제도로서 국민연금제도와 국민건강보험제도의 최적모형을 제시하고자 한다. 이를 위하여, 다음 장(章)인 제2장에서 한국 사회보장제도의 체계 및 현황, 인구 고령화에 의한 복지재정의 위기상황, 최근의 '복지 논쟁'을 개관하고자 한다.

제3장에서는 국민연금제도의 기존 개혁방안과 국제기구(세계은행, 국제노동기구, OECD/EDRC)의 권고안을 개관하고 선진국(일본, 미국, 영국,

프랑스, 독일, 스웨덴, 덴마크, 남유럽)의 연금제도 개혁 추이를 분석함과 동시에 이들의 시사점을 도출하고자 한다.

제4장에서는 국민건강보험제도의 운영 현황을 적용 대상자와 건강보험재정의 측면에서 개관한 다음, 국민건강보험의 재정적자 요인을 분석함과 동시에 해결방안을 제시하고자 한다.

제5장에서는 '합리적 복지제도'를 위한 한국의 선택으로서 거시경제적으로는 '高부담·廣복지'를, 미시경제적으로는 노인복지와 보육 및 아동복지를 각각 주장하고 연금재정의 건전화를 위한 본 연구의 개혁방안으로서 국민연금발전위원회의 독립기구화, 국민연금기금 운용수익률 제고, 확정기부제의 도입, 연금급여액의 삭감, 연금보험료의 인상을 제시하고자 한다. 또한, '포괄적 복지'(Comprehensive Welfare)를 위한 재원조달 방안으로서 헨리 조지(Henry George)의 경제사상과 '지대조세제'(Land Value Taxation) 및 '조세이동'(Tax Shift)의 원리에 따라 한국의 토지 불로소득에 대하여 '사회보장세'(Social Security Tax)를 부과할 것을 제안하고 이로써 조성된 '사회보장기금'(Social Security Fund)의 투자방안(예로서, 의료서비스 산업화와 의료관광사업의 활성화)을 제시하고자 한다.

제6장에서 최적 동태적 자원배분 모형으로부터 최적 사회보장모형을 도출하고 이 최적 모형의 특성을 규명하면서 본 연구의 국민연금제도의 개혁 방안을 제시하고, 또한 최적 의료재원 배분 모형, 국민건강보험의 최적 정책을 각각 제시하고자 한다.

제7장에서 본 연구의 요약 및 결론을 짓고자 한다.

제2장

한국 사회보장제도의 현황

우선, 한국의 복지제도의 도입 및 확대 과정을 역사적으로 개관해보면 다음과 같다. 국민건강보험제도가 1977년에 도입된 후 12년 만인 1989년에 전국민을 대상으로 한 의료보험의 실시로 인하여 의료 이용의 보편성이 확립되었다. 또한, 의약 분업의 실시를 통하여 후진적인 의료이용 관행으로부터 탈피하였고 의약품의 오·남용이 예방됨으로써 국민건강 보호의 기틀이 마련되었다.

1980년대 후반 이후 '민주화'와 '자율화'의 시대적 흐름에 부응하여 경제체제가 정부주도에서 민간주도로 이행하였다. 이러한 과정에서, 고도성장으로 인한 피로감을 해소하고 사회통합을 도모하기 위한 목적으로, 국민건강보험이 모든 국민을 대상으로 확대되었다. 또한, 1988년에 국민연금제도가 도입되었고, 1999년에 그 적용대상이 모든 국민으로 확대되었다. 1995년에는 고용보험이 도입되었고, 1998년에는 1명 이상의 사업장을 대상으로 확대되었다. 그리고 1964년에 도입되었던 산재보험이 2000년에 1명 이상의 사업장에게까지 확대되었다.

〈표 2-1〉 한국의 4대보험과 공공부조의 도입 및 확대

구 분	도 입	확 대
건강보험	1977년 : 500명 이상 사업장	1989년 : 모든 국민 대상
국민연금	1988년 : 10명 이상 사업장	1999년 : 모든 국민 대상
고용보험	1995년 : 30명 이상 사업장	1998년 : 1명 이상 사업장
산재보험	1964년 : 500명 이상 사업장	2000년 : 1명 이상 사업장
공공부조	1961년 : 생활보호제도 1978년 : 의료보호제도	2000년 : 국민기초생활보장제도 2000년 : 의료급여제도(지역과 직장 의료보험의 통합)

이젠, 한국에는 4대 사회보험(국민건강보험 · 국민연금 · 고용보험 · 산재보험)과 국민기초생활보장제도가 정립된 셈이다. 그러나 한국사회는 의료 수요(특히 노인)의 급증으로 인한 국민건강보험의 재정위기 뿐만 아니라 WTO/DDA 의료시장 개방, 의료 정보화 등과 같은 급격한 환경 변화에 대비해야 할 중요한 국면에 처해 있는 것이다.

1. 사회보장제도의 정의·체계·현황

1) 정의

'사회보장'을 뜻하는 영어 'Social Security'에서 'Security'의 어원은 라틴어 Se(Without, 해방) + Cura(Car, 근심 또는 괴로워하는 것), 즉 '고통으로부터의 해방'이라는 뜻이다(Lim, 1978). 즉, 사회보장은 질병이나 분만·실업·폐질·직업상의 상해·노령 및 사망으로 인한 소득의 상실이나 감소 등으로 인한 경제적 곤궁에 기인하는 근심과 불안을 제거함으로써 사회적 불안을 제거하는 제도이다. 그러나 사회보장제도는 복지재정 문제를 떠나 논의할 수 없는 기본제약을 갖고 있다.

베브리지(W. Beveridge)가 1942년 영국정부에 제출한 보고서 「사회보험과 관련 서비스」(Social Insurance and Allied Service)에 의하면, 이 보고서에 이른바 '요람에서 무덤까지' 국민들의 사회생활을 보장한다는 '복지국가' 이념의 대표적인 문헌이다.

「베브리지 보고서」(Beveridge report)는 사회보장이나 사회사업이 당면하는 5대 사회악으로서 결핍·질병·불결·무지·태만을 지적하고, '사회보장'(Social Security)을 실업·질병 혹은 재해로 인하여 수입이 중단된 경우에 대처하여, 노령으로 인한 퇴직이나 본인 외의 사망에 의한 부양 상실의 경우를 대비하고 출생·사망·결혼 등과 관련된 특별한 지출을 감당하기 위한 소득보장 즉 국민생활의 최저보장을 의미하는 것으로 정의하였다.[1]

그리고 「베브리지 보고서」(Beveridge report)는 사회보험의 성공적인 수행을 위한 '6개의 원칙'으로서 다음과 같이 제시했다 : ① 보편성의 원칙 : 질병·노령·실업·사망 등에 대비하여 모든 성인은 의무적으로 보험에 가입 ; ② 보험의 원칙 : 근로자, 사용자 ,정부가 내는 기금으로 지급 ; ③ 균일 부담과 균일 지급 : 누구나 같은 액수를 내고 같은 액수를 지급받음 ; ④ 생존의 원칙 : 최저 생존을 보장 ; ⑤ 국민적 최소한의 원칙 : 보험 가입능력이 없는 경우에 공적 부조로 최저 생활유지 ; ⑥ 행정적 통일성의 원칙 : 전국적 통일 기관이 관리이다.

2) 체계

한국은 1960년 제4차 개정헌법에서 처음으로 "국가의 사회보장에 관한 노력"을 규정하였고, 1963년 11월 법률 제1437호 전문 7개조의 "사회보장에 관한 법률"을 제정하였다. 그 이후, 「사회보장기본법」이 제정(1995. 12. 30)되었다. 한국의 사회보장 체계는 크게 4가지, 즉 ① 사회보험, ② 공공부조, ③ 사회복지서비스, ④ 관련복지제도로 구성되어 있다([그림 2-1] 참조). 그리고 한국의 사회보험의 종

---

1 베브리지(W. Beveridge)는 사회보험제도가 성공하기 위해서는 무료 국민건강서비스제도 도입, 아동수당제도, 완전고용의 유지가 필요하다고 보았다. 비버리지 보고서를 근거로 1945년 가족수당법, 1946년 국민보험법, 산업재해법, 국민보건서비스법, 1948년 국민부조법이 제정되었다. 이리하여 '요람에서 무덤까지'라는 사회보장체계가 수립되었다.

류 및 관리운영체계는 〈표 2-2〉와 같다.

[그림 2-1] 한국의 사회보장 체계

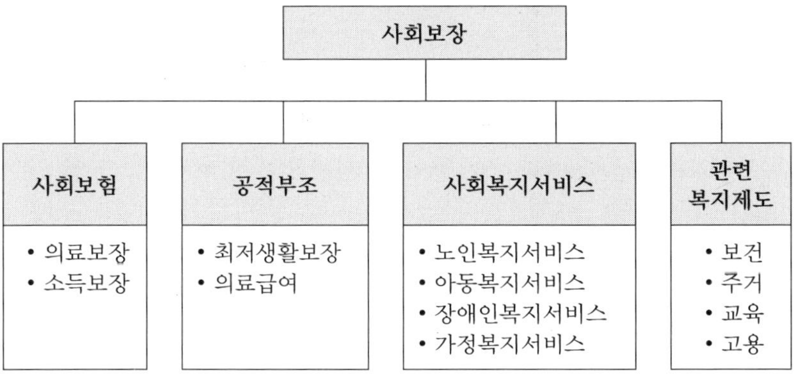

〈표 2-2〉 한국의 사회보험의 종류 및 관리운영체계

구분	건강보험	국민연금	산재보험	고용보험
관장부처	보건복지부		노동부	
근거법	국민건강 보험법	국민연금법	산업재해보상 보험법	고용보험법
시행일	1977. 7. 1	1988. 1. 1	1964. 7. 1	1995. 7. 1
집행기구	국민건강보험공단	국민연금공단	근로복지공단	노동부
보장내용	의료보장/ 건강증진	소득보장	의료보장/ 소득보장	소득보장
관리대상	전(全)국민	5인 이상 근로자 18~65세 자영자	상시 1인 이상 근로자	

(1) 사회보험

「사회보장기본법」 제3조 제2호에 의하면, "*사회보험이라 함은 국민에게 발생하는 사회적 위험을 보험방식에 의하여 대처함으로써 국민건강과 소득을 보장하는 제도를 의미한다*"라고 정의하고 있다.

다시 말하면, '사회보험'은 국민을 대상으로 질병·사망·노령·실업 기타 신체장애 등으로 인하여 활동 능력의 상실과 소득의 감소가 발생하였을 때 보험방식에 의하여 그것을 보장하는 제도이다.

이와 같이 사회보험(Social Insurance)은 운영과 방법론에서 보험원리를 따르고 있다는 점에서 공공부조와 상이하다. 사회보험은 사회의 연대성과 강제성이 적용된다. 사회보험에서 다루는 보험사고는 업무상의 재해, 질병, 분만, 폐질(장애), 사망, 유족, 노령 및 실업 등이 있다. 이러한 보험사고는 몇 가지 부문으로 나뉘어 사회보험의 형태를 이루게 된다. 즉, 업무상의 재해에 대해서는 산업재해보상보험, 질병과 부상에 대해서는 건강보험 또는 질병보험, 폐질·사망·노령 등에 대해서는 연금보험, 그리고 실업에 대해서는 고용보험제도가 있다. 이들을 '4대 사회보험'이라고 부른다.

(2) 공공부조

한국의 「사회보장기본법」 제3조 제3호 에 의하면, "*공공부조라 함은 국가 및 지방자치단체의 책임 하에 생활유지 능력이 없거나 생활이 어려운 국민의 최저생활을 보장하고 자립을 지원하는 제도를 의미한다*"라고 정의하고 있다.[2] 이와 같이 공공부조는 가난한 사람들을 위한, 즉 빈곤 퇴치를 위한 국가최저(National Minimum) 또는 사회최저(Social Minimum)의 생활보호 기능을 수행하는 제도이다.[3]

---

[2] 공공부조와 관련해서는 의료급여법과 국민기초생활보장법이 적용되고 있다. 종래에는 "공적부조"라는 용어를 사용하였으나, 사회보장기본법(1995. 12. 30 제정)에서는 "공공부조"라는 용어로 변경되었다.

[3] '공공부조'는 나라마다 상이하게 표현되고 있다. 한국, 일본, 미국에서는 법률상 공공부조(Public Assistance)로, 영국에서는 국가부조(National Assistance)로, 프랑스에서는 사회부조(Social Assistance)로 각각 표현한다.

「사회보장기본법」 제3조 제4호에는 "*사회복지서비스라 함은 국가·지방자치단체 및 민간부문의 도움을 필요로 하는 모든 국민에게 상담, 재활, 직업소개 및 지도, 사회복지시설 이용 등을 제공하여 정상적인 생활이 가능하도록 지원하는 제도를 의미한다*"라고 정의하고 있다. 사회복지서비스와 관련된 법적 근거로서 모자·장애인·아동·노인복지법, 모자보건법, 사회복지사업법 등이 적용되고 있다. 사회복지서비스의 대상은 정상적인 일상생활에서 빈곤, 질병, 범죄 등으로 인하여 탈락 혹은 낙오되거나 또는 그러한 우려가 있는 불특정 개인 또는 가족이다.

구체적으로, 공공부조로서, 1961년에 생활보호제도가, 1978년에 의료보호제도가 각각 도입되었다. 2000년에는 전자가 국민기초생활보조제도로, 후자는 지역 및 직장 의료보험이 통합된 의료급여제도로 각각 확대되었다. 특히 1997년 외환위기를 계기로 사회보험의 적용대상이 소규모 사업장 근로자와 자영업자까지 급격히 확대되었고 빈곤층에 대한 복지제도가 강화되었다.

3) 현황

(1) 사회보장지출의 범위

우선, 한국의 복지재정의 상대적 규모를 파악하기 위해, IMF, ILO, OECD가 사용하는 '사회보장지출'의 범위와 이들의 분류기준을 비교해보고자 한다. [그림 2-2] 및 〈표 2-3〉에서 보는 것처럼, OECD가 IMF나 ILO보다 더 포괄적인 사회보장 영역을 다루고 있을 뿐 아니라, 현물급여로서의 복지서비스 제공을 포함하는 특징을 보이고 있다는 것을 알 수 있다.

[그림 2-2] 주요 국제기구에서 사용하는 사회보장지출의 범위

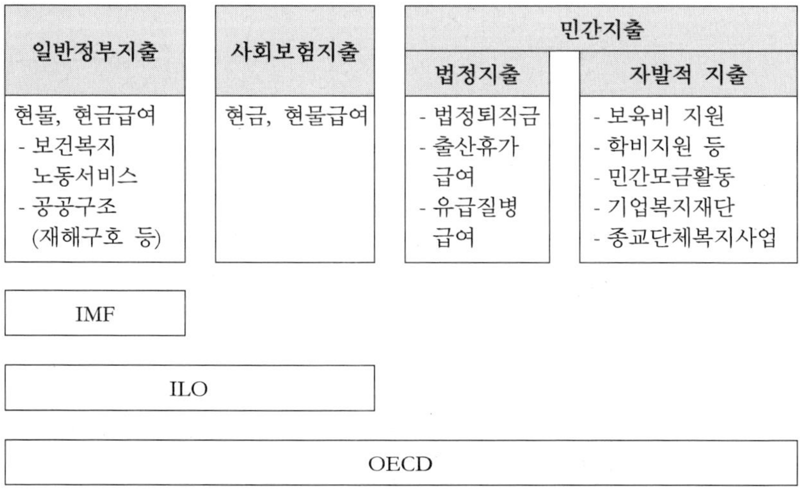

자료: 고경환 외(2000).

여기서 유의할 것은 사회복지지출의 규모 측정에서, 다음과 같은 IMF 통합재정수지 기준과 OECD 사회보장지출 분류기준의 차이점이다.

첫째, 공무원연금급여와 사학연금급여의 합계액이 큰 비중(예로서 1999년 GDP의 1.63%)을 차지하고 있음에도 불구하고, IMF 통합재정수지는 이를 감안하지 않고 있다. 그러나 OECD 사회보장지출 분류기준에서는 이들이 포함되어 있다.

둘째, 지방정부 재정지출과 공무원연금지급 등은 당연히 사회복지지출에 포함되어야 하는데, 이들 항목은 IMF 통합재정수지 기준에는 포함되지 않지만 OECD 사회보장지출 분류기준에는 포함되어 있다.

셋째, 퇴직금이 OECD 사회보장지출 분류기준에는 사회복지지

출로서 포함되는 반면에 IMF 통합재정수지 기준에는 포함되지 않는다. 참고로, 1997년 경제위기 이후 임금근로자들이 일시에 대거 퇴직하면서 이들에게 지급된 퇴직일시금이 1999년 경우 GDP의 4.3%에 이르렀다.

〈표 2-3〉 사회보장지출의 분류기준: IMF, ILO, OECD

	IMF	ILO[2]	OECD
사회보장 재정	공무원연금(군인 포함), 노령, 장해, 유족연금(공무원 제외)	노령급여	1. 노령현금급여[3]
		장해급여	2. 장애현금급여[3]
		유족급여	3. 유족급여[3]
	기타 사회보장 관련지출 일시장애급여	산업재해급여 (현금/현물)	4. 산업재해 및 직업병급여
	실업보상급여	실업급여	5. 실업급여
	가족 및 아동수당	가족급여 (현금/현물)	6. 가족현금급여
	출산급여	출산급여 (현금/현물)	
	상병급여	상병급여	7. 상병급여
사회복지 재정	아동복지시설 관련서비스	-	8. 가족복지서비스
	수용시설 이외 복지서비스	-	
	기타 복지서비스	-	
	노인복지시설 관련서비스	-	9. 노인과 장애인 복지서비스
	장애인복지시설 관련서비스	-	
	기타 복지시설 관련서비스	-	
보건재정	보건[1]	의료현물급여	10. 보건부문 공공지출
기타	사회부조 기타 사회보장 및 복지서비스	기타 급여	기타급여[4]

주: 1) 병원, 의원 및 진료소, 공중보건, 의료관련 장비, 응용연구 및 실험 등의 행정지원과 운영비용 등임.
2) (현금/현물)로 별도 표기하지 않은 급여들은 현금급여임.
3) 사립학교 교직원 연금 포함
4) OECD의 기타 급여는 적극적 노동시장 프로그램과 주거급여 포함.
자료: 고경환 외(1999).

상기와 같이, 한국정부가 계산하는 사회복지지출 방식과 OECD 기준 방식에는 다소 차이가 있다. 따라서 한국의 사회복지지출을 OECD 기준으로 재편성하면 다음과 같다.

우선, 중앙정부의 사회복지지출(86.4조원)에서 거의가 금융지출이기 때문에 복지지출로 포함될 수 없는 주택 부문 지출(18.0조원)을 제외해야 한다. 그 대신에 국제기준에서 핵심 복지지출이지만 한국의 재정통계 체계에서 정부지출로 간주되지 않는 건강보험 지출(29.5조 원)과 지방정부 자체 복지지출 몫(15.5조원)을 추가하면 약 113조원이 된다. 여기에 다시 OECD 기준에서 복지지출로 인정되지 않는 관리행정 비용의 추정치인 약 3조원을 제외하면, 한국의 실제 사회복지지출은 대략 110조원이며, 이것은 GDP 대비 약 9%이다(오건호, 2011).

(2) 사회복지지출의 수준

사회복지지출의 수준과 내용은 소득분배구조의 불균등을 개선하기 위한 사회 전체의 노력을 반영한다. 그러한 측면에서 볼 때, 소득분배 개선을 위한 한국사회의 노력이 매우 미약하다.

2011년도 복지예산 규모는 약 86조 4,000억 원으로서 전체 중앙정부 지출 309조 1,000억 원의 28% 수준이다. 2009년을 기준으로 OECD 평균 공공복지지출 비중(19.3%)에 도달하려면 한국의 사회복지지출액을 2011년도 복지지출 규모인 110조원 보다 훨씬 더 늘려야 한다.

한국의 GDP에서 중앙정부와 지방자치단체의 공공복지지출 비중이 OECD 국가의 평균 사회복지지출의 비율 20%(2009년 기준으로 19.3%)에 비하면 아직 절반에도 못 미치지만 최근 20년간 한국의 사회복지지출 증가율이 경제성장률보다 더 빨랐다는 점은 높게 평가되어야 할 것이다.

과거 한국의 사회복지지출 수준을 GDP에 대한 비율로 개관해보면, 1990년의 4.6%에서 1997년 외환위기 이후인 1999년에는 11.8%로 2.6배 증가했다. IMF 경제위기가 도래하기 직전인 1996년을 기준으로 양분해 보면, 1990~1996년간 6년 동안 1.4% 포인트(4.6%→6.0%) 증가했음에 비해 1996~1999년간 3년 동안 5.8% 포인트(6.0%→11.8%) 증가하여, 1997년 외환위기 이후 사회복지지출이 급격히 증가했다는 것을 알 수 있다.[4] 과거 선진국의 1인당 소득수준 1만 달러(경상가치 기준) 시기의 GDP 대비 사회복지지출 수준과 비교해도 미국 13.6%(1978), 영국 20.7%(1987), 일본 10.7%(1981)로 한국(2001년의 경우, 8.7%)보다 사회복지분야에 훨씬 더 많이 투입했다.[5]

〈표 2-4〉 OECD 국가들의 사회복지지출 수준(2007년 기준)

(경상GDP 대비 %)

	한국	멕시코	미국	일본	영국	덴마크	스웨덴
GDP의 %	8.2	27.7	16.5	19.3	21.3	26.2	26.3

주: 노령, 유족, 무능력 관련급여, 보건, 가족, 적극적 노동시장정책, 실업, 주거 기타 등 9개 항목에 대한 공공복지지출과 법정민간 복지지출의 합계.
자료: 고경환 · 장영식 · 강지원 · 김진욱 · 최성용 · 정영애(2011), p. 109 〈표 4-28〉 인용.

여기서 유의할 것은 1996~1999년간 GDP 대비 사회복지지출이 5.8% 포인트 증가했으나 사회복지지출 증가의 주된 재원이 민간기

4 IMF 경제위기가 도래하기 직전인 1996년을 기준으로 기간(1990~1999)을 다시 세분해보면 1990~1996년간 사회복지지출은 명목가치로 연평균 19.1% 증가한 반면 1996~1999년간은 연평균 34.3% 증가하여 IMF 경제위기 전의 증가율에 비해 거의 2배에 이른다.

5 사실, 노무현 정부가 약속한 GDP 대비 13%의 사회복지지출 수준마저 선진국의 수준과 비교하면 미흡한 편이다.

업이 부담하는 퇴직금이었다는 점이다.[6] 이것은 정부재정 부담을 나타내는 IMF 통합재정수지 기준의 사회복지지출이 GDP의 1.02% 포인트 증가에 그친다는 점으로 입증될 수 있다.

이와 같이 1997년 외환위기 이후 한국의 사회복지지출은 총체적 측면에서 급격히 증가해 GDP의 10%를 넘어서게 되었으나, 그나마 사회복지지출의 대부분이 근로경력이 있는 실업자에게 지급되었던 반면에 근로경력이 없는 취약계층에 대해서는 사회복지지출이 오히려 감소했다. 그 결과, 외형적으로 사회복지지출이 현격히 증대되었음에도 불구하고 취약계층을 주된 대상으로 하는 사회복지 현장의 체감복지는 오히려 감소했다. 누진적 퇴직금 급여는 주로 대기업의 고임금 장기근속자에게만 적용되고 있다.

이제, 한국의 사회복지지출 수준을 국제적으로 비교해보고자 한다. 한국을 제외한 다른 OECD 국가들의 2007년 평균 사회복지지출 규모는 19.6%이다. 그리고 OECD 국가들 중에서 멕시코와 터키를 제외하면 상기의 규모는 20.3%이다. 일반적으로 한국의 2050년 사회복지지출 규모가 20% 정도이라고 전망하므로, 현행 제도를 그대로 유지했을 때, 2007년의 OECD 국가들 평균 사회복지지출 수준과 비슷한 수준임을 알 수 있다.

---

[6] OECD 사회보장지출 분류기준으로 1999년도의 경우 한국의 사회복지지출 규모는 퇴직금을 제외하면 GDP의 7.5%이며, 퇴직금을 포함할 경우 GDP의 11.8%(문형표·고영선[2000]의 추계)에 이른다. 퇴직금을 포함한 사회복지지출은 1990~1999년간 명목가치상으로 8조 2,210억 원에서 56조 9,430억 원으로 총 692.7%, 연평균 24% 증가되었다.

〈표 2-5〉 OECD 국가 사회복지지출 규모(2007년도 GDP 대비 비중, %)

국가	비중	국가	비중
호주	16.0	일본	18.7
오스트리아	26.4	룩셈부르크	20.6
벨기에	26.3	멕시코	7.2
캐나다	16.9	네덜란드	20.1
칠레	10.6	뉴질랜드	18.4
체코	18.8	노르웨이	20.8
덴마크	26.1	폴란드	19.8
에스토니아	13.0	포르투갈	22.5
핀란드	24.8	슬로박 공화국	15.7
프랑스	28.4	슬로베니아	20.3
독일	25.2	스페인	21.6
그리스	21.3	스웨덴	27.3
헝가리	22.9	스위스	18.5
아이슬랜드	14.6	터키	10.5
아일랜드	16.3	영국	20.5
이스라엘	15.5	미국	16.2
이태리	24.9		
OECD 평균	19.6	평균2	20.3
한국	7.6		

자료: 김태일(2011), p8.

참고로, 노무현 정부와 이명박 정부의 복지지출 규모 및 증가율을 비교를 해보면 다음과 같다. 우선, 노무현 대통령의 임기(2003. 2. 25~2008. 2. 24) 중, 정부의 총 재정지출 증가율은 평균 6.8%였던 반면에, 공공복지지출액의 증가율(2003년 41조 7,000억 원에서 2008년에는 67조 6,000억 원)은 10.1%였다. 이와 반면에, 이명박 정부의 중앙 집권시기(2009~2010년)의 공공복지지출액 증가율은 9.6%이다. 이 증가율(9.6%)은 노무현 정부 시기의 공공복지지출액 평균 증가율(10.1%)의 70% 수준에 불과하다.

그럼에도 불구하고, 이명박 대통령은 보건복지부 2011년도 업무계획을 보고(2010. 12. 22)를 받는 자리에서 "*우리가 복지국가라고 해도 과언이 아닐 정도의 수준에 들어가고 있다*"며 "*내년*(2011년) *복지예산*(약 86조4000억 원)*은 역대 최대로 약 28~30% 가까운 예산이 복지에 들어간다*"고 밝혔다.[7]

물론, 이명박 정부도 OECD와 비교해 한국의 사회복지지출 비중이 낮다는 사실은 인정한다. 기획재정부는 보도 참고자료(2010. 12. 24)에서 "*조세연구원 추계에 따르면* (공공복지 지출이) *2010년은 8.9% 수준으로 OECD 평균의 3분의 1 내지 2분의 1 수준으로 복지 지출이 아직 낮은 것은 사실*"이라고 밝혔다. 그러나 기획재정부는 "*사회·경제적 여건이 다른 선진국과 직접 비교하는 것은 곤란하다*"며 "*신규 제도 도입 없이 현행 제도 유지만으로도 복지지출 규모는 2050년께 21~25%까지 증가한다*"고 밝혔다. 그 이유는 저출산·고령화 추세에 따라 재정지출이 자동적으로 늘어나기 때문이다.

여기서 유의할 것은 한국의 사회복지지출 규모가 심지어 축소될 수도 있다는 점이다. 그 주된 요인은 이명박 정부의 '감세 기조' 때문이다. 한국의 조세부담률이 2007년 21%였으나 2011년에는 19.3%로 낮아졌다. 이명박 정부는 2010~2014년 중기(中期)재정운용계획에

---

7 2011년도 복지예산 규모는 약 86조 4,000억 원으로서 전체 중앙정부 지출 309조 1,000억 원의 28%이다. 따라서 총 재정지출 대비 복지예산의 비중(28%)으로 보면 이명박 정부의 2011년 복지예산(약 86조 4,000억 원)은 역대 최고수준인 것은 사실이다. 그러나 총재정지출 대비 복지예산은 OECD가 한 국가의 복지 수준을 판단할 때 사용하는 기준이 아니다. OECD는 복지지출 규모를 따질 때, 총재정지출 대비 복지지출 규모가 아니라, 국내총생산(GDP)과 비교한다.

서도 조세부담률을 19% 수준으로 잡고 있다. 따라서 세입 확충 방안이 신속하게 마련되지 않으면 현행 재원구조 하에서는 향후 사회복지지출을 도저히 감당할 수 없게 될 것이다. 이에 따라 복지제도의 급여 하향 조치가 불가피할 것이다. 이 결과, 소득 양극화로 인한 사회불안의 고조는 명약관화(明若觀火)한 것이다.

그러나 사회복지지출 규모와 관련하여 유의할 것은 정의 및 분류에 따라 사회복지지출액 규모에 관한 측정치가 달라진다는 점이다. 상술하면, 한국의 복지예산은 2007년 '국가재정법'이 시행되면서 산출방식이 달라졌다는 점에 유의할 필요가 있다. 따라서 보건복지가족부, 국토해양부, 여성부, 고용노동부, 국방부 등 여러 중앙부처가 펼치는 사업들 중에서 어떤 항목을 복지분야 지출로 간주할 것인가에 따라 한국의 복지지출액 규모가 달라질 수 있다.[8]

여기서 유의할 것은, 전술한 바와 같이, 한국 정부의 사회복지지출 기준과 경제협력개발기구(OECD)의 사회복지지출 기준이 다르다는 점이다. OECD 기준은 '사회복지를 위해 직접적으로 지출된 비용' 만을 정부의 복지지출에 포함시킨다. OECD 기준에 의거하면, 주택융자금, 국민주택기금 등은 복지지출로 간주되지 않는다. 그러나 한국정부는 국토해양부가 주관하는 주택관련 사업의 국민주택기금을 모두 복지지출 항목으로 잡고 있다. 그러나 이 기금은 국토

---

8 과거 노무현 정부는 2004년부터 중기(中期)재정운용계획안을 마련하면서 여러 정부 부처에서 집행하는 예산중에서 목적이 유사한 것들을 모아 예산을 편성하는 프로그램 예산제를 도입했다. 이에 따라 중앙부처 사업 9000여개는 행정·국방·사회복지 등 16개 분야로 재편되었다. 상기의 제도 하에서는 전체 16개 분야 중에서 사회복지 분야와 보건 분야를 합쳐 복지지출을 계산한다. 각 부처의 복지관련 사업을 합하면 통상 160개 가까이 된다. 물론, 세부 항목들의 개수는 160개 사업분야보다 훨씬 더 많다.

해양부 소관의 기금이므로 OECD기준에 의거하여 복지예산으로 간주될 수 없는 것이다.

2011년도 국민주택기금 지출액은 17조 8,000억 원이다. 전체 복지지출의 20%가 넘는다. 이 중에서 대부분은 국민임대주택 건설 융자, 주택구입 자금, 전세자금 융자 등 국민주택기금 융자사업이다. 그러나 융자금은 일정 기간이 지나면 정부 재정으로 다시 회수된다. 따라서 이 부분을 복지에 포함시키려면 융자액 전체가 아니라 융자금 이자와 시장금리의 차액만을 복지지출로 계산해야 함이 타당한 것이다. 왜냐하면 정부가 시장금리보다 낮은 금리로 융자를 해주었다면 그 차액은 특정 개인에게 '직접적으로 지출된 비용'이기 때문이다.

한편, 국민주택기금 중에서 보금자리주택사업 지출액을 보면, 2011년 국민주택기금 지출액 중에서 50%가 넘는 9조 5,000억 여원이 보금자리주택사업에 지원된다. 보금자리주택사업의 3분의 2 가량은 서민용 공공임대가 아닌 공공분양 물량이다. 따라서 정부의 보금자리주택사업 지원금은 '복지 지출'이 아니라 사회간접자본(SOC) 예산으로 잡는 게 타당하다.

또한, 복지예산으로 잡혀 있는 것 중에는 "재정비촉진지구(일명 뉴타운) 기반시설 설치비 지원 강화를 위해 재정비촉진사업 지원확대"란 것도 있다. 이것은 국토해양부 소관 사업으로, 정부안(案)보다 200억 원 증액된 총 500억 원이 이 사업 명목으로 잡혀 있다. 이것 역시 OECD 기준에 의거하여 공공복지 지출의 범위에서 당연히 제외되어야 한다.

4) 전망

이세, 한국의 사회복지지출에 대한 향후 전망을 해보면 다음과 같다. 2005년 현재, 한국의 GDP 대비 사회복지지출의 비율은 7.33%이지만, 2010년에는 9.29%, 2015년에 15.43%, 2020년에는 12.68%, 그리고 2030년에는 18.18%의 수준까지 높아질 것으로 전망된다. 그 결과, 한국의 사회복지지출 규모(2020년 12.68%)는 2020년경에는 OECD 국가들 중에서 사회복지지출 규모가 상대적으로 낮은 선진국인 일본(13.73%), 미국(15.87%) 등의 1995년 수준과 비슷해질 것으로 예측되며, 2030년경에는 1990년대 후반 OECD 국가의 평균 사회복지지출 수준인 21%대 수준에 근접할 것으로 전망된다.

전술한 바와 같이, 2050년 한국의 고령화율(38.2%)은 2009년의 OECD 국가들의 평균 고령화율(14.8%)보다 훨씬 높다는 점이다.[9] 한국의 노인인구 비율은 세계에서 최고로 높은 수준이다. 따라서 2050년 GDP 대비 20% 수준의 공공복지지출로써는 한국의 고령화 문제를 도저히 감당할 수 없을 것이다.

게다가, 한국정부의 예상대로, 2050년 사회복지지출 규모가 GDP의 20% 수준에 도달할 수 있더라도 광범위한 '복지 사각지대'가 존재한다.

2050년의 사회복지지출 수준에 대한 장기적 전망치를 보면 다음과 같다. 우선, 한국조세연구원의 박형수·전병목(2009)의 연구에 의하

---

[9] 따라서 2050년 한국의 고령화율(38.2%)은 다른 OECD 국가들의 2009년도 고령화율(14.8%) 보다 2배를 훨씬 넘게 될 것이므로 2050년 한국의 사회복지지출 수준과 다른 OECD 국가들의 2007년 사회복지지출 수준을 동등하게 비교할 수 없다. 한국의 노인인구 비율이 2020년 15.7%로 전망되므로 고령화율이 비슷한 시기의 사회복지지출 수준을 비교하려면 2050년이 아닌 2020년을 기준으로 비교해야 한다.

면, 2009년 현재의 복지제도를 그대로 유지하더라도 고령화율의 상승 등으로 2050년의 GDP 대비 복지 지출규모는 20% 이상이 될 것으로 예측하였다. 한편, 안종범(2011)의 연구에 의하면, 2050년의 복지지출 규모는 GDP 대비 45.6%에 이를 것이라는 놀라운 전망을 함으로써 복지확대에 반대하는 보수언론에서 많이 인용했다.[10]

인구의 고령화는 이와 같이 신속하게 진전되지만 고령자의 생계유지를 위한 사회안전망은 미흡한 상황이다. 따라서 최근 한국정부는 중장기 재정운용계획(案)에서 향후 5년간 재정 증가율 6.6%보다 높은 9.3%의 복지예산 증가를 계획하고 있다. 특히 연금부문은 국민연금제도의 성숙과 더불어 지출비용이 점증하게 되며, 보건의료부문 역시 노령화의 급진전과 개인의료비의 상승으로 지출비용이 선진국 수준으로 증가될 것으로 예상된다.

2. 인구 고령화에 의한 복지재정의 위기

1) 인구구조의 변동 추이

고령화(aging)의 문제는 한국을 포함한 세계 주요 국가들이 당면한 가장 중요한 문제 중의 하나이다. 고령화의 문제는 2가지 즉 ① 출산율의 하락과 ② 평균수명의 증가라는 요인들에 의하여 사회보장

10 안종범(2011)의 연구에서 GDP 대비 45.6%라는 수치는 2050년의 우리나라 복지지출 규모가 그만큼 될 것이라는 전망은 아니다. 이 수치는 2050년 우리나라의 고령화율 등 복지지출에 영향을 미치는 요인들의 수준에 상승하는 OECD 평균 복지지출 규모를 계산한 것이다. 그럼에도 불구하고, 언론에서는 상기의 내용을 무시한 채 '우리나라 2050년 복지지출 규모는 GDP 대비 45.6%'라는 식으로 기사를 보도했다.

제도(social security system)에 심대한 재정적 부담이 된다. 그 이유는 부양받을 고령인구는 증가하는데 부양할 노동 인구는 감소하기 때문이다. 게다가, 사회보장제도 자체가 조기퇴직을 유인할 수 있기 때문에, 사회보장제도의 재정적 부담이 더욱 가중될 것으로 전망된다.[11]

(1) 고령화

한국의 총인구는 2018년 49,430천 명을 기점으로 감소하기 시작하며, 2030년에는 48,635천 명, 2050년에는 42,343천 명이 될 것으로 각각 전망된다. 2018년의 정점(49,430천 명)에 대비할 때, 2030년의 총인구(48,635천 명)은 1.4%가 감소하며, 이 결과 2050년의 총인구(42,343천 명)는 무려 14.2%가 감소한다. 2050년의 총인구 42,343천 명은 1989년 총인구 42,449천 명과 유사한 수준이 된다.

[그림 2-3] 한국 총인구의 변동추이

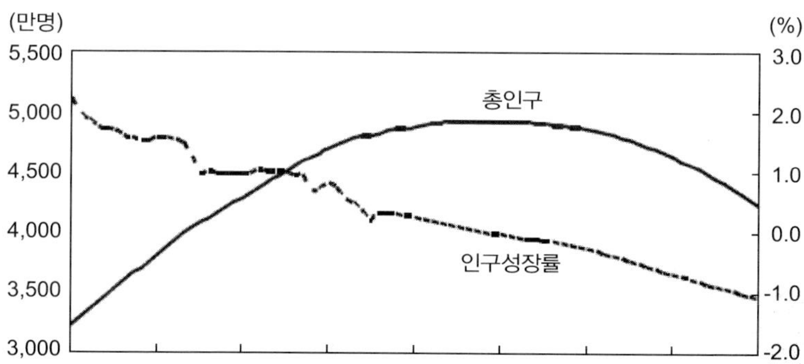

자료 : 통계청(2006), 장래인구추계.

11 Gruber and Wise(1999)와 Marmor and De Jong(1998)을 참조

[그림 2-4] 한국 인구구조의 변화 추세

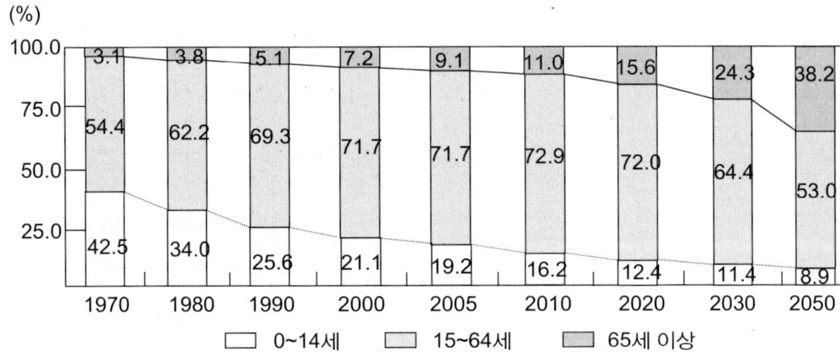

자료 : 통계청(2006), 장래인구추계.

한국의 경우, 인구의 고령화가 매우 급속히 진행 되고 있다. UN은 65세 이상 인구의 비중이 7%를 상회하면 '고령화 사회'(Aging Society), 동 비중이 14%를 넘으면 '고령사회'(Aged Society), 동 비중이 20%를 넘으면 '초고령사회'(Super-aged Society)로 각각 정의하고 있다.

한국통계청의 「장래인구추계」(2006)에 의하면, 한국은 이미 2000년(7.2%)에 '고령화 사회'에 진입하였으며, 2019년(14.3%)에 '고령사회'에, 2026년(20.8%)에는 '초고령사회'에 각각 진입할 것으로 예견되고 있다.

고령화 사회에서 고령사회로 전환하는 데 소요된 기간을 국제 비교해 보면 프랑스의 경우 115년, 미국의 경우 71년, 일본의 경우 24년이 소요되었던 반면에 한국의 경우 불과 19년이 소요될 것으로 전망된다. 심지어, 한국의 경우, 2040년이 되면 고령인구가 35%에 이르러 전체인구의 1/3이 65세 이상의 노인이 될 것으로 전망된다. 그리고 2050년경에는, 전술한 바와 같이, 한국의 인구 고령화율이 세계에서 가장 높은 38.2%가 될 것으로 전망된다.

급속한 '고령화 사회'의 가장 큰 문제점은 경제활동을 할 수 있는 생산가능인구(15세~64세 인구)가 감소함에 따라, 생산가능인구가 고령자(65세 이상)와 유소년(14세 이하)을 부양하는 부담이 커진다는 점이다. 2005년의 경우 생산가능인구는 전체 인구의 71.7%(3,453만 명)이었으나, 2016년 3,619만 명(73.4%)을 정점으로 감소하기 시작해, 2050년에는 전체 인구의 53%(2,242만 명)가 경제활동에 참여하게 된다. 이것은 2005년 현재 생산가능인구 7.9명이 노인 1명을 부양했다면, 2030년에는 생산가능인구 2.7명이, 2050년에는 생산가능인구 1.4명이 노인 1명을 각각 부양해야 한다는 것을 의미한다.

전술한 바와 같이, 생산가능인구(15세~64세 인구)가 피(彼)부양 인구보다 빨리 증가하는 기간을 '인구 보너스 기간'이라고 부른다. 왜냐하면 생산가능인구가 증가하면 실질 GDP도 증대하기 때문이다. 싱가포르·홍콩·대만·태국·중국과 한국의 경우, 모두 2010년부터 2015년 사이에 '인구 보너스 기간'이 종료되며 모두 '고령화 사회'로 진입하게 된다. 만약 이에 대한 대책(*예로서 총요소생산성 향상*)이 없다면, 소위 '아시아의 시대'는 포말(泡沫)로 끝날지도 모른다.

일본경제연구센터의 2007년 예측에 따르면, '인구 보너스 기간'이 종료되는 시기(*2010년~2015년*)의 1인당 국민소득(*2000년 기준 구매력평가 환산*)은 2010년에 홍콩은 3만 2,000달러, 싱가포르는 3만 달러였던 반면에 2015년에 한국은 2만 8,000달러, 중국은 9,700달러, 태국은 8,700달러로 각각 전망된다.

여기서 유의할 것은 일본에서는 '인구 보너스 기간'이 끝난 1990년 직후에 버블이 붕괴함과 동시에 곧바로 제로(Zero)성장 시대를 맞았다는 점이다. 아마도 '인구 보너스 기간'의 종료가 일본의 구조

조정을 한층 더 곤란하게 했을 것이라고 짐작된다. 기술대국인 일본조차도 이렇게 경제성장이 곤란해졌는데, 국민소득 및 복지 수준이 낮은 상태에서 '인구 보너스'를 더 이상 향유하지 못하는, 한국을 포함한 다른 아시아 국가들의 미래는 더욱 어둡다. 최근에 세계 최저 수준의 출생률과 인구구조의 초(超)고령화를 겪고 있는 한국사회의 장래는 더더욱 어둡다.

(2) '기대수명 100세'의 시대

통계청(2000, 2005)은 "기대수명이 '2010년 78.8세 → 2020년 80.7세 → 2030년 81.5세'로 늘어날 것"이라고 예측했다. 하지만 5년 뒤인 2005년엔 '2010년 79.6세 → 2020년 81.5세 → 2030년 83.1세'로 수정했다. 2020년에야 돌파한다던 '80세의 벽'을 12년 더 빠른 2008년에 이미 뛰어넘은 것이다.

한편, 신(新)기대수명을 산출해 '100세 쇼크'를 예고한 박유성 교수(2011)의 분석에 따르면, 2030년 65세 이상 인구는 1,332만 명이다. 이 예측치는 통계청 예측치(1,181만 명)보다 151만 명이 더 많다.

따라서 신(新)기대수명을 전제로, 예상보다 빠른 '100세 쇼크'에 대비한 연금과 건보의 개혁을 지금부터 서둘러 진행하지 않으면 '복지 재앙'(특히 재정 파탄)을 당할 수 있다는 것을 알 수 있다.

그럼에도 불구하고, 한국의 복지와 국민 의식은 여전히 '80세 시대'에 머물러 있다. 연금·복지·보건·국가재정은 물론, 교육·취업·정년제도, 개인의 재테크와 인생플랜이 모두 '60세에 은퇴해서 80세까지 사는' 것을 전제로 짜여 있다. '20대까지 배운 지식으로 50대까지 일하고 60대 이후엔 할 일이 막막해지는' 체제로서 우리가 어떻게 준비하고 대응하느냐에 따라 '100세 쇼크'는 축복이 될 수도 있고 혹은 재앙이 될 수도 있는 것이다.

[그림 2-5] 한국의 기대수명 예측 변화

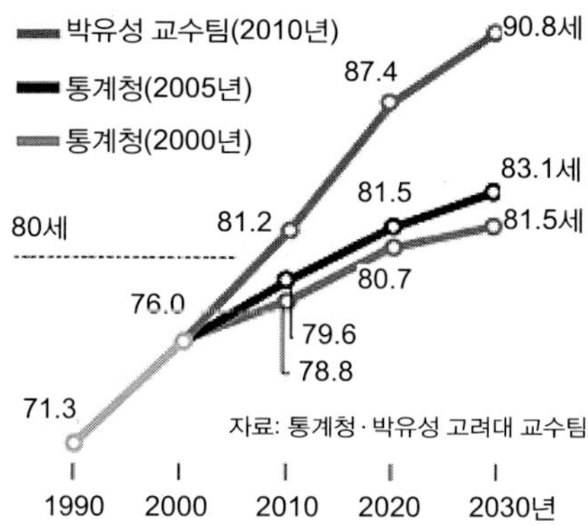

※ **기대수명(壽命)**: 그해 태어난 0세아가 평균적으로 생존할 것으로 예상되는 기간. 병이나 사고로 일찍 요절하는 사람까지 포함한 평균값이기 때문에, 무사히 어른이 되는 사람의 기대수명은 이보다 훨씬 길다.

자료: "[100세 쇼크 축복인가 재앙인가] 71년생(올해 만 40세) 돼지띠 남성들 절반이 94세 이상 산다", 조선일보(2011.01.05)

따라서 '기대수명 100세의 시대'를 뒷받침할 공적 보험제도(국민연금 · 건강보험 등)의 재정 위기를 예방하기 위해서 현행 국민연금제도와 국민건강보험제도를 주도적으로 개혁하지 않으면 한국 사회는 엄청난 혼란과 함께 더욱 더 피폐해질 것이다. 이 중요성은 가까운 이웃 나라인 일본, 최근에 국가부도를 당한 그리스, 최근에 복지급여 수준과 수혜대상자를 재조정하고 있는 서(西)유럽 및 북(北)유럽 등의 사례에서 잘 나타나 있다. 특히, 일본과 그리스의 사례(*'재정위기'와 '국가부채 누증'*)는 한국에겐 타산지석(他山之石)의 교훈이 될 것이다.

(3) 저(低)출산

전술한 바와 같이, '고령화'는 부양받을 사람이 많아지는 반면에 '저(低)출산'은 부양할 사람이 줄어든다는 것을 의미한다. 최근에 한국의 젊은 세대가 아이를 덜 낳는 것은 그들 나름대로 합리적 결정일 수 있다. 왜냐하면 정규직과 비(非)정규직의 심각한 소득격차 속에서 무한경쟁, 공(公)교육의 붕괴, 높은 주거비 등으로 인하여 젊은 세대의 부부가 자녀를 위한 양육 및 교육에 대하여 자신감을 도저히 가질 수 없는 사회·경제적 환경이기 때문이다.

특히, 아동 지원수당은 해당 국가의 향후 생산성 향상과 경제성장을 촉진할 수 있는 '사회적 투자'(Social Investment)이다. 북유럽 국가의 출산율이 '아동 복지' 덕분으로, 심지어 남유럽 가톨릭 국가의 그것보다 더 높다. 이와 반면에, 자녀수당이 없는 국가는 OECD 중에서 미국, 터키, 한국이다. 미국을 제외한 선진 복지국가들의 아동 지원수당은 복지예산의 10% 안팎을 차지하고 있다. 이와 반면에, 남유럽 국가들의 경우, 복지지출에 대한 아동지원수당의 비중이 매우 낮다.[12] 그러나 한국의 아동지원수당은 심지어 남유럽 국가들의 그것보다 더 적다.

한국의 아동지원수당은 복지예산의 0.001%(898억 원) 수준이다. 차상위 계층(최저생계비의 120% 이하의 소득계층)에게 고작 월 20만원을 지급할 뿐이다. 그것마저도 자녀가 만3세가 넘으면 아동지원수당의 지급은 중단된다. 이와 반면에, 유럽 복지국가의 경우, 소득수준과 상관없이, 자녀가 20세가 될 때까지 한 달에 수십만 원씩 지원한다.

12 이와 대조적으로, 남유럽 국가들의 경우 노령연금 등 각종 연금비율이 높다. 이 결과 조기퇴직 및 노동시장참여율 저조로 인하여 연금재정의 위기가 야기되었다.

이러한 상황에서, 한국의 출산율은 세계 최저일 수밖에 없으며, 이 결과 한국의 인구 고령화 속도는 세계 최고일 수밖에 없다.

더욱 한심한 것은 한국기업이 직장 보육시설 만들 때 거쳐야 하는 법규가 무려 총 100여개가 된다는 점이다. 인가 절차를 밟는 데만 4~5개월 정도 걸린다. 이러한 제도적 장애요인을 감안해보면, 한국기업들이 직장 내 보육시설 설치를 꺼리는 것을 이해할 수 있다. 이 결과, 직장 보육시설 설치 의무사업장 중 보육시설을 만들어 놓은 곳이 고작 37.4%(2010년 6월)에 불과하다. 2010년 국가산업단지 내 기업 가운데 보육 문제로 인력관리에 어려움을 겪는다는 기업들이 무려 44.1%에 달한다(조선일보, 2011. 01. 14). 따라서 정부가 저출산·고령화가 망국(亡國)의 길임을 진정코 자각한다면, 회사내 보육시설 설치와 관련된 법규를 한시바삐 완화 내지 철폐해야 할 것이다.

모름지기, 저출산·고령화 추세에서 가장 중요한 것은 총요소생산성(Total Factor Productivity)을 향상시킬 수 있는 인적자원개발정책에 역점을 두어야 한다는 점이다. 다행히, 여성의 노동시장 참가는 생산가능인구(15세~64세 인구)의 감소를 완화시킨다. 유럽에서는 여성의 노동참가율이 높은 나라가 출생률 저하 방지에 성공했다.

따라서 민관(民官)이 협력해서 여성이 출산한 후에도 계속 일을 할 수 있는 제도적 보장과 환경 정비를 서두르지 않으면, 한국사회의 출생률 저하 및 고령화의 추세를 막을 수 없을 것이다. 이 결과, 한국사회의 인구구조는 역(逆)삼각형의 '노인 국가'가 되어 국가경제는 결국 무너질 것이다. 또한, 개인적으로는, 오래 산다는 것이 죄가 될 것이고 웃어른에게 '오래 오래 사십시오' 라는 인사는 가장 큰 욕이 될 수 있는 시대가 올지도 모른다.

2) 고령화에 의한 복지재정의 위기

한국의 복지제도는 준비단계에서부터 미래의 고령화 추세에 대한 사례 깊은 설계가 부족한 상태에서 출발했고, 그 대응도 늦었고 미흡했다. 게다가, 이러한 사회적 분위기 속에서, 복지재정의 위기가 고조되고 있다. 그럼에도 불구하고, 여·야 정치권은 2012년 총선거와 대통령선거를 겨냥하여 유권자의 환심을 사기 위한 '선심형 복지 패키지'를 쏟아내고 있다.

(1) 국민건강보험 재정

건강보험 혜택을 받는 사람 가운데 65세 이상 인구 비율은 2011년 처음 10%를 넘어섰다. 이들 10% 노인층에 지출되는 진료비가 전체 건강보험 지출액의 3분의 1에 달한다. 현재 월 300만원을 받는 샐러리맨은 보험료를 월 16만 원 정도 내고 있지만 현재의 고령화 추세가 계속되면 2020년엔 월 30만원을 내야 할 만큼 건강보험료 부담이 급증할 것으로 전망된다.

특히 100세 시대로 가면 재정파탄은 명약관화(明若觀火)하다. 김정식·성태훈·서승환(2010)의 분석에 의하면, 소득 대비 건강보험료 비율(5.3%)은 올리지 않은 채, 통계청 예측 수준으로 고령화가 진행되고, 선진국 수준으로 정부의 의료비 지원(공공보장률)이 이뤄진다고 가정할 경우 국민건강보험 재정은 2030년에 66조 2,000억 원의 천문학적 적자를 떠안게 된다고 한다. 여기에다 한국통계청 예측보다 빠르게 100세 시대가 다가온다면 국민건강보험 재정의 파산 시점이 더 빨라질 것이라고 한다.

참고로, 국민건강보험공단은 2010년 한 해에만 건보 재정이 1조

3,000억 원 적자가 났다고 발표했다. 그 요인은 수명 연장과 고령화로 의료비는 늘어나는데, 국민들이 내는 보험료는 그만큼 증가하지 않았기 때문이다.

따라서 소득 대비 건강보험료의 비율(5.3%)은 올리지 않은 채, 통계청 예측 수준으로 고령화가 진행되고 선진국 수준으로 정부의 의료비 지원(의료보장률)이 이뤄진다고 가정할 경우, 국민건강보험 재정은 2030년에 66조 2,000억 원의 천문학적 적자를 떠안게 된다. 한 걸음 더 나아가, 만약 상기한 통계청 예측보다 더 빨리 '기대수명 100세의 시대'가 도래한다면, 건강보험 재정의 파산 시점은 더욱 더 빨라질 것이다.

만약 건강보험 재정이 파탄하게 되면 병·의원들은 보험 환자를 거부하거나 보험이 적용되지 않는 진료에 골몰할 수 있다. 또한, 새로운 항암제나 수술기법이 나와도 '비(非)의료급여'로 제한할 가능성이 크다. 따라서 의료서비스의 질은 악화될 것이다.

물론, 건강보험 재정적자의 해소 방안으로서 건강보험료율의 인상, 환자의 의료비 부담의 제고, 진료비 심사의 강화, 국고(國庫) 지원의 증대를 들 수 있다. 그러나 현재의 초(超)고령화 추세를 감안하면 상기한 대응방법에는 한계가 있다. 예로서, 현재 납부하는 건강보험료(*실제 의료비의 60% 정도*)가 높다는 불만이 많다. 게다가 인구 고령화는 하루아침에 극복되거나 해결될 사안이 아닌 것이다.

(2) 국민연금 재정

다음으로, 국민연금 역시 재정위기 상황에 놓여 있다. 1998년과 2007년의 2회의 국민연금제도 개혁으로 국민연금 급여를 임금수준의 70%에서 40%로 낮추었다. 그러나, 전술한 국민건강보험 재정뿐만 아니라, 국민연금 재정 역시 위기 상황에 놓여 있다. 국민연금이 2044년 재정적자로 돌아선 후, 2060년에는 적립금이 고갈될 것으로 전망된다. 2050년에는 98조 8,910억 원의 적자가, 2070년에는 무려 534조 4,160억 원의 적자가 각각 발생할 것으로 추정된다.

물론, 향후 20~30년간은 지출보다 수입이 많지만, 2044년에는 재정 적자로 돌아설 것이고, 그 이후 2060년에는 국민연금 기금의 적립금이 고갈될 것으로 전망된다. 2050년에는 98조 8,910억 원의 적자가, 2070년에는 무려 534조 4,160억 원의 적자가 각각 발생할 것으로 정부는 추정하고 있다.

그러나 신(新)기대수명을 산출해 '100세 쇼크'를 예고한 박유성(2011) 교수의 분석에 따르면, 2030년 65세 이상의 노인인구는 1,332만 명이다. 이것은 전술한 통계청의 예측치(1,181만 명)보다 151만 명이 더 많다. 그만큼 국민연금 지급 부담이 늘어나게 되는 것이다. 현재 국민연금 수급자의 1인당 평균 월 급여액이 80만 원인 것으로 계산해보면, 2030년 한 해에만 14조 5,000억 원의 국민연금을 더 지급해야 한다.

따라서 국민연금제도가 개혁되지 않은 상황에서 '기대수명 100세의 시대'가 진행되면, 국민연금 기금의 적립금 고갈이 정부 예측 시점(2060년)보다 10~20년 정도 앞당겨져 빠르면 2040년이 될 수도 있다.

[그림 2-6]

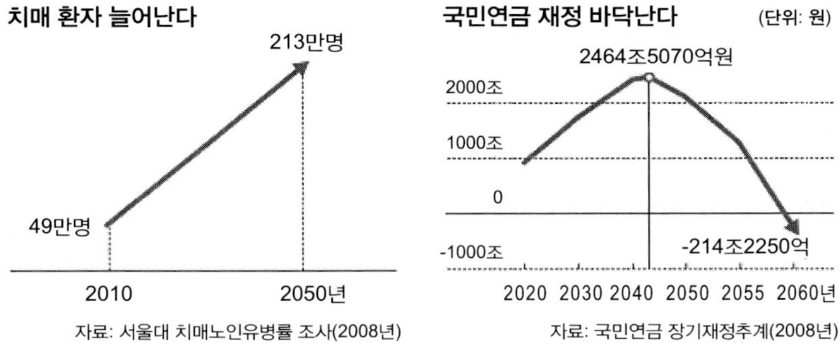

자료: “[100세 쇼크 축복인가 재앙인가] ‘준비 안 된 100세’는 나에게도 국가에도 재앙”, 조선일보(2011. 01. 03) ; “[100세 쇼크 축복인가 재앙인가] 30년 후(연금개혁 안할 경우) 당신이 탈 연금은 없다”, 조선일보(2011. 01. 04)

3. 한국 정치권의 ‘무상복지 시리즈’[13]

최근에 민주당이 내놓은 ‘무상의료’를 포함한 ‘무상복지 3+1’(즉, 무상급식 · 무상교육 · 무상의료 · 대학생 반값 등록금)을 둘러싸고 정치권이 갑론을박(甲論乙駁)을 벌이고 있다. 야당(특히 민주당)은 ‘보편적 복지’라는 시대적 과제를 달성하기 위한 것으로 기존의 틀 내에서 충분히 재원을 조달할 수 있다고 주장하고 있다. 이와 반면에, 정부·여당은 처음에는 야당의 주장을 무책임한 ‘포퓰리즘’(populism: 대중인기영합주의)이라며 비판하였다가 최근에 민심의 동향을 인지하고 오히려 야당보다 더 적극적으로 대중인기 영합적 복지정책들이 수북이 담긴 ‘뉴비전’을 허겁지겁 발표(2011. 07. 19)하였다.

13 저자는 ‘무상복지’의 범위에서 ‘대학생 반값 등록금’은 제외하기로 한다. 개념상, 교육도 광의의 복지에 포함되지만, 본 연구는 사회보장제도에 초점을 두고자 한다.

1) 배경 및 전개과정

소위 '무상복지'의 역사적 배경은 다음과 같다. 노무현 정부 때인 2006년 1월 보건복지부는 6세 미만 영·유아 병원 입원비 전액 '공짜' 정책을 도입했다. 종전에는 환자 측이 입원비의 20%를 부담했다. 이어 2006년 6월엔 환자가 100% 부담하던 병원 식대(食代)의 80%를 건강보험에서 지원하는 정책을 도입했다. 그러자 입원환자가 급증해 한 해 사이 6세 미만 입원비는 39%, 식대 부담은 50%나 불어났다. 건강보험 재정이 더 이상 버틸 수 없게 되자, 보건복지부는 2008년 1월부터 6세 미만의 환자에게는 입원비의 10%를 부담하도록 했고 병원 식대는 환자 부담을 20%에서 50%로 높였다.

또한, 저(低)소득층에 진료비를 '공짜로' 해주는 의료급여 지출액도 노무현 정부 때 크게 늘어났다. 2001년 2조 1,000억 원이던 것이 2006년 3조 5,000억 원이 됐다. 의료급여 혜택을 받는 176만명 가운데 진료일·투약일이 연 365일을 초과하는 경우가 38만 5,000명이나 됐다. 사실, '무상'이다 보니 조금만 몸이 이상해도 병원을 찾아가는 사람이 많았다. 이 결과, 보건복지부는 건강보험 재정이 더 이상 버티기 어렵게 되자 2007년 7월부터 연간 진료·투약일이 일정 수준을 넘어서는 사람은 정해진 병원만 다니도록 제한하는 '선택병원제'를 도입했다.

최근에, 박근혜 전(前) 한나라당 대표가 '한국형 복지'를 제시했다. 이에 뒤질세라 2010년 6·2 지방선거에서 '무상 급식'으로 재미를 본 민주당은 당론으로 '무상 의료' 정책을 채택(2011. 1. 6)했고, 이어서 민주당 정책위는 '무상 보육'과 '대학생 반값 등록금' 정책을 발표(2011. 1. 13, 민주당 정책 의원총회)했다. 이로서, 민주당의 소위 '3+1 무상복지 시리즈'가 준비된 것이다. 결국, 이명박 정부의 교육정책 입안자였던 당시 이주호 의원의 '반값 등록금' 정책이 현재 민주당의 '무상 복지' 즉 '3+1'(무상급식 · 무상교육 · 무상의료 · 대학생 반값 등록금)의 형태로 부메랑이 되어 돌아오고 있는 셈이다.

다른 한편으로, 한나라당은 이른바 "70% 복지"를 제시했다.[14] 국민의 70%를 복지정책의 대상으로 삼고 각종 복지혜택은 확대 하겠다는 것이다. 고소득자를 수혜대상에서 제외하는 '선별적 복지'가 마치 합리적인 제도인양 주장하고 있다. 그러나 국가 세수의 대부분을 부담하는 상위 30% 계층에게 자신들은 아무 혜택도 보지 못하는 정책을 위해 세금만 엄청나게 많이 더 낼 것을 강요하는 정책은 전혀 지속가능하지 않은 복지체제이다.

전술한 바와 같이, 한국 정치권에선 여·야 할 것 없이 무상(無償)급식, 70% 복지, 보편적 복지 같은 선심성 구호만 난무하고 있다. 나라의 미래를 걱정하면서 고령화에 따른 건보 위기, 복지 위기, 재정 위기에 정면으로 부딪쳐보겠다는 양심적인 세력과 책임 있는 정치인은 찾아볼 수 없다(조선일보, 2011. 01. 04).

2) '무상복지'를 위한 재원조달에 관한 정치권의 무(無)책임성

전술한 바와 같은 소모적 논란은 2012년 총선·대선을 앞두고 계속 이어질 것으로 예상된다. 여기서 유의할 것은 만약 한국의 여·야가 달려들어 국가 살림을 축내기 시작하면, 일본 민주당이 정권탈취를 위해 쏟아낸 선심용 선거공약의 수행을 위한 막대한 복지

14 야당의 복지 공약들이 유권자의 표를 의식한 포퓰리즘 정책이듯이, 청와대와 여당의 친서민정책특위가 쏟아내는 각종 정책과 유력 대선주자가 내놓는 정책들도 사실은 '포퓰리즘'과 무관하지 않다.

재원의 조달 어려움으로 큰 곤욕을 치루고 있는 일본의 진퇴유곡(進退維谷)에 한국도 처할 수 있으며, 또한 '포퓰리즘'으로 인하여 '미래세대가 부담할 빚'을 얻어 복지를 확대함에 따라 국가재정을 파탄시킨 남미(南美)의 아르헨티나와 남유럽의 그리스의 전철을 한국도 밟을 수 있다는 점이다. 특히 그리스의 국가 채무는 1980년대 초반 GDP 대비 20%대 수준이었으나 1980~1990년대 집권당이 포퓰리즘적 복지를 늘리는 바람에 국가 채무의 비율이 125.7%를 기록하며 국가부도 위기를 맞았다.

한국은 저출산·고령화 속도가 세계에서 가장 빠르다. 한국의 인구구조는 현행 복지제도를 그대로 유지하더라도 세금을 납부할 청·장년층이 감소하는 반면에 복지혜택을 받을 노년층은 증가함으로써 복지비용은 급속도로 팽창하게 되어있다.

(1) 민주당의 '무상복지'를 위한 재원조달 계획

전술한 '무상복지.3+1' 중에서 특히 '무상의료'는 필요재원의 규모와 조달 가능성의 측면에서 많은 논란이 제기되고 있다. 여기서 유의할 것은 원래 '무상의료'란 '공짜의료'가 아니라 단지 '의료서비스 이용 시점에서' 돈을 지불하지 않는다는 것을 의미하는 것임에도 불구하고 마치 '공짜의료'로 잘못 인식 및 선전하고 있다는 점이다. 따라서 '무상의료'는 결국 사회구성원 중에서 누군가가 지불해야 한다는 점이다.

민주당은 '무상의료'를 입원환자를 위한 건강보험 의료보장률(입원진료비의 건강보험 부담률)을 현행 62%에서 90%까지 높이고 진료비의 본인 부담금 상환액을 100만 원까지 낮추는 것으로 홍보하고 있다.

그리고 '무상의료'에 소요될 재원으로서 8조 1,000억 원으로 추산하고, 이 조달방법으로서 금융·임대소득에 건강보험료를 부과하고 국고 보조를 늘려 해결할 수 있다고 주장한다.[15]

이에 대하여, 보건복지부는 "*8조 원이 아니라 30조 원이 더 필요하고 이 경우 1인당 보험료가 2배 인상돼야 한다*"고 반박한다. 보건복지부의 '무상의료'를 위한 보건복지부의 추정액 30조 원은 현재 건강보험 재정 31조원의 전부가 된다. 따라서 민주당의 '무상의료'를 실현하려면 세금을 더 걷지 않고서는 국민건강보험제도가 그냥 주저앉게 된다.

그럼에도 불구하고, 민주당 정책위는 이명박 정부의 소위 '부자감세'를 철회함으로써 거둘 수 있는 세수 4조 1,000억 원, 자연적인 세수(稅收) 증가 6조 6,000억 원, 세계잉여금(歲計剩餘金 · 더 걷혀 남은 세금) 1조 5,000억 원, 조세 감면 축소에 의한 2조 4,000억 원, 국민건강보험제도의 개혁에 의한 4조 2,000억 원 등을 통해 모두 18조 8,000억 원을 확보하는 방안을 제시했다. 또한, 민주당 정책위는 정부예산의 우선순위 조정을 통해, 예를 들어 4대강 사업(2011년 9조 원, 2012년 3조 3천억 원), 정부 홍보성예산, 기관장 특수판공비 등을 줄임으로서 7조~8조 원의 재원을 확보할 수 있다고 주장했다.

다시, 2011년 1월 31일, 민주당은 '무상 복지' 즉 '3+1'(무상 급식 · 무상 교육 · 무상 의료+반값등록금)을 공약하고 이 공약들을 시행하기 위한

---

15 또한, 노무현 정부 때 복지부 장관을 역임했던 유시민씨는 퇴임 후 출판한 그의 저서에서 "무상(無償)의료를 하자는 것은 세상 물정 모르는 터무니없는 구상"이라면서 "국가 전체로 보면 무상의료란 존재할 수 없다. (환자에겐 무상이지만 결국 그 비용은 누군가 내야하고) 누가 어떤 방식으로 부담하느냐의 차이가 있을 뿐"이라고 했다(조선일보, 2011. 01. 18).

연간 소요 예산으로서 총 16조 4,000억 원을 추산했다. 과연, 상기의 재원조달방안을 "*증세*(增稅)*를 피하면서 산출한 금액*"이라고 전병헌 정책위 의장은 주장했듯이, 상기의 소요 예산액 16조 4,000억 원이 매년 세금 인상 없이 가능할 수 있을까?

여기서 유의할 것은 민주당이 추정한 '무상 복지' 재원을 조달하기 위해 매년 징수해야 할 16조 4,000억 원은 노무현 정부 때 연간 종합부동산세 세수(3조원)의 5배가 넘는다는 점이다. 당시의 조세 저항과 혼란을 상기해보면, 이 공약(公約)은 분명코 허황된 공약(空約)이다.

2011년 복지 예산은 86조 4,000억 원으로 전체 예산에서 차지하는 비중이 28%다. 이 분야 통계가 잡힌 2005년의 23.7%에서 불과 6년 사이에 4%포인트 이상 증가한 것이다. 만약 민주당의 '무상복지' 공약을 담은 재정이 투입되면 복지 예산 비중이 34%대로 치솟는다.

유럽의 사회민주주의 국가들이 '평등과 연대'를 내걸고 국민들에게 높은 세금 즉 법인세 60%, 소득세 40%를 각각 부과하였는데, 그들 납세자들은 이러한 '세금폭탄'을 사회통합을 위해 군말 없이 받아들였다. 그러나 그러한 '세금폭탄'을 한국의 시민들이 장기간 용인할 수 있을까?

물론, 어느 분야까지, 어느 수준까지 복지혜택을 확대하느냐에 따라 소요예산은 달라질 수 있지만, 야당의 추산에 따르더라도 최소 16조 원, 많게는 30조 원 이상이 각각 필요하다. 실제적으로 조세감면 축소와 세원 양성화 등을 통해 조달할 수 있는 규모는 10조 원을 넘기 어렵다.

(2) 한나라당의 '뉴비전'(2011. 07. 21)

한나라당의 씽크탱크인 여의도연구소가 2011년 7월 19일 한나라당의 새로운 비전[16]을 발표했다. '뉴비전'에는 지금까지 한나라당이 줄곧 주창해 온 성장주의 담론인 "선진화"가 여전히 중요한 국가발전 목표로 설정되어 있지만 2012년의 시대적 과제로 "복지"를 전면에 내세우고 있다는 점에 주목할 필요가 있다.

한나라당의 '뉴비전'은 사회양극화나 비정규직 문제, 고령화와 저출산 문제, 성장 동력의 부재를 비롯하여, 보육, 교육, 의료, 주거, 노후소득보장 등 국민의 5대 불안 문제를 스스로 인정하고 있다는 점에서는 일단 긍정적으로 평가할 만하다.

그러나 한나라당의 '뉴비전'은 모든 사람이 생애주기별로 안정된 소득을 누리게 하고, 모든 국민을 빈곤, 질병, 노령, 실업, 장애, 산재 등의 위험으로부터 자유롭게 하는 "평생 안심복지"를 제공해야 한다고 주장하고 있다. 그러나 이는 선언적인 언급일 뿐, 복지확대를 위한 재원 조달 대책이 거의 설득력이 없다.

한나라당은 소득세와 법인세 감면 등 부자감세 정책을 그대로 유지한 채, 비과세 감면의 축소, 탈세 척결, 재산세 과세의 현실화 등 민주당과 별로 다를 바가 없는, 실효성이 의심스러운 대책만을 제시하고 있다. 이것은 국민을 현혹하는 무책임한 포퓰리즘이 아닐 수 없다.

굳이, 한나라당과 민주당의 차이를 찾아보면 한나라당이 부가가

---

16 이는 "모든 국민이 더불어 행복한 선진복지국가, 서민이 행복한 나라"를 표방하는 186페이지에 달하는 방대한 내용으로 한나라당의 이념과 정책의 변화를 표방하면서 정치, 경제, 사회, 외교와 국방 분야의 전반적인 정책들을 포함하고 있다.

치세, 담배 소비세, 주세 등 간접세에 대한 증세를 하겠다는 것뿐이다. 물론, 담배값과 술값의 인상 등은 금연과 금주 정책으로서 매우 필요한 것이다. 그러나 부가가치세 등 소득에 역진적인 소비세들을 중심으로 하는 증세는 결국 가난한 사람의 주머니를 털어 재원을 마련하는 것이다.

한나라당의 '뉴비전'은 과거 김대중·노무현 정부의 10년 동안의 복지재정 증가율(10.8%)을 근거로, 기초노령연금이나 국민연금, 노인장기요양보험과 건강보험, 기초생활보장과 의료보호 등에 대한 대상자의 자연증가로 인하여 사실상 복지지출이 거의 저절로 OECD 수준의 20%가 된다고 주장하고 있을 뿐이다. 이것은 새로운 복지정책을 실시하겠다는 것보다 고령화와 경제성장에 따른 자연적인 세수(稅收)증가에 의하여 복지지출수준이 증가하는 것을 기다리겠다는 것으로 해석된다.

그러나 현재 국내총생산의 9% 수준인 사회복지지출을 2020년까지 20%로 확대하는 것은 적극적인 증세나 세목의 신설 없이는 불가능하다. 이것은 한나라당이 민주당 손학규 대표가 주장하는 '증세 없는 복지 재정 마련 정책'을 무책임한 것으로 비판하고 있는 것과 동일하게 비판받아야 한다.

다른 한편으로, 한나라당의 '뉴비전'은 빈곤아동에 대해서만 선별적으로 수당을 지급하겠다는 이른바 '빈곤아동수당'제도를 제시하고 있다. 현재 OECD 국가들 중에서 보편적 아동수당 제도를 도입하지 않는 나라는 거의 없다. OECD 국가들이 소득과 무관하게 모든 아동에게 수당을 지급하는 이유는 육아에 대한 국가와 사회의 보육 책임을 인정하고, 아동수당을 아동의 인권으로 바라보는 데 근거하고 있다. 아동은 미래 경제사회발전의 희망이자 동력이다. 아동시기의 성장과 교육의 성과가 이후의 삶에서 결정정인 역할을 수행한다. OECD 국가들과는 대조적으로, 한국의 한나라당은 '빈곤아동수당'과 같은 선택적 빈곤아동수당제도를 제시하고 있는 것이다.

또한, 한나라당의 '뉴비전'은 오세훈 서울시장(당시)의 전면적 '무상급식' 반대를 지지하면서, 한편으로는 농산어촌 지역의 전면적 무상급식, 소득과 관계없이 학생당 1-3개의 방과 후 학교 프로그램의 무상화 추진이라는 모순된 정책 방향을 보여주고 있다. 소득하위 70%까지만 '무상급식'을 하는 정책은 세금의 부담자(상위 30%)와 복지의 수혜자(하위 70%)를 분리하는 정책이 되므로, 이러한 선별적 무상급식 정책은 그 자체로 지속가능하지 않음은 물론 향후 대상자가 크게 확대될 가능성도 거의 없다.

또한, 한나라당의 '뉴비전'은 사회복지 공무원 13,951명을 증원하고, 학교 사회복지사 11,160명, 군 사회복지사 1,424명 등에 대한 충원 계획 등 사회복지 인력 확대에 대해 구체적인 숫자까지 제시하고 있다. 그러나 정작 중요한 국민연금의 보장율이나 기초노령연금의 인상에 대해서는 어떠한 목표나 수치도 제시하지 않고 있다. 건강보험의 보장성 확대도 공언하고 있지만, 이에 대한 자세한 내용이나 일정과 경로, 구체적인 국고지원 증액 계획은 찾아볼 수 없다.

특히, 2013년까지 13,000명의 사회복지사 확충을 추진하겠다는 계획의 실상을 들여다보면, 거의 대부분 기존의 일반직 공무원을 재배치하는 것으로 되어있다. 신규채용이 전혀 없는 것은 아니지만, 매년 1,000명 정도에 불과해 새로운 비정규직의 저임금 일자리 양산으로 끝날 위험이 높다.

이러한 단견(短見)은 '복지'를 '빈민구제 급여'의 차원에서 인식하기 때문에 나타나는 결과이다. '복지'는 '성장'과 분리할 수 없으며 '최상의 복지는 지속적 성장에 의한 양호한 직장'인 것이다.[17] 따라서 '합리적 복지'를 위해서는 '완전고용 추구형 복지'라는 기본인식이 필요한 것이다.

---

17 임양택 컬럼, "최상의 복지는 고용이다", 한국경제신문, 2011. 10. 07.

제3장

국민연금제도의 개혁 방향

소득보장의 확충을 위한 시도는 국가적 논쟁을 불러 일으켜 왔다. 우선, 1988년 '최저임금제' 도입 당시에, 동 제도에 대한 반발이 극심했다. 당시 세계 70여개국이 최저임금제를 시행 중이었다. 그러나 당시 한국사회의 임금은 시장원리에 따라 노동의 대가로 결정돼야 한다는 논리에 입각하여, 정부가 강제적으로 최저임금제를 도입하면 경영손실을 가져와 실업률만 높아질 것이라는 이유로 최저임금제의 도입을 비판하였다. 그러나 당시 우려했던 고용 감소는 발생하지 않았다.

1999년 4월, 김대중 정부(1998. 2. 25~2003. 2. 24)가 '전(全) 국민 연금제도'를 시행할 때 심지어 '망국론'이 등장했다. 직장가입자에서 출발한 국민연금제도가 농·어민에 이어 자영업자까지 아우르는 쪽으로 확대되자 국민연금 재정의 기금이 고갈될 것이라고, 심지어 동 제도를 폐지해야 한다는 주장이 대두되었다.

또한, 2007년 노무현 정부(2003. 2. 25~2008. 2. 24)가 국민연금제도의 개혁입법을 추진할 때는 '표(票) 포퓰리즘'이라는 비판이 드세었다. 일부에서는 국민연금제도를 심지어 민영화하자는 주장도 제기되었다. 그러나 국민연금제도는 2010년 세계 연·기금 중에서 4번째로 큰 규모인 자산 300조 원 시대를 열었다. 이어서, 2008년 노무현 정부는 65세 이상 노인의 70%까지 연금을 지급하는 '기초노령연금제도'를 도입했다.

당시 야당이었던 한나라당은 65세 이상의 노인 전원에게 지급하자고 맞섰다. 그러나 이명박 정부(2008. 2. 25~2013. 2. 24)가 들어서면서, 상기 제도의 도입을 반대했었던 한나라당의 입장이 180도 달라졌다. 이젠, 고액 자산을 가진 노인에게까지 정부 재정으로 국민연금을 지급할 필요가 있느냐고 반대하고 있다. 이러한 작태를 두고 조변석개(朝變夕改)라고 일컫는다.

현재, 65세 이상 노인의 70%까지 1인당 월평균 9만 원(부부는 14만 4,000원)의 '기초노령연금'을 받고 있다. 인구 고령화 추세에서 노후 대책이 없는 노인 인구가 증가하고 있는 최근 및 향후 추세를 고려해보면, 그나마 기초노령연금은 적은 액수지만 상당한 사회안전망 구실을 하고 있는 것으로 높이 평가되어야 할 것이다.

상기의 '기초노령연금제도' 마저 없다면, 한국사회는 마치 현대판의 '고려장'(高麗葬)을 일삼는 야반인이 사는 동네가 되었을 것이다. 누구에게나 노(老)부모가 있을 수 있고, 누구나 모두 늙어가기 마련인데, 모두가 부끄러워할 줄 알아야 할 것이다.

1. 국민연금제도의 운영 현황

1) 노후소득보장체계의 개관

한국의 노후소득보장체계는 크게 3가지 시스템 즉 ① 정부가 운영·관리하는 공적연금제도, ② 기업중심의 퇴직연금제도, ③ 개인연금으로 구성되어 있다([그림 3-1] 참조). 또한, 공적연금제도는 크게 2가지, 즉 ① 일반국민을 적용대상으로 하는 국민연금과 ② 특수직역연금으로 구분된다. 다시, 특수직역연금은 적용직역의 종류에 따라 3가지, 즉 ① 공무원연금, ② 사립학교 교직원연금, ③ 군인연금으로 구분된다.

[그림 3-1] 한국의 노후소득보장체계

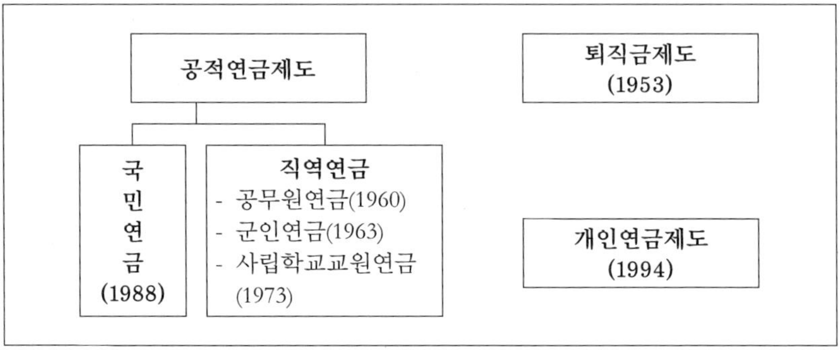

주: ( ) 안은 시행연도를 나타냄.

○ **특수직역연금제도**

공무원연금은 1960년, 군인연금은 1963년, 사립학교교원연금은 1973년도에 각각 도입되어 정착단계에 놓여 있다. 이 두 연금제도는 지난 30여 년 동안 꾸준히 납입해온 가입자들이 이제는 연급을 수령받기 시작하면서 이미 성숙단계에 접어들었다. 이에 따라 연금기여율이 지속적으로 증대되어 17%까지 올랐음에도 불구하고 연금급여가 많이 이루어짐에 따라 재정수지 적자를 나타내고 있다.

예로서, 공무원연금은 1994년에 이미 적자가 발생하여 1997년 외환위기와 함께 가입자가 줄어듦에 따라 더욱 적자폭이 확대되었으며, 이후 2001년에는 정부보조금으로 운영되고 있는 상황이다. 특히, 군인연금의 재정적자는 더욱 심각한데 이미 1975년부터 적자가 발생하기 시작하여 1977년에는 적립금이 고갈되어 현재 공무원연금과 같이 정부보조금으로 운영되고 있다. 오직, 직역연금 중에서 사립학교교원연금만이 적립기금이 꾸준히 증가하여 흑자를 유지하고 있는 상황이다(OECD, 2001, pp. 100~101).

○ **퇴직금제도**

퇴직금제도는 1953년 근로기준법에 의해 도입된 이후 현재 5인 이상의 사업장에서는 의무적으로 적용하고 있는 소득보장제도이다. 그러나 퇴직금은 통상 일시적으로 지급되기 때문에 노후소득 보장이라는 측면에서는 기여도가 낮다고 할 수 있다. 또한 대기업이나 중견기업들을 제외하고는 퇴직금을 사외적립하는 제도가 아직까지 보편화되어 있지 않아 퇴직금의 급여보장도 불확실한 실정이다(OECD, 2001, p86). 따라서 퇴직금을 장기적으로는 기업연금으로 전환해나가야 한다는 주장이 많이 제기되고 있다(윤석명 · 김원식 · 박상현, 1999).

○ **개인연금제도**

개인연금제도는 1994년부터 도입된 이후 그 규모가 점차 확대되고 있다. 특히 개인연금은 여타 저축수단에 비해 장기간에 걸쳐 이루어지고 있고 조세특례규제법에 의해 세제지원이 대폭적으로 이루어지고 있어 향후 한국의 중요한 노후소득보장수단의 역할을 담당할 것으로 예상되고 있다. 다만 개인연금제도에 대한 세제지원이 과다하여 향후 재정수입 증대를 위해 조세지원의 폭을 줄여나가야 한다는 지적이 많다(전영준 · 한도숙, 1997).

○ **국민연금제도**

1988년부터 도입된 공적 연금제도인 국민연금은 조만간 재정위기상태에 이를 것으로 전망된다. 따라서 동 제도의 개혁에 관한 논쟁이 국가적 이슈로 등장하고 있다. 그 주요요인은 인구구조의 고령화 및 저출산의 추세와 글로벌 경제위기의 여파 때문이다.

심지어, 남유럽(그리스, 이태리 등)과 일본의 경우 공적 연금제도의 재정이 파탄상태에 이르렀다. 한국뿐만 아니라 복지 선진국(스웨덴, 영국, 독일, 프랑스 등)에서도 공적연금제도의 재정 적자를 가장 시급한 국가적 과제로 거론되고 있다.

2) 국민연금제도의 개념과 구조

1988년에 도입된 국민연금의 기본 취지는 국가가 개인 저축을 강제하여 노후 생계유지를 돕자는 것이다. 현행 국민연금제도 하에서 9%의 연금 보험료를 매월 40년의 연금불입기간 동안 납입하면, 은퇴 전(前) 소득의 60%를 연금 급여를 수령한다.[1] 현행 국민연금제도의 수익비(연금급여 총액/연금보험료 총액)는 최대 5.7배로 국민연금 가입자에게 매우 유리하게 되어 있다.

[그림 3-2] 국민연금제도의 개념과 구조

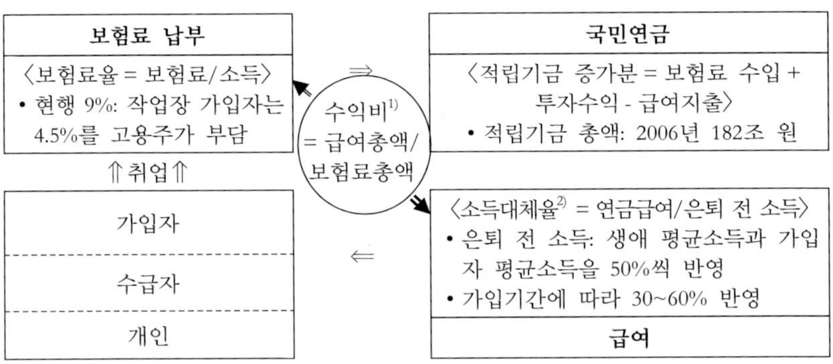

주: 1) '수익비'는 연금 가입자가 은퇴 후 사망 시까지 수령할 연금급여 총액을 은퇴 전까지 납부한 연금 보험료 총액으로 나눈 값이다. '수익비'가 1 이상인 경우, 연금 가입자는 자신이 납부한 연금 보험료 이상의 연금 급여를 수급한다는 것을 나타낸다.
2) '소득대체율'은 연금급여액을 은퇴 전의 소득으로 나눈 비율이다.
자료 : 임양택(2007), p297.

---

[1] 1986년 국민연금제도의 기본 구상에서는 연금보험료 3%, 소득대체율 70%의 장밋빛 청사진을 제시하였다.

3) 국민연금제도 가입자의 현황

2010년 현재, 국민연금제도의 총가입자 수는 1,923만 명으로 1988년(443만 명)에 비해 약 5배 증가했다. 이 중에서, 사업장 가입자 수는 1,041만 명, 지역 가입자 수는 867만 명이다. 지역 가입자 중에서 소득신고자 수는 357만 명, 납부예외자 수는 510만 명이다([그림 3-3] 참조). 국민연금 가입자를 연도별·연령별·성별로 분류해보면 [그림 3-4]와 같다. 국민연금제도 가입자는 해마다 증가하고 있으며([그림 3-4] 참조), 동 연금의 수급자 및 연금급여 지급액도 해마다 증가하고 있다([그림 3-6] 참조).

[그림 3-3] 국민연금제도 가입자의 현황(2010년 기준)

[단위 : 명(person)]

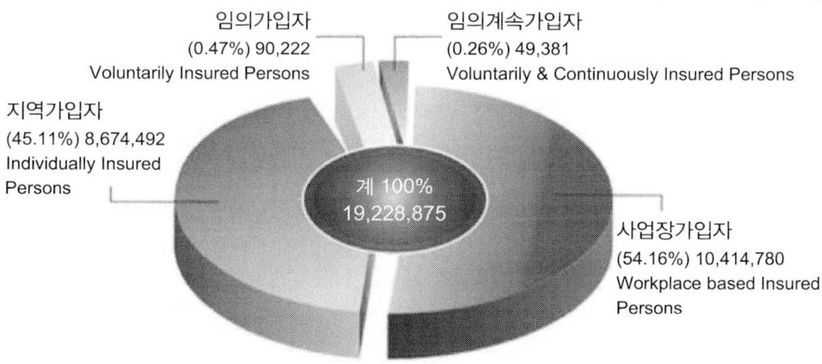

자료: 국민연금관리공단(2010).

[그림 3-4] 국민연금제도 가입자의 현황(연도별·연령별·성별)

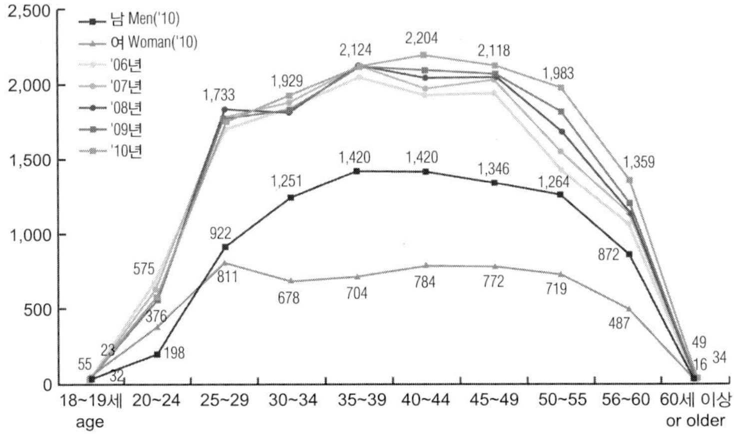

주: 지역가입자 등에서 납부예외자를 제외하였음.
자료: 국민연금관리공단(2010).

[그림 3-5] 국민연금제도 가입자의 변동추이(2010년 기준)

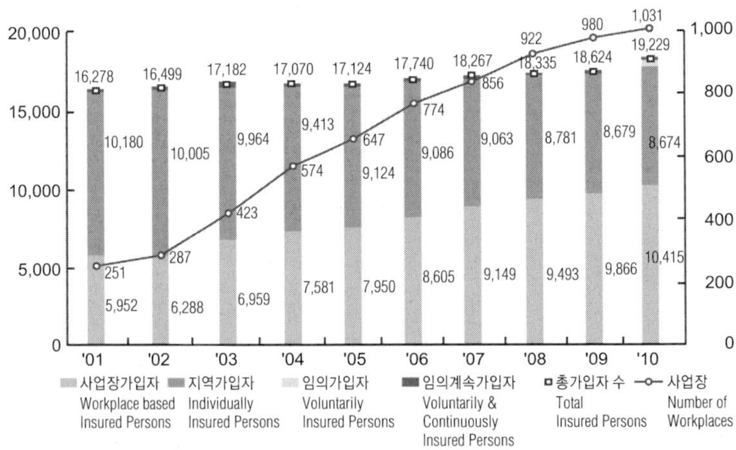

주: 지역가입자에서 납부예외자가 포함되었음.
자료: 국민연금관리공단(2010).

[그림 3-6] 국민연금 수급자 및 급여 지급액 현황(연도별)

[단위 : 백만 원(million won) ; 천 명(thousand persons)]

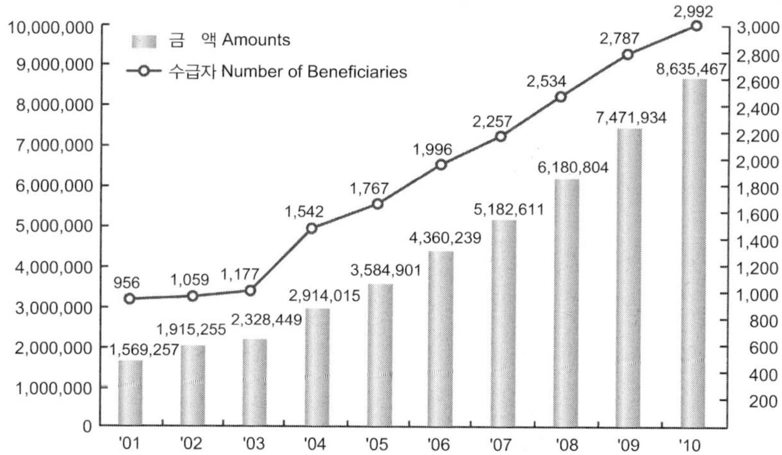

자료 : 국민연금관리공단(2010).

〈표 3-1〉 연도별 국민연금제도 가입자의 변동추이

		총 가입자 수 Total Insured Persons	사업장 가입자 Workplace based Insured Persons		지역 가입자 Individually Insured Persons	
			사업장 Workplaces	가입자 Insured Persons	소득 신고자 Insured Persons paying Contribution	납부예외자 Insured Persons excepted from Contribution Payment
1988	계 Total	**4,432,695**	58,583	4,431,039	-	-
	남 Men	**3,076,928**		3,075,813		
	여 Women	**1,355,767**		1,355,226		
1995	계 Total	**7,496,623**	152,463	5,541,966	1,650,958	239,229
	남 Men	**5,538,987**		4,027,112	1,290,719	173,281
	여 Women	**1,957,636**		1,514,854	360,239	65,948
1999	계 Total	**16,261,889**	186,106	5,238,149	5,309,735	5,512,567
	남 Men	**11,539,149**		3,829,591	4,035,692	3,561,274
	여 Women	**4,722,740**		1,408,558	1,274,043	1,951,293

〈표 3-1〉 계속

		총 가입자 수 Total Insured Persons	사업장 가입자 Workplace based Insured Persons		지역 가입자 Individually Insured Persons	
			사 업 장 Workplaces	가 입 자 Insured Persons	소 득 신 고 자 Insured Persons paying Contribution	납 부 예 외 자 Insured Persons excepted from Contribution Payment
2001	계 Total	**16,277,826**	250,729	5,951,918	5,704,389	4,475,722
	남 Men	**11,251,239**		4,229,393	4,126,654	2,825,589
	여 Women	**5,026,587**		1,722,525	1,577,735	1,650,133
2002	계 Total	**16,498,932**	287,092	6,288,014	5,754,340	4,250,449
	남 Men	**11,128,769**		4,390,352	4,062,025	2,569,231
	여 Women	**5,370,163**		1,897,662	1,692,315	1,681,218
2003	계 Total	**17,181,778**	423,032	6,958,794	5,399,355	4,564,879
	남 Men	**11,300,507**		4,732,851	3,729,122	2,699,053
	여 Women	**5,881,271**		2,225,943	1,670,233	1,865,826
2004	계 Total	**17,070,217**	573,727	7,580,649	4,729,503	4,683,063
	남 Men	**11,151,951**		5,121,347	3,196,291	2,804,995
	여 Women	**5,918,266**		2,459,302	1,533,212	1,878,068
2005	계 Total	**17,124,449**	646,805	7,950,493	4,489,216	4,634,459
	남 Men	**11,061,739**		5,323,606	2,971,503	2,751,152
	여 Women	**6,062,710**		2,626,887	1,517,713	1,883,307
2006	계 Total	**17,739,939**	773,862	8,604,823	4,1150,416	4,935,952
	남 Men	**11,293,404**		5,692,740	2,699,533	2,887,197
	여 Women	**6,446,535**		2,912,083	1,450,883	2,048,755
2007	계 Total	**18,266,742**	856,178	9,149,209	3,956,340	5,106,803
	남 Men	**11,462,183**		5,981,796	2,525,462	2,939,611
	여 Women	**6,804,559**		3,167,413	1,430,878	2,167,192
2008	계 Total	**18,335,409**	921,597	9,493,444	3,755,980	5,025,503
	남 Men	**11,369,032**		6,156,545	2,356,164	2,839,782
	여 Women	**6,966,377**		3,336,899	1,399,816	2,185,721
2009	계 Total	**18,623,845**	979,861	9,866,681	3,627,597	5,052,264
	남 Men	**11,409,767**		6,304,399	2,230,372	2,853,147
	여 Women	**7,214,078**		3,562,282	1,397,225	2,199,117
2010	계 Total	**19,228,875**	**1,031,358**	**10,414,780**	**3,574,709**	**5,099,783**
	남 Men	**11,569,468**		**6,560,155**	**2,139,452**	**2,837,498**
	여 Women	**7,659,407**		**3,854,625**	**1,435,257**	**2,262,285**

주 : 임의가입자와 임의계속가입자는 지면(紙面)의 제약으로 제외하였음.
자료 : 국민연금관리공단(2010).

국민연금은 현재 만 60세부터 받을 수 있지만 2013년부터는 수급 연령이 5년마다 1세씩 연장하여 1969년(2011 만 42세) 이후에 출생한 연금 가입자는 만 65세가 되어야 연금을 받게 된다.

국민연금의 수급 연령이 높아짐에 따라 '조기연금' 신청자가 점차 증가하고 있다. '조기연금'이란 60세에 받아야 할 연금을 55~59세로 앞당겨 받되 최대 30%까지 덜 받는 제도다. 가령 56세 남성이 월 18만원의 보험료를 20년 낸 뒤 60세부터 연금을 받으면 80세(통계청의 예상 기대수명)까지 총 1억 8,904만원을 받지만 55세에 조기연금을 택하면 총 수령액에서 12.5%를 손해 본다. 여자라면 기대수명이 85세로 길어져 16%나 손해다. 그럼에도 불구하고, 2010년 '조기연금'을 울며 겨자 먹기로 신청한 만 55세 퇴직자가 9,832명으로, 2006년 대비 150%가 늘어났다.[2]

[그림 3-7] '조기연금' 신청자의 증가추세

(단위 : 명)

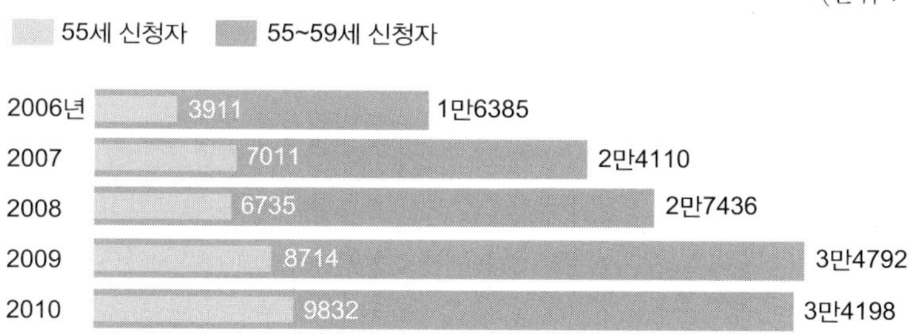

자료 : 조선일보(2011.04.21)

2 제목 : 현재 만42세 이하가 '5565세대' 되면 新보릿고개 10년 닥친다 (출처 - 조선일보, 2011. 04. 21)

4) 국민연금재정의 현황 및 전망

(1) '저부담 · 고급여'의 구조

일반적으로 공적연금제도의 재정운용 방식에는 크게 '적립방식'(Funded System)과 '청년부양방식'(Pay-as-you-go financing System)이 있다. 우선, '적립방식'은 연금가입자가 소득의 일정 부분을 적립하고 연금수급 개시 연령에 도달하면 그동안의 연금보험료 납부액을 기초로 연금을 지급받는 방식이다. 다음으로, '청년부양방식'은 젊은세대가 소득의 일부를 갹출하여 현재의 노년인구의 연금을 지급하는 방식이다. 노년인구가 많아질수록 현재 젊은 세대의 재정부담은 그만큼 증가하게 된다.[3]

한국의 연금제도는 ① '적립방식'(funded system)과 ② '청년부양방식'(pay-as-you-go financing system)의 혼합형이라고 말할 수 있다.

우선, 현행 국민연금제도의 재원조달방식은 기본적으로 기여원칙에 따르는 '적립방식'(Funded System)이다. 즉, 국민연금제도 가입자가 근로기간이나 가입기간 동안 연금 보험료를 납부하고 이를 정부에서 연금보험료 수입으로 국민연금기금을 조성 및 운영하여 향후 연금 가입자에게 연금급여를 지급하고 있다.

다음으로, '청년부양방식'(pay-as-you-go financing system)의 경우, 청년기 근무기간의 연금부담에 대한 수익률이 인구 증가율, 연금부담률, 임금증가율 그리고 청년기의 근무기간 등에 영향을 받게 된다.

---

3 또한, '부과방식'에서 어떤 세대는 자신들이 기여한 연금보험료보다 더 많은 연금급여를 받는 반면에 다른 세대들은 자신들의 기여분보다 적은 가치의 연금급여를 받을 수 있는 위험도 존재한다.

따라서 상기한 2개 제도의 혼합형인 한국의 공적연금제도는 연금지급률을 일정하게 유지할 수 없다. 왜냐하면 장기에서는 인구구조의 변화 등으로 인하여 연금지급률이 인구구조의 변화요인(인구증가율과 평균수명 등)에 의하여 결정되기 때문이다.

여기서 유의할 것은 국민연금제도의 재정 불안정성은 인구의 고령화에 따른 인구구조의 변동에도 원인이 있지만 근본적으로 1988년 도입 당시부터 동 제도가 안고 있는 구조적인 문제, 즉 수익비(연금급여 총액/연금보험료 총액)의 구조에서 기인한다는 점이다. 즉, 연금보험료는 낮은 반면에 연금급여 수준은 상대적으로 높게 책정되어 있기 때문이다.

상술하면, 현재 40년 가입을 기준으로, 국민연금의 소득대체율 평균은 현재 60% 이며 수익비(즉, 가입기간의 보험료 총액에 대한 수급기간의 급여총액의 비율)가 2~3배 정도 높을 뿐 아니라 연금 수급 개시 연령이 60세로 조직퇴직을 유발하고 있다(〈표 3-2〉 참조).

이와 같이 현행 국민연금제도는 '저부담·고급여' 구조의 만성적인 불균형으로 말미암아 수입보다는 지출이 많아 자연히 국민연금 재정수지의 적자가 발생할 수밖에 없는 구조이다. 따라서 현재의 연금보험료율을 대폭적으로 인상하거나 연금급여 수준을 인하하지 않는다면 현재 세대는 연금 보험료만 납부하고, 향후 퇴직이나 연금 수급 개시 연령이 되었을 경우에는 연금수급을 받지 못할 가능성이 높은 상황이다.

<표 3-2> 국민연금 수령액 변동 현황

<table>
<tr><th colspan="3">구분</th><th>2010년</th><th>2011년</th></tr>
<tr><td rowspan="5">급여</td><td colspan="2">기본연금액</td><td>-</td><td>2.9% 인상</td></tr>
<tr><td rowspan="2">부양가족 연금액</td><td>배우자</td><td>220,870원</td><td>227,270원</td></tr>
<tr><td>자녀 · 부모</td><td>147,230원</td><td>151,490원</td></tr>
</table>

구분			2010년	2011년
급여	기본연금액		-	2.9% 인상
	부양가족 연금액	배우자	220,870원	227,270원
		자녀 · 부모	147,230원	151,490원
보험료	국민연금 기준소득월액 상 · 하한선		23만원~368만원	23만원~375만원
	국민연금 보험료		20,700원~331,200원	20,700원~337,500원
기초노령연금액			9만원	9만 1200원
장애인연금액			9만원	9만 1200원

자료 : 보건복지부 보도자료(2011. 03. 11).

(2) 재정수지 현황

전술한 바와 같이, '저부담·고급여'의 구조 하에서, 2010년 기준으로 국민연금 누적 징수액은 243조 6,660억 원인데, 이 중에서 사업장 가입자의 연금보험료 징수액이 87%를, 지역 가입자의 그것이 13%를 각각 차지하고 있다([그림 3-8] 참조).

한편, 동일한 년도(2010년)를 기준으로, 국민연금 급여 지급액은 8조 6,350억 원인데, 이 중에서 노령연금이 79%를, 유족연금이 11%를, 반환일시금이 5.4%를, 장애연금이 3.9%를, 사망일시금이 0.3%를 각각 차지하고 있다([그림 3-9] 참조).

한편, 2010년도 국민연금기금 운용 현황을 보면, 기금적립 총액 351조 8,728억 원 중에서 금융부문 사업에 83%가 투자되고 있으며, 급여지급 등에 17.1%가 지출되고 있으며, 복지부문 사업에는 0.04%가 지급되고 있다([그림 3-9] 및 [그림 3-10] 참조). 특히

[그림 3-8] 국민연금누적징수 현황(2010년 기준)

[단위 : 백만 원(million won)]

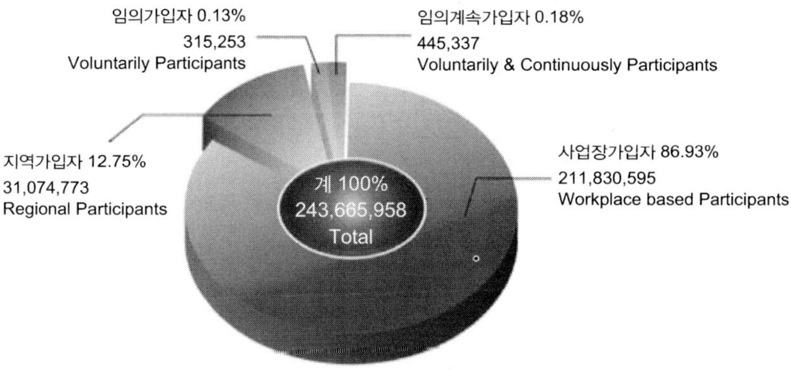

자료 : 국민연금관리공단(2010).

[그림 3-9] 국민연금급여지급액 현황(2010년 기준)

[단위 : 백만 원(million won)]

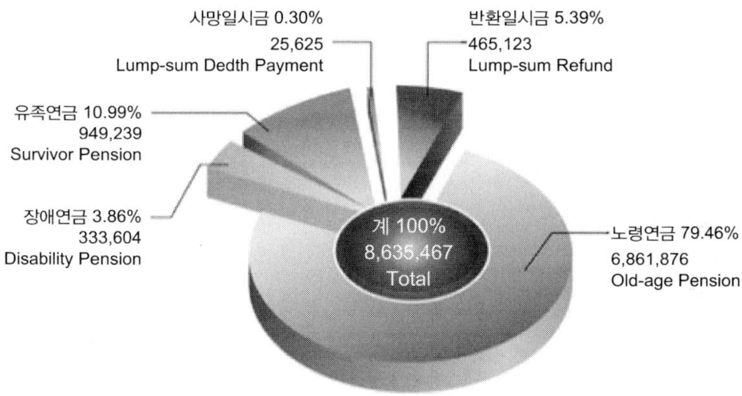

자료 : 국민연금관리공단(2010).

금융부문 사업의 현황을 보면, 국내채권 66.9%, 국내주식 17.0%, 해외주식 6.2%, 대체투자 5.8%, 해외채권 4.1%로 나누어 투자되고 있다. 국내채권 비중은 전년에 비해 6.9%포인트 감소되었고, 국내주식, 해외 및 대체투자 비중은 각 3.9%포인트, 2.8%포인트, 1.3%포인트 증가하였다. 한편, 해외투자는 2009년말 27.3조 원(9.8%)에서 2010년 12월말 40.6조 원(12.6%)으로 증가하였다 (〈표 3-3〉 참조).

한편, 기금운용 수익(2010년 말 기준)은 30조 1,408억 원으로, 운용수익률*은 10.38%(장부가수익률)로 잠정 집계되었다. 투자 비중을 확대한 국내주식(2009년말 13.1%→2010년말 17%)이 풍부한 유동성과 경기회복에 따라 전년말 대비 상승하고, 안전자산 선호현상으로 채권 가격도 상승함에 따라, 역대 최대 수익금과 2년 연속 두 자리 수의 수익률을 기록하였다.

[그림 3-10] 국민연금기금운용 현황(2010년 기준)

[단위 : 백만 원(million won)]

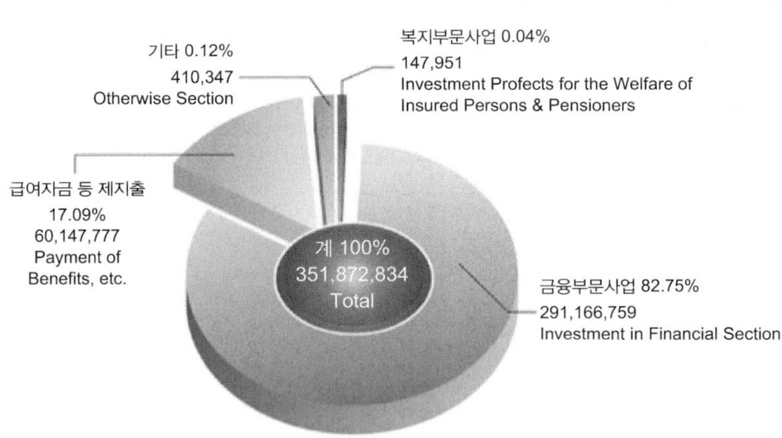

자료 : 국민연금관리공단(2010).

[그림 3-11] 국민연금기금운용 현황(연도별)

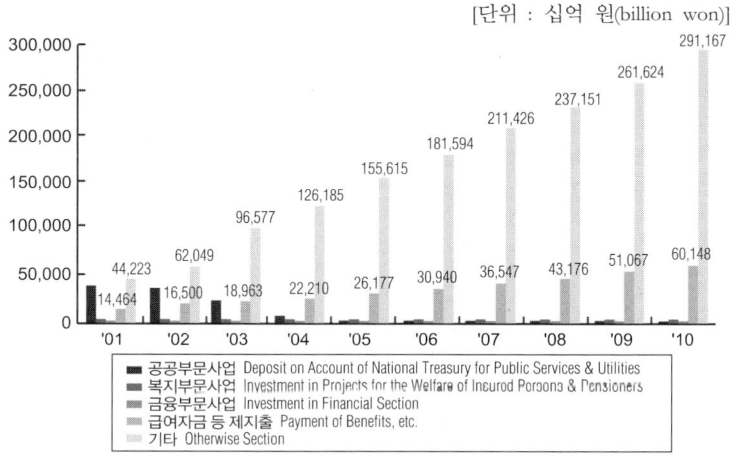

자료 : 국민연금관리공단(2010).

〈표 3-3〉 부문별 국민연금투자 금액과 비중[1]

(시가기준, 단위 : 억 원, %, %포인트)

구 분	2010년 말(A)		2009년 말(B)		증감(A-B)	
	금액	비중[2]	금액	비중[2]	금액	비중
금융부문[5]	3,235,975	99.9	2,772,519	99.9	463,456	0.0
국내주식	549,755	17.0	363,103	13.1	186,652	3.9
해외주식	199,185	6.2	131,948	4.8	67,237	1.4
국내채권[3]	2,165,173	66.9	2,048,853	73.8	116,320	△6.9
해외채권[3]	132,882	4.1	105,434	3.8	27,448	0.3
대체투자[4]	188,981	5.8	125,222	4.5	63,759	1.3
복지부문	1,282	0.04	1,540	0.1	△258	0.0
기 타	2,650	0.1	2,365	0.1	285	0.0
기금자산계	3,239,908	100	2,776,424	100	463,484	0.0

주: 1) 금액과 비중은 반올림 처리로 인해 세부단위의 합계와 증감에서 단수차이가 발생할 수 있음.
2) 금융부문의 자산별 비중은 금융부문내 비중임.
3) 단기자금 포함(국내는 국내채권, 해외는 해당자산인 해외채권 등으로 처리)
4) 대체투자 18조 8,981억 원(국내 11조 4,551억 원, 해외 7조 4,429억 원)은 부동산 6조 1,793억 원(국내 2조 6,160억 원, 해외 4조 1,033억 원), SOC 6조 2,407억 원(국내 4조 7,481억 원, 해외 1조 4,926억 원), 사모투자 5조 3,830억 원(국내 3조 5,360억 원, 해외 1조 8,470억 원), 벤처투자(국내) 3,555억 원, 기업구조조정투자(국내) 1,996억 원임.
5) 2009년말 금융부문합계에는 해외대차(△2,042)가 포함되어 있으며, 2010년 말에는 포함되지 않음.

자료: 보건복지부 국민연금재정과 보도자료(2011.02.24)

〈표 3-4〉 국민연금기금운용 수익률 현황

(시간가중수익률[1] 기준, 단위 : 억원, %, %포인트)

구 분	2010년 말		2009년		3년 연평균('07~'09)	
	수익금	수익률	BM대비	수익률	BM대비	수익률
금융부문[2]	301,172	10.51	△0.23	10.84	△1.78	5.77
국내주식	102,145	24.32	0.87	58.45	6.41	10.93
해외주식	21,074	12.12	1.64	24.88	1.26	△12.20
국내채권	155,801	7.64	△0.16	4.13	△0.08	5.89
해외채권	8,436	7.04	0.95	3.25	△0.77	5.92
대체투자	12,939	8.21	-	0.32	-	3.62
해외대차	776	-	-	-	-	-
복지부문	△4	△0.29	-	0.53	-	0.50
기 타[3]	240	3.83	-	3.02	-	3.68
기금자산 계	301,408	10.38	-	10.39	-	5.73

주: 1) 시간가중수익률은 자산의 규모 및 자금의 유출입과 무관한 성과를 의미하며, 마크대비 또는 다른 기관, 펀드와 상대비교를 위한 수익률 계산방식으로 널리 사용함. 복지, 기타, 기금자산 계는 장부가평잔수익률임.
2) 대체투자 성과를 제외한 금융부문 수익률(BM대비)은 2010년 10.60%(△0.17%), 2009년 11.28%(△1.35%), 3년 연평균 5.90%(+0.11%)임.
3) 기타는 회관 등 관련수입(203억)과 기금보관금 등 예금이자(37억)으로 구성됨.
자료: 보건복지부 국민연금재정과 보도자료(2011.02.24).

(3) 전망

전술한 바와 같이, 국민연금제도는 1988년 도입 당시에는 연금보험료율 3%, 소득대체율 70%로 지나치게 관대하게('장밋빛 청사진'으로) 설계되었다. 그 이후, 연금재정수지의 적자 문제를 해결하기 위해 초기 3%의 연금보험료율을 단계적으로 9%까지 상향조정하였으며, 1998년 연금개혁에서 소득대체율도 70%에서 60%로 낮추었고 연금수급 연령을 60세에서 2033년까지 65세로 점진적으로 상향조정하였다. 이어서,

2007년 연금개혁에서는 9%의 연금 보험료는 유지하되 소득대체율을 60%에서 2028년까지 40%까지 낮추는 개혁이 단행되었다.

그럼에도 불구하고, 정부는 연금재정수지를 매우 비관적으로 전망하고 있다. 물론, 향후 20~30년간은 지출보다 수입이 많겠지만, 2044년에는 재정수지 적자로 돌아설 것이고, 2050년에는 98조 8,910억 원의 적자가, 2070년에는 무려 534조 4,160억 원의 적자가 각각 발생할 것이다. 결국, 2060년에는 국민연금 기금의 적립금이 고갈될 것으로 전망된다.

한국개발연구원(2004)은, 미래의 연금지급의 책임을 보여 주는 책임준비금 규모가 2050년경에 5,261조 원에 도달하지만, 국민연금은 2036년에 적자로 전환되고, 2047년에 기금이 고갈될 것으로 전망하였다. 게다가 2060년 이후 급여 수급자가 연금 가입자를 상회함으로써 엄청난 재정적자가 발생할 것으로 전망했다.

또한, 김용하(2005)의 연구에 의하면, 미래의 지불책임을 보여 주는 책임준비금 규모가 2050년에 5,261조 원에 도달하지만[4] 적립금은 완전히 소진될 전망이다. 즉, 개혁조치가 시행되지 않을 경우, 국민연금은 2036년에 재정수지 적자로 전환되고, 2047년에 기금이 고갈될 전망이다. 게다가 2060년 이후 급여 수급자가 연금 가입자를 상회할 것으로 예상된다.

2006년 11월 발표된 한국통계청의 장래인구전망에 의하면 20세 이상 인구 중 60세 이상 인구의 비중은 2005년 18%에서 2020년 28%, 2050년에 52%로 높아질 것으로 전망된다. 그러므로 2050년 이후는 60세 이상 인구가 근로 연령 20~59세 인구 보다 많아지므

---

[4] 한국개발연구원(2004), 「인구고령화와 거시경제」.

[그림 3-12] 향후 국민연금 수지 전망

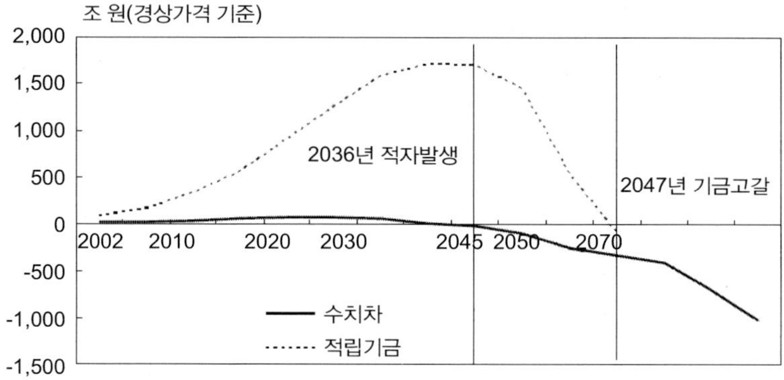

자료: 김용하(2005).

로 소득대체율이 40%이면 단순 계산에 의하면 연금 보험료는 대폭 인상되어야 한다. 그러나 20% 정도를 연금 보험료의 한계로 본다면 소득대체율을 현재보다 대폭 줄여야 하는데 이는 노후보장성을 크게 약화시키는 것이다.

전술한 바와 같이, 국민연금제도가 개혁되지 않은 상황에서, '기대수명 100세의 시대'가 진행되면, 국민연금 기금의 적립금 고갈이 정부 예측 시점(2060년)보다 10~20년 정도 앞당겨져 빠르면 2040년이 될 수도 있다. 현재 국민연금 수급자의 1인당 평균 월 급여액이 80만 원인 것으로 계산해보면, 2030년 한 해에만 14조 5,000억 원의 국민연금을 더 지급해야 한다.

그럼에도 불구하고, 복지정책의 미비, 낮은 연금급여 수준 등으로 인하여, 연금재정수지 개선을 위한 목적으로 국민연금의 급여 삭감이 필요하지만 현실적으로 어려운 상황이다. 예를 들어, 핵가족화의 진전으로 65세 이상 노인의 51.1%(2005년 기준)가 1세대 가구 혹은 단독 가구의 상태로 빈곤 위험에 크게 노출되어 있다.[5] 상술하면, 65세 이상 노인의 28.4%가 절대빈곤에 처해 있으며 34.2%는 상대빈곤을 경험하고 있다(2000년 기준).[6] 따라서 국민연금은 2006년 12월 현재 노령연금 수급자의 84.3%에게 월 30만 원 이하의 급여를 지급하고 있다. 게다가 국민기초생활보장제도와 경로연금 등 기존 복지제도로써 노인인구의 빈곤을 해소한다는 것은 무리이다.

게다가 베이비붐 세대(Baby boomer: 1946~1964년 사이에 출생한 사람들)가 점차 나이 들어감에 따라 노인인구의 고용과 노후 생계유지의 문제가 국가적 이슈로 등장하고 있다. 사실, 고령화된 베이비붐 세대의 생계와 의료 및 기타 복지서비스를 국민연금이나 국민기초생활보장제도와 같은 사회안전망만으로 지탱하는 방안은 그에 따른 엄청난 재정적 부담을 감안할 때 현실적으로 무리가 있다.

2. 국민연금제도의 개혁[7]

전술한 바와 같은 현황 분석과 재정 전망을 고려해 볼 때, 국

---

5 통계청(2006), "2006 고령자 통계", 10월.

6 최현수·류연규(2003), "우리나라의 노인빈곤 동향 및 빈곤구성에 대한 연구", 「한국노년학」, Vol. 23, No. 3.

7 상기의 연구는 Auerbach and Kotlikoff(1987)의 확장된 모형을 사용했다. 이들은 비(非)확률적 모형인 '중첩세대 일반균형' 모형을 사용하여 연금제도의 개혁을 평가한 효시적 연구를 제시하였다. 이와 대조적으로 Huggett and Ventura(1999), Imrohoroglu et al(1995, 1999) 등은 '동태확률적 일반균형'(DSGE) 모형을 사용하여 국민연금 재정정책을 평가하였다. 전영준(1997, 1998), 홍기석(2003), 전영준·유일호(2004), 강희돈·소인환(2006), 남광희(2008) 등이 국민연금제도의 개혁안들을 평가하였다.

민연금제도의 재정 건전성의 확보와 안정적 운용을 위해서 조속한 제도적 개혁이 요구된다. 동 제도의 개혁안을 반대하는 사람들은 "연금은 정부와 국민의 약속이고 현재 세대와 미래세대의 약속이다" 라며 정부가 국민과의 약속을 어겨서는 안 된다고 항변할 수 있다. 그러나 제2장에서 논한 바와 같이, 저출산의 추세와 인구구조의 고령화에 따라 국가부도 사태가 발생해서는 안 될 것이며, 심지어 의지할 곳 없는 노년인구들을 '생매장'할 수 없는 것이다.

따라서 국민연금제도의 개혁은 시급한 국가적 과제이다. 시간이 지날수록 연금급여의 삭감이 더욱 더 어렵게 될 것이며, 국민연금 수급 대상자의 반발도 거세질 것이므로 국민연금제도의 개혁은 더욱 어려운 과제가 될 가능성이 높다. 그 이유는 다음과 같다.

첫째, 인구 고령화가 진전되면서 국민연금제도의 개혁 비용을 지불할 고령 유권자의 비중이 확대되기 때문이다. 상술하면, 고령화로 인한 보험료를 납부할 경제활동인구가 감소할 것으로, 생산가능인구 증가율[8]은 2020년 이후 마이너스 1.4%~마이너스 1.9%로 하락할 것으로 각각 전망된다. 고령인구 비율이 7%(2000년)에서 20% (2026년)로 증가하는 데 소요되는 시간이 26년으로 세계에서 가장 빠를 것으로 예상된다.[9] 또한, 2030년 이후 65세 이상이 20세 이상 유권자의 28.7~43.6%를, 개혁의 비용을 지불할 40~50대가 유권자의 28.9~35.2%를 각각 차지할 것으로 전망된다.

---

8 15~59세 인구의 증가율(통계청, "장래인구추계 결과", 2006. 11).

9 통계청(2006), "장래인구추계 결과", 11월.

둘째, 연금보험료 납입의무를 마친 연금가입자들이 늘어나면서 연금 수급권이 강화될 것이다. 즉, 1988년 연금가입자는 2008년에 20년을 납부하여 연금수급권을 취득하고, 2028년에 40년을 납부하여 최대 연금급여 수급권을 확보하게 된다.[10]

셋째, 국민연금제도의 개혁이 없을 경우, 국민연금기금이 고갈되는 2047년 이후 연금급여지출이 연금가입자 소득의 30.0%를 능가하게 될 것이며, 이에 따라 미래 세대의 반발을 초래할 가능성이 높다.

따라서 "*국민연금 개혁은 더 이상 미룰 수 없다*"는 국민적 공감대 형성을 위한 국가지도자의 리더쉽이 요구된다. 저자는 국가지도자의 리더십은 인화성·교육성·생산성으로 구성된다고 주장한 바 있다(임양택, 2007, 2008, 2011 ; Yang-Taek Lim, 2008, 2010, 2011). '인화성'이란 분파와 파쟁을 화목으로 유도하는 것이다. '교육성'이란 새로운 행동규범 및 실천의지를 보여주는 것이다. '생산성'이란 성원들에게 비전을 제시하고, 그들로 하여금 목적의식, 도전의식, 성취욕을 갖도록 하는 것이다.

상기한 3가지 덕목 중에서 인화성이 가장 중요하다. 왜냐하면 홉스(Thomas Hobbes, 1588～1679)가 말하는 '만인 대 만인의 투쟁'에서 빚어지고 있는 첨예한 갈등의 골이 깊어지고 있는 현대사회에서 인화(人和)는 동서고금을 막론하고 가장 중요한 리더십이기 때문이다. 그것은 바로 '섬기는 리더십'(Servant Leadership)을 말한다. 또한, 중국의 양명학(陽明學)은 모든 물체의 인(仁)이 '참된 지식' 즉 양지

10 20년 가입자의 소득대체율은 30%이고, 40년 가입자의 소득대체율은 60%이다.

(良知)를 이룰 수 있다고 주장하였다. 또한, 다산 정약용(丁若鏞, 1762~1836)의 목민심서(牧民心書, 1818년)는 애민(愛民)·위민(爲民)을 강조하였다.

1) 개정 연혁

국민연금제도가 도입 초부터 안고 있는 연금재정의 구조적 문제를 인식하여 국민연금법 개정(1998년, 2000년, 2011년)을 통해 연금제도의 부분적인 개혁이 실시되었다. 일련의 국민연금제도 개혁 논의과정을 살펴보고자 한다.

〈표 3-5〉 국민연금제도 개정 연혁

날 짜	내 용
2002. 3.	국민연금발전위원회 재정재계산 실시
2003. 10.	정부, 연금법 개정안 국회제출(16대 국회 만료, 폐기)
2004. 6.	정부, 개정안 국회 재제출
2006. 4.	정부, 개정안 수정
2006. 9.	열린우리당 수정안 제출
2006. 11. 30	국회 보건복지위원회 통과
2007. 3. 30	국회 법제사법위원회 통과
2007. 4. 2	연금법 본회의 부결, 기초노령연금법 정부안 통과
2007. 4. 17	열린우리당, 한나라당 수정안 제출
2007. 4. 19	열린우리당, 한나라당 연금법 잠정합의(보험료 9%, 급여율 40%)
2007. 4. 30	4월 임시회의 마지막 날 국회처리 불발, 6월 국회로 이전
2007. 7. 3	국민연금법 개정안 통과(보험료율: 현행 9% 유지; 급여율: 현행 60%에서 2008년 50%, 2009년부터 매년 0.5% 포인트 인하, 2028년 40%로 하향조정)

자료 : 임양택(2007), p302.

○ 1998년 개혁

1998년 연금 개혁에서는 연금재정의 수급 불균형을 해소하고자 1999년 1월부터는 국민연금의 소득대체율을 40년 가입기준 생애 소득의 70%를 60%로 하향 조정하였고, 연금 수급 개시 연령도 평균수명의 연장을 감안하여 2013년부터는 매 5년마다 1세(歲)씩 연장하여 2033년에는 65세가 되도록 상향조정하였다. 이와 동시에, 국민연금을 1999년 4월부터 도시지역으로 확대 실시하도록 하여 5인 미만 사업장 근로자와 사용자, 임시직근로자, 도시지역 자영자들도 국민연금에 가입하도록 하였으며, 국민연금기금 운용의 전문성 제고 및 공단 운영의 투명성을 확보하기 위해 기금운용에 대한 가입자의 참여를 확대하고 기금의 운용내역과 사용내역을 공시하고, 공공부문에 투자된 기금을 5년 만기 국채수익률 이상 수준으로 보장하였다.

○ 2000년 개혁

2000년 연금개혁에서는 1998년 국민연금법 개정을 보완하여 기금연금액 산정방식을 경기변동에 적절히 반응할 수 있도록 조정하였고, 국민연금기금 규모의 확대와 금융환경의 변화에 따른 기금운용대상 및 운용기준을 정비하였다.

다시, 국민연금제도의 개혁 논의가 2002년부터 시작됐다. 당시 정부는 법에 따라 『국민연금발전위원회』를 조직하여 이 위원회로 하여금 연금재정을 심도 있게 분석하도록 했는데, 그 결과는 암담했다. 왜냐하면, 전술한 바와 같이, 현행 국민연금제도 하에서는 2036년이 될 때 징수하는 연금보험료보다 지급해야 하는 급여액이 더 많아지고 2047년에는 기금적립금이 완전히 고갈될 것이라고 분석되었기 때문이다.

○ **2003년 개혁안 무산**

정부는 2003년 10월 현재보다 '더 내고 덜 받는' 구조로 바꾸는 국민연금법 개정안을 국회에 제출했다. 그러나 이 법안은 노무현 대통령(당시) 탄핵사태 등에 휘말려 제대로 된 논의조차 없이 제16대 국회 만료와 함께 폐기됐다.

○ **2004년 개혁안 무산**

다시, 정부는 2004년 6월 제17대 국회가 시작하자 국민연금법 개정안을 제출했다. 이번에는 당시 야당의 반대에 부딪혔다. 정부는 연금보험료율을 소득의 15.9%로 올리고 연금급여율은 전체 국민연금 가입자의 월평균 소득의 50%로 내려 국민연금제도의 재정 안정화를 시도했다. 그러나 당시 야당이었던 한나라당과 민주노동당은 국민연금을 받지 못하는 저소득계층 노인의 소득보장을 강조했다. 두 정당은 연금보험료율과 연금급여율을 각각 7%와 20%로 낮추고 65세 이상의 노인에게 20% 수준의 기초연금을 지급하는 국민연금제도의 개정안을 제출했다. 양측은 국회에 특별위원회까지 만들어 합의를 시도했지만 특별한 성과 없이 끝났다.

○ 이에 정부는 2006년 8월 연금보험료율을 소득의 12.9%로 낮추고 연금급여액을 전체 국민연금 가입자의 월평균 소득의 50%로 조정하는 대신, 65세 이상 노인 60%에게는 전체 국민연금 가입자

월평균 소득액의 5%(8만 9천 원)를 매월 지급하는 기초노령연금제도를 포함한 국민연금제도의 수정안을 국회에 제출했다. 이 법안은 2006년 11월 30일 국회 상임위원회를 통과했고, 2007년 3월 30일에는 법제사법위원회도 통과해 본회의 처리를 눈앞에 두고 있었다.

○ 그러나 정부안에 불복한 당시 야당은 국민연금법의 수정동의안을 제출했다. 당시 야당은 연금보험료율 9%를 유지하고 연금급여액을 전체 국민연금 가입자 월평균 소득의 40%로 낮추는 동시에 65세 이상의 노인 80%에게는 소득의 10%를 매월 지급하는 개정안을 제시하고 당시 여당과 대치했다. 결국 2007년 3월에 국민연금개혁안이 국회 법제사법위원회를 통과했으나, 2007년 4월 2일 본회의에서 부결되있다. 부결된 개혁안의 핵심은 급여 소득대체율을 2008년부터 현행 60%에서 50%로 인하하고 보험료를 2009년부터 2018년까지 매년 0.39%p씩 인상함으로써 재정불안을 완화하라는 것이었다. 그러나 국민연금법의 보조적 성격을 갖는 기초노령연금법만 국회를 통과(2007. 4. 2)했다. 그 결과, 국민연금의 보험료 납입이 어려운 저소득 노인 계층(65세 이상 노인의 60%)은 전체 국민연금 가입자의 월평균 소득액의 5%를 수령하게 되었다.

○ 여론의 비난을 의식한 양측은 2007년 4월 17일 국민연금법 수정안을 제출했다. 당시 「열린우리당」은 연금보험료율 9%, 연금급여액을 전체 국민연금 가입자의 월평균 소득액의 45%, 기초노령연금제도의 현행 유지를 제시했다. 이에 대응하여 반면에 한나라당은 보험료율을 소득의 9%, 연금급여액을 전체 국민연금 가입자의 월

평균 소득의 40%라는 국민연금법 개정안에, 65세 이상 노인 80%에 전체 국민연금 가입자의 월평균 소득의 10%를 매월 지급하는 기초연금제를 포함해야 한다고 주장했다.

○ 한나라당과 열린우리당은 연금보험료율은 현행대로 소득의 9%를 내면서 연금급여액을 전체 국민연금 가입자의 월평균 소득액의 현행 60%에서 2028년까지 40%로 낮추는 것을 골자로 한 국민연금법 개정안에 합의(2007. 4. 19)해 놓고도 사학법을 둘러싼 의견 차이 때문에 국민연금 개정안마저 동년 4월 임시국회에서 처리하지 않았다.

○ 상기와 같은 우여곡절 끝에, 2007년 7월 3일, 드디어 국민연금법 개정안이 임시국회 본회의에서 통과되었다. 이번 개정안의 핵심은 연금 보험료는 종전대로 내고 연금 급여액은 덜 받는 것이다. 즉, 연금보험료율을 현행대로 소득의 9%로 유지하는 대신에 연금급여율은 전체 국민연금 가입자의 월평균 소득액의 현행 60%에서 2008년에는 50%로, 2009년부터는 매년 0.5%포인트씩 줄여 2028년에는 40%로 낮추자는 것이다. 그 대신에 2008년부터는 65세 이상 노인의 60%에게 전체 국민연금 가입자 월평균 소득액의 5%(8만 9천 원)를 매월 지급하는 기초노령연금이 지급되고 노령연금 급여율이 2028년까지 10%로 인상된다.

상기의 개정안이 시행되면 2028년부터 연금급여율은 기초노령연금액 인상분을 포함해도 현행 제도하의 그것보다 최소 10%에서 최대 20% 감소하게 된다. 기초노령연금 수급자는 노령연금 급여율이 10% 높아지므로 전체 연금급여율은 현행 60%에서 50%로 낮추어지지만 노령연금 수급자가 아닌 경우에는 현행 60%에서 40%로 3분의

1이나 줄어드는 셈이다. 그러나 보험료율은 현행 9%로 유지되기 때문에 연금 재정의 불안은 상존하고 있다는 점에 유의해야 한다.

〈표 3-6〉 국민연금의 현행 제도와 개혁안

	현행 제도	개혁안
소득대체율	60%	50% (2008년 이후)
보험료	9%	12.9% (2018년) - 2009~2018년 중 매년 0.39%p씩 인상
기초연금	경로연금[1)] - 월 최고 5만원 지급	기초노령연금[2)] 신설 - 국민연금 가입자 평균 소득의 5% 지급

주. 1) 1933년 7월 이전 출생자 중 빈곤층 노인과 65세 이상 기초생활보장 수급자를 대상으로 하는 현금급여를 나타냄.
2) 65세 이상 노인 중 60%를 대상으로 함.

〈표 3-7〉 2011년도 국민연금제도 개정안

개 정 안	해당 조항	시행일
• "사업주와 사업경영자"로 정의되어 있는 사용자의 범위에서 사업경영자를 삭제 *사업경영자로서 무보수 대표이사의 경우, 별도의 개인소득이 있어도 사업장 가입자로 적용되어 연금보험료를 내지 않는(납부예외) 문제점 개선	제3조제1항 제2호	공포일
• 사업장에 종사하는 기초생활수급자를 사업장가입자 당연적용 대상에 포함하고, 본인이 원하는 경우 가입하지 아니할 수 있도록 개정	제8조제1항, 제3항	공포후 6개월 경과한 날
• 지역가입자의 소득 발생 시점을 알 수 없는 경우로서 소득신고를 한 경우 "신고를 한 날"에 자격을 취득하는 것으로 명확히 함	제11조제2항	공포일
• 임의계속 가입요건 중 가입자 외에 가입자였던 자를 추가하고 가입기간 20년 미만 요건을 삭제하여 연금가입 기회 확대	제13조제1항 제1호	공포일
• 국민연금가입자 증서의 명칭을 "국민연금가입자 증명서"로 변경하고 가입자가 희망하는 경우에 한하여 교부하도록 간소화	제16조제1항~ 제3항	공포후 6개월 경과한 날

〈표 3-7〉 계속

개 정 안	해당 조항	시행일
• 초일에 가입자의 자격을 취득하고 같은 달에 자격을 상실하는 경우 해당 월의 보험료를 납부하지 않을 수 있도록 개선 *초일에 자격 취득-같은 달에 자격 상실시, 한 달분 급여가 지급되지 않았음에도 한 달분 보험료 납부해야 하는 문제 해소	제17조제1항 제1호	공포후 6개월 경과한 날
• 일부 납부된 연금보험료가 있는 경우 최초 연금 지급월에 반환받거나 미납분을 추가로 납부하여 가입기간에 산입할 수 있도록 개정 *종전에는 보험료 일부 납부시 가입기간에 산입하지 않고 반환도 하지 않음	제17조의2 신설	공포후 6개월 경과한 날
• 부양가족연금 계산 대상에 계부모를 추가하고, 유족연금의 부양가족연금 계산 대상을 유족연금 수급권자와의 생계유지 인정여부를 기준으로 판단하여 인정대상 합리화 *현재는 가입자(망자)와의 생계유지 관계와 유족연금 수급자와의 생계유지 관계를 동시에 충족할 경우에만 부양가족연금 계산 대상으로 인정	제52조제1항, 제3항,제5항	공포일
• 소급분 연금보험료의 분할 납부제도를 도입하여 금액과다 등으로 일시에 납부하기 어려운 서민들의 경제적 부담 완화	제88조제5항 신설	공포후 6개월 경과한 날
• 사용자의 연금보험료 공제계산서 교부의무를 완화하여 급여명세서 등으로 갈음할 수 있도록 개정	제90조 제2항	공포일
• 당연적용사업장의 사용자가 그 기준에 미달하게 된 시점부터 탈퇴 신고를 할 때까지 납부한 연금보험료는 지역가입자로서 납부한 보험료로 의제	제100조의2 신설	공포후 6개월 경과한 날
• 영업주가 종업원 등에 대한 관리·감독상 주의의무를 다한 경우에는 양벌규정에 따른 처벌을 면할 수 있도록 완화	제130조	공포일

자료: 보건복지부 보도자료(2011. 06.03)

2) 논평

전술한 2007년 연금제도개혁안과 국민연금발전위원회의 제도개선방안(2003)은 정반대의 방향이다. 상술하면, 국민연금발전위원회(2003)는 연금급여의 소득대체율(급여/은퇴 전 소득)을 현행 60%로 유지하면서 국민연금 재정의 건전성을 확보하기 위해서는 2010년 이후 연금가입자의 연금보험료율을 소득의 25.0%로 인상해야 한다고 주장하였다. 또한, 이 경우, 연금보험료율을 소득의 25.0%로 인상하더라도 연금가입자의 평균수명이 연장됨에 따라 급여를 받는 기간이 늘어남으로써 연금가입자는 크게 불리해지지 않을 것으로 전망했다.

그러나 2007년 7월 3일 국회를 통과한 국민연금법 개정안은 전술한 국민연금발전위원회(2003)의 제안과 정반대의 방향이다. 즉, 연금보험료율을 현행소득의 9%로 유지하고 연금급여율을 현행 60%에서 순차적으로 40%(2028년)로 하향조정한 것이다.

만약 소득대체율을 2007년 개혁안에 제시된 50%로 유지하려면, 연금보험료율을 2007년 개혁안보다 7.8%포인트 높은 20.7%로 상향조정할 필요가 있다.[11] 왜냐하면 2007년 개혁안의 연금보험료율(12.9%)로써는 소득대체율 40%의 유지도 불가능하기 때문이라고 했다. 따라서 연금급여 총액이 연금보험료 납부액을 초과하여 추가 개혁이 불가피할 것이라고 주장한다.

국민연금발전위원회는 2020~2040년에 가입한 사업장 가입자(40년 납부)의 '수익비'가 0.90~0.91배가 되어야 지속적인 재정 건전성의 확보가 가능하다고 주장하고 있는데, 그 근거는 다음과 같다.[12]

첫째, '소득대체율'을 현재의 60%로 유지하면서 2070년까지 흑자재정을 유지하려면 2020~2040년 중 가입자 '수익비'를 0.96~0.99배

11 국민연금발전위원회(2003), "국민연금 재정계산 및 제도개선방안", 6월.

12 수익비 추정을 위한 〈표 3-8〉과 같다.

로 인하해야 한다. 이것은 개인 가입자의 은퇴 시부터 사망 시까지 급여 총액이 취업 시부터 은퇴 시까지 연금보험료 총액의 0.96~0.99배라는 의미이다. 만약 '소득대체율'을 현행 60%로 유지하면서 재정건전성을 영구히 확보하려면, 2020~2040년 가입자 '수익비'를 0.90배로 인하해야 한다.

둘째, '소득대체율'을 현행 60%에서 50%로 낮추더라도 2070년까지 흑자 재정을 유지하기 위해서는 2020~2040년 가입자 '수익비'를 0.99~1.02배로 인하해야 한다. 혹은, '소득대체율'을 50%로 유지하면서 재정건전성을 영구히 확보하기 위해서는 2020~2040년 가입자 '수익비'를 0.91배로 인하해야 한다. 이것은 현재의 가입자들이 받은 초과 급여를 1990년대 중반 이후 출생 세대가 지불함을 의미한다.

〈표 3-8〉 국민연금개혁안의 수익비(收益比) 추산의 가정

구분	주요 가정
가입자	• 2040년 이전 가입자 : 25세에 가입, 65세에 은퇴, 79세까지 급여를 수령 • 2050년 가입자 : 81세까지 급여를 수령
소득	• 실질임금 상승률 : 국민연금발전위원회(2003)의 가정을 원용 - 2002~2010년 3.5%에서 2051년 이후 1.5%로 점진적으로 하락 • 전체가입자 평균임금과 개인의 평균임금은 동일
평균수명	• 2010~2030년 가입자 : 통계청 발표 2005년 생명표의 연령별 기대여명을 적용 • 2040~2050년 가입자 : 국민연금발전위원회(2003)의 성별 평균수명 가정과 성비 가정을 적용한 후 성별 평균수명을 성비로 가중평균

주: 수익비 = 연금급여 총액/연금보험료 총액

[그림 3-13] 국민연금의 재정 건전성을 위한 2007년 개혁안의 수익비

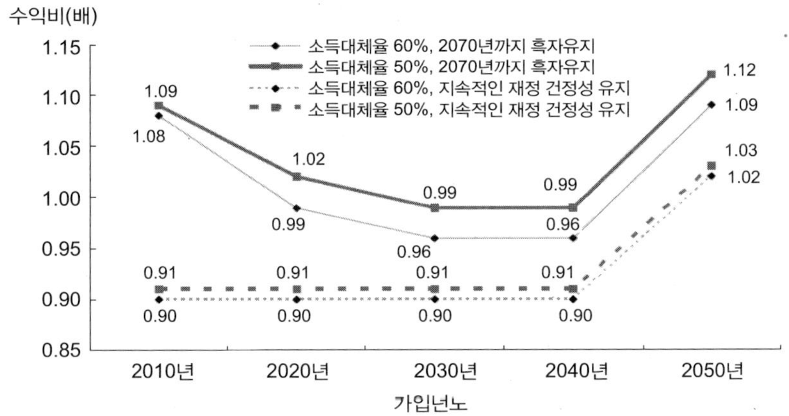

자료: 1) 통계청(2006), "2005년 생명표 작성결과", 12. 8.
2) 국민연금발전위원회(2003), "2003 국민연금 재정계산 및 제도개선방안", 6월.

요약하면, 지속적인 복지재정의 건전성 확보를 위해 연금 급여액을 삭감하거나 연금 보험료를 인상해야 한다는 것이다. 즉, 급여의 소득대체율을 현행보다 10%포인트 낮춘 50%로 할 경우, 소득의 9%인 연금 보험료율을 20.7%로 인상할 필요가 있다는 것이다. 또한, 급여의 소득대체율을 40%로 낮출 경우, 연금 보험료율은 16.4%로 상대적으로 낮게 책정하는 것이 가능하다.[13] 참고로, OECD 국가 중 유럽 대륙 복지국가들의 소득대체율은 평균 66.9%이고, '작은 정부'를 지향하는 스위스를 포함한 서구의 경우 평균 40.7%이다.[14] 만약 급여의 소득대체율을 현재의 60%로 유지하면서 복지재정의 건전성을 확보하려면, 연금보험료의 대폭 인상이 불가피하다는 것이다.

13 국민연금발전위원회(2003), "국민연금 재정계산 및 제도개선방안", 6월.

14 OECD(2006), *Pensions at a Glance : 2005.*

국민연금발전위원회(2003)는 복지재정의 건전성을 확보하기 위해 2010년 이후 연금가입자의 보험료를 소득의 25.0%로 인상해야 한다고 추산하였다. 비록, 연금 보험료를 소득의 25.0%로 인상하더라도 개인의 평균 수명 연장으로 연금 급여를 받는 기간이 늘어나 개인이 크게 불리해지지 않을 것으로 전망된다고 한다.

3) 국제기구의 권고안

한국을 비롯한 개발도상국들의 연금제도문제에 관하여 세계은행, 국제노동기구(ILO : International Labor Organization), OECD/EDRC(경제특별검토회의)가 제도 개혁안을 제시하고 있는데, 앞의 두 국제기구는 '다층소득보장체계'와 '명목확정기부제도'의 도입을 권고했다.[15]

현재, 한국의 노후소득보장체계는 3개의 기둥체계(Three-Pillar System) 즉, ① 강제적용의 공적연금인 '첫째 기둥'(1st pillar), ② 강제적용의 기업연금인 '둘째 기둥'(2nd pillar), ③ 개인연금인 '셋째 기둥'(3rd pillar)으로 구성되어 있다. 그리고 연금제도 개혁안의 '첫째 기둥'은 모든 국민에게 강제적으로 적용하는 공적연금으로 두 개의 층(2tiers)으로 구성되어 있다. 전술한 확정기부제(DCP:)의 도입과 관련된 국제기구의 권고안은 다음과 같다.

(1) 세계은행

세계은행(1994)은 노후소득보장체계를 3층의 '다층소득보장체계', 즉 ① 공적연금 위주로 구축된 기존의 노후소득보장체계를 국가가

15 하기의 내용은 윤석명·주은선(2000), OECD(2001), World Bank(1994)를 참조하였음을 밝힌다.

운용하되 강제 적용하는 기초보장성격의 1층, ② 강제 적용하되, 민간부문에서 운용하는 소득비례연금성격의 2층, ③ 임의 적용하되 민간부문에서 운용하는 추가적인 소득비례연금 성격의 3층을 각각 구축할 것을 권고하였다([그림 3-14] 참조).

[그림 3-14] 세계은행의 노후소득보장체계 권고안

	1층 강제적용, 공적제도	2층 강제적용, 민간적용	3층 임의적용, 민간운용
목적	소득재분배, 보험기능	저축, 보험기능	저축, 보험기능
형태	소득조사 실시, 최저임금 보장 또는 정률연금	직역연금 또는 개인연금	직역연금 또는 개인연금
재정방식	조세로 재원조달	완전적립방식, 정부의 간접적인 규제	완전적립방식

자료: 1) World Bank(1994), 「*Averting Old Age Crisis*」, New York : Oxford University Press. p15
2) 윤석명 · 주은선(2000), p42.

(2) 국제노동기구

국제노동기구(ILO)는 연금재정의 고갈이 우려되는 한국의 국민연금제도의 개혁을 위하여 현재 국가가 운용하는 강제적용의 2층(2tiers) 연금제도를 '다층소득보장체계'의 '명목확정기부제도'(NDCP : Nominal Defined-Contribution Plan)로 전환하는 방안을 권고하였다.[16] '명목 확정기

16 여기서 유의할 것은 국제노동기구(2000)가 제시하는 연금제도 권고안은 전술한 세계은행의 권고안과 같이 '다층소득보장체계'를 권고하였는데, 두 권고안의 차이점은 국제노동기구(ILO)는 3층 구조가 아닌 4층 구조로 보편적으로 적용할 것을 권고하고, 자산조사를 실시하는 최소 소득보장성격의 연금을 하나 더 추가하였다.

여제도'(NDC)는 근로기간 동안 근로자 개인의 기여액이 근로자 개인의 명목계정에 적립되는 제도이다.

상기의 제도는 일반적으로 근로기간 동안 적립된 기금에 가산된 이자율로 정의되는 적립액을 근로자가 퇴직하는 시점에 연금으로 전환하는 방식으로 운용된다. 따라서 이러한 방식은 연금재정이 충분하지 못한 상황에서도 향후 가입자들의 연금수급을 보증할 수 있다.

(3) OECD/EDRC

OECD/EDRC(2001)는 한국이 현재의 공적 연금급여체계를 유지할 경우 장기적으로 연금보험료율의 인상이 불가피하며, 연금과 관련한 공공지출이 OECD 회원국 중 가장 높은 증가율을 보일 것으로 전망하였다.[17]

또한, OECD/EDRC는 공적 연금제도에 법정 퇴직금을 포함할 경우 근로자들의 전체 임금 중 연금과 관련된 비용이 향후 25%를 초과할 것으로 전망하였다. 이는 노동시장과 잠재 경제성장률에 부정적인 영향을 미치고 다음 세대의 부담 또한 지나치게 과중될 것으로 전망하였다.

그리고 경제활동인구에서 높은 비중을 차지하고 있는 자영자의 국민연금제도에 대한 낮은 참여율로 인해 전체 경제활동인구 대비 국민연금보험료 납부수준이 매우 저조하며, 자영업자들의 소득신고

---

17 OECD는 2001년 한국에 대한 경제특별검토회의(EDRC)와 이를 토대로 한 「OECD Economic Surveys : Korea」에서 한국이 향후 OECD 회원국 중에서 가장 급속한 속도로 고령화가 진행될 것이란 전망 하에 이에 대한 대비책 마련이 시급함을 지적하였다. 동 보고서에서, OECD는 인구고령화가 한국의 노후소득보장체계에 미칠 영향을 비교적 상세하게 분석하고 있다.

액 또한 실제 소득수준보다 낮아 사업장 가입자와 자영업자 간의 소득분배 왜곡과 이에 따른 사업장 가입자의 불만이 고조될 것으로 전망하였다.[18]

특히, 한국의 현행 연금제도의 문제점에 대해 OECD/EDRC는 한국의 노후소득보장체계를 3개의 기둥체계(Three-Pillar System) 즉, ① 강제적용의 공적연금인 첫째 기둥(1st pillar), ② 강제적용의 기업연금인 둘째 기둥(2nd pillar), ③ 개인연금인 셋째 기둥(3rd pillar)으로 각각 개혁하는 것이 바람직하다는 연금개혁안을 제시하였다. 이러한 OECD/EDRC 연금개혁안의 첫째 기둥은 모든 국민에게 강제적으로 적용하는 공적연금으로 두 개의 층(2tiers)으로 구성되어 있다.

또한 OECD/EDRC 보고서는 한국의 국민연금과 퇴직금의 소득대체율이 지나치게 높게 책정되어 있음을 지적하고 있다.[19] 따라서 공적연금의 소득대체율을 하향 조정할 필요가 있으며, 이러한 맥락에서 공적연금으로 구성되는 첫째 기둥(1st pillar)의 1층(1st tier) 기초연금과 2층(2nd tier) 소득비례연금의 소득대체율을 각각 20%로 설정하여 총 40%의 소득대체율을 보장하도록 제안하고 있다.

상기한 OECD/EDRC의 권고안을 좀 더 세밀하게 살펴보면

---

18 한국의 국민연금보험료 징수 실적이 저조한 이유와 관련하여, OECD/EDRC (2001)는 자영업자들이 경제활동인구에서 높은 비중을 차지하고 있되 국민연금제도에 대한 낮은 참여율 때문이라고 지적하였다.

19 국민연금은 40년 가입 평균소득자에 대해 60%의 소득대체율을 보장하고 있으며, 퇴직금제도를 적용받는 사업장 가입장가 매년 적립되는 8.3%의 퇴직금 충당듬을 연금으로 전환할 경우 25% 정도의 소득대체율이 가능할 것으로 전망되고 있다. 따라서 평균소득자의 경우 대략 85% 정도의 소득대체율을 기대할 수 있으나, 사업장 근로자가 평균적으로 40년간 근속하기 어려운 우리나라 노동시장의 현실을 감안하면 이와 같은 소득대체율은 상당수의 근로자에게는 허수의 소득대체율이 될 것이다.

OECD/EDRC가 권고하는 공적연금 소득대체율이 현행 국민연금의 소득대체율과 비교해보면 결코 낮은 수준이 아니라는 점을 알 수 있다. 현행 국민연금제도는 40년 가입 기준으로 평균소득자의 경우 홑벌이 가구당 60%의 소득대체율을 보장하고 있다. 이와 반면에, OECD/EDRC 권고안에 따라 홑벌이 가구의 소득대체율을 산정해보면 부부에게 각각 적용되는 기초연금 20%, 합계 40%의 소득대체율에 덧붙여 홑벌이 가구 가장의 공적 소득비례연금 20%를 합산할 경우 총 60%의 소득대체율이 보장된다.

따라서 40년 가입 기준 평균소득자에 해당하는 '홀로 버는' 가구의 소득대체율은 현행 국민연금제도와 OECD/EDRC권고안 모두 동일한 60%의 소득대체율을 보장할 수 있다는 것을 알 수 있다. 오히려, 한국의 경우, 상당수의 근로자가 40년 동안 근속하지 못하는 것이 노동시장의 현실이기 때문에, 홑벌이 가구의 경우 현행 국민연금제도보다 오히려 OECD/EDRC 권고안에서 보다 높은 소득대체율을 기대할 수 있다.

3. 외국의 연금제도 개혁으로부터의 시사점

1) 일본

(1) 고용구조와 인구구조의 변화

일본의 전통적 고용구조와 가족 중심의 사회구조가 붕괴되었다. 과거에는 젊은 세대가 고용불안 없이 안정적인 수입을 벌고, 퇴직 후에는 자녀의 경제적 도움을 받는 전통적인 동양의 사회구조였다.

그러나 이젠 종신고용이 거의 사라지고 비(非)정규직이 노동인구의 30%를 차지할 정도로 노동시장이 악화되었다.

한편, 일본의 저출산·고령화 추세를 보면, 2004년 1억 2,777만 명을 정점으로 인구가 계속 감소해 2055년에는 8,993만 명까지 줄어들 것으로 전망된다. 이와 반면에, 은퇴 고령자는 해마다 크게 늘어난다. 이 결과, 2055년에는 현역세대(15~64세)와 고령세대(65세 이상)의 비율이 1 대 1에 근접하게 된다.

고령화 추세는 현역세대의 경제적 부담 증가를 의미한다. 왜냐하면 일본의 사회복지 시스템은 현역세대(15~64세)가 연금보험료를 지불함으로써 은퇴세대(65세 이상)를 부양하는 제도이기 때문이다. 실제로, 50년 전만 해도 현역세대 10명이 고령자 1명을 부양하였지만 현재는 2.8명의 현역세대(15~64세)가 1명의 고령자(65세 이상)를 부양해야 한다.

1961년부터 전(全) 국민을 대상으로 실시된 일본의 국민연금제도는 전업주부와 외국인 거주자를 포함한 65세 이상의 노인 전원에게 연금을 지급한다. 개호(介護 · 노인 간호)보험 덕분에 간병인 월급 16만 5,800엔(232만 원) 중에서 10%만 본인(노인)이 부담한다. 따라서 노인 개인의 입장에선 안심이 되겠지만 국가재정에는 부담이 크다.

여기서 유의할 것은 일본의 국민연금제도는 상기한 전통적 고용구조 및 사회구조가 고도경제성장과 함께 지속된다는 전제하에서 계획 및 추진됐다는 점이다. 그러나 고령화 추세로 인하여 수급자는 증가하였지만 복지재원은 감소하고 있는 것이다.

2010년 일본의 연금 수급자는 3,703만 명으로 3.1% 증가했다. 그러나 저출산 및 고령화의 영향으로 인하여 연금 가입자는 6,874만 명으로 오히려 0.9% 감소하였다. 이 결과, 연금 납부자 1.8명이 연금 수급자 1명을 부양해야 한다. 또한, 이 불균형은 사회보장비의 증가(2011년도 일본의 총 예산 220조 2,755억 엔 중에서 사회보장관련 지출액이 75조 엔 으로서 3분의1 수준)를 야기시켜 일본의 국가재정의 위기를 악화시키는 가장 큰 요인이 되고 있다.

설상가상으로, 1947~1949년에 출생한 일본의 제1차 베이비부머 세대인 '단카이(團塊)세대'[20] 700만 명이 2012년부터 본격적으로 연금을 받기 시작하면 복지지출은 더욱 더 증가하게 된다. 일본 후생노동성 추계에 따르면 2015년 연금 지급액은 59조 엔으로, 2025년에는 65조 엔으로 각각 증가할 것으로 전망된다.

또한, 지난 20년 동안의 경기침체의 영향으로, 일본정부의 세수(稅收)는 감소하고 있다. 경제성장이 지지부진한 가운데 사회보장지출액은 계속 늘어 2015년에는 GDP 대비 사회보장지출의 비중이 27.4%로 예상된다. 이것은 국가재정의 경직성을 심화시켜 일본 경제의 활력을 둔화시키고 있다.

(2) 재정위기

곧 후술하는 바와 같이, 독일, 프랑스, 캐나다, 스웨덴 등 복지선진 국가들은 보험료 부담과 보험금 혜택의 관계를 명확히 하고, 세대간 형평성 확보를 위해 연금제도를 과감히 개혁했다. 그러나

20 '단카이 세대'는 제2차 세계대전이 끝나고 1947~1949년에 태어났다. 단카이(團塊)는 '덩어리'라는 뜻이다. 인구분포로 보면, '덩어리'가 불쑥 튀어나온 듯이 보여서 그렇게 붙은 이름이다. 베이비붐 세대는 숫자가 급격히 늘어났기 때문에 다른 세대보다 20% 이상 많다. 젊은 시절에는 청바지와 패스트푸드를 즐기며 새로운 문화를 주도했고 1970년대와 1980년대 일본의 고도 경제성장을 이끌었다.

일본은 그때그때 임기응변식으로 대응하며 복지제도의 개혁을 미뤘다. 그 요인은 은퇴세대(65세 이상)는 기존 연금 수준을 고수하려 하고 현역세대(15~64세)는 보험료 부담을 줄이려는 세대간 갈등이 심화되고 있기 때문이다. 그 결과, 일본의 사회보장제도는 국가재정에 엄청난 부담을 가져왔다.

2011년에는 일본의 정부예산이 사상 최대인 92조 4,116억 엔으로 잡혔다. 2011년도 예산안(92조 4,000억 엔)에 포함된 사업과 현재의 세제가 유지될 경우, 2014년 일본의 일반회계 예산 총액(100조 9,000억 엔)이 처음으로 100조 엔(약 1,360조 원)을 돌파할 것이라고 한다. 이 결과, 부족한 재원 충당을 위한 신규 국채 발행액은 54조 2,000억 엔(약 680조 원)에 달해 2011년(44조 3,000억 엔)보다 약 10조 엔이 늘어날 것으로 추산했다.

한편, 일본의 재정위기를 국가부채의 측면에서 보면, 바야흐로, 일본의 국가부채 1000조 엔(약 1경 3,607조 원) 시대에 진입하였다. 일본 재무성이 국회에 제출한 「일본 재정 추산 보고서」에 의하면, 국채와 차입금, 정부 단기증권을 합한 국가부채가 2011 회계연도 말까지 997조 7,098억 엔으로 사상 최고치를 경신할 것이라고 전망된다(마이니치(毎日)신문, 2011. 1. 26). 이 결과, 국내총생산(GDP) 대비 국가부채의 비율은 2011년 200%를 넘어설 것으로 전망된다. 이 비율은 최근에 재정위기에 몰려 구제금융까지 받은 그리스(136.8%)와 아일랜드(112.8%)의 그것보다 훨씬 더 높은 수준이다.

상기와 같은 일본의 재정상태를 보고 국제신용평가회사인 스탠더드앤드푸어스(S&P)는 2011년 1월 27일 일본의 국가신용등급을 'AA'에서 중국 사우디아라비아와 동급인 'AA-'로 하향조정했다. 일본의 국가신용등급 강등은 실로 9년 만의 일이다.

(3) 국가채무와 공적연금재정

2011년도 일본의 일반회계와 특별회계를 합친 총예산은 220조 2,755억 엔이다. 이 중에서 연금, 의료, 개호(介護)보험 등의 사회보장 관련 지출이 75조 엔으로 3분의 1을 차지한다. 일본 재무성이 향후 3년간의 세입세출을 계산한 결과에 따르면, 사회복지 지출 증가에 따른 일반회계 재원부족은 2011년 44조 3,000억 엔에서 2013년도에 51조 8,000억 엔, 2014년도에는 54조 2,000억 엔으로 급증한다.

세수 부족분을 메우기 위해 일본 정부는 2011년에도 사상 최대였던 2010년도와 같은 44조 3,000억 엔의 국채를 추가 발행했다. 일본의 누적 국가채무가 이미 국내총생산(GDP)의 2배에 이르렀다.

따라서 국민연금과 의료보험 등 사회보장의 재정부담 증가에 따른 국채 발행의 증가는 장기 금리 상승 등과 같은 심각한 폐해를 초래할 수 있다. 이 결과, 초(超)고령화 사회인 일본은 눈덩이처럼 불어나는 복지비용을 부담하기 위해 2014년 50조2,000억 엔(약 680조원) 이상의 신규 국채를 발행할 예정이다.

일본의 국가채무 누증을 특히 공적연금 기금과 관련지어 분석해 보면 다음과 같다. 일본 후생노동성 발표에 따르면, 2009년도 일본의 연간 공적연금 지급 총액[21]은 2008년도 대비 2.8% 증가한 50조 3,000억 엔(약 684조 원)이다. 일본의 국내총생산(GDP) 대비 연금지급 총액의 비중은 약 10%인데, 경제협력개발기구(OECD) 회원국의 평

---

21 상기한 공적연금 총액은 국민 전원이 가입한 기초연금과 기업종사자의 후생연금, 공무원의 공제연금, 기타 복지연금 등을 모두 합한 것이다.

균 7.2%에 비하여 훨씬 높은 수준이다.[22]

2010년 직장인 연금(후생연금)의 보험료 산정 기준이 되는 표준보수 평균은 2009년 대비 2.8% 줄었다. 그만큼, 정부로서는 보험료 수입이 감소하는 셈이다. 또한, 국민연금 납부율도 2009년 60%에서 2010년 55.4%로 사상 최저수준을 기록했다. 따라서 부족한 세수(稅收)는 국채를 발행해 메울 수밖에 없다. 게다가 법인세 인하 등으로 세수(稅收)는 40조 9,000억 엔에 그칠 것으로 전망된다.

따라서 일본은 사회보장지출을 줄이든가 혹은 추가 재원 확보가 필요한 상황에 놓여있다. 그러나 어느 것 하나 여의치 않다. 섣불리 복지급여 지출을 축소했다가는 국민의 생활 불안을 가중시켜 소비를 더욱 냉각시킬 수 있다. 따라서, 궁여지책으로, 소비세(부가가치세) 인상을 통해 추가 재원을 마련하려고 시도하고 있지만 국민 저항은 드세다. 그 배경은 다음과 같다.

(4) 일본 정치권의 포퓰리즘

잠시 회고해 보면, 2009년 8월 일본 총선은 반세기 만의 정권교체 열기로 후끈 달아올랐다. 일본 민주당은 과거 50여 년 동안 여당이었던 자민당으로부터 정권을 빼앗기 위해 장밋빛 복지를 공약을 전면에 내걸었다. 예를 들어, 중학생까지 모든 어린이에게 1인당 매월 2만 6,000엔의 수당 지급, 출산 격려금을 42만 엔에서 55만 엔

22 전술한 바와 같이, 유럽과 일본 모두 복지정책 문제로 진통을 겪고 있으며 그 진통은 유권자의 표심과 관련이 있다. 그러나 그 성격은 다르다. 즉, 유럽은 유권자의 표 때문에 지나친 복지혜택을 축소하느라고 홍역을 치루고 있다. 이와 반면에 일본은 유권자의 표를 얻어 집권할 목적으로 내걸었던 무리한 공약을 실현하기 위하여 복지혜택을 획기적으로 확대하는 데 필요한 재원(16조 8,000억 엔, 약 227조 원)을 마련하지 못해 전전긍긍하고 있다.

으로 인상, 공립고등학교의 전면 무상화, 사립고교생에게 연간 12만 엔 지급, 저소득 가구 고교생에게 연간 24만 엔 지급 등이다. 또한, 월 7만 엔의 최저보장연금 신설, 유가(油價)에 대한 잠정세율 폐지, 연금수급자의 세금 부담 경감, 구직자 생활비 지원, 최저임금 인상, 2012년부터 고속도로 통행료 전면 철폐 등이 공약됐다.

지난 20년 동안 장기 불황에 쪼들려 왔던 일본 국민은 상기의 장밋빛 선거공약에 열광했다. 그러나 복지공약을 실행하기 위해선 무려 16조 8,000억 엔(약 227조 원)이라는 천문학적 돈이 필요했다. 이는 2009년 총 예산의 8%, 국내총생산(GDP)의 3.4%에 해당하는 규모였다. 일본의 언론과 민간연구소가 재원에 대해 꾸준히 의문을 제기했지만, 정권 쟁취를 코앞에 두었던 일본 민주당의 눈은 '돈 계산'보다 '표 계산'에 혈안이 되어있었다.

그러나 일본 민주당은 집권 후 아동수당 인상과 고속도로 무료화·고교 무상화 등의 선심형 복지정책들을 추진하면서 심각한 재정적자에 봉착했다. 공공사업 축소와 예산낭비 척결, 공평과세, 공무원 인건비 절감 등을 통해 복지재원 16조 8,000억 엔(약 227조 원)을 마련하겠다고 큰소리쳤지만 그것은 불가능 했다. 게다가 중소기업 지원을 위해 법인세율 인하를 공약한 데다 경기침체가 계속돼 세수(稅收)는 더욱 감소했다.

이 결과, 국가채무는 당연히 증가했다. 겐바 고이치로(玄葉光一郎) 국가전략상은 최근 민주당 의원총회에서 "*집권 1년차엔 3조 3,000억 엔을, 2년차엔 6,000억 엔을 각각 마련하는 데 그쳤다. 선거공약을 총점검해야 한다*"고 고백했다.

전술한 배경 하에서, 일본 민주당 정권이 선택할 수 있는 것은 2

가지이다. 즉, 세율을 한껏 올리느냐 혹은 복지공약을 대폭 축소하느냐이다. 그러나 일본 국민은 복지부담의 증가뿐만 아니라 복지혜택의 축소도 모두 반대하고 있다. 급기야, 일본 민주당의 간 나오토(菅直人) 총리는 사회보장 개혁과 세제 개혁(소비세 인상 등)을 추진하였다. 즉, 아동수당 인상과 고교 무상화 등 각종 복지예산을 늘리되 세금을 올리고 공적연금 지급액을 줄이겠다는 것이다. 그러나 이 개혁에 대한 시민의 반응은 부정적이다. 이 결과, 일본 민주당의 집권초기에는 70%에 달했던 민주당 지지율이 30%대로 추락했다. 2010년 7월 참의원 선거에서 일본 민주당은 참패했다.

일본 민주당 정권은 어쩔 수 없이 대대적인 선거공약의 수정에 착수했다. 아동 수당지급의 액수를 선거공약 수준보다 줄였다. 고속도로 무료화는 사실상 포기했다. 일본 민주당은 2011년도 예산안 심의를 앞두고 "야당과 협의해 예산안을 수정할 수 있다"고 밝혀 복지공약은 더욱 더 축소될 가능성이 크다. 그러나 참의원의 과반수를 차지하게 된 자민당 등 야당은 민주당이 아동수당 지급과 고속도로 무료화와 같은 선거공약의 실천을 중단하지 않으면 예산 관련 법안을 통과시키지 않겠다는 입장이다.

또한, 일본 민주당은 당초 아동수당 지급을 공약으로 내걸면서 전액 국비로 충당하겠다고 약속했지만, 예산 부족으로 인하여 지방자치단체가 그 일부를 부담해 왔다. 그러나 최근에 40여 개의 지방자치단체들은 일본 민주당 정권의 복지정책에 반기를 들고 지방자치단체가 아동수당의 일부 부담을 거부하기로 했다.

2) 미국

미국 연방정부가 운영하는 사회보장제도(OASDI: Old-Age, Survivors and Disability Insurance)는 미국의 공적연금제도 중 노령, 유족, 장해보험 등을 담당하는 연방사회보장연금제도로서 OASDI는 기본적으로 해당 사유 발생시 일정 수급요건을 충족한 자에게 노령연금, 장애연금, 유족연금, 가족연금, 사망일시금을 지급한다. 미국시민은 소득의 7.65%를 세금으로 내고, 66세에 은퇴해서 매달 최대 2,366달러를 연금으로 수령한다. 이와 별도로 주(州)별로, 또한 직업별로 수많은 공·사적 연금제도와 저소득층 보조 프로그램이 운용되고 있다. 소득요건을 충족하지 못하여 공적 연금을 받을 수 없는 미국 시민에게는 소득부조(SSI : Supplemental Security Income)가 지급된다.

OASDI는 1935년 처음 사회보장법(Social Security Act)에서 비롯하여 실시되었으며, 시행 초기에는 적립방식으로 급여를 지급하였으나, 노동조합 등의 납부금 부담의 경감 요구에 따라 '청년부과방식'(Pay as you go system)으로 전환하였다.

그러나 미국 사회보장제도(OASDI)는 '최대 수급자 2,500만 명'을 전제로 설계됐는데, 아직은 괜찮지만 베이비붐 세대가 본격적으로 은퇴하면 수급자가 7,000만 명까지 늘어나 재정위기의 가능성이 높아지고 있다.

신(新)자유주의(New Liberalism) 철학의 메카(Mecca)인 미국에서는 노후생활 보장이 소득계층별로 다양하다. 미국 시민들은 유럽에 비해 세금을 적게 내는 대신에 경제적 능력이 많은 사람은 여러 가지 연금상품을 구입하여 든든한 노후연금급여를 확보할 수 있다. 중산층 이상의 노인들은 시설 좋은 사립 요양원에서 노후생활을 보내는 반면에, 가난한 노인(노인 7명 중 1명이 빈곤층 혹은 차(次)상위계층)은 빠듯한 사회보장 급여로 간신히 연명하면서 주(州)정부가 운영하는 값싼 요양시설에 들어간다.

또한, 미국은 제도적 의료보장 대신에 시장방식 즉, 기업별 의료보장체계를 선택하였다. 미국의 의료비는 GDP의 18%로 거의 유럽의 2배 수준이다. 이러한 미국의 의료보장 체계는 계층간 의료이용의 양극화를 야기하고 있다.

그런데 최근에 수명 연장으로 인하여, 상대적으로 부유한 시민조차도 노후생활을 염려하지 않을 수 없게 되었다. 왜냐하면 기대수명이 길어짐에 따라 은퇴 전에 마련해둔 저축이 고갈되기 시작했기 때문이다. 최근에, 중산층 이상의 80대 미국 노인들이 시설 좋은 사립 요양원에서 약 3년 정도 지내다가 저축이 고갈되거나 연금이 모자라서 값싼 요양원으로 옮겨가는 사례가 많다. 물론, 사회보장 급여에 의존하는 저(低)소득층 노인들은 더욱 더 불안을 느끼고 있다.

3) 영국[23]

영국에서는 1908년 노령연금법(Old Age Pension Act)에 의해 최초의 공적연금제도인 '노령수당제도'가 도입되어 70세 이상의 노인에게 자산조사와 도덕조사를 기반으로 낮은 수준의 무(無)기여 정액급여를 지급하였다.

그 이후, 영국의 복지국가 형성기인 제 2차 대전 이후, 영국의 공적연금제도는 베버리지 보고서(Beveridge Report, 1948)의 기본정신에

23 김수완(2004)을 참조.

입각하여 공고하게 재정비되었다. 즉, 모든 국민을 대상으로 하는 기초연금이 도입되었는데, 이는 동일한 기여(flat-rate contribution)에 대한 동일한 급여라는 원칙에 따라 운영되는 것이었다.

〈표 3-9〉 영국 국가연금체제의 주요 개혁들 요약(1900~2000년)

연도	개혁내용
1908	자산조사 급여제공
1925	65세 이상에 대한 소득비례기여연금 도입. 모든 육체노동자와 저소득층에게 강제적용. 70세 이상 노인은 무기여 자산조사 급여를 받음.
1946	1942년의 베버리지 보고서를 근간으로 한 연금제도. 정율 기여연금인 국가기초연금도입. 급여는 물가에 연동됨(1950년에서 1960년대 중반까지는 소득보다 물가가 빨리 상승했음)
1961	Graduated pension제도 도입. 소득비례 기여 및 급여. 그러나 급여액이 퇴직 시 연동되지 않고 명목적으로 동일하게 지급됨
1975	기초연금 급여를 소득과 물가 중 높은 편에 연동되도록 함
1978	SERPS 도입. 최고 20년의 소득에 대해 25% 급여를 지급. 확정급여 방식의 기업연금으로 대체할 수 있도록 함.
1980	기초연금을 물가에 연동되도록 함.
1986	SERPS 급여를 생애소득의 20%로 삭감함. 또한 개인연금을 포함한 확정기여 연금으로도 대체할 수 있도록 함.
1995	여성의 수급연령을 2020년까지 60세에서 65세로 점차 늦춤. SERPS의 공식을 바꿈으로서 급여를 삭감함
1999~2000	SP로 SERPS를 대체함, Stakeholder pension 도입.

자료 : Emmerson and Johnson(2001).

1980년대 재집권한 보수당 대처(Margaret Hilda Thatcher) 정부는 연금보험시장의 활성화 및 연금재정 안정화를 위하여 계속적인 공적연금 축소 개혁을 단행하였다. 이에 따라 제일 먼저 취해진 조치는

1980년 기초연금 급여의 하향조정이었다. 조정 방식은 급여를 임금이 아닌 물가에 연동시키는 것이었다.

영국의 경우에도 덴마크와 같이 공적연금과 사적연금의 균형적인 발전을 통해 장기적으로 지속가능한 연금제도를 구축하고 있다 공적연금의 경우 기초연금제도를 조세방식이 아닌 사회보험방식으로 운영하고 있고 소득비례연금도 사적연금으로의 적용제외를 두어 공적연금의 비중을 점차 축소함으로써 연금재정의 지출을 줄여나갔다.

영국 정부는 연금개혁에 대한 공감대 형성과 적절한 정책조합 제공으로 2006년 연금개혁에 성공하였다.

〈표 3-10〉 영국의 2006년 연금개혁

• 영국의 연금제도는 확정급여형 연금보험료의 일부를 민간 금융상품에 투자 허용(투자 수준은 자율적으로 결정) • 연금개혁위원회 위원장은 민간 금융상품 투자가 너무 적어 노령빈곤이 급증할 수 있는 위험을 국민들에게 정직하게 제시 • 민간 금융상품 투자를 의무화하되, 투자 축소에 대한 개인의 선택 권한을 보험가입자에게 부여 • 그 대신에, 확정급여형 급여 연동기준을 물가에서 임금으로 전환하여 연금급여의 실질가치를 인상함으로써 연금개혁에 대한 영국국민의 지지를 획득

자료: The Economist(2006), "Reforming Pensions : A Way out of the Mess"(5/25).

영국의 기초연금의 운영사례는 한국에게 다음과 같은 시사점을 준다.

첫째, 베버리지 보고서(Beveridge Report, 1948)의 원리에 따라 거의 보편적으로 정액급여로 제공되어왔던 기초연금의 역할과 비중이 쇠퇴되고 있다. 영국의 연금제도 발전사는 사적연금 확대와 저소득층에 대한 국가역할 집중으로 요약됨에도 불구하고, 기초연금은 저소득층의 기초생활보장을 위한 제 기능을 발휘하지 못하는 방향으로 축소되어왔다. 그 기본방향은 물가연동방식으로의 변화였다. 한편, 저소득층 보장책은 연금제도 밖에서의 선별적 보장 및 2층 공적연금 자체의 저소득층에 집중되었다. 기초연금액을 현실화시키는 방식을 회피한 가장 큰 이유는 공적연금급여 지급을 위한 재정지출을 줄이려는 의도였다.

둘째, 소득비례연금의 적용제외를 통해 공적연금의 재정부담을 줄였다. 즉, 사회 구성원 모두의 노후소득보장을, 국가가 전적으로 책임지는 것이 아니라, 국가의 보호를 가장 필요로 하는 계층에 대해서만 국가가 적극적으로 개입한다는 것이다. 그리고 국가가 개입하지 않아도 자기 자신의 노후소득을 충분히 확보할 수 있는 계층에 대해서는 국가의 간섭을 최소화함으로써, 노후소득보장에 대한 국가의 부담을 최소화한다는 것이다.

4) 프랑스

다른 국가들과 마찬가지로, 프랑스에서도 노동인구가 감소하는 반면에 연금수급자가 증가하고 있다. 1945년에는 7명이 1명의 연금수급자를, 2010년엔 2명이 1명의 연금수급자를, 2040년에는 1이 1명의 연금수급자를, 각각 책임져야 한다. 이 결과, 연금지출은 프랑스 국가 재정 악화의 주요 요인이 되었다. 이를 해결하기 위한 프랑스 연금제도개혁의 시도와 좌절은 〈표 3-11〉에 요약되어 있다.

〈표 3-11〉 프랑스 복지제도의 연혁

년도	내용
1945년	질병 · 출산 · 노령 · 사망 등 사회보장조직 제도화
1967년	사회보장재정 수지균형을 위해 전국금고설치 규정 도입
1980년	연금수급자들에게 질병보험 기여금 부과
1983년	미테랑 정부가 정년을 65세에서 60세로 하향 조정
1988년	실업자 · 빈곤층 대상으로 최저생활급여 지급제도 도입
1995년	고용우선정책을 내세운 우파 정부가 선거에서 승리 시라크 정부의 연금개혁안이 대규모 시위로 좌절
2006년	해고를 쉽게 하는 노동법 개혁이 대규모 시위로 좌절
2010년	사르코지 정부가 대규모 시위를 무릅쓰고 정년 상향 조정

자료. 동아일보, 2011. 1. 25.

프랑스의 재정적자가 2010년 사상 최고인 국민총생산(2009년 GDP 기준)의 7.7%에 이르렀다. 따라서 프랑스 정부는 2010년 연금개혁을 밀어붙였다. 정년퇴직 연령이 60세에서 2018년까지 62세로 높아지고 연금을 100% 받는 연령도 65세에서 67세로 2년 늦어졌다. 그러나 프랑스의 연금제도의 파산을 막으려면 2018년까지 또 한 번의 연금개혁(예로서 연금수령 연령을 75세까지 상향조정)이 불가피한 것으로 전망된다.

경제협력개발기구(OECD)가 발표한 '연금 2009'에 따르면, 프랑스의 연금지출액은 국내총생산(GDP)의 12.4%이다. 이 비율(12.4%)은 OECD 회원국 중에서 이탈리아(14.0%), 오스트리아(12.6%)에 이어 3위 수준이다. OECD 회원국의 평균 연금지출 비율은 7.2%이다. 또한, 65세 이상의 은퇴 고령자의 수입 중에서 85.4%가 국가재정에서 충당된다. 이와 반면에 OECD 회원국의 평균 국가재정부담 비율은 61.1%이다. 은퇴한 후 연금을 받으며 생활하는 기간은 남성의 경우 24년이며 여성의 경우 27년으로 세계에서 가장 길다.

이 결과, 프랑스의 국가채무 비율은 2009년, GDP 대비 77.6%이다. 이 수준은 EU의 권고 기준(60% 이하)보다 훨씬 높다. 또한, 프랑스의 재정적자 비율은 2010년 GDP 대비 7.7%로서 사상 최고이다. 이 수준은 EU의 권고 기준(3% 이하)보다 2배 이상 높다.

국가재정 악화의 주요인은 프랑스 정부의 과도한 국가보조금이 노동시장의 지나친 경직성, 고령인구의 급증, 조세수입 감소와 맞물려있기 때문이다.[24]

프랑스 연금의 재정적자는 주로 노동인구의 4분의 1을 차지하는 공공부문에서 발생하고 있다. 예로서 국영철도(SNCF)의 경우 직원이 16만 명의 직원들이 과거 동료였던 32만 명의 연금수급자를 부양해야 한다. 이들 연금의 상당 부분은 세금으로 충당된다.

저자는 프랑스의 복지제도가 아무리 우수한 것일지라도, 국가경쟁력의 제고가 중요한 국가적 과제중의 하나인 한국의 경우, 프랑스의 복지제도를 답습한다는 것은 성장과 복지의 조화를 추구해야 할 한국에게는 합리적 선택이 될 수 없다고 생각한다.

참고로, 프랑스의 노동생산성 증가율은 2000년 이후 한 번도 독일과 미국은 물론이고 OECD 평균 노동생산성 증가율을 넘어본 적이 없다. 이와 반면에 1인당 임금 증가율은 2000년 이후 해마다 독일, 미국, OECD 평균의 1인당 임금 증가율을 넘었다. 그리고 근로자 1인당 한 해 평균근로시간은 1,544시간으로 OECD 회원국 중에서 네 번째로 적다. 1990년대 사회당은 주 35시간 근로제를 관철시켰다. 이 결과, 프랑스의 국가경쟁력은 당연히 떨어졌다.

24 프랑스의 재정위기는 1980년대 프랑수아 미테랑(François Maurice Marie Mitterrand) 사회당 정부 시절에 추진됐던 사회복지제도 강화 정책에서 비롯됐다고 니콜라 사르코지(Nicolas Sarkozy) 현 정부는 비판하고 있다.

5) 독일[25]

독일은 전통적으로 고기술, 고부가가치 제품을 수출하며 가격이 아닌 품질을 통해 국가경쟁력을 유지해 왔으며 자동차, 기계, 전자, 화학, 의약, 환경 등에서 독일은 높은 기술력을 갖는 전문화된 제품을 생산하는 국가로 인식되어 왔다(Streek, 1997, p42). 이러한 고기술·고부가가치 제품은 높은 가격으로 수출되면서 높은 임금비용을 유발하는 복지시스템을 지탱해 왔다. 그러나 1990년대 이후 점차 변하기 시작하였는데 그 중요한 요인에는 세계화, 정보화, 고령화 및 후발국(예로서 중국)의 제조업 추격이 있다.

상기의 환경변화를 독일의 복지정책 운영과 관련지어 살펴보면, 2차 세계대전 이후 20여년에 걸친 고도경제성장의 마감, 서비스산업 위주의 산업구조 개편, 여성의 노동시장 진출 증가 및 가족구조의 변화, 인구구조의 변화 등이 전후 복지국가 변화의 압력으로 작용하고 있다(홍성대 외, 2009, p61). 그 결과, 세계경제가 장기불황에 빠지면서 복지국가는 재정압박을 받게 되었고, 서비스산업 위주로 산업구조가 개편되면서 노동시장은 고도로 분화되어 완전고용의 추구가 어렵게 되었다.

상기의 외부 환경 변화에 부합하는 복지정책을 위하여, 독일은 제도 개혁을 추진하였다. 즉, 사회보험(실업, 연금, 의료보험)에 해당하는 복지급여를 감축하고, 대신에 사회부양(아동 및 부모수당)을 증대하며 기존의 실업수당을 감축하면서 최저생계비를 보장하는 사회부조적인 성격을 갖는 실업수당Ⅱ로 변환시켰다. 이로서, 정부의 복지재정지출이 축소되고, 그 대신에 개인의 자기책임성이 강조되었다.

25 김성수(2011)를 많이 참조하였음.

여기서 유의할 것은 독일 복지체제에서 노동시장정책은 매우 중요하다는 점이다. 즉, 실업수당, 연금, 의료보험 등 복지체제의 핵심 제도들이 모두 고용, 임금, 실업과 관련되어 있기 때문에 노동시장 정책이 복지정책의 기본 동인이 되고 있다. 이러한 특징을 다음과 같이 3가지로 정리할 수 있다(홍성대 외, 2009, pp. 71~72).

첫째, 완전고용을 지향하는 강력한 노동시장정책으로 1980년대 이후 독일 노동시장정책의 변화는 실업급여 자격기준 강화 및 급여 삭감, 노동시장 보호장벽 완화 및 적극적 노동시장 정책의 강화로 특징지어진다. 노동촉진개혁법(1997), 하르츠법안(Atypische Jobs), 연방고용청의 직업센터로 변화 등이 대표적이다.

둘째, 복지급여를 고용과 결합시키는 사회보험 중심의 소득보장 정책으로 실업수당(전직훈련수당, 실업보험, 실업부조), 연금, 의료보험 등이 중요하다.

셋째, 잔여적인 사회복지서비스 정책으로 아동양육보조금, 부모보조금, 노인장기요양보호가 이에 해당한다.

6) 스웨덴

스웨덴은 3개의 연금제도가 있다. 첫째, 65세 이상의 절대다수(99.2%)가 '국가연금'(한국의 '국민연금'에 해당)으로서 은퇴 후 현역당시 월급의 80%를 수령한다. 둘째, 하위 43.2%의 소득계층은 '기초생활보장' 명목으로 자신이 납부한 것보다 더 많은 '기초노령연금'을 지급받는다. 셋째, 스웨덴 국민 10명 중 8명(83.2%)이 '국가연금'과 별도로 '직업연금'도 받는다. 이결과, 상기의 3개 연금('국가연금', '기초노령연금', '직업연금')을 합쳐서 노인 1인당 연평균 16만 7,100크로나(2,790만 원)를 받는다.

스웨덴 국민의 55세 이상은 사회민주당의 옛날 방식에 따라 연금을 받는 반면에 65세 이상에게는 무조건 '기초노령연금'이 지급된다. 연금가입자가 연금보험료를 내지 않아도 국가가 100% 지원한다.

또한, 스웨덴 국민의 의료비 부담도 적다. '의료비 상한제' 덕분으로, 개인이 부담하는 약값과 병원비가 각각 1,800크로나(30만 원), 900크로나(약 15만 원)를 상회할 수 없도록 규정되어 있다.

여기서 유의할 것은 상기의 복지혜택을 향유하기 위하여 스웨덴 국민 모두가 꼬박꼬박 세금으로 낸다는 점이다. 그 대가로서, '기초노령연금'과 '직업연금'은 제외하더라도, 스웨덴 국민은 은퇴 이후 현역 당시 월급의 80%를 '국가연금'으로 받는 것이다. 다른 국가의 경우와 비교하면, 스웨덴 국민의 세금 부담은 상대적으로 무겁지만 '국가가 나를 책임져준다'는 생각에 선출한 고(高)급여를 위한 고(高)부담을 당연시 하고 있다.

스웨덴은 오랜 기간 다양한 정치세력간의 논의과정을 거쳐 1998년 연금 개혁을 단행했다. 과거, 기초연금과 부가연금으로 이원화되었던 연금제도를 소득비례방식으로 일원화하되 가입자에게 부분적인 선택권을 부여하였다. 그리고 복지제도의 소득재분배기능은 오직 '최저보증연금제도'가 담당하도록 함으로써 국가의 복지재정 부담을 최소화하였다. 그리고 기존의 '확정급여방식'(DBP : Defined-Benefits Plan)의 연금급여를 '명목확정기여방식'(NDCP : Nominal Defined-Contribution Plan)과 '적립방식'으로 전환하여 연금재정의 수급 불균형 문제를 해소시키고 있다.

이어서 2001년부터 스웨덴 정부는 많은 국민의 불만과 반발을 무릎쓰고 연금개혁을 실시했다. 특히, 국가 재정과 연금 재정을 압박하는 '기초노령연금' 액수를 계속 줄여왔다.[26] '기초노령연금' 대신에 소득에 따라 연금액을 정하는 복지제도가 도입되었다. 즉, 월소득 3만 2,000크로나(약 542만 원) 미만의 저(低)소득층을 위한 '확정급여형 연금'을 신설해 공적연금에서 충당하고 있다. 그러한 수혜자의 80%는 가정주부이다.

그러나 상기의 '확정급여형 연금'은 2008년 글로벌 금융위기를 거치면서 허점을 드러냈다. 연간 소득이 95만 크로나(약 1억 6,150만 원) 이상이던 고(高)소득자의 공적연금 수령액이 7% 감축되었다. 물론, 스웨덴 정부는 공적연금 수령액이 줄어든 연금가입자의 세금을 감면하지만, 그럼에도 불구하고, 국가연금 재정은 계속 적자를 기록하고 있다.

결국, 2008년 스웨덴 정부는 '확정급여형 연금' 재정지출 한도를 연간 410억 크로나(약 6조 9,500억 원)로 동결하고 '확정급여형 연금' 수혜자 자격을 종전의 '합산해서 40년간 국내 거주자'에서 '만 17세 이후 40년간 거주자'로 제한했다. 이 결과, 스웨덴의 공적연금 수혜자는 한창 때의 600만 명에서 60만 명으로 감소되었다. 그리고 '확정급여형 연금'을 받지 못하는 시민은 새로운 빈곤층으로 추락하고 있다.

이와 같이, 세계 최초의 강제적용 공적연금제도를 도입하였던 스웨덴은 보편적 복지모형의 대표적인 국가로 국제적인 주목을 받았으나, 변화하는 경제 및 사회의 환경 변화로 인해 기존 제도를

26 노르웨이는 이웃나라 스웨덴의 복지제도의 개혁을 모방하여 노령연금(특히 기본연금)의 축소를 골자로 하는 연금개혁을 실시했다. 보험료 납부와 관계없이 지급되던 기본연금의 수혜자는 2010년 65만 명을 웃돌았으나 향후 6만 명까지 축소될 것으로 전망된다.

유지하는 것이 현실적으로 어렵다는 판단에 따라 연금제도 개선을 위한 국민적인 합의를 도출하기 위해 노력해왔다.

여기서 유의할 것은 스웨덴은 성장과 복지 모두가 성공한 국가로 칭송받아왔지만 한국이 굳이 스웨덴의 복지제도를 그대로 모방하는 것은 결코 합리적이라고 말할 수 없다는 점이다. 스웨덴은 거대한 복지제도를 유지하기 위해 몇몇 대재벌에 의존하고 있으며 재벌가문 하나가 국내총생산의 35%를 차지하는 독점적 경제구조를 갖고 있고 여전히 국왕(國王)이 존재하는 가운데서도 사회민주주의를 표방하는 독특한 국가이다(조선일보, 2010. 01. 13).

스웨덴의 공식 실업률은 2006년에 6%에 불과했지만 실제로는 17%에 육박했다. 그 괴리는 장기 병가(病暇)로 일자리를 떠나 있는 사람들을 고용상태로 처리하는 등, 실업 통계수치가 조작된 것이다. 스웨덴의 청년 실업률은 유럽에서 최고 수준이다. 조세부담률은 무려 50%를 능가한다.

1950년 이후 스웨덴에는 민간부문에서 새로 만들어진 일자리가 거의 없으며, 생산가능인구 3명 가운데 1명은 생산 활동에 종사하고 2명은 생산자가 낸 세금으로 먹고 사는 공무원이거나 복지수혜자이다. 이러한 스웨덴의 보편적 복지모형이 과연 '한국형 복지모형'으로서 준거기준이 될 수 있을까? 사회보장제도란 한 국가의 산업·경제·문화·철학을 반영하는 역사적 산물인 것이다.

7) 덴마크

덴마크 연금제도는 전형적인 '층(層) 연금체계'를 통하여 국민 대다수에게 연금혜택을 지급하고 있다. 덴마크의 연금제도체계를 상술하면 다음과 같다.

첫째, 전체 연금제도체계가 추구하는 목표가 명확하다는 것이다. 즉, 공적 노령연금제도를 통해 최저생계비 수준의 급여를 지급하되 부족한 소득대체율은 다양한 노동시장 관련 연금제도와 개인연금제도를 통해 충족시킴으로써, 노후소득보장의 적절성과 공적 및 사적연금제도의 균형적인 발전을 모두 추구하고 있다. 또한, 가급적 노후소득보장체계의 각 층별 제도를 유연하고 투명하게 운영함으로써 제도 참여자들의 제도 순응성을 제고하고 있다.

둘째, 향후 예상되는 고령사회에 대비하기 위해 가급적 많은 수의 고령근로자를 노동시장에 잔류시키는 노력을 계속하고 있다는 것이다. 비현실적으로 높게 설정된 법정 퇴직연령으로 인해 야기되는 다양한 조기퇴직 경로를 최대한 억제함으로써 숙련된 근로자들을 노동시장에 가능한 한 잔류시키고, 여성근로자들을 최대한 활용함으로써 향후 도래할 고령사회에서의 공적연금제도의 재정 악화에 대비하고 있다.

셋째, 여성인력의 노동시장 진출을 적극 권장함으로써 공적 연금재정 불안정 요인을 상당 부분 극복하였다는 것이다. 여성인력의 적극적인 노동시장 참여 자체가 공적연금제도에 내재된 문제점을 모두 해소할 수는 없더라도, 여성인력 상당수가 적극적으로 노동시장에 참여함에 따라 공적 연금제도의 재정 악화 가능성을 줄이고 있다.

한편, 덴마크에서 여성노동자들이 노동시장에 적극적으로 진출할 수 있었던 요인은 육아 등 여성의 경제활동에 장애가 되는 제반 문제를 극복하기 위한 사회 인프라 구축에 정부가 앞장서 여성의 경제활동에 장애가 되는 요인을 최소화하였기 때문이다.

8) 남유럽 국가

주지하다시피 이탈리아, 그리스, 포르투갈, 스페인 등의 남유럽 국가들은 최근 재정위기를 겪고 있는데, 이들의 공통점은 '과잉 복지'가 국가 재정을 파탄시킨 후에야 비로소 정부 당국은 복지 축소, 세율 인상 등과 같은 복지제도의 개혁에 나서고 있다.

[그림 3-15] 남유럽 국가들의 국가채무비율

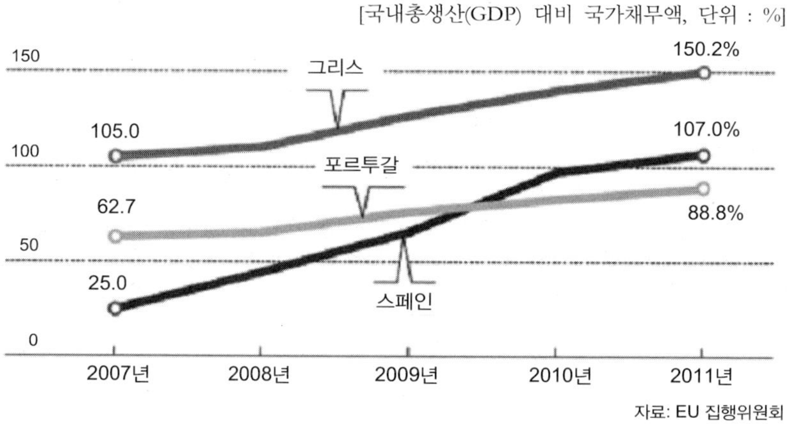

자료: 조선일보, 2011. 01. 14.

(1) 이탈리아

세계에서 가장 높은 연금급여수준을 유지하였던 이탈리아 연금제도의 경우 공적연금제도의 방만한 운영으로 인한 연금재정위기를 극복하기 위해 1990년대 세 차례에 걸쳐 연금개혁을 단행하였으나 정치적인 수단으로 오용되거나 막대한 규모의 잠재적 부채를 은폐하려는 의도가 다분하였기 때문에 연금제도가 향후에도 지속 가능할지 불확실한 상황이다.

(2) 스페인

1970년대 들어 30여 년간의 독재정치에서 벗어난 스페인은 "*평생 일한 국민의 노후를 보장하겠다*"며 공적연금과 무상의료, 출산 장려금 등의 적극적인 복지정책을 도입하였다. 1979년 노사정(勞使政)이 모여 '젊어서 세금을 낸 만큼 늙어서 받아가는 식'의 공적연금 제도에 합의했다.

또한, 스페인은 세금 액수에 관계없이 모두 '공짜'인 무상의료 보험제도를 도입하였다. 스페인 의료보험의 경우 어떤 환자든 1유로만 내면 공짜로 진료 및 치료를 받을 수 있다. 이 때문에 영국이나 독일 등 주변 국가에서 질병에 걸리면 스페인에서 치료를 받으러 '의료 관광'을 다녔다. 그러나 이젠 스페인의 실업률이 20%를 돌파한 데다 세금을 내지 않는 노인 인구가 급증해 스페인의 복지제도는 심각한 재정위기를 맞고 있다.

스페인 정부 역시 2010년 5월부터 강도 높은 재정개혁안을 내놓고 뒤늦게 복지제도의 개혁을 추진하고 있다. 사회당 소속인 사파테로(Zapatero, J se Luis Rodríguez) 총리가 최근 사회보장을 위한 재정지출만은 유지하겠다는 초기 입장을 전격적으로 바꿔 긴축정책을 진행 중이다. 2010년 6월에는 공무원 임금 5~15%를 삭감했고 정년을 65세에서 67세로 연장하는 한편, 매월 최대 2,500유로(약 375만 원)까지 지급하던 공적연금 액수도 줄여나가기로 결정했다.

(3) 그리스

특히 그리스는 2010년 경제위기가 닥치기 전에는 '남유럽의 신(新)복지 천국'으로 주변국의 부러움을 샀다. 근로자들은 60세 전에 은퇴해 퇴직 직전 5년간 월급의 80%를 공적연금으로 받았다. 연금보험료는 월급의 25% 미만이었다. 당시, 월급의 42%를 연금보험료로 내고 평생 월급의 45%를 공적연금으로 수령했던 독일의 근로자들마저 그리스의 복지제도를 부러워했다.

2009년 기준으로 그리스의 임금 대비 공적연금 수령액 비율은 95.1%로 경제협력개발기구(OECD) 주요국 중에서 가장 높았다. 독일(36.9%), 일본(33.5%), 영국(30.0%) 등에 비해 최대 3배 이상 높다. 다른 국가들의 경우에서처럼 전체 근무기간의 평균 임금을 기준으로 공적연금을 환산하는 게 아니라, 그리스의 경우 임금이 높은 퇴직 전의 최근 5년을 기준으로 해서 공적연금 지급액을 환산한다. 회사에서 일하나 혹은 일찍 은퇴하고 공적연금을 받으나 큰 차이가 없으니 조기 은퇴가 만연했다. 그 결과, 공적연금 재정 부담이 폭등했다.

게다가 인구 고령화로 인하여 공적연금에 투입되는 정부예산이 2010년 국내총생산(GDP)의 12%에서 2050년 24%로 2배 증가하였다. 그리스 정부의 예산에서 공적연금으로 지출된 금액은 2000년 129억 유로에서 2010년 153억 유로로 급증했다. 그리스의 공적연금 기금은 140개가 넘는 민영회사가 운영한다. 이들 민영회사들은 공적연금 기금이 모자랄 때마다 정부에 손을 벌리고 정부는 이들 민영회사들의 재정적자를 국가예산으로 메워줬다.

한편, EU집행위는 그리스 정부 당국에게 기회가 있을 때마다 공적연금지출을 줄이라고 권고했다. 그러나 그리스 정치인들은 상기의 권고를 매번 무시하였고, 심지어 보다 많은 복지 혜택을 선거 공약으로 내세웠다. 그 결과, 현재 그리스는 경제위기를 겪고 있다. 이것은 복지 공약을 남발한 정치인과, 분수 모르고 복지혜택만 바라던 유권자의 공동 작품이라고 말할 수 있는 것이다.

그리스는 국가재정이 파탄이 된 후, 2010년 5월, EU와 국제통화기금(IMF)으로부터 1,100억 유로(그리스 GDP의 3분의 1 수준)의 구제금융을 받게 돼서야 뒤늦게 복지제도의 개혁에 착수했다. 공적연금을 수령할 수 있는 여성의 나이를 60세에서 65세 이상으로 높이기로 했고, 2010년 7월 부가가치 세율을 21%에서 23%로 인상했다. 현재 그리스 정부는 혹독한 빚(구제금융 1,100억 유로) 독촉에 시달리고 있다.[27] 이러한 상황에서, 그리스 정부가 허리띠를 바짝 졸라매자 그 여파는 연금 수령자뿐 아니라 젊은 세대에도 미치고 있다. 특히 실업률이 20%까지 치솟고 있다. 대학을 졸업하고도 월 580유로의 임시직을 찾기도 힘들다.

---

27 EU정상회의(2011. 10. 26)는 유로존 위기를 타개하기 위한 포괄적 해결방안으로서 유럽 은행들이 보유한 그리스 부실채권의 손실부담(일명 헤어컷) 비율을 정부 : 60% ; 민간채권단 :40%로 상향조정 함으로써 그리스로 하여금 국채 원리금의 40%만 갚도록 하자고 합의하였다. 이로써, 그리스 정부는 한숨을 돌릴 수 있게 되었다. 또한, 남유럽 국가에서 시작된 재정위기가 다른 유럽국가들로 전이되는 것을 차단하기 위한 유럽재정안정기금이 제대로 지원할 수 있게 되었다.

제4장

국민건강보험제도의 개혁 방향

한국의 우수한 국민건강보험제도는 버락 오바마 대통령이 극찬할 정도로 매우 우수하다. 동 제도는 모든 국민을 국민건강보험에 강제로 가입시키고, 국가의 책임 하에 관리되고 있다. 이러한 점에서, 한국의 국민건강보험제도는 스웨덴 등 유럽 복지국가들의 의료보장제도에 비해 부족할 게 없으며, 독일 등의 조합주의 의료보험제도보다 더 우월하다.

다만, 매우 아쉬운 것은 '저부담·저급여' 의료보장체계를 유지함에 따라 의료보험료가 선진국 의료보험료의 1/3 ~ 1/4에 불과하여, 국민건강보험의 재정 규모가 작고 의료보장성(의료급여의 범위와 수준)이 세계적으로 낮다는 점이다. 또한, 환자 본인의 부담과 비(非)의료급여 부분이 함께 존재하기 때문에, 의료보장률에 대한 시비가 있다.

다른 한편으로, 한국의 의료보장성 수준이 어떻게 제고되어 왔는가를 살펴보고자 한다. 과거 김영삼 정부(1993. 2. 25~1998. 2. 24)의 조합주의 의료보험의 경우, 의료보장성 수준이 총 진료비의 50%에 불과했다. 그러나 노무현 정부(2003. 2. 25~2008. 2. 24)의 임기 중이었던 2007년에는 국민건강보험의 의료보장성이 총 진료비의 64.6%까지 높아졌다. 그 요인은 '고(高)위험 질병'에 대한 의료보장성이 강화되었기 때문이다. 최근 이명박 정부(2008. 2. 25~2013. 2. 24)의 집권 초기에는 국민건강보험의 의료보장성 수준은 총 진료비의 62.2%로 떨어졌고, 현재 50%대로 떨어졌을 것으로 추정된다.

전술한 바와 같이, 한국의 의료보장성 수준은 2007년(총 진료비의 64.6%)에 가장 높았는데, 그 배경은 다음과 같다. 2005년 노무현 정부는 암(癌) 등 고(高)위험 질병은 국가가 모두 책임져야 한다며 암(癌)보장 확대방안을 발표했다. 보수진영과 재계는 일제히 반대했다.

국민건강보험의 의료보장성을 확대하면 병원을 찾는 횟수와 입·퇴원 환자가 급증해 '도덕적 해이'를 가져온다는 것이었다. 이와 같은 논쟁 속에 암 보장성 강화가 지연됨에 따라 한국인의 약 80%는 의료비 불안에서 벗어나기 위해 가구당 평균 3~4개의 민간 의료보험에 가입하였다.

한국보건사회연구원에 따르면 2009년 한국의 민간 의료보험 가입률은 77.9%이며, 평균 가입 개수는 3.62개로 집계됐다. 그러나 장애인·노인 등 약자들의 민간 의료보험 가입률이 매우 낮다. 따라서 국민건강보험의 의료보장성이 2005년에 강화되지 않았더라면 의료서비스의 양극화는 더욱 심화되었을 것임을 쉽게 짐작할 수 있다.

한국의 국민의료비 대비 공공의료비의 비중은 53% 수준인데, OECD 평균은 73%이고 유럽 주요선진국들은 85%를 넘는다. 한국의 공공의료비 비중(53%)은 OECD 평균(73%)에 비해 20% 포인트 미달한다. 이 결과, 전술한 바와 같이, 한국인은 입원하게 되면 국민건강보험으로부터 총 진료비의 60% 정도만을 보장받는다. 따라서 한국 시민들은 수명 연장으로 인한 의료비 증가에 대하여 불안을 느끼고 있다.

1. 제도 및 연혁

한 국가의 의료보장제도는 의료보장의 재원을 조달하는 방식에 따라 크게 2가지 방식 즉 ① 보험가입자의 보험료를 주재원으로 하는 사회건강보험(SHI: Social Health Insurance)과 ② 조세를 재원으로 하는 국가보건서비스(NHS: National Health Service) 방식으로 나눌 수 있다. 전자의 방식을 채택하고 있는 국가는 독일, 프랑스, 일본 등인 반면에, 후자의 방식을 취하고 있는 국가는 영국, 이탈리아, 스웨덴 등이다.

우선, 사회건강보험(SHI)은 국가가 의료보장에 대한 책임을 기본으로 하고 있지만, 정부기관이 아닌 보험자가 보험료로써 재원을 마련하여 의료를 보장하는 방식이다. 즉, 의료비에 대한 국민의 자기 책임의식을 일정부분 인정하는 제도이다. 이 방식은 독일의 비스마르크가 창시하였다. 이는 보험원리에 의해 1차적으로 국민의 보험료에 의해 재원을 조달하고 국가는 2차적 지원과 후견적 지도 기능을 수행함에 따라 국민의 정부 의존심을 최소화할 수 있다. 또한, 관리체계는 정부에 대해 상대적으로 자율성을 지닌 기구를 통한 자치적 운영을 근간으로 한다. 의료의 사유화를 전제로 의료공급자가 국민과 보험자 사이에서 보험급여를 대행한다.

한편, 국민건강보험방식(NHI: National Health Insurance)은 사회건강보험(SHI)과 마찬가지로 사회연대성을 기반으로 보험의 원리를 도입한 의료보장체계이다. 국민건강보험(NHI)의 운영방식은 사회건강보험방식(SHI)의 그것과 대체로 흡사하지만 국가 내에서 '보험자'(의료에 대한 사회보험 관리운영기구)가 1개라는 점에서 사회건강보험(SHI)과 차이가 있다. 이러한 국민건강보험(NHI)의 의료보장체계로 운영하는 대표적인 국가는 한국과 대만을 들 수 있다.[1]

[1] 한국의 「헌법」에 국민의 인간다운 생활을 할 권리와 동 권리를 실현하기 위한 국가의 사회복지 증진의무 및 국민의 보건에 관한 국가의 보호를 규정하고 있다. ○ 헌법 34조 제 1항 : 모든 국민은 인간다운 생활을 할 권리를 가진다.

다음으로, 국가보건서비스(NHS: National Health Service)은 '국민의 의료문제는 국가가 모두 책임져야 한다'는 관점에서 정부가 일반조세로 재원을 마련하여 모든 국민에게 무상으로 의료(Universal Type)를 제공하는 방식이다. 이 방식을 베브리지(Beveridge) 방식이라고 한다. 이 경우, 의료기관의 상당부분이 사회화 내지 국유화되어 있다. 이 방식을 채택하고 있는 국가(영국, 이탈리아, 스웨덴 등)에서는 소득수준에 관계없이 모든 국민에게 포괄적이고 균등한 의료를 보장하며 정부가 관리주체로서 의료공급이 공공화 되어 의료비 증가에 대한 통제가 강하다.

한국의 국민건강보험제도는 1977년 7월 1일 500인 이상 사업장 의료보험을 실시한 후 전 국민(농어촌 및 도시지역까지)을 대상으로 실시(1989. 7. 7)하게 되기까지 약 12년이 소요되었다(〈표 4-1〉 참조). 이는 일본이 도입 후 36년, 독일은 127년이 걸린 것과 비교하면 세계에서도 이례적으로 짧은 기간 내에 빠른 성장을 보여준 사례이다.

2. 운영 현황

한국의 의료보장은 크게 4가지, 즉 ① 사회보험인 국민건강보험, ② 공적부조인 의료급여, ③ 산업재해보험, ④ 자동차보험으로 구분할 수 있으며, 국내에 거주하는 전 국민을 포괄하고 있다.

ㅇ 헌법 34조 제 2항 : 국가는 사회보장·사회복지 증진에 노력할 의무를 진다.
ㅇ 헌법 36조 제 3항 : 모든 국민은 보건에 관하여 국가의 보호를 받는다.

〈표 4-1〉 한국의 국민건강보험제도 연혁

(1) 임의보험 사업기 (1963 ~ 1977)
- ○ 1963.12.16 국가재건최고회의에서 「의료보험법」 제정
- ○ 1970. 8. 7 「의료보험법」 개정

(2) 피용자 의료보험의 단계적 실시
- ○ 1977. 7. 1 500인 이상 사업장 의료보험 실시
- ○ 1979. 1. 1. 공.교 의료보험의 실시
- ○ 1979. 7 .1 300인 이상 사업장 의료보험 당연적용
- ○ 1981. 1. 1 100인 이상 사업장 의료보험 당연적용

(3) 자영자 의료보험의 부분적 실시
- ○ 1981. 7. 1. 지역의료보험 1차 시범사업 실시
- ○ 1981.12. 1. 직종의료보험조합 발족
- ○ 1982. 7. 1. 지역의료보험 제 2차 사범사업 실시

(4) 전국민 의료보험의 달성
- ○ 1988. 1. 1. 농·어촌 지역의료보험 전국 확대 실시
- ○ 1989. 7. 7. 도시 지역의료보험 전국 확대 실시

(5) 의료보험 통합기
- ○ 1988.10. 1. 제1차 의료보험 통합 → '국민의료보험관리공단' 업무개시
- ○ 2000. 7. 1. 의료보험 완전 통합 → '국민건강보험관리공단' 및 '건강보험심사평가원'의 업무 개시
- ○ 2001. 7. 1. 5인 미만 사업장 근로자 직장 가입자 편입
- ○ 2002. 1. 19. 「국민건강보험재정건전화특별법」 제정
- ○ 2003. 7. 1. 지역 직장재정 통합 운영
- ○ 2005. 07. 노인장기요양보험 시범사업 실시
- ○ 2007. 04. 노인장기요양보험법 제정
- ○ 2008. 07. 노인장기요양보험 실시
- ○ 2011. 01. 사회보험 징수 통합(건강보험, 국민연금, 고용보험, 산재보험)

자료: 국민건강보험공단 내부자료.

〈표 4-2〉 한국의 의료보장 관련 제도 현황

구분	건강보험	의료급여	산업재해(공상)	자동차보험
기본성격	질병 및 부상에 대한 예방, 진단 치료, 재활과 출산, 사망, 건강증진에 대한 보험급여	일정수준 이하의 저소득층에게 모든 질병이나 부상에 의료혜택 부여	업무상 재해보상, 재해예방, 재활 및 각종 복지사업	인적·물적 피해를 약관이 정한 바에 따라 보상(대인배상, 대물배상)
관리대상	가입자, 사용자	의료급여대상자	산재보험가입자	자동차보험가입자
보험료 부담주체	사업주, 근로자, 정부, 세대원	정부	사업주	가입자
보험료 부과기준	임금, 재산, 소득 등	-	임금, 업종	급여 내용 및 위험정도
급여내용	요양급여, 건강검진, 요양비, 장제비, 본인부담액보상금, 장애인보장구, 본인부담금환급금 등	의료급여, 요양비, 건강검진 등	요양급여, 휴업급여, 장해급여, 간병급여, 유족급여, 장의비, 상병보상연금	사망(위자료, 장례비, 상실수익액), 후유장해(위자료, 상실수익액), 부상(위자료, 휴업손해, 치료관계비 등)
급여제한	범죄행위로 인하여 사고를 유발했을때 및 다른 법령에 의하여 급여를 받게 되는 자	다른 법령에 의하여 국가로부터 보호를 받고 있는 경우, 의료보험법 제8조제2항의 규정에 의한 의료보호 기준에서 정하는 진료, 가해자가 있어 진료비 보상이 가능한 경우	업무상 부상 또는 질병의 치료 목적이 아닌 진료 또는 투약, 상급병실 사용료 차액, 지정진료료, 국민건강보험법의 규정에서 정하지 않은 요양급여	자동차사고와 인과관계가 없는 상병, 지정진료료, 상급병실료 차액, 의료기관의 퇴원 또는 전원 지싱 불응하는 경우
추가	건강보험수가	의료보험수가	의료보험수가(할증)	의료보험수가(할증)

자료 : 국민건강보험공단 내부자료.

국민건강보험제도를 운영하는 기관으로서 크게 2개, 즉 ① 국민건강보험공단과 ② 건강보험심사평가원을 들 수 있다. 국민건강보험공단은 2000년 7월 1일, 기존의 국민건강보험 관리운영 조직을 통합한 것인데, 동 공단은 국민건강보험의 보험자로서 국민건강보험법 제12조에 의거 설립된 특수공법인이다. 한편, 건강보험심사평가원은 국민건강보험 실시(2000. 7. 1)와 함께 국민건강보험법 제55조에 의거하여 설립된 특수공법인이다.[2]

1) 적용 대상자 : 건강보험 및 의료급여

우선, 국민건강보험의 적용 대상자는 크게 2가지, 즉 ① 직장 가입자와 ② 지역 가입자로 구분된다. 직장 가입자는 사업자의 근로자 및 사용자와 공무원 및 교직원, 그리고 그 피(被)부양자로 구성되고, 지역 가입자는 직장 가입자와 그 피(被)부양자를 제외한 나머지 국민을 대상으로 한다.

국민건강보험 대상자 중에서 피(被)부양자는 직장 가입자에 의하여 주로 생계를 유지하는 자로서 보수 또는 소득이 없는 자를 의미한다. 즉, 직장 가입자의 배우자, 직계존속(배우자의 직계존속 포함), 직계비속(배우자의 직계비속 포함) 및 그 배우자, 형제 및 자매를 포함한다. 건강보험가입자는 국내에 거주하게 된 날에 그 자격을 취득하게 된다.[3]

---

2 건강보험심사평가원은 심사·평가 기구로서 주된 사무소의 소재지에서 설립등기를 함으로써 성립한다. 건강보험심사평가원은 진료비심사의 전문성·공정성·객관성 등의 제고를 통하여 심사의 효율성과 보험자 및 의료공급자와의 신뢰를 구축하고, 심사와 병행하여 요양급여의 적정성을 평가함으로써 요양기관의 적정진료를 유도, 국민이 양질의 의료서비스를 받도록 하는데 그 설립목적이 있다.

3 구체적으로 설명하면, 출생한 날, 의료보험대상자이었던 자가 그 대상자에서 제외된 날, 직장 가입자의 피부양자이었던 자는 그 자격을 잃은 날, 유공자 등 의료보호대상자이었던 자는 그 대상자에서 제외된 날, 유공자등의 의료보호대상자로서 건강보험의 적용을 보험자에게 신청한 자는 그 신청한 날로

다음으로, 의료급여 대상자(수급권자), 「독립유공자예우에관한법률」 및 「국가유공자등예우및지원에관한법률」에 의하여 의료보호를 받는 자는 공적부조인 의료급여의 적용대상자로 구분되어 건강보험 적용대상자에서 제외된다.

2011년 1분기를 기준으로 의료보장 인구는 5,067만 명이다. 이를 세분하면 건강보험 적용인구가 4,901만 명이며 의료급여 적용인구는 166만 명으로서 동 기간, 직장 적용인구는 3,266만 명으로 64.4% 차지하고 있는데, 2004년 이후 매년 약 100만 명씩 증가해왔던 반면에 직장가입자 1인당 평균 부양가족 수는 1.52명으로 2004년 대비 0.28명 감소하였다. 한편, 적용인구는 1,634만 명이며 지역가입자 1인당 평균 부양가족 수는 1.07명으로 2004년 대비 세대당 0.41명 감소하였다. 한편, 건강보험 사업장 수는 1,010,183개소로 2004년 548,714개소 대비 1.8배 증가하였다.

2) 건강보험의 재정 구조

(1) 건강보험료

건강보험료는 국민건강보험공단이 법률로 정한 부과요건에 따라 건강보험가입자에게 일방적으로 부과하고 있으며 강제성을 띠고 있다. 건강보험료 수입은 건강보험가입자인 국민들에게 보험급여를 제공하고 그 외 건강보험 운용에 필요한 자금을 확보하기 위해 가입자로부터 징수하는 금액이다. 건강보험료 수입은 크게 직장과 지역으로 나뉘어서 부과 및 징수하고 있다.

부터 자격을 취득한 것으로 본다, 반면 사망한 날의 다음 날, 국적을 잃은 날의 다음 날, 국내에 거주하지 아니하게 된 날의 다음 날에는 가입자의 자격을 상실하게 된다.

〈표 4-3〉 의료보장 인구[1)]의 변동추이

(단위 : 천 명)

구분		2004	2005	2006	2007	2008	2009	2010	2011년 3월
의료보장		48,901	49,154	49,238	49,672	50,001	50,291	50,581	50,665
건강보험		47,372	47,392	47,410	47,820	48,160	48,614	48,907	49,006
직장	소계	25,979	27,233	28,445	29,424	30,417	31,413	32,384	32,664
	가입자	9,283	9,746	10,415	11,175	11,617	12,146	12,764	12,944
	피부양자	16,697	17,488	18,030	18,250	18,800	19,267	19,620	19,720
	부양률(명)	1.80	1.79	1.73	1.63	1.62	1.59	1.54	1.52
지역	가입자	21,393	20,159	18,965	18,395	17,743	17,201	16,523	16,342
	세대수(세대)	8,612	8,384	8,107	8141	8,058	8,111	7,940	7,887
	부양률(명)	1.48	1.40	1.34	1.26	1.20	1.12	1.08	1.07
의료급여		1,529	1,762	1,828	1,853	1,841	1677	1,674	1,659
사업장(개소)		548,714	617,234	714,373	823,491	901,643	958,899	1,004,557	1,010,183

주: 1) 의료보장인구 = 건강보험 적용인구 + 의료급여인구
자료 : 국민건강보험공단보도자료(2011. 05. 28).

2011년 1분기를 기준으로, 건강보험료 부과액은 7조 5,389억 원이며, 이 중에서 직장보험료 부과액은 5조 7,649억 원인 반면에 지역보험료 부과액은 1조 7,740억 원이었다. 직장 가입자는 1명당 월평균 74,847원의 보험료를 부담하고, 피부양자를 포함한 적용인구 1인당으로는 29,553원을 부담하였다. 이와 반면에, 지역보험료 부담액은 세대기준으로는 월평균 74,599원의 보험료를 부담하고, 세대원을 포함한 적용인구 1인당으로는 35,911원을 부담하였다.

〈표 4-4〉 건강보험료의 변동추이

구분	2004	2005	2006	2007	2008	2009	2010	2010년 1분기	2011년 1분기
보험료(억원)	156,142	169,277	188,106	217,287	249,730	261,661	284,577	67,057	75,389
• 직장	108,283	121,209	138,975	163,485	190,297	202,377	220,831	50,800	57,649
• 지역	47,859	48,068	49,141	53,802	59,434	59,284	63,746	16,257	17,740
세대당 월보험료(원)	47,787	50,080	53,773	59,278	66,217	66,916	70,989	68,204	74,752
• 직장	49,675	52,956	57,092	62,430	69,169	70,250	73,399	68,518	74,847
• 지역	45,818	46,871	49,688	55,054	61,982	61,902	67,168	67,720	74,599
1인당 월보험료(원)	17,985	19,104	20,851	23,690	26,837	27,620	29,765	28,524	31,691
• 직장	17,752	18,999	20,713	23,449	26,304	27,049	28,659	26,652	29,553
• 지역	18,256	19,237	21,050	24,065	27,736	28,652	31,899	32,041	35,911

주: 1인당 월보험료는 개인부담보험료 기준.
자료: 국민건강보험공단보도자료(2011. 05. 28).

① 부과 방식

○ 직장 가입자의 경우

직장 가입자의 경우에는 보험가입자 개인별로 산정되어 사업장 단위로 부과하는 특징을 가지고 있다. 당해 표준보수월액에 일정한 건강보험료율을 곱하여 산정하는 방식으로 건강보험료가 결정된다.[4] 이렇게 산정된 건강보험료는 가입자 부담분과 사용자 부담분으로 각각 50%로 분리하여 부과되고 있다.[5] 직장 가입자의 건강보험료의 징수 방식은 전년도 표준보수월액을 기준으로 산정하여 우선 부과한 후, 다음 연도에 지급받는 보수를 기준으로 정산하여 추가 부과하는 형태이다.

4 여기서 '보수월액'이란 동일 사업장에서 당해 연도에 종사한 기간 중 지급받은 보수총액을 그 해당기간의 월수로 나눈 금액인 월평균 보수액이다.

5 도서·벽지에 위치하는 직장 가입자의 건강보험료는 50%를 경감하고, 국외 근무자(국내에 거주하는 피부양자가 있는 경우)의 직장 가입자 보험료의 100분의 50으로 경감하고 군인 가입자는 보험료의 20%를 경감한다.

○ **지역 가입자의 경우**

지역 가입자는 직장 가입자의 경우와 다르게, 우선 보험가입자가 속한 세대별로 구분된다. 이들의 건강보험료는 소득·재산·자동차·성·연령 등으로 구성된 부과요소들을 기초로 계산된 부과표준소득점수에 지역부과 점수 당 단가를 곱하여 산정하는 방식으로 결정된다.

한편, 지역 가입자의 보험료 부과방식은 가입자의 소득, 재산(전월세, 자동차 포함), 생활수준 및 경제활동참가율을 참작하여 정하여진 부과요소별 점수를 합산한 보험료부과점수에 점수 당 금액을 곱하여 건강보험료를 산정한 후, 경감률 등을 적용하여 세대단위로 부과한다.

여기서 소득점수는 『소득등급별 점수(70등급)』와 『생활수준 및 경제활동참가율 등급별 점수(30등급)』로, 재산점수는 『재산등급별점수(50등급)』와 『자동차등급별점수(7등급)』로 각각 구분한다.

○ 『생활수준 및 경제활동참가율등급별 점수』부과대상은 소득금액이 없거나 연간 소득금액 500만 원 이하 세대로 시행령이 정하는 등급별 점수를 적용한다.

○ 『소득등급별 점수(70등급)』부과대상은 종합소득과, 연금 근로소득 등에 대해 공단정관이 정하는 평가율을 적용한 연간소득금액 합계액이 500만 원을 초과한 세대이며 시행령이 정하는 등급별 점수를 적용한다.

○ 『재산등급별 점수(50등급)』부과대상은 주택, 건물, 토지 또는 선박 항공기 등의 과표재산보유세대와 임차주택에 대한 보증

금 및 월세금 부과세대로 구분하여 시행령이 정하는 재산등급별 점수를 적용한다.

○ 『자동차등급별 점수(7등급)』부과대상은 시행령이 정하는 자동차 보유세대이며, 자동차의 연간세액에 사용연수에 따른 감액률을 반영하여 차종별 배기량 또는 적재량에 따라 산정하여 자동차등급별 점수를 적용한다.

② **징수금액**

2011년 1분기를 기준으로, 지역 가입자 건강보험료 징수금액은 1조 6,913억 원인데, 동 기간의 징수율은 95.3%(징수금액/부과금액)이다.

〈표 4-5〉 지역 가입자에 대한 건강보험료 징수액의 변동추이

구분	2004	2005	2006	2007	2008	2009	2010	2011년 1분기
부과액 (억 원)	47,859	48,068	49,141	53,802	59,434	59,284	63,746	17,740
징수액 (억 원)	43,592	44,091	45,284	51,140	55,526	57,117	62,143	16,913
- 해당년도 징수액	40,663	40,770	41,584	46,417	50,957	51,836	56,372	14,439
- 과년도 부과액 중 해당년도 징수액	2,928	3,320	3,699	4,723	4,568	5,282	5,771	2,474
징수율(%)	91.1	91.6	92.2	95.1	93.4	96.3	97.5	95.3
-해당년도 징수	85	84.7	84.6	86.3	85.7	87.4	88.4	81.4

자료 : 국민건강보험공단보도자료(2011. 05. 28).

(2) 건강보험 급여비

'건강보험급여'란 가입자 및 피부양자의 질병·부상에 대한 예방·진단·치료·재활과 출산·사망 및 건강증진에 대하여 법령이 정하는 바에 따라 국민건강보험공단이 현물 또는 현금의 형태로 제공하는 서비스를 말한다.

우선, 현물급여는 가입자 및 피부양자에게 요양기관을 통하여 직접 의료서비스를 제공하는 것으로 요양급여와 건강검진이다. 한편, 현금급여에는 요양비, 본인부담금보상금, 장애인 보장구 급여비 등이 있다.

건강보험급여의 기간으로서 건강보험급여 일수를 365일로 한정하고 있으나 장기간의 입원 또는 복합적인 투약 등 상한일수를 초과하여 불가피하게 요양급여를 받아야 할 사유가 발생한 경우에는 의사의 소견서를 첨부하여 공단에 요양급여일수를 연장승인 신청을 할 수 있도록 규정하고 있다. 그러나 약물 오·남용에 따른 환자 본인의 건강을 위한 방지 및 건강보험 재정의 누수 방지를 위하여 급여일수를 제한하고 있다.

국민건강보험공단이 2011년 1분기에 지출한 건강보험 급여비 총액은 8조 3,822억 원이며, 2010년 동 기간 7조 6,459억 원 대비 7,363억 원 증가(9.6% 증가)했다. 유형별 건강보험 급여비 현황을 보면, 현물급여(요양급여비+건강검진비)는 8조 2,857억 원(전년 동기에 비해 9.6% 증가)이고, 현금급여(요양비, 본인부담액보상금, 장애인보장구, 임신출산 진료비 등)는 965억 원(전년 동기에 비해 12.6% 증가)이다.

<표 4-6> 건강보험 급여비의 변동추이

(단위 : 억 원, %)

구분	2000	2005	2009	2010	2010년 1분기	2011년 1분기	증감률
보험급여비 총액	90,418	183,659	299,411	337,962	76,459	83,822	9.6
• 현물급여비	89,026	182,241	296,415	332,993	75,602	82,857	9.6
- 요양급여비	87,893	179,886	289,164	324,966	74,387	81,161	9.1
(본인부담액 상한제 사전지급)	--	(300)	(1,009)	(850)	(143)	(203)	42.0
- 건강검진비	1,133	2,356	7,251	8,027	1,215	1,696	39.6
• 현금급여비	1,392	1,417	2,996	4,969	857	965	12.6
- 요양비	264	175	213	217	54	47	△13.0
- 장제비	465	492	1	0	0	0	0
- 본인부담액 보상금	601	276	5	2	2	0	△100
- 장애인 보장구	62	217	343	289	64	61	△4.7
- 본인부담액 상한제 사후환급	--	257	1,410	(3,268)	577	573	△0.7
- 임신·출산 진료비	--	--	1,025	1,192	160	284	77.5

자료: 국민건강보험공단보도자료(2011. 05. 28).

① **현물급여**

○ **요양급여**

'요양급여'란 가입자 및 피부양자에게 질병 부상이 발생하거나, 가입자 및 피부양자가 출산을 하게 되는 경우에 보험자가 요양을 직접 행하거나 요양기관을 통하여 요양을 제공하는 서비스이다. 국민건강보험법 상 요양급여에는 진찰·검사, 약제·치료재료의 지급, 처치·수술·기타의 치료, 예방·재활, 입원, 간호, 이송 등이 포함된다.

○ **건강검진**

건강검진은 자각증상이나 질병이 없는 상태에서 사전에 질병을 예방하는 건강예방행위이다. 질병에 걸릴 가능성이 있는 개인 또는 집단에 대하여 건강검진을 실시하여 질병을 조기에 발견 및 치료함으로써 국민의료비를 절감하고 건강을 증진시키기 위한 2차적 예방사업이다.

국민건강보험공단은 가입자 및 피부양자에 대하여 질병의 조기발견과 그에 따른 요양급여를 실시하기 위하여 건강검진을 실시하고 있고, 건강검진의 대상·회수·절차에서 기타 필요한 사항은 대통령령으로 정하여 실시하고 있다. 그 대상은 지역세대주, 직장 가입자, 만 40세 이상의 피부양자 및 세대원이다.

② **현금급여**

○ **요양비**

가입자 또는 피부양자가 긴급, 기타 부득이한 사유로 인하여 요양기관에서 제외되는 의료기관 등에서 질병, 부상, 출산 등에 대하여 요양을 받거나 출산을 한 경우에 지급된다.

○ **본인부담액 보상금**

병·의원에서 진료를 받고 납부한 법정 본인부담금이 30일에 120만 원을 초과한 경우, 그 초과금액의 50%를 보상하는 제도이다.

○ **본인부담 상한제**

본인부담 상한제란 6월간 진료비를 합산하여 환자 법정 본인부담금이 300만 원을 넘는 경우, 초과 진료비를 보험자가 전액 보담하는 제도를 말한다. 이는 고액·중증질환에 대한 건강보험의 보장성을 강화하여 가계 파탄 등을 방지하는 등 가계의 어려움을 덜어주기 위한 목적으로 시행되는 제도이다. 이러한 적용 진료비의 지원은 입원 이외에 외래 및 약제까지 포함되며, 환자의 목돈마련 불편을 해소하기 위해 사전면제를 원칙으로 하되 불가피한 경우 사후보상도 가능하다.

○ **장애인 보장구 급여비**

장애인 복지법에 의하여 등록된 장애인 가입자 및 피부양자에게 보장구에 대하여 보험급여가 실시되고 있다. 보장구 구입금액이 유형별 기준액 이내인 경우 실 구입액의 80%를, 보장구 구입금액이 유형별 기준액을 초과하는 경우 기준액의 80%를 지급한다.

○ **장제비**

가입자 또는 피부양자가 사망한 경우에 그 장제를 행한 자에게 지급하는 급여이다.

(3) 건강보험 진료비

2011년 1분기를 기준으로, 건강보험 총진료비는 10조 8,949억 원인데, 이중 65세 이상 노인진료비는 전체 진료비의 31.6%인 3조 4,472억 원으로 집계되었다. 2011년 3월말 현재, 건강보험적용 노인인구는 502만 명으로 전년 동 기간에 비해 10.2% 증가했는데, 동 기간 노인 1인당 월평균 진료비는 228,919원이다. 그리고 2011년 1분기의 65세 이상 노인 월평균 진료비는 228,919원으로 적용인구 전체 월평균 진료비 74,107원의 약 3배로 나타났다.

〈표 4-7〉 적용인구 및 노인[1]의 진료비 변동 추이

구분	2004	2005	2006	2007	2008	2009	2010	2011년 1분기
적용인구 (천명)	47,372	47,392	47,410	47,820	48,160	48,614	48,907	49,005
노인인구 (천명)	3,748	3,919	4,073	4,387	4,600	4,826	4,979	5,019
비율 (%)	7.9	8.3	8.6	9.2	9.6	9.9	10.2	10.2
적용인구 전체 진료비 (억원)	225,060	248,615	284,103	323,892	348,690	393,390	436,281	108,949
노인진료비 (억원)	51,364	60,731	73,504	91,189	107,371	124,236	140,583	34,472
비율 (%)	22.8	24.4	25.9	28.2	30.8	31.7	32.2	31.6
적용인구 전체 월평균 진료비 (원)	39,591	43,716	49,937	56,443	60,335	67,434	74,339	74,107
노인 1인당 월평균 진료비 (원)	114,203	129,124	150,400	173,217	194,513	214,507	235,305	228,919

주: 1) 노인 = 65세 이상의 인구
자료 : 국민건강보험공단 보도자료(2011. 05. 28).

한편, 2011년 1분기를 기준으로, 건강보험 적용 노인인구의 월평균 진료비를 연령별로 보면, 65~69세는 196,476원, 70~74세는 228,924원, 75~79세는 252,520원, 80~84세는 272,816원, 85세 이상은 268,509원로 각각 집계되었다.

[그림 4-1] 노인의 건강보험 진료비 비중과 노인 1인당 월평균 진료비의 변동추이

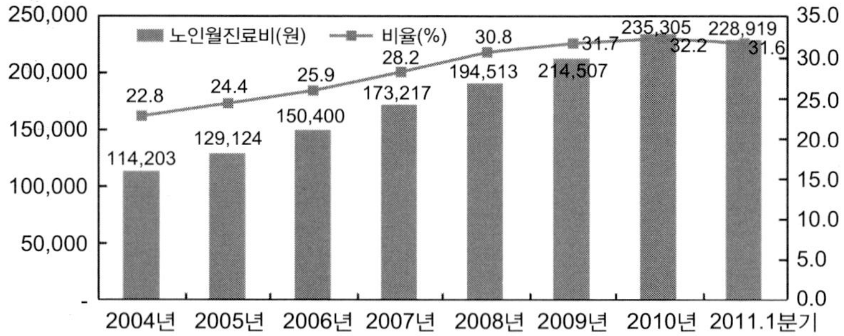

자료 : 국민건강보험공단보도자료(2011. 05. 28).

〈표 4-8〉 건강보험 적용 노인인구의 1인당 월평균 진료비 변동추이 : 연령별

(단위 : 원)

구분	2004	2005	2006	2007	2008	2009	2010	2011년 1분기
노인전체	114,203	129,124	150,400	173,217	194,513	214,507	235,305	228,919
65세~74세	115,069	128,699	147,207	165,663	179,998	195,965	212,532	211,075
65~69세	110,037	123,808	139,553	153,350	165,926	179,385	194,663	196,476
70~74세	122,834	135,836	158,058	183,410	199,387	217,417	234,833	228,924
75세~84세	119,735	137,918	165,434	196,776	227,213	251,730	274,946	259,557
75~79세	124,673	143,410	169,652	198,450	224,583	246,745	267,138	252,520
80~84세	111,093	128,177	157,803	193,689	232,087	260,883	289,525	272,816
85세 이상	76,686	92,522	119,290	157,728	216,347	249,978	289,286	268,509

자료 : 국민건강보험공단보도자료(2011. 05. 28).

[그림 4-2] 건강보험 적용 노인인구의 1인당 월평균 진료비 변동추이 : 연령별

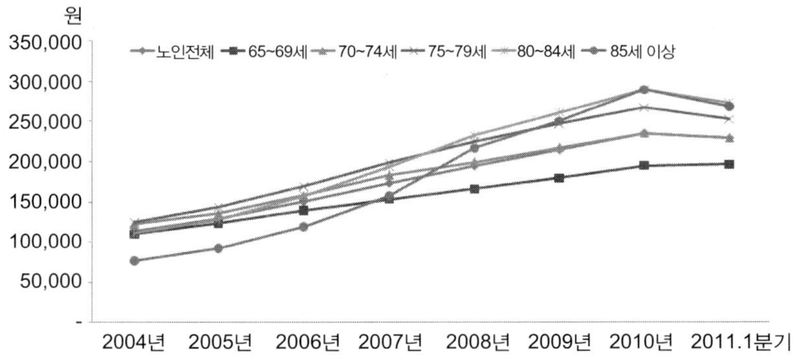

자료 : 국민건강보험공단보도자료(2011. 05. 28).

한편, 2011년 3월 요양기관은 8만 2,232개로 매년 증가추세이다. 2010년 말과 비교하여 요양기관 종별 증가기관수의 추이를 보면, 병원급 이상 요양기관(종합병원 1개소, 병원 69개소, 치과병원 5개소 증가) 총 78개

소가, 의원급 요양기관은(의원 168개소, 치과의원 114개소, 한의원 46개소 증가) 총 328개소가, 약국은 110개소가, 보건기관은 2개소가 각각 증가했다.

(4) 본인 부담금

우선, 입원시의 환자 본인 부담금은 총 진료비의 20%를 부담한다.[6] 한편, 외래진료시의 본인 부담금은 다음과 같다.

○ 상급종합병원 : 진찰료 총액 + 나머지 진료비의 60%

○ 종합병원 : 요양급여비용총액의 45%(읍, 면지역), 50%(동지역)

○ 병원 : 요양급여 비용총액의 35%(읍, 면지역), 40%(동지역)

○ 의원

다음으로, 요양급여비용 총액의 30%를 부담한다. 단, 65세 이상 요양급여비용 총액이 15,000원 이하이면 1,500원을, 10,000원 이하이면 1,200원을 각각 부담한다.

- 보건소, 보건지소, 보건진료소
- 요양급여비용이 12,000원 초과시 총액의 30%
- 요양급여비용이 12,000원 이하시 정액제 적용

특히, 6세 미만 아동의 본인 부담금은 다음과 같다.

○ 외래 : 성인 본인부담률의 70% 적용

○ 입원 : 요양급여비용의 10%(2008. 01. 01부터 적용)

○ 약국 : 요양급여비용 총액의 30%

(5) 국고지원금 및 건강증진기금 지원금

국가는 매년 예산의 범위 안에서 당해 연도 건강보험료 예상수

---

[6] 암 등 중증질환자의 본인부담금은 총 진료비의 5%이다.

입액의 100분의 14에 상당하는 금액을 국고에서 국민건강보험공단에 지원한다. 국가 지원금은 정부지원 14%와 담배부담금 6%로 구성되어있으며, 그 지원금 총액은 상기한 건강보험료 수입의 20% 수준이다. 또한 「국민건강증진법」이 정하는 바에 따라 국민건강증진기금에서 자금을 지원받을 수 있다. 국고부담의 특징은 다음과 같다.

첫째, 국가사업인 건강보험사업의 비용은 원칙적으로 건강보험료에 의하여 충당하되, 동 사업의 원활한 시행을 위하여 국가가 일부를 분담할 수 있도록 함으로써 건강보험사업을 적극 지원하기 위한 것이다.

둘째, 건강보험사업은 헌법상 국가의 의무인 인간다운 생활보장, 사회보장증진 및 건강권 신장 등을 수행하는 제도이므로 국가에게도 어느 정도 재정분담의 의무가 있다. 국고부담의 성격은 법 제92조의 국고부담금이란 보험료에 대한 정부의 부담이라는 성격을 갖지 않고, 보험급여비용과 관리운영비용을 국고에서 지원하는 성격을 갖는다. 이 규정은 지역 가입자뿐만 아니라 직장 가입자에게 영향을 미친다. 물론 상기 조항의 국고부담금은 보험급여비용의 지출에 부족한 보험료수입을 보충하는 역할을 하고 있다는 점에서 보험가입자에 대한 보조금의 성격을 갖고 있다.

셋째, 국민건강보험제도의 운영상 국고부담의 방식은 보험료를 일부 부담하는 방법, 관리운영비를 부담하는 방법, 보험급여비용을 부담하는 방법 등이 있을 수 있다. 국고부담의 부담방법은 법 제92조의 국고부담은 예산의 범위 안에서 지원이 이루어진다.

국민건강보험법 제92조(보험재정에 대한 정부지원)에서 규정하고 있는 국고지원 기준을 단 한 번도 준수하지 않았으며, 그 금액만도 약 4조 2천억이나 된다. 2002년~2006년 국고지원은 5년 평균 44.3% 수준으로 법정지원율인 50%에 크게 미달한다.

3) 건강보험 재정의 현황 및 전망

(1) 현황

국민건강보험공단의 최근 보도자료(2011. 05. 28)에 의거하여, 가장 최근인 2011년 1분기를 중심으로 건강보험의 재정 현황을 요약하면 다음과 같다 :

- 보험급여 비용은 8조 3,822억 원(전년대비 7,363억 원 증가, 9.6% 증가)인데, 그 구성은 요양급여비 8조 1,161억 원, 건강검진비 1,696억 원, 현금급여비 965억 원으로 되어있다.

- 건강보험 총진료비는 10조 8,949억 원(전년대비 8,240억 원 증가, 8.2% 증가)이며, 적용인구 1인당 월평균 진료비는 74,106원이다.

- 건강보험료 부과액은 7조 5,389억 원(전년대비 8,332억 원 증가하여 12.4% 상승)이다. 우선, 가입자당(세대당) 건강보험료 부과액은 74,752원(직장가입자 : 74,847원, 사용자 부담을 포함하면 149,694원 ; 지역 가입자 : 74,599원)이다. 한편, 적용인구당 건강보험료 부과액은 31,691원(직장 가입자 : 29,553원, 사용자부담을 포함하면 59,106원 ; 지역 가입자 : 35,911원)이다.

다른 한편으로, 한국의 건강보험 현황을 국제비교해보면, GDP 대비 국가의료비 비율은 6.8%(2009년 말 기준)로서 OECD 국가 평균인 8.9% 수준에 크게 미치지 못하고, 국민이 부담하는 건강보험료율 역시 5.6%로서 OECD 국가 평균인 8% 수준에 미치지 못하고 있다. 이와 같이, 한국의 의료보장성(전체 진료비의 62% 수준)은 최저이다. 따라서 초고령화 추세와 소득분배구조의 악화로 인하여, 의료보장성의 확대에 대한 국민의 요구는 매우 높아지고 있다. 특히, 노인의 의료수요가 높아지고 있으며, 이에 따라 노인 의료비가 상승하고 있다. 2010년의 경우, 노인 의료비가 건강보험 재정의 32.2%를 차지했다.

한국의 1인당 건강보험료와 1인당 급여비는 모두 상승추세를 보여주고 있다. 특히, 2002년을 기점으로 1인당 건강보험료가 1인당 급여비를 추월하고 있다. 이것은 건강보험의 개인부담금이 의료보장성보다 더 빠르게 증가하고 있음을 의미한다.

사실, 최근에 들어(2006년 이후), 국민국민건강보험 재정수지 적자는 거의 만성화되어 있는 셈이다. 2006년에 747억 원의 적자, 2007년에 2,874억 원의 적자, 2008년에 1조 3,667억 원 흑자, 2009년에 32억 원 적자, 2010년에 1조 2,994억 원 적자를 각각 보였다. 2008년에 흑자를 보인 이유는 동년 글로벌 금융위기로 인한 경기침체로 국민의 의료이용이 크게 위축되었기 때문인데, 이것은 일시적 현상이다.

상기한 2010년 국민건강보험 재정수지 적자 1조 2,994억 원을 상세히 분석해 보면 다음과 같다. 총수입은 국고지원금(3조 9,000억 원)·담배 건강증진기금(1조 원)까지 합쳐 33조 5,605억 원으로서 2009년 대비 7.6%(2.3조 원) 증가 하였다. 이와 반면에 2010년 건강보험 급여비 등의 총지출은 34조 8,599억 원으로서 2009년 대비 11.8%(3.5조 원) 증가하였다. 현재 국민건강보험 재정에 남아 있는 돈은 불과 9600억 원이다. 이 결과, 2011년에 국민건강보험 재정은 1조 3,000억 원의 적자로서 파산되며 2012년에는 적립금이 완전히 고갈된다.

가장 최근인 2011년 1~4월 재정 현황을 보면, 동 기간 당기적자 825억 원을 기록하여, 동년 4월말 현재 겨우 8,767억 원의 누적적립금이 보유되어 있다. 2011년의 재정 현황을 상세히 보면, 총수입은 11조 7,361억 원으로 2010년 동 기간보다 6.8% 증가하였다. 한편, 정부지원금 수납현황을 보면, 국고지원금으로서 예산액 4조 2,129억 원 중 38.8%(1조 6,356억 원)를 수납하였으며, 건강증진기금 지원금으로서 예산액 1조 630억 원 중 26.1%(2,777억 원) 수납하였다. 한편, 총지출은 11조 8,186억 원이며, 이 중 보험급여비 지급액은 11조 4,237억 원으로 2010년 동 기간보다 7.2% 증가하였다.

〈표 4-9〉 건강보험 재정의 연도별 현황

(단위 : 억 원)

구분		2004년	2005년	2006년	2007년	2008년	2009년	2010년
총수입		185,722	203,325	223,876	252,697	289,079	311,817	335,605
보험료 수입		148,745	163,864	182,567	212,530	244,384	259,352	281,864
국고 지원	일반회계	28,567	27,695	28,696	27,042	30,540	37,838	39,123
	증진기금	6,263	9,253	9,664	9,676	10,239	10,262	10,630
기타 수입		2,147	2,513	2,947	3,449	3,916	4,365	3,988
총지출		170,043	191,537	224,623	255,544	275,412	311,849	348,599
보험급여비		161,311	182,622	214,893	245,614	264,948	301,461	336,835
관리운영비		7,901	8,535	8,966	9,734	9,841	9,724	11,077
기타 지출		831	380	764	610	623	664	687
당기수지		15,679	11,788	△747	△2,847	13,667	△32	△12,994
누적수지		757	12,545	11,798	8,951	22,618	22,586	9,592
적립금			12,545	11,798	8,951	22,618	22,568	9,592
보험료 인상률		6.75%	2.38%	3.90%	6.50%	6.40%	0%	4.9%

출처: 연도별 건강보험 재정현황 ; 자료다운일자 : 2011. 08. 01

전술한 바와 같이, 건강보험의 총지출이 급속도로 증가하게 된 이유는 의료수가 인상(2.05%)과 건강보험 보장성 강화 대책 등으로 인하여 지출이 수입보다 1.6배 많아졌기 때문이다. 이에 대응하여, 정부는 건강보험료율을 4.9% 인상한 데 이어 건강보험료 징수율 제고, 진료비의 허위부당청구 적발 등과 같은 건강보험 재정 안정화 대책을 통해 5,000억 원 이상의 추가재정을 확보했으나 총수입의 증가 속도에 비하여 더 빠른 총지출의 증가속도를 따라잡지는 못하고 있다.

따라서 한국의 건강보험체계는 현행 저부담 - 저급여 - 저수가의 체제에서 적정부담 - 적정급여 - 적정수가 체계로 전환해야 할 것이다.[7] 이를 위해서는, 우선 건강보험 혜택을 어디까지 지급할 것인지에 대한 국민합의가 필요하며, 이와 함께 건강보험의 지출을 줄이고 수입을 늘리는 방안을 찾아야 한다. 국민건강보험제도가 상기한 개혁이 실현되지 않으면, 한국의 건강보험 재정수지 적자 구조는 재정파탄을 야기시킬 것이 명약관화(明若觀火)하다.

7 제목 : [기고] 보건의료 백년대계를 염려하며(출처 - 조선일보, 2011.03.28)

〈표 4-10〉 건강보험재정의 상세현황 : 연도별

(단위 : 천 원)

재정별	2000	2001	2002	2003	2004	2005	2006	2007	2008	2009
수입	9,827,717,426	11,928,329,647	14,305,318,796	17,466,651,331	19,408,384,147	21,091,073,771	23,263,082,769	26,049,843,138	29,787,148,719	31,500,393,381
보험료(C1)	7,228,816,908	8,856,157,614	10,927,688,306	13,740,850,544	15,578,805,600	16,927,713,937	18,810,579,314	21,728,699,897	24,973,026,443	26,166,081,793
국고지원금	1,552,746,000	2,624,979,558	3,013,934,364	3,423,829,000	3,482,965,000	3,694,802,000	3,836,190,000	3,671,794,907	4,026,244,600	4,682,831,080
보험재정국고 지원금(C2)	1,380,967,000	2,466,560,000	2,444,840,000	2,642,880,000	2,716,200,000	2,643,000,000	2,756,500,000	2,704,200,000	3,002,299,600	3,656,585,080
관리재정국고 지원금	171,779,000	158,419,558	129,883,000	136,361,000	140,452,000	126,500,000	113,270,000	-	-	-
담배부담금(C3)	-	-	439,211,364	644,588,000	626,313,000	925,302,000	966,420,000	967,594,907	1,023,945,000	1,026,246,000
기타	1,046,154,518	447,192,475	363,696,126	301,971,787	346,613,547	468,557,834	616,313,455	649,348,334	787,877,676	651,480,508
지출	10,744,193,817	14,105,818,569	14,798,463,389	15,972,379,061	17,329,670,912	19,979,956,408	22,817,757,142	25,888,501,743	28,273,326,469	31,189,152,469
계(B)	10,744,193,817	14,105,818,569	14,798,463,389	15,972,379,061	17,329,670,912	19,979,956,408	22,817,757,142	25,888,501,743	28,273,326,469	31,189,152,469
보험급여비	9,285,604,577	13,195,615,994	13,823,665,163	14,893,488,951	16,264,501,033	18,393,587,366	21,587,979,615	24,560,092,366	26,654,304,738	30,040,870,810
보험급여비 (실급여비)(D)	9,285,604,577	13,195,615,994	13,823,665,163	14,893,488,951	16,264,501,033	18,393,587,366	21,587,979,615	24,560,092,366	26,654,304,738	30,040,870,810
요양급여비	9,080,677,723	13,007,436,962	13,621,004,089	14,653,525,483	16,005,379,268	18,055,562,137	21,125,483,754	24,017,960,319	25,917,712,501	29,228,497,172
장제비	46,574,770	50,077,950	52,138,700	51,336,800	49,951,500	49,158,750	46,238,750	49,470,005	3,805,324	109,750
본인부담액 보상금	61,177,288	40,732,600	32,175,972	25,847,732	27,823,181	53,926,124	58,843,616	65,363,184	148,162,364	572,861
건강진단비	97,174,796	97,368,482	118,346,402	162,778,936	181,348,084	234,940,355	357,413,495	427,298,857	584,624,549	708,774,738
기타	762,968,731	281,395,670	376,567,595	444,773,495	372,127,344	827,451,348	451,260,265	608,799,182	946,991,542	488,558,995

(2) 전망

국민건강보험공단이 발표한 건강보험 재정 중·장기 재정 전망은 다음과 같다. 건강보험의 수입액 및 지출액의 추계치를 기준으로 2030년까지 건강보험 재정수지의 추계결과를 보면, 건강보험료와 의료수가를 인상하지 않은 채, 현 상태를 유지할 경우에서도 건강보험 재정수지 적자 규모가 매년 늘어날 것으로 전망된다.

향후 당기수지 적자 규모는 2015년에 4조 8천억 원, 2020년에는 15조 9천억 원, 2030년에는 47조 7천억 원이 발생하는 것으로 전망된다. 이러한 추세라면 2020년에는 적자가 20조 원에 이를 것이라는 전망도 있다(중앙일보, 2011. 03. 26, "건보 위기 … 지속 가능 의료체계 만들자").

여기서 유의할 것은, 한국이 '저(低)부담 - 저(低)급여' 의료보장체계를 유지함에도 불구하고, 또한 신규 보장성 확대가 반영되지 않았음에도 불구하고, 국민건강보험은 재정위기 상황에 직면해있다는 점이다. 즉, 국민건강보험이 2000년 7월 지역 의료보험과 직장 의료보험이 통합됨에 따라 직장 의료보험 적립금이 일시에 소진됐던 후, 10년 만에 국민건강보험의 재정위기가 재현되고 있는 것이다.

4) 재정적자의 요인 및 해결방안[8]

2010년 12월말 현재, 국민건강보험 재정적자, 1조 2,994억 원은 2009년 동 기간과 비교해 무려 406배나 늘어난 규모이다. 그 적자요인을 분석함과 동시에 그에 상응하는 해결방안을 제시하고자 한다.

---

8 본 항에 서술된 내용의 일부는 예로서 조선일보의 연재 기사(2011. 5. 23 ~ 6. 2)를 많이 참조 및 인용했으며, 또한 저자가 관련 내용을 통계 데이터 등을 활용하여 재구성 및 보강하였음을 밝힌다.

(1) 총의료비의 급상승

우선, OECD Health Data(2009년)를 중심으로 OECD국가들의 건강보험 현황 중에서 의료비 수준을 비교분석해보면 다음과 같다. 1인당 의료비 수준의 차이는 각 국가의 다양한 시장 및 사회요인, 의료제도의 다양한 재원조달 및 조직 구조에 기인한다. 미국의 의료비는 OECD 평균의 2.5배 정도 되는 수준으로서 OECD 국가 중에서 단연코 제일 높다. 그 다음으로, 한국과 멕시코·터키·남부 동부 유럽국가의 의료비는 OECD 평균보다 낮다.

〈표 4-11〉 보건의료 현황의 국제비교

	항목	한국 (2007년)	OECD 평균 (2007년)
GDP	1인당 GDP (US$ PPP)	26,191	33,123
	연평균 GDP 증가율 (2002~2007)	4.3%	2.8%
국민의료비	국민의료비, million (US$ PPP)	81,806	144,450
	1인당 국민의료비 (US$ PPP)	1,688	2,984
	GDP 대비 국민의료비의 비중	6.8%	8.9%
	연평균 국민의료비 증가율 (2002~2007)	9.3%	3.4%
약제비	약제비, million (US$ PPP)	20,169	24,144
	1인당 약제비 (US$ PPP)	416	461
	GDP 대비 약제비의 비중	1.7%	1.5%
	국민의료비 중 약제비의 비중	24.7%	17.1%
	연평균 약제비 증가율 (2002~2007)	9.7%	4.2%
고령화	노인인구 비율	9.9%	14.7%
	연평균 노인인구 증가율 (2002~2007)	5.0%	1.8%

자료: OECD Health Data 2009 ; OECD Stat.

여기서 문제가 되는 것은 한국의 국민의료비 증가율(9.3%)이 OECD 평균 증가율(3.4%)보다 약 3배 정도 빠르다는 점이며, 또한 한국의 노인인구 증가율(5.0%)이 OECD의 그것(1.8%)보다 약 3배 속도로 빠름에 따라 한국의 국민의료비 증가율(9.3%)이 연평균 GDP 증가율 즉 경제성장률(4.3%)보다 2배 이상 빠르다는 점이다. 게다가, 약제비의 경우에서도, 한국의 경우 국민의료비에 대한 약제비의 비중(24.7%)이 OECD의 그것(17.1%)보다 높을 뿐만 아니라 약제비의 증가율(9.7%)이 OECD의 그것(4.7%)보다 2배 이상 빠르다는 점이다. 이와 같이, 한국의 의료비와 약제비의 급속한 증가요인을 각각 분석해 보면 다음과 같다.

첫째, 의료비 급상승의 주된 요인은 고령화로 인한 노인인구의 의료이용 증가 추세이다. 한국의 경우, 이미 제7장에서 논한 바와 같이, 2000년 고령화 사회에 진입한 이후 2018년이면 고령사회로 진입할 것으로 예상되며 독일(40년), 일본(24년)에 비해 훨씬 더 빠른 속도로 인구 고령화가 진행되고 있다. 이로 인하여 만성질환자 증가와 의료이용 증가가 지속될 것으로 예상된다. 이 결과, 특히 노인 환자의 빈번한 병원 방문 횟수가 의료비를 급상승시키고 있다.

한국의 경우 의료비 증가의 주범은 '행위별 수가제'와 '비(非)의료보험 진료'이다. 비(非)의료보험 진료의 경우, 의료공급자가 의료행위 하나하나에 가격을 매겨 건강보험에서 비용을 지불해주다 보니, 당연히 의료이용량이 증가하는 것이다. 따라서 현재 진료행위마다 돈을 지불하는 '행위별 수가제'를 질병별로 일정한 금액을 지불하도록 '포괄 수가제'로 개혁해야 한다.[9]

---

[9] 현행 행위별 수가제 하에서 의료공급자들이 의료이용 빈도를 이미 최대치로 끌어올려 놓은 상황이기 때문에 시간이 가면 갈수록 더 이상 추가적인 빈도 증가가 쉽지 않게 될 것이다. 그 근거로서 OECD 보건통계를 보면, 외래진료의 빈도 증가 추세는 아직도 계속되고 있는 반면에 입원진료의 빈도(평균

둘째, 진료비 급증이 국민건강보험 재정을 악화시키고 있다. 2002년부터 2009년까지 총 진료비의 연평균 증가율은 10.9%였다. OECD 보건의료 통계지표를 사용하여 국제비교해보면, 2007년의 경우 1인당 국민의료비는 OECD 평균의 0.6배, 1인당 약제비(조제료 등 행위료 포함)는 0.9배 수준이었다. 그리고 GDP 대비 약제비 비중은 1.1배로 전반적인 보건의료비 수준은 OECD 평균보다 낮았다. 그러나 국민의료비에 대한 약제비의 비중은 24.7%로 OECD 평균보다 1.4배(2007년 기준) 높아 보건의료 서비스 중 의약품에 의존하는 정도가 상대적으로 큰 것으로 나타났다.

〈표 4-12〉 진료비와 약품비의 변동추이(2002-2009년)

건강보험	요양급여비용		약품비				노인인구	
연도	총 진료비 (조원)	전년 대비 진료비 증가율	약품비 (조원)	전년 대비 약품비 증가율	총진료비에 대한 약품비 비중	가입자 1인당 약품비 (천원)	노인 인구 비율	전년 대비 비중 증가율
2002	19.1	7.0%	4.8	14.9%	25.2%	102	7.9%	3.9%
2003	20.5	7.7%	5.6	16.3%	27.2%	119	8.3%	5.1%
2004	22.4	8.9%	6.4	13.8%	28.4%	134	8.7%	4.8%
2005	24.8	10.9%	7.2	13.8%	29.2%	153	9.1%	4.6%
2006	28.6	15.2%	8.4	16.3%	29.4%	177	9.5%	4.4%
2007	32.3	13.0%	9.5	13.2%	29.5%	199	9.9%	4.2%
2008	35.0	8.6%	10.4	9.2%	29.6%	216	10.3%	4.0%
2009	39.4	12.5%	11.7	12.2%	29.6%	240	10.7%	3.9%

자료: 건강보험심사평가원 진료비 통계지표

입원일수)는 일정한 수준을 유지하고 있다.

게다가 진료비 허위·부당 청구는 국민건강보험 재정을 악화시켜 고스란히 국민 부담으로 전가시키고 있다. '진료비 허위청구'란 진료내역을 조작하거나 일명 '나이롱 환자'를 만들고, 허위로 치료를 했다고 보험금을 챙기는 혹은 진료비를 뻥튀기 하는 도덕적 해이의 행위를 말한다. 이것은 세금 도둑과 다를 바 없다.

따라서 진료비 허위 청구 및 뻥튀기 행위는 범죄 차원에서 접근할 필요가 있다. 예를 들어, 국민건강보험법상 요양기관의 허위·부당 청구에 대해선 업무정지를 내리거나 과징금을 매기는 행정처분을 내림으로써 이와 같은 문제를 사전에 방어해야 할 것이다.[10]

셋째, 건강보험심사평가원의 약품비 분석에 의하면, 최근 약(藥) 사용량은 연평균 14.3% 증가했다. 약제비 급증의 가장 큰 원인은 약을 많이 먹는 노인인구가 증가하고 있기 때문이다. 즉, 노인인구가 늘어나면서 고혈압·당뇨·심혈관 질환 등 매일 약을 먹는 만성 질환자들이 증가해 약제비 부담도 해마다 커지고 있기 때문이다.

그러나 여기서 유의할 것은 65세 이상 노인인구는 해마다 4~5% 증가하는데 약제비는 최근 연평균 10% 이상 증가하고 있다는 점이다. 약제비는 2004년 6조 4000억 원에서 해마다 평균 12.8%씩 증가해 6년 만에 2배로 늘어났다. OECD 국가의 연평균 약제비 증가율은 4.2% 수준이다. 2010년 국민건강보험공단이 지출한 보험료 43조 7000억 원 중에서 약제비가 차지하는 비중은 29.3%인 12조 8000억 원이었다. 그리고 총 진료비 중에서 약품비가 차지하는 비중은 25.2%에서 29.6%로 증가함으로써 국민건강보험 재정에서 큰 부담을 주고 있다.

---

10 "[사설] 뻥튀기 진료비, 세금 축내는 범죄로 다뤄야,"(중앙일보, 2011. 05. 25)

또한, 약품비의 연평균 증가율은 13.5%로 해마다 평균 10% 이상 증가하였다.[11] 2002년 4조 8천억 원이었던 총 약품비는 2009년 11조 6천억 원으로 약 2.4배 증가하였다. 또한, 건강보험의 약품비(조제료 등 행위료 제외) 규모와 총 진료비에 대한 약품비의 비중이 지속적으로 증가하고 있다.

게다가, 약제비(藥劑費)가 비싸다.[12] 한국인들은 약을 많이 먹는 습관에다가 약값도 비싸 약제비가 급속도로 늘고 있다. 그리고 약제비가 총 진료비에서 차지하는 비중이 선진국들보다 훨씬 높을 뿐만 아니라 그나마 매년 14%씩 증가하고 있다.

사실, 약 처방을 많이 할수록 제약사·약국은 물론 병원 수입도 늘어나는 현행 건강보험구조로는 약제비가 계속 늘어날 수밖에 없다. 따라서 보건복지부는 전체 건강보험 재정의 30%를 차지하는 약제비 지출을 줄이기 위한 대책으로서 감기 등 가벼운 질병으로 대형병원을 찾는 사람들에겐 약값 본인부담을 높이고, 약제관리비 산정방안 개선과 함께 약값을 강제인하하는 방안을 추진하고 있다. 참고로, 국내에서는 복제약 가격을 신약 대비 최대 68%까지 인정해주고 있지만 선진국은 40% 미만이다. 약제비 절감을 위해서는 약값도 낮추어야겠지만 사용량도 줄이는 정책이 필요하다.

한편, 정부는 약제비 적정화 방안을 통해 2007년부터 매년 1%씩 약값 거품을 제거해 약제비 비중을 2006년 29%에서 24%까지 낮출

11 진료비 증가율과 약품비 증가율을 비교해 보면, 2005년까지는 진료비 증가율에 비해 약품비 증가율이 매우 높았으나, 2005년 이후에는 진료비와 약품비 증가율이 비슷한 양상을 보였다. 또한 약품비의 경우는 2006년 이후 증가율이 감소하고 있다.

12 그 외에도 신(新)의료기술 및 고가장비의 도입, 수가 인상, 요양병원 진료비 증가 등도 건강보험 재정 불안의 원인이다.

수 있을 것으로 기대했으나 제대로 추진되고 있지 않다. 심지어, 시범 사업조차 제약사의 압력과 정부의 의지부족으로 전혀 계획대로 진행되고 있지 않다. 만약 상기한 약제비 적정화 방안이 계획대로 충실히 이행됐다면, 총 1조 3,650억 원의 비용이, 2010년까지 감안하면 총 2조 3,412억 원의 비용이 각각 절감될 수 있었을 것으로 추정된다.

따라서 제약사·의사·소비자가 모두 조금씩 고통 분담을 할 수밖에 없다. 복제약 가격을 좀 더 낮추고, 의사에게는 비용 대비 효과가 좋은 약을 처방할 때 인센티브를 주고, 소비자의 경우 감기 등 가벼운 질환까지 고가 약을 처방받을 경우 본인 부담을 늘리는 방안(참조가격제)을 검토할 필요가 있다.[13]

(2) 건강보험료 책정의 불(不)합리성

한편, 건강보험 수입의 측면에서 보면, 재정 적자의 주요 요인은 건강보험료 책정의 불(不)합리성이다. 즉, 한국의 경우, 건강보험료 부과가 소득에 기반을 두지 않고 있다는 점이다. 상술하면, 2010년 말 현재, 월 급여가 100만 원 이하로 건강보험료를 고작 월평균 2만 2,255원 내는 직장 가입자 중에서 100억 원이 넘는 재산(재산세 과세표준액 기준)을 보유한 사람이 149명으로, 재산이 '50억 원 초과 100억 원 이하'인 사람은 569명으로, '10억 원 초과 50억 원 이하'의 사람은 1만2124명으로 각각 조사되었다.

그러나 이들 고액 재산가들은 고작 2만 2,255원의 건강보험료를 지급할 뿐이다.[14] 이것은 직장 가입자 평균 보험료(7만 4,849원)의 30%

---

13 "[藥 많이 먹는 대한민국] 健保 재정 말라가는데 약값은 매년 1조씩 늘어," (조선일보, 2011. 05. 23)

14 심지어, 상기한 고액재산가 중 일부는 건강보험료를 적게 내려고 임금을 적게

수준에 불과하다. 만약 100억 원 초과 재산 보유자가 지역 가입자로 분류된다면, 자동차와 금융·임대 소득 등을 빼더라도 보유재산 기준으로 월 24만 3,965원의 보험료를 내야 한다. 모름지기, 소득 있는 곳에 세금이 있듯이 건강보험료 역시 소득에 기반을 두어야 할 것이다.

전술한 바와 같이, 불합리하게 건강보험료가 책정되는 요인은 한국의 경우, 임금만을 기준으로 건강보험료를 산정하기 때문이다. 이와 대조적으로, 유럽을 비롯한 대다수 국가들은 개개인의 실제 부담 능력에 비례해 사회보험료를 부과하고 있다. 즉, 현행 건강보험료 부과방식은 직장 가입자의 경우 재산 규모에 상관없이 월 임금 급여에 따라 보험료를 부과하고 있기 때문에 고액 재산가들이 합법을 가장해 위장취업을 하는 문제가 생기고 있다.[15]

따라서 건강보험의 수입을 늘리기 위해선 건강보험료 부과체계를 개선해 추가 재원을 발굴하여야 한다. 고액 재산을 보유하고도 현재 소득이 없다는 이유로 자녀의 건강보험에 얹혀 있는 사람들도 보험료를 내도록 하는 게 사회보험의 원리에도 부합된다. 또한 연금소득, 금융소득, 양도소득, 임대소득 등은 보험료 부과 소득으로 잡히지 않고 있는데 이를 부과대상 소득으로 인정해 건강보험료를 더 내도록 해야 한다.

여기서 유의할 것은 직장 가입자와 지역 가입자에 대한 건강보험료 부과가 불공정하다는 점이다. 지역 가입자의 경우, 소득은 물

받는 직장에 위장취업 했을 가능성이 있는 것으로 국민건강보험공단은 파악하고 있다(조선일보, 2011. 05.23, "재산 많은 직장 建保가입자 전부 조사").

15 "재산 100억 원에 건보료가 2만원 월급은 시늉만 '수상한 직장인'들" (조선일보, 2011. 05. 20)

론, 살고 있는 집과 자동차에도 건강보험료를 부과하고 있다는 점이다. 심지어, 아무 소득이 없어 생계를 꾸려나가기도 힘든 실직자나 은퇴자에게도, 살고 있는 집(집이 없으면 전 · 월세금에 부과)에는 물론, 여기에 추가로 성별, 연령, 가족의 수에 점수를 매겨 소득을 평가하여 건강보험료를 부과하고 있다.

이와 반면에, 직장 가입자의 경우, 근로소득에만 건강보험료를 부과할 뿐, 집과 자동차, 금융소득에는 부과하지 않는다. 게다가 직장 가입자와 지역 가입자의 건강보험료가 동일하더라도 직장 가입자는 건강보험료의 50%를 직장이 부담해준다. 또한, 지역 가입자였던 의사 약사 변호사 회계사 같은 전문 고소득자에는 납득할 수 없는 이유를 만들어 직장 가입자로 전환시켜 주었다. 상기와 같은 불공평한 사례들은 건강보험료 부과체계를 소득에 기반을 두지 않고 있기 때문이다.

정부는 지역 가입자의 소득파악이 어렵다는 이유만으로 생활의 어려움도 살피지 않고 무차별적으로 건강보험료를 징수하는 일을 더 이상 하지 않아야 한다. 이미 건강보험료를 내지 못하여 건강보험제도의 혜택을 받지 못한 사람이 200만 명이 넘는다. 국세청의 협조도 받을 수 있고, 신용카드사용과 영수증의 발급수령이 생활화되어 있는 현대에서 지역 가입자의 소득파악이 어렵다는 것은 설득력이 거의 없다. 그러므로 직장 가입자이든 혹은 지역 가입자이든 간에, 소득에 기반을 둔 건강보험료 부과제도를 실시해야 한다.[16]

그리고 60세나 65세 이상 되는 노인들 중에서 소득이 없는 노인에게는 건강보험료를 부과하지 않는 것이 합리적이고 바람직한 일이다. 그들은 젊었을 때 직장이나 일터에서 열심히 근무하면서 오

16 "[편집자에게] 건강보험료 부과는 소득에 기반을 둬야" (조선일보, 2011. 06. 02)

랫동안 건강보험료를 납부했다. 이제, 그들은 퇴직하거나 혹은 은퇴하여 일정한 소득이 없다면 건강보험료를 납부하지 않더라도 당당히 조국의 건강보험 혜택을 받을 수 있도록 해야 한다. 그것이 올바른 건강보험제도일 뿐만 아니라 정의로운 사회인 것이다.

(3) 정부지원금(담배부담금) 미지급

2010년 건강보험 재정적자가 급증하게 된 또 다른 요인은 정부의 국고보조금 미납금 3조 7천억 원이 지원되지 않았고 간접세(주류세, 비만세, 게임세 등) 부과 등 새로운 재정수입 기반이 마련되지 않았기 때문이다.[17]

2002년부터 담배부담금이 국민건강증진기금에서 매년 1조 원씩 건강보험 재정으로 투입되기 시작하여 정부지원금 규모는 2002년 42.7%에서 2003년 46.0%로 증가하였으나 2004년 45.2%, 2005년 45.1%, 2006년 42.5%까지 감소하였다. 이는 특별법상 정부지원금 기준인 지역지출재정의 50%에 미치지 못하는 수준이다.

2006년 특별법 만료에 따른 건강보험법의 개정으로 국고지원 기준이 '지역 가입자 급여비 및 관리운영비의 50%'에서 '예상 보험료 수입액의 20%로 변경되었다. 그럼에도 불구하고, 정부는 상기의 개정법조차 준수하지 않고 있다. 그러한 정부가 어떻게 일반국민의 준법정신을 강조할 수 있으랴!

---

17 정부는 지난 2007년 의료급여에서 보장하고 있는 차상위계층을 국민건강보험제도로 편입시키겠다는 시행령 개정안을 입법예고하고 일방적으로 추진했다. 그 결과 2008년 899억 원, 2009년 3,832억 원 등 약 4,731억 원을 건강보험 재정으로 전가시켰다. 이것은 정부가 일반회계에서 책임지고 있는 차상위계층을 재정적 담보 없이 오직 정부의 재정 부담을 줄이기 위해 건강보험으로 전환한 것이다. 2010년에는 약 8천억 원 이상의 재정부담 증가가 예상되고 있다. 사실, 차상위계층의 의료비 8천억 원 국가가 책임져야 한다.

〈표 4-13〉 정부지원 미(未)지급금

	정부지원금 미(未)지급금 (억 원)		
	합계	국고지원	담배부담금
2002	5,124	2,463	2,661
2003	2,947	1,956	991
2004	3,680	2,241	1,439
2005	3,974	950	3,024
2006	6,799	2,915	3,884
2007	5,788	2,712	3,076
2008	8,615	4,191	4,424
2009	5,084	- 215	5,299
2010	4,856	3,793	1,063
계	42,011	17,213	24,798

자료: 상기의 2009년 및 2010년의 자료는 「국민건강보험공단」에 문의한 것임.

또한, 예상 보험료 수입의 20% 가운데 6%는 국민건강증진기금(담배부담금)으로 충당하기로 되어있으나, 담배부담금 상한규정으로 인해 법적기준인 예상 보험료 수입의 6%에도 준수되지 않고 있다. 즉, 2007년의 경우 4.6%, 2008년의 경우 4.2%에 각각 그쳤다. 이 결과, 약 7,500억 원의 국민건강증진기금이 건강보험 재정으로 덜 들어오게 된 것이다.

정부가 모든 건강보험재정의 책임을 보험가입자에게만 전가하고 건강보험료 인상만을 주장한다면 국민의 동의를 얻을 수 없을 것이다. 정부 스스로 국고지원과 의약품 가격의 거품 문제만이라도 제대로 해결해야 할 것이다.

제5장

'합리적 복지제도'를 위한 한국의 선택과 재원조달 방안

전술한 바와 같이, 한국에서는 '무상복지' 시리즈(무식급식 · 무상보육 · 무상의료)에 대한 논쟁으로 들끓고 있다. 세계적인 복지제도 연구자인 에스핑-안데르센(Gosta Esping-Andersen)의 복지국가 유형 중에서 과연 어떠한 복지유형이 가장 합리적일까는 한국 사회의 미래를 결정하는 중요한 국가적 선택이다. 현재, 여당은 현행 선별적 복지시스템을, 야당은 보편적 복지시스템을 각각 주장하고 있다.

이와 같은 시대적 상황에서, 본 연구는 '한국형 복지사회를 위한 청사진'을 국민연금제도 및 국민건강보험제도의 개혁방안과 합리적 복지재원 조달방안(토지 불로소득에 대한 사회보장세의 부과와 사회보장기금의 조성 및 투자)과 함께 제시하고자 한다.

1. 요스타 에스핑-안데르센의 복지국가 유형

요스타 에스핑-안데르센(Gosta Esping-Andersen)은 미국 하버드대 교수를 역임하였고 현재 바르셀로나에서 대학 교수로 재직하고 있으며, 덴마크 사회학자임과 동시에 유럽의 선국적인 복지 국가 연구자인 요스타 에스핑-안데르센(Gosta Esping-Andersen)의 저서별로 연구 의의를 논술하면 다음과 같다(김영범, 2000).

첫째, *Politics against Market*(1985)은 스칸디나비아의 사례를 중심으로 사회민주주의 정치이론을 제시하였다. 즉, 사회민주주의 정당이 장기 집권을 할 수 있었던 이유가 소(小)토지 보유 농민의 존재나 강력한 노동운동 외에 사민당(Social Democratis Party-SDP)이 지속적으로

비(非)노동자 계급의 이해와 노동자 계급의 이해를 융합하고자 하는 정책을 추진했기 때문이라고 강조하고 있다. 사회민주주의 정당이 지지를 극대화하기 위한 조건으로서 다음과 같은 3가지 원칙을 제시했다.

제 1 원칙은 탈(脫)상품화(De-Commodification) 원칙으로서 노동자 계급이 노동시장에서의 업적과 무관하게 자신의 삶을 유지할 수 있도록 하는 것을 의미한다. 제 2 원칙은 연대(Solidarity) 원칙으로서 복지제도가 특정 계층만을 대상으로 하는 것이 아니라 시민 전체를 포괄해야 함을 의미한다. 제 3 원칙은 재분배(Redistribution) 원칙으로서 부자에서 빈자로의 부(富)의 재분배가 복지제도를 통해 가능해야만 한다는 것이다.

에스핑-안데르센은 복지국가를 노동자 계급에 대한 '당근'이 아니라 노동자 계급의 '전리품'으로 파악하고 있다. 이러한 관점은 다음과 같은 연구도 동의하고 있다. 조합주의 이론은 복지국가를 자본주의적 질서를 유지·강화하기 위한 수단이라고 파악하고 있다(Lehmbruch, 1982). 마르크스주의 이론의 경우도 복지국가를 자본주의의 재생산을 위한 수단으로 파악한다(O'connor, 1985; Gough, 1981(1990)).

둘째, *The Three Worlds of Welfare Capitalism*(1990)은 복지국가의 유형에 관한 연구로 광범위한 지지와 관심의 대상이 되었다.[1] 이 저

---

1 요스타 에스핑-안데르센(Gosta Esping-Andersen)은 복지국가를 모든 국가가 동일한 노선을 밟는 수렴적인 형태로 보지 않고 다양한 요소(각 국가의 경제적 요인, 국가와 시장의 연금 형태, 가톨릭주의 정당세력, 좌파 정당의 세력과 등)을 구분하여 각 국가의 특징을 규명했다. 즉, 그는 복지국가의 유형

서에서 에스핑-안데르센은 서구의 복지국가는 자유주의, 보수주의, 그리고 사회민주주의 이데올로기라는 상이한 이데올로기에 기반을 두고 형성되었기 때문에, 복지국가는 크게 3가지 유형, 즉 ① 자유주의적 복지국가(Liberal Welfare State), ② 보수주의적 복지국가(Conservative Welfare State), ③ 사회민주주의적 복지국가(Social Democratic Welfare State)로 구분할 수 있다고 주장한다(Esping-Andersen, 1990, pp. 26~28).

첫 번째의 자유주의형 복지국가('선택적 복지국가')의 예로서 미국, 스위스, 오스트레일리아, 캐나다, 일본 등을, 두 번째의 보수·조합주의형 복지국가('사회보험주의 복지국가')의 예로서 독일, 프랑스, 벨기에, 오스트리아, 이탈리아 등을, 세 번째의 사회민주주의형 복지국가('포괄적 복지국가')의 예로서 스웨덴, 덴마크, 네덜란드, 노르웨이, 핀란드 등을 각각 들 수 있다.[2] 상기한 3개 복지국가들의 특성은 각각 다음과 같다.

을 3가지, 즉 ① 가톨릭주의와 절대주의로 설명될 수 있는 보수주의 국가, ② 복지를 국가적 제도보다 시장의 원리에 입각하여 해결하려는 자유주의 국가, ③ 좌파 정당의 세력확장에 의한 복지국가의 구현을 표방하는 사회민주주의 국가로 나누고 있다. 그의 구분은 복지국가의 체제, 권력관계와 같이 구조적인 측면으로 훨씬 많은 것을 시사해주고 있다.

2 최근에 「한겨레」(2011. 1. 26)가 주요 선진국의 복지정책을 3가지 유형, 즉 ① 선별적 복지(자유주의형), ② 보수·조합주의(유럽대륙형), ③ 포괄적 복지(북유럽형)로 나눠 각각 분석하였다. '자유주의형'(앵글로-색슨 모형) 복지국가의 특징으로서 엄격한 자산조사, 낮은 수준의 복지급여, '선택적 복지'를 들 수 있다. '보수·조합주의형'(유럽대륙 모형) 복지국가는 사회보험 위주로 복지제도를 채택하고 있다. '사회민주주의형'(북유럽 모형) 복지국가는 사회적 연대를 중시하여 전(全)국민을 대상으로 한 '포괄적 복지'가 발달돼 있다.

〈표 5-1〉 요스타 에스핑-안데르센(Gosta Esping-Anderson)의 복지국가 유형 분류

국가유형 분류기준	자유주의적 복지국가	보수적-조합주의적 복지국가	사회민주주의적 복지국가
주요 프로그램	공공부조와 사회보험	사회보험	기초연금을 기본으로 하는 보편적 사회보장제도
급여 단위	(혼인)가족	(혼인)가족	개인
급여 수혜조건	자산조사	취업활동 및 사회보험 가입	시민권
급여와 서비스 질	시장에서 행한 역할에 따라 차이가 발생	수평적 재분배 : 사회적 지위의 차이 유지(보상 원칙)	수직적 재분배
고용 및 노동에 대한 국가 개입 정도	국가는 최종 개입주체 : 자유주의적 노동윤리규범이 지배, 시장의 우세	조합주의적 전통	공공서비스망 구축 : 돌봄 및 가사노동 경감을 통한 취업 촉진
사회적 서비스 공급에 있어서 국가, 시장, 가족간의 관계	시장에 맡김. 개인에 대한 가족의 책임을 강조하고 가족의 실패 후에 국가가 최소한으로 개입	가족의 개인에 대한 전통적 역할을 강조하고, 가족이 실패한 후 국가가 개입. 부양아동을 가진 여성의 노동시장 참여동기를 저하시키는 정책	가족역할의 책임을 크게 사회화하고 가족이 실패하기 전에 개입함. 완전고용 추구
여성의 삶	무보수, 돌봄 노동, 높은 취업률 (대부분 불완전노동)	돌봄 및 가사노동 담당자로서 여성, 노동시장에서의 성차별, 낮은 취업률	높은 취업률, 공공서비스망을 통한 돌봄 및 가사노동 부담 경감
탈상품화 수준	최소화 : 사회적 위험 발생시 최소한의 수준을 보장하는 사회적 연결망	중간 수준	높은 수준
주요 국가	미국, 캐나다, 영국, 오스트레일리아	오스트리아, 프랑스, 독일, 이탈리아	스웨덴, 덴마크

자료: http://blog.naver.com/math8529/130046450611을 저자가 재구성.

상기한 에스핑-안데르센(1990)의 복지국가 유형 분석은 다음과 같은 의의를 갖는다. 즉, 기존 연구들은 국가의 복지노력(welfare effort)을

단순히 GDP 대비 공공사회지출비 등의 수치만으로 복지국가의 발전정도를 논함으로써 그것의 다차원적 특성을 반영하지 못하고 있는 반면에, 에스핑-안데르센은 '탈상품화'(decommo dification)와 '계층화'(stratification)라는 개념을 통해 복지노력(welfare effort)의 다차원적 특성, 정치·경제적 조건, 사회정책간의 상호작용을 복지국가 모형에 적용함으로써 3가지 복지국가 유형을 각각 정립하였다.

에스핑-안데르센(1990)은 '정치적 힘'이 복지국가를 창출하는 요인임과 동시에 복지국가의 구조적 차이를 발생 시키는 요인이라고 강조하고 있다. 여기서 '정치적 힘'이란 노동자 계급의 정치적 동원력만이 아니라 전반적인 역사적 과정, 보수주의와 가톨릭주의의 영향 등을 모두 포함한다. 이로서, 그의 1990년도 연구는 복지국가 형성 및 발달에 대한 이해의 폭을 확장시켜주었다. 한 걸음 더 나아가서, 에스핑-안데르센(1990)은 복지국가 유형에 따라 노동시장의 구조가 어떻게 분절되는지, 그리고 분절화 된 후, 복지국가 유형에 따라 나타나는 '계층화' 및 사회갈등의 양상에 대해 밝히고 있다.

셋째, *Social Foundation of Postindustry Economies*(1999)는 복지국가의 유형화 연구를 노동시장·가족구조에 관한 연구와 통합하였다. 상기의 저서에서, 에스핑-안데르센의 주요 관심사는 크게 2가지로 구분할 수 있다. 즉, 현재 선진 국가들에서 나타나고 있는 복지국가의 위기를 어떻게 설명할 것인가라는 문제와, 후기 산업사회의 계급구조는 어떻게 변화하고 있는가에 대한 이론적 규명이다.

에스핑-안데르센(1990)은 2차 대전 이후 본격적으로 발전한 전후 복지국가는 국가·시장·가족의 측면에서 포드주의적 산업사회(Fordist

Industry Society)에 기반하고 있었다고 주장한다. 이 결과, 전후 복지국가는 ① 제조업을 중심으로 한 비(非)숙련 노동력, ② 1인 소득원(one bread winner)과 전업주부로 구성된 핵가족, ③ 남성 소득원에 대한 소득보장을 중심으로 형성되었다(Esping-Andersen, 1999, p5)고 주장한다.

그러나 포드주의적 산업사회를 구성하는 요소들은 후기 산업사회로 이동하면서 점차 붕괴되기 시작했으며, 이 과정에서 복지국가 위기가 대두되었다고 주장한다. 즉, 제조업의 비(非)숙련 노동력에 대한 수요 감소와 서비스 산업의 팽창, 여성의 노동시장참여 증가, 그로 인한 핵가족의 붕괴 등으로 인해 복지국가를 유지시켰던 주건들이 붕괴되고 있다는 것이다(Esping-Andersen, 1999, p4).

마지막으로, 요스타 에스핑-안데르센(Gosta Esping-Andersen)의 저서, 「우리는 왜 새로운 복지 국가를 필요로 하는가?」(Why We Need a New Welfare State, 2002)는 생애주기(life cycle)에 관련된 4 가지 주요쟁점, 즉 ① 아동기 및 아동이 있는 가족, ② 양성평등 및 일하는 어머니들이 직면하는 가정과 직장의 양립문제, ③ 경제활동기간, ④ 퇴직 후 기간의 문제를 다루며 21세기 사회(특히 유럽사회)에서 복지국가는 어떻게 변해야 하는가에 대한 해법을 제시한다.

최근에, 요스타 에스핑-안데르센은 오스트리아 비엔나 크라이스키(Kreisky)포럼(2010. 11. 23)에서 그의 최근 저서 「우리는 왜 새로운 복지 국가를 필요로 하는가?」(Why We Need a New Welfare State, 2002)를 중심으로 다음과 같은 내용을 강연했다.

◦ 과거의 복지국가는 생계를 책임진 남성을 중심으로 만들어진 모형(가족부양자 모형)이다. 우리는 현재 새로운 현실에 직면하고

있다. 여성들은 자신들의 일과 함께 독립성을 원하고 있다. 이것은 아이를 가질지 여부와 그 시점에 대한 결정을 통하여 출산율에 영향을 미친다. 어린아이를 양육한다는 것은 직·간접적으로 과거에 비해 보다 많은 비용이 들기 때문이다. 따라서 현대 복지국가는 사회서비스를 제공해야만 한다. 이젠 가족들이 육아 임무를 받을 수 없다. 복지국가는 가족에의 의존성에서부터 탈피해야 한다. 여성들이 아의들을 적게 낳으려는 것은 직업을 가진 여성들에 대한 지원이 빈약하기 때문에 이는 당연한 논리적인 귀결이다.

○ 가정 내에서 지원을 받지 못하는 아이들은 인식적 기초를 형성하지 못하고 실제적으로 기회를 가질 수 없다. 우리가 지식사회에 살면서 심각한 불평등을 초래하지 않으려고 한다면 아이들에게 더 많은 투자를 해야만 한다. 스칸디나비아 국가들의 아이들은 커다란 부족함이 없이 삶을 출발하기 때문에 후일의 교육적 능력에서 매우 높은 수준을 유지하고, 그 때문에 또한 질 높은 근로자가 되는 것이다. 스칸디나비아 국가들에서는 실재적으로 청소년 실업자들이 거의 없다.

2. '포괄적' 복지제도 : '高부담·廣복지'

전술한 바와 같이, 현재와 같은 의료비 지출 행태가 지속되는 한, 건강보험수지 재정은 통제 불가능한 정도로 악화될 것이다. 따라서 '저부담·저급여'에서 '고부담·고급여'의 방향으로 한국의 사회보장제도를 개혁해야 한다. '고부담'의 문제와 관련하여, 어느 소득계층이 얼마만큼 더 부담할 것이며, '급여의 수직적 증가 및 수평적 확대'와 관련하여 어떠한 복지서비스가 시급한가를, 얼마만큼 증대수준이 최적인가를 각각 분석 및 결정해야 한다.

따라서 복지 문제의 핵심은 사회보장제도의 유형이 아니라 고용 증대방안 및 합리적 재원조달방안과 이에 대한 국민합의이다. 즉, 현행 저(低)급여에서 고(高)급여로 전환하려면 당연히 저(低)부담을 고(高)부담으로 전환해야 한다. 여기서 제기될 수 있는 문제는 다음과 같다. 즉, 한국사회의 대내적 통합을 위하여, 어느 소득계층이 어떤 재원(자산)으로써 얼마만큼의 복지재정 부담을 기꺼이 감수할 것인가이다.

참고로, 덴마크, 핀란드, 노르웨이, 스웨덴의 사회복지국가들은 높은 조세부담율에도 불구하고 자유시장주의 국가들보다 높은 국민소득수준, 낮은 빈곤율, 높은 기술수준과 훨씬 평등한 소득분배를 성취했다. 상기의 사회복지국가들은 모든 시민에게 매우 높은 수준의 사회복지 급여를 보장하는, 활기차고 원활한 민주주의를 성취했다. 2004년도 사회복지국가의 빈곤율(전국 평균 가구소득의 절반에 못 미치는 소득으로 살아가는 사람의 비율)평균은 전(全)가구의 5.6퍼센트에 불과했던 데 비해, 유럽의 그것은 9퍼센트였고, 자유시장주의 국가들의 그것은 12.6퍼센트였다. 1인당 GNP가 가장 높은 미국의 상대빈곤율은 동년도 17.1퍼센트로서 압도적으로 높았다. 따라서 해당 국가의 복지 수준은 국민의 의식 수준과 정치지도자의 리더십 수준임을 알 수 있다.

전술한 바와 같이, 선진 복지사회로의 진입은 개인과 정부의 부담 비율과, 개인 부담 중에서도 젊은 세대와 늙은 세대 간의 부담 비율에 관하여 국민 합의를 도출할 수 있는가의 여부에 달려있는 것이다. 그러나 상기의 이슈에 대한 세대간 갈등의 골은 매우 깊다.

조선일보(2011. 01. 04)가 한국갤럽에 의뢰해 전국 남녀 1,000명을 설문조사한 결과를 보면 세대간 갈등뿐만 아니라 일반 국민의 의식 수준이 극명하게 나타나 있다. 그 설문조사의 분석결과는 다음과 같다. 우선, 국민건강 보험제도의 경우, 10명 중 8명(77%)은 국민건강보험에 대한 정부 지원의 비율(의료 보장성)을 더 높여야 한다고 응답했다. 그러나 정작 이를 위해 건강보험료(현행 소득대비 5.4%)를 더 높여 부담하자는 주장에 대해선 열 명 중 절반 이상(52%)이 반대했다. 또한, 국민연금제도의 경우, '더 내고 덜 받는 방향으로 개혁하자'는 주장에 대해서는 절반 이상(52.4%)이 반대했고, 찬성은 10명에 2명(24%)뿐이었다. 연령별로 보면, 30~40대는 10명에 7명(68.9%, 69.4%)이 반대했지만, 60대 이상은 26.1%만 반대했다. 즉, 더 많은 복지는 좋지만, 더 많은 부담은 싫다는 것이다. 그리고 노인세대를 위해 과도한 부담을 떠안기 싫다는 것이다.

상기와 같이, 비(非)합리적 '저부담·고복지'라는 사회적 요구는 한국인구의 초(超)고령화 추세와 함께 북한의 핵무기보다 더 무서운 남한의 '노인 폭탄'이 되어 복지재정을, 나아가 국가재정을 파탄시킬 것이다. 이것은 다시 한국사회를 '재앙'으로 몰고 갈 것이다.

이제, 한국의 국민과 정치지도자들은 어떠한 복지제도가 가장 합리적인지에 관하여 국가적 선택(National Choice)을 해야 한다. 그 선택의 폭은 대개 3가지 유형으로 집약된다. 즉, ① 많이 내고 많이 받는 스웨덴의 복지제도, ② 중간 정도 내고 중간 정도의 복지혜택을 받는 일본의 복지제도, ③ 소득 계층에 따라 다양한 복지서비스를 개인이 자유롭게 결정하는 미국의 복지제도이다.

현재, 한국의 복지모형은 사회보험 중심이라는 점에서는 '보수·조합주의형' 복지국가로, 자산조사를 조건으로 한 기초보장제라는 측면에서 보면 '자유주의형' 복지국가로 각각 분류될 수 있다. 그러나, 요스타 에스핑-안데르센(Gosta Esping-Anderson, 1990)의 복지 유형 분류에서 언급한 바와 같이, 사회연대(Solidarity)를 중시함으로써 전(全)국민을 대상으로 하는 '보편적' 복지제도란 복지재정의 부담이 모든 소득계층(즉 부유층 뿐만 아니라 중산층 및 서민층)이 공유하고 모든 연령층(아동 및 노인들 포함)이 복지혜택을 받는 '사회민주주의형'(북유럽 모형)이다.

〈표 5-2〉 공적연금제도의 국제비교

	한국	스웨덴	일본	미국
수급 시기	60세	61~67세 사이 (64세)	65세	66세
월평균 급여액	- 20년 낸 사람 약 80만원(전체 2%) - 20년 못 채운 사람 25만원 내외(98%)	1만 3,925크로나 (232만원)	국민연금·후생연금 등을 합쳐 25만엔 내외(354만원)	최대 2,366달러 (283만원)
장점	소득 들쭉날쭉한 자영업자도 가입 가능	- 국민 99% 국가연금 수령 - 국민 83% 직업연금도 수령 - 연금 액수 세계 최고	65세 이상은 전업주부·외국인 등 누구나 받을 수 있음	- 연금재정 탄탄 - 공무원·전업주부 등 지급 대상 범위가 넓음
단점	사각지대 많고 급여수준 낮음	근로소득 50~60%를 세금으로 납부	급격한 고령화로 재정 부담	급여 수준 낮음

자료: 조선일보, 2011. 01. 04.

제프리 삭스(Jeffrey Sachs) 미국 컬럼비아대 경제학 교수는 그의 저서 『커먼 웰스』(*Common Wealth : Economics for a Crowded Planet*)에서 "*사실이 아니라 이념이 논쟁을 지배하고 있다*"며 "*두터운 사회안전망이 미래에 대한 믿음을 보장하고 사람들에게 위험을 감수할 수 있게 해준다*"고 말했다. 그리고 "*자본주의는 높은 수준의 소득, 성장, 혁신과 높은 수준의 사회적 보호를 결합시키는 것이 가능한데, 북유럽이 그 일을 해냈고, 그 경험이 다른 나라들의 선택에 꽤 밝은 빛을 비춰주고 있다*"고 말했다.

상기의 측면에서, 저자는 '보편적'(Universalistic) 대신에 '포괄적'(Comprehensive)이라는 단어를 사용한다.[3] 그리고 저자는 '고(高)부담·광(廣)복지'의 형태로 '포괄적 복지'(Comprehensive Welfare)를 전략적으로 추진할 것을 주장한다. 그 이유는 다음과 같다.

첫째, '보편적 복지'(Universalistic Welfare)는 복지재원의 조달방안은 국가재정에 맡겨둔 채, 주어진 복지수혜 계층에 대한 복지급여 지출 수준을 높이자는 것인 반면에 저자의 '포괄적 복지'(Comprehensive Welfare)는 청·장년층의 고용기회를 지속적 경제성장으로써 '최상의 복지'인 양호한 직장(decent job)을 창출함과 동시에 합리적 복지재원 조달방안(후술할 것임)을 전제로 하여 복지수혜계층을 특히 아동복지

3 민주당이 '보편적 복지'를 외치고 있지만, 실제 안을 들여다 보면 '선택적 복지'를 확대 하는 개념에 지나지 않는다. 예를 들어, 민주당은 '무상 의료'를 입원환자의 건보 의료보장률(입원 진료비의 보험 부담률)을 100%가 아닌 90%로 높이는 것으로 정의하고 있다. 이것은 '보편적' 복지가 아니라 '선택적' 복지의 확대인 것이다. 한편, '보편적' 복지와 '포괄적' 복지의 차이는 전자의 경우 전(全)국민이 사회보장혜택을 받기 위해 전(全)국민이 세금을 납부하는 반면에 '포괄적' 복지는 전국민이 사회보장혜택을 받되 전국민이 사회보장세금을 부담하는 것이라는 점이다. 즉, '포괄적' 복지는 소득재분배 기능까지 포함한다는 점이다.

및 노인복지를 중심으로 확대하고 이들 수혜계층에 대한 적정 복지급여 지출수준을 결정하자는 것이다.

여기서 유의할 것은 저자의 '포괄적 복지'(Comprehensive Welfare)는 확정급여제(DBP : Defined Benefit Plan)가 아니라, 덴마크·호주·칠레 등이 채택하고 있듯이, 확정기여제(DCP : Defined Contribution Plan)을 도입함으로써 복지재정의 안정성을 추구한다는 점이다. 그리고 대부분의 선진 복지국가들이 채택한 확정급여제(DBP) 하에서는 오직 계수조정식 개혁(연금보험료 인상 혹은 연금급여수준 삭감)에만 매달릴 수 밖에 없으며 결국 복지재정의 안정화를 위한 개혁은 실패했다는 점이다. 따라서 '보편적 복지'(Universalistic Welfare) 국가인 영국과 스웨덴은 최근에 확정급여제(DBP)에서 확정기여제(DCP)로 제도개혁을 단행했으며, 국제기구(국제노동기구와 OECD)는 한국에 대한 권고안으로서 확정기여제(DCP)를 제시했다.

둘째, 저자의 '포괄적 복지'(Comprehensive Welfare)는 '선택적 복지'(Selective Welfare)와 다르다. 후자는 자유시장주의 국가(특히 미국)의 경우 거의 완전고용을 전제로 하여 각 사회구성원이 각자의 경제적 능력과 복지급여 종류에 대한 선호에 따라 자신의 복지계획을 결정할 것을 주장하지만 그것은 어디까지나 경제안정 기조 하에서 완전고용을 전제로 한 것이다. 그러나 '포괄적 복지'(Comprehensive Welfare)는 자유시장주의 국가의 복지가 전제로 하는 '완전고용'(full employment)을 추구하면서 사회연대(social solidarity)에 의거하여 당면한 인구구조의 변화(저출산과 고령화)에 대응하기 위한 아동복지 및 노인복지에 역점을 두는 것이다.

과거 산업화 시대에는 정부가 복지정책을 쓰지 않더라도 경제성장에 힘입어 고용이 증대하였고 일자리가 바로 복지였다. 즉, 과거에는 열심히 일하면 힘들더라도 먹고 살아갈 수 있는 사회구조였다. 그러나 현재 수출 대기업 중심의 경제정책으로써는 더 이상의 고용을 창출할 수 없다. 또한, 지식정보화 시대에서 무한경쟁에 의하여 청년층 '워킹푸어'(working poor)가 고착화되고 있으며 '소득 양극화'가 심화되고 있다.

소득 양극화의 본질은 중산층의 붕괴이다. 중산층은 사회의 기반이며 중심축이다. 사실, 민주주의는 바로 중산층의 텃밭에서 피는 꽃이라고 말할 수 있다. 만약 민주주의의 근간인 중상층이 붕괴된다면, 과거 한국인이 자유민주주의 정치·경제제도를 위하여 한국전쟁에서 흘렸던 피의 대가와 지난 50년 동안 경제발전을 일구어 왔던 땀의 대가가 모두 허망하게 될 것이다.

따라서 '포괄적 복지 시스템'(Comprehensive Welfare System)은 미국의 자유주의형 '선택적 복지 시스템'(Selective Welfare System)보다 더 큰 소득재분배 효과를 창출할 수 있다. 얼핏 생각해보면, 특정 계층에만 급여를 주는 '선택적 복지' 시스템의 소득불평등 해소 능력이 나을 것 같지만, '포괄적 복지' 시스템 하에서 여성인력 및 고령층의 노동시장 참가율 제고, 출산율의 증가 등과 함께 형평한 조세부담이 상승작용 함으로써 불균등 소득분배구조의 개선 효과가 높게 나타날 수 있다. 이것은 소위 선별주의적 복지제도(특히 공공부조제도)의 소득재분배 효과가 크다는 주장에 대하여 반박한 '소득재분배의 역설'(Paradox of Income Redistribution)로서 입증될 수 있다(Korpi and Palme, 1998).[4]

---

[4] '재분배의 역설'이란 가난한 계층에게 선별적으로 복지를 시행할수록 재분배 효과가 나빠지고, 중산층을 포함하여 보편적으로 복지를 시행할수록 재분배 효과가 좋아지는 현상을 말한다(Walter Korpi and Joakim Palme, 1998). '소득재분배의 역설' 현상이 발생하는 이유는, 중산층을 포함한 보편 복지를 시행

또한, '포괄적 복지'(Comprehensive Welfare)가 효과적인 '사회투자'(Social Investment)의 성격을 갖고 있다. 과도한 수출 중심의 한국 산업구조와, OECD 평균의 30% 수준에 불과한 사회서비스 일자리, 그리고 OECD 2~3배 수준의 저임금 자영업자의 비율, 전체 근로자의 50%에 달하는 비(非)정규직 문제 등을 정상적으로 해결하는 방법은 사회복지부문에의 재정지출을 통하여 인적자원(Human Capital)을 개발하고 사회서비스 일자리를 창출하는 길 밖에 없다. 그것이 바로 '포괄적 복지'(Comprehensive Welfare)의 목적이며 이념인 것이다.

제2장에서 논한 바와 같이, 초(超)고령화 추세는 계층간 갈등 및 세대간 갈등을 야기시켜 이념간 갈등을 유발할 것이다. 더욱이, 휴전선을 앞에 두고 북한의 핵무기 위협으로 인한 국가안보 불안이 드높아지고 있는 상황에서 국가정체성(National Identity)이 내부적으로 견고해져야 하는데, 그것은 승자독식(勝者獨食)의 신(新)자유주의(New Liberalism)가 아니라 사회연대주의(Solidarism)에 입각하되 한국 경제력 수준에 맞는 '한국형 포괄적 복지제도'가 필요하다고 저자는 주장한다.

한국의 경우, 조세정책과 소득보장정책이 소득분배구조의 개선에 미치는 영향이 매우 작다. 그 이유는 조세가 소득재분배 기능이 약할 뿐 아니라, 오랜 기간 공적 소득보장정책이 발달하지 못했기 때문이다. 이러한 현실은 대다수 서구국가와 크게 대비된다. 주요 OECD 국가의 경우 25% 이상의 가구가 근로소득이 아닌 소득을

하면 중산층이 복지동맹에 참여(증세에 찬성)하여 복지규모가 늘어나고, 선별적 복지를 시행하면 중산층이 반(反)복지동맹에 참여(증세에 반대)하여 복지규모가 작아지기 때문이다. 복지의 규모 자체가 고정된 값이 아니라 정치적 동맹에 의해서 영향을 받는 변수라는 것이다.

일차 소득원으로 가지고 있으며, 이 비(非)근로소득 중 가장 중요한 부분이 공적소득 이전(public income transfer)이다. 이들 국가에서는 사회적 지출(social spending)이 증가하면 소득분배의 불균등은 완화되는 양상을 보였다(Gottschalk and Smeeding, 1997).

따라서 복지재정의 건전성을 해치지 않는 범위 내에서, 합리적 복지재원의 확보를 통한 사회복지지출의 규모를 확대해야 할 것이다. 지난 10년간 사회복지지출이 큰 폭으로 증가하고 있지만 OECD 기준으로 볼 때, GDP 대비 조세부담률 및 국민부담률의 경우 OECD 평균에 비해 낮은 수준이다(〈표 5-3〉 및 〈표 5-4〉 참조).

〈표 5-3〉 OECD 국가의 사회복지지출 규모(2001년 기준)

(단위 : %)

	한국	미국	일본	스웨덴
사회복지 지출규모	8.7	15.2	17.5	29.5

자료: OECD(2005).

〈표 5-4〉 GDP 대비 조세부담률 및 국민부담률의 국제비교(2003년 기준)

(단위 : %)

	한국	미국	일본	스웨덴	OECD 평균
조세부담률	20.4	18.8	15.6	35.8	26.8
국민부담률	25.3	25.6	25.3	50.6	36.3

자료: OECD(2005), Revenue Statistics.
주: 조세부담률(%) = (국세 + 지방세)/명목 GDP × 100; 국민부담률(%) = (국세 + 지방세 + 사회보장기여금)/명목 GDP × 100

3. 보편적 복지제도에 대한 반론과 비판[5]

저자가 주장하는 '포괄적 복지'(Comprehensive Welfare)는 복지재원 조달의 합리적 대안(후술할)과 청·장년층의 완전고용화라는 측면에서 '보편적 복지'(Universalistic Welfare)와는 다르지만 복지수혜계층을 아동복지와 노인복지로 한 대한다는 측면에서만 보면 '보편적 복지'(Universalistic Welfare)와 유사하다. 그러한 시각에서, 최근에 '보편적 복지제도'(Universalistic Welfare)에 대한 반론과 비판을 개관해보고자 한다.

1) '시기상조론'

물론 '보편적 복지'(Universalistic Welfare)는 '시기상조론'이라는 명분으로 비판받을 수 있다. 즉, '보편적 복지'(Universalistic Welfare)를 실현하기에는 아직 한국의 경제적 수준이 낮다는 주장이다. 이 주장의 예를 들면, 다음과 같다 :

"*고소득층 자녀들에게까지 '공짜' 점심을 먹이고 상위 30% 부잣집 아이들까지 보육비를 지원하고 부자들 병원비까지 대줄 정도로 우리나라가 잘살지는 못한다. 또 세계 어느 부자나라도 그렇게 하지는 못한다*"(안상수 한나라당 대표 라디오 연설, 2011. 1. 19).

그러나 저자는 상기의 의견에 부분적으로 동의함과 동시에 부분적으로 반대한다. 즉, 안상수 대표와 같이 '무상급식'은 반대하지만 일반 대중의 보육비와 입원비는 국가가 보조해야 된다고 주장한다. 부자집 아이들이 보육비와 부자들의 병원비는 부자들이 해결할 것이다.

또한, "*우리나라 국민소득 수준이 2만 달러 정도 된다. 그러나*

---

5 이 이하의 통계 숫자들은 「한겨레」(2011.01.26)로부터 많이 인용되었음을 밝힌다.

북유럽의 경우 많은 곳은 4만~5만 달러다. 복지 수준을 유럽과 단순 비교하는 것은 옳지 않다'(*윤증현 기획재정부 장관의 국회 대(對)정부 질문에 대한 답변, 2010. 6. 16*).

윤증현 장관(당시)의 의견은 다음과 같이 비판할 수 있다. 예로서, 남찬섭(2005)의 「한국 복지국가의 성과와 전망」 보고서를 보면, 한국의 경우 1인당 국민소득이 1만 달러에 진입한 1990년대 초반 공공사회지출(*복지지출*)이 국내총생산(GDP)의 3%정도였다. 이와 대조적으로, 일본의 경우, 국민소득이 1만 달러가 넘은 1980년대 초반에 공공사회지출이 이미 국내총생산(GDP)의 10%를 넘어섰고, 경제협력개발기구(OECD)와 유럽연합(EU)의 경우 총 비용이 평균 18~20%에 달하는 수준이었다.

또한, 국민소득 2만 달러였던 시기의 'GDP 대비 공공사회복지지출'의 비율을 살펴보면, 스웨덴은 32.2%, 독일 29.6%, 미국 14.1% 등 평균 22.3%이다. 이에 반해, 1인당 국민소득이 2만 달러 안팎인 한국의 'GDP대비 공공사회복지 지출'의 비율은 2007년에 5.7%, 2009년에 9.0%, 2010년에 8.7% 수준이다.

[그림 5-1] 1인당 국민소득 규모별 국내총생산(GDP) 대비 사회복지지출 비중

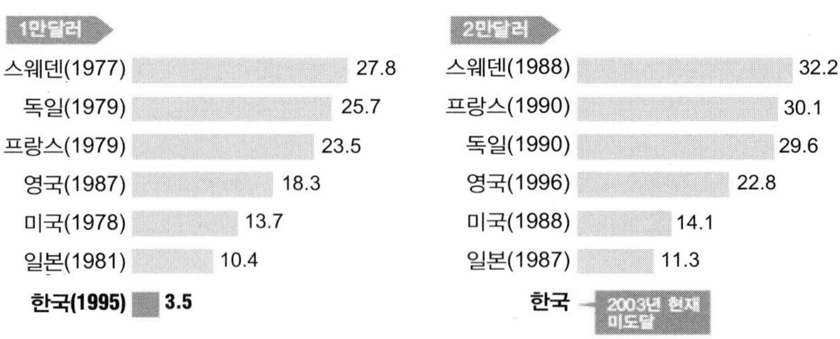

자료: 한겨레, 2011. 1. 26.
주: 괄호 안은 도입 시점

전술한 바와 같이, OECD 회원국 평균 공공사회복지지출이 국내총생산(GDP)의 19.3%(2009년 기준)인 데 반해 한국의 그것은 9.0%로 OECD의 2분의 1 수준이다. 남찬섭 교수는 상기의 보고서에서 "*국민소득이 1만~2만 달러일 때 선진국들은 국내총생산의 18% 이상을 복지에 쏟아부었는데, 한국은 3~6% 대에 머무는 등 우리는 그동안 복지에 투자를 하지 않았다*"며 "*이는 국가 복지의 낙후성을 단적으로 보여준다*"고 지적했다.

여기서 유의할 것은 선진국들이 경제성장을 이룬 다음에 복지예산을 늘린 것은 아니라, 오히려 경제성장이 복지지출을 수반했다는 점이다. 1인당 국내총생산(GDP) 1만 달러에 들어선 해를 기준으로 보면, 당시 1995년 한국의 GDP대비 복지지출의 비중은 5.22%였지만, 경제개발협력기구(OECD) 국가들의 그것은 평균 20%를 기록했다.

나아가, 국민소득이 5만 달러에서 8만 달러에 이르는 OECD 국가들은 '잘 살아서 보편적 복지를 제공하는 것'이 아니라 '보편적 복지'를 했기 때문에 잘살게 된 것'이다. 즉, 상기의 국가들은 적정 수준의 '보편적 복지' 투자를 통해 지속적 경제성장을 일구어내고, '보편적 복지'를 지렛대로 삼아 다음 단계의 사회체제로 업그레이드하였던 것이다. 선진 복지국가들이 사회보장제도를 발전시켜 온 역사적 과정을 살펴보면 다음과 같다 :

○ 독일은 1880년대 후반 산재·연금·의료보험을 도입했고 1954년 가족수당을 지급하기 시작했다. 독일은 2차대전으로 경제가 피폐해졌음에도 1950년대부터 경제력이 허용하는 범위 안에서 국가가 국민의 복지 향상에 역점을 둔 결과, 공공사회지출이 국내총생

산(GDP)의 10%를 넘어섰다.

○ 프랑스는 시민혁명과 국민적 연대(Solidarite) 정신을 바탕으로 1898년부터 산재보상보험법을 시행했다. 1905년에는 고령자와 장애인과 장기 질병자에 관한 법을 만들었다.

○ 영국의 무상의료 시스템인 '국민건강서비스'(National Health Service)는 2차대전이 끝난 직후인 1946년 법이 만들어져 1948년부터 전면 시행됐다. 영국은 전쟁이 끝난 뒤 '요람에서 무덤까지'라는 슬로건을 내걸며 복지정책을 정부의 최우선 과제로 꼽았다.

○ 스페인은 19세기 유럽에서 가장 가난했지만 1946년에 모든 노인에게 일정한 급여를 주는 기초연금제를 도입하였고 1947년부터는 아동수당을 지급하기 시작했다. 또한, 1955년에는 국민 모두에게 무료나 다름없는 의료서비스를 제공하는 제도가 시작됐다.

보편적 복지국가의 전형인 스웨덴의 경우를 살펴보자. 스웨덴에서는 65세 이상의 절대다수(99.2%)에게 '국가연금'(*한국의 '국민연금'에 해당*)을 지급한다. 하위 43.2%의 소득계층은 '기초생활보장' 명목으로 자신이 납부한 것보다 더 많은 '기초노령연금'을 받아간다. 스웨덴 국민 10명 중 8명(83.2%)이 '국가연금'과 별도로 '직업연금'도 받는다. 이 2개 연금을 합쳐서 노인 1인당 연평균 16만 7,100크로나(*2,790만원*)를 받는다. 스웨덴 국민의 55세 이상은 사회민주당의 옛날 방식에 따라 연금을 받는 반면에 65세 이상에게 무조건 기초노령연금이 지급된다. 연금 가입자가 보험료를 내지 않아도 국가가 100% 지원한다.

또한, 스웨덴 국민의 의료비 부담도 적다. '의료비 상한제' 덕분으로, 개인이 부담하는 약값과 병원비가 각각 1,800크로나(*30만 원*), 900크로나(*약 15만 원*)를 상회할 수 없도록 규정되어 있다.

여기서 유의할 것은 상기의 복지혜택을 향유하기 위하여 스웨덴 국민 모두가 꼬박꼬박 세금으로 낸다는 점이다. 그 대가로서, 스웨덴 국민은 은퇴 이후 현역 당시 월급의 80%를 '국가연금'으로 받는 것이다. 다른 국가의 경우와 비교하면 스웨덴 국민의 세금 부담은 상대적으로 무겁지만 '국가가 나를 책임져준다'는 생각에 고(高)부담을 당연시 하고 있다.

그러나 2001년부터 스웨덴 정부는 많은 국민의 불만과 반발을 무릅쓰고 연금개혁을 실시했다. 특히, 국가 재정과 연금 재정을 압박하는 기초노령연금 액수를 계속 줄여왔다.[6] 기초노령연금 대신에 소득에 따라 연금액을 정하는 복지제도가 도입되었다. 즉, 월소득 3만 2,000크로나(*약 542만 원*) 미만의 저(低)소득층을 위한 '확정급여형 연금'을 신설해 공적연금에서 충당하고 있다. 그러한 수혜자의 80%는 가정주부이다.

상기와 같이, 유럽 복지국가들도 최근 경제위기를 맞아 복지 혜택을 줄이는 등 어려움을 겪고 있는 것은 사실이다. 그러나 이를 두고 '보편적 복지'에서 '선별적 복지'로 기조를 바꿨다고 해석하는

---

6 노르웨이는 이웃나라 스웨덴의 복지제도의 개혁을 모방하여 노령연금(특히 기본연금)의 축소를 골자로 하는 연금개혁을 실시했다. 보험료 납부와 관계없이 지급되던 기본연금의 수혜자는 2010년 65만 명을 웃돌았으나 향후 6만 명까지 축소될 것으로 전망된다.

것은 억측이다. 프랑스의 경우 2010년 연금이 쟁점이 됐는데, 재정 문제 때문에 연금수급 시점을 늦추고 연금액수를 줄이는 등 '보편적 복지' 테두리 안에서 복지 수준을 조정하였다.

또한, 스페인 정부 역시 2010년 5월부터 강도 높은 재정개혁안을 내놓고 뒤늦게 복지제도의 개혁을 추진하고 있다. "사회당 소속인 사파테로(Zapatero, J se Luis Rodríguez) 총리가 최근 사회보장을 위한 재정지출만은 유지하겠다는 초기 입장을 전격적으로 바꿔 긴축정책을 진행 중이다. 2010년 6월에는 공무원 임금 5~15%를 삭감했고 정년을 65세에서 67세로 연장하는 한편, 매월 최대 2500유로(*약 375만 원*)까지 지급하던 공적연금 액수도 줄여나가기로 결정했다.

한편, '보편적 복지'의 하나인 가족수당의 경우 오스트리아(1921년), 뉴질랜드(1926년), 벨기에(1930년), 프랑스(1932년), 독일(1954년) 등 15개 국가들이 1955년 이전에 도입했다. 당시, 이들의 경제수준은 그리 높지 않았음에도 이들 정부들은 '보편적' 복지정책을 추진했던 것이다.

또한, 아동 지원수당은 해당 국가의 향후 생산성 향상과 경제성장을 촉진할 수 있는 '사회적 투자'(Social Investment)이다. 북유럽 국가의 경우, 아동에 대한 '보편적 복지' 덕분으로, 이들의 출산율이 심지어 남유럽 가톨릭 국가보다 오히려 더 높다. 이와 반면에, 자녀수당이 없는 국가는 OECD 중에서 미국, 터키, 한국이다. 미국을 제외한 선진복지국가들의 아동 지원 수당은 복지예산의 10% 안팎을 차지하고 있다. 이와 반면에, 남유럽 국가들의 경우, 복지지출에 대한 아동 지원수당의 비중이 매우 낮다.[7] 그러나 한국의 아동 지원

---

7 이와 반면에, 남유럽 국가들의 경우 노령연금 등 각종 연금비율이 높아 조기퇴직 및 노동시장참여율 저조로 이어졌으며, 이것은 다시 연금재정의 위기를 야기시켰다.

수당은 심지어 남유럽 국가들의 그것보다 더 적다.

한국의 아동 지원수당은 복지예산의 0.001%(898억 원) 수준이다. 차상위 계층(*최저생계비의 120% 이하의 소득계층*)에게 고작 월 20만원을 지급할 뿐이다. 그것마저도 자녀가 만3세가 넘으면 지급 중단된다. 이와 반면에, 유럽 복지국가의 경우, 소득수준과 상관없이 자녀가 20세가 될 때까지 한 달에 수십만 원씩 지원한다. 이러한 상황에서, 한국의 출산율은 세계 최저일 수밖에 없으며, 따라서 한국의 인구 고령화 속도는 세계 최고일 수밖에 없다.

2) '경제성장에 대한 악영향'

'보편적 복지제도'는 복지 확대가 경제성장을 저해할 수 있다고 비판받을 수 있다. 그러한 비판자의 논리는 다음과 같다. 즉, 높은 조세부담률을 전제로 하는 정부의 복지지출이 기업의 투자의욕과 개인의 노동공급을 감소시켜 결국 경제성장에 악영향을 준다는 것이다. 다시 말하면, '보편적 복지'는 투자의욕과 근로의욕을 저하시켜 "복지병"을 불러온다는 것이다.

그러나 상기의 주장은 논리적 억측이다. 정부의 복지지출 항목 가운데 보건(보육 포함), 적극적 노동시장정책(Active Labor Market Policy), 실업 관련 지출은 인적자본 축적을 위한 '직접적 투자'로 간주된다. 이와 반면에 노령·유족·장애·가족·주거·기타(공적연금·고용보험·산재보험·공적부조 포함)는 '간접적 투자' 성격을 갖고 있다. 전자('직접적 투자')는 인적자원 투자 촉발, 사회통합 등 '사회적 자본'(Social Capital)의 축적을 통해 경제성장에 기여한다(Lim, 2007). 왜냐하면 인적자본(Human Capital)에의 투자 강화는 지식기반 경제에선 노동 생산성을 높이기 때문이다. 구체적으로 설명하면 다음과 같다.

우선, 노동공급의 측면에서 보면, 복지지출이 가장 많고 실업급여도 많이 지급하는 북유럽 복지국가에서 오히려 노동시장 참여율이 가장 높았다. 그 주요 요인은 '보편적 복지'가 여성인력을 활용하고 이로써 저출산 문제를 해결하고 있기 때문이다. 세계 주요국에서 남성의 노동시장 참여는 거의 비슷하지만, 여성의 그것은 큰 차이를 보이고 있다. 따라서 여성의 노동시장 참여는 전체 노동시장참여율과 실업률을 좌우한다.

다음으로, '보편적 복지'는 기업의 투자의욕을 저상(沮喪)할 것이라고 비판받을 수 있다. 그러나 그 가능성은 한갓 기우(奇遇)이다. 왜냐하면 복지재정을 위한 조세체계와 복지 프로그램을 경제성장과 연계하여 설계함으로써 상기의 가능성을 최소화할 수 있기 때문이다. 전형적으로, 스웨덴의 경우, 기업의 투자의욕을 꺾지 않으려고 법인세율(26%)을 미국의 그것(35%)보다도 낮게 징수하되[8] 근로·자산소득, 소비세, '죄악세'(*술·담배*) 등에는 높은 세율을 부과한다. 또한, 놀고 먹는 이른바 '복지병'을 억제하기 위하여 실업수당을 직업훈련 참여 조건으로 근로 인센티브와 연계시킨다.

사실, 복지확대가 경제성장에 해로울 것이라는 주장은 1950년대 초반 서구에서도 논쟁거리였다. 선진복지국가들의 경우, '공공사회지출' 수준은 경제협력개발기구(OECD) 기준으로 1960년 국내총생산(GDP)의 10%를, 1970년에 15%를 각각 돌파했다. 그러나 이들 국가들은 공공복지 지출에 상대적으로 높은 비중을 두고 있음에도 불구

---

8 최근에 이명박 정부는 법인세율을 인하하였다. 그러나 한국은 저(低)부담·저(低)혜택의 복지시스템인 반면에 스웨덴은 고(高)부담·고(高)혜택의 복지국가이다. 따라서 한국과 스웨덴에서 법인세율 인하의 의미가 다르다.

하고 1973년 오일쇼크가 터지기 전까지 자본주의의 황금기를 누렸다. 그러나 1973년 오일쇼크로 선진복지국가들의 경제성장이 둔화되자, '복지국가 위기론'이 고개를 들었다. 그러나 그 이후에도 복지는 일부 국가를 제외하고 확대됐고, 경제성장도 일시적 부침(浮沈)은 있었으나 지속됐다.

전술한 역사적 개관을 감안하면서, 경제성장에 대한 '보편적 복지'의 영향 여부를 실증적으로 고찰해 보고자 한다. 경제성장률을 2008년 글로벌 금융위기로 세계경제가 모두 타격을 당하기 전(前)을 기준으로 비교해 보면, 스웨덴의 경제성장률(2006년 4.3%; 2007년 3.3%)이 미국의 경제성장률(2006년 2.7%; 2007년 2.1%)보다 높았다. 일반적으로 북유럽의 '보편적 복지' 국가가 자유주의형 복지국가(미국)보다 높은 경제성장률을 보이고 있다. 또한, 1990년대 이후에서도 '보편적 복지' 국가의 경제성장률이 '선별적 복지' 국가의 그것 보다 더 높았다.[9]

최근 「한겨레」(2011.1.26)가 주요 복지 선진국의 평균경제성장률의 변동 추이(1980년~2008년)를 에스핑-안데르센(1990)의 기준에 의거하여 비교·분석한 결과는 다음과 같다 : 즉, 구매력평가(PPP) 기준으로 1980년대에서 '보편적 복지형' 5개국(스웨던, 덴마크, 네덜란드, 노르웨이, 핀란드 등)의 평균 경제성장률(6.15%)은 '선택적 복지형' 5개국(미국, 스위스, 오스트레일리아, 캐나다, 일본 등)의 그것(6.84%)과 거의 비슷했다. 그러나 1990년대에는 '보편적 복지국가'의 평균 경제성장률(4.19%)이 '선택적 복지국가'의 그것(3.92%)보다 더 높았다. 2000~2008년에는 '보편적 복

9 참고로, 사회복지제도가 보편주의 방식으로 잘 제도화되어 있는 국가일수록 경제적 활력과 성과도 더 높다. 스웨덴의 경우, 벤처기업 창업 비율이 미국에 이어 세계 2위를, 벤처기업 성공률은 세계 1위를 각각 기록하고 있다.

지국가'의 평균 경제성장률(4.18%)이 '선택적 복지국가'의 그것(4.19%)과 거의 비슷했다. '보수·조합주의형 복지국가'(독일, 프랑스, 벨기에, 오스트리아, 이탈리아 등)의 평균 경제성장률은 1980년대 5.78%, 1990년대 3.64%, 2000년대 3.61%를 각각 나타냈다.[10]

여기서 유의할 것은 스웨덴이 노르웨이와 핀란드와 함께 '보편적 복지' 모형을 개혁한 이유는 이 복지 시스템이 잘못된 것이라는 것을 자각하고 그 시스템 자체를 수정하고 있는 것이 아니라 2008년 글로벌 금융위기 이후 국가재정이 매우 악화되었기 때문에 복지혜택의 수준을 하향조정한 것이라는 점이다. 예로서, 프랑스 등 보수·조합주의형 국가들은 1980년대 실업률을 낮추고자 조기퇴직을 유도하는 정책을 폈는데, 이것이 연금지출 증가와 재정수지 악화의 가장 큰 요인으로 작용하였을 것으로 짐작된다. 특히, 프랑스의 경우 2010년 연금이 쟁점이 됐는데, 재정문제 때문에 연금수급 시점을 늦추고 연금액수를 줄이는 등 '보편적 복지' 테두리 안에서 복지수준을 조정하였다.

이와 반면에, '선택적 복지' 대표국인 미국은 '자유주의형' 복지제도를 운용해오고 있지만 과도한 군사비 지출,[11] 조지 부시 전(前) 대

10 상기한 3개 유형의 대표국인 스웨덴, 미국, 독일을 분석해도 추세는 비슷하게 나타났다고 「한겨레」(2011. 1. 26)가 보도했다. 스웨덴은 1980년대 연평균 6%에 이르던 경제성장률이 1990년대 초 통화관리 실패와 자산거품 붕괴로 3년간 마이너스 성장을 하면서 연 3.53%로 낮아졌으나 2000년대 연 4.47%로 경제성장을 회복했다. 특히 2000년대 미국의 연평균 경제성장률 4.17%를 추월했다. 독일의 연평균 경제성장률은 1980년대에 5.63%를, 1990년대에는 3.66%를, 2000~2008년에는 3.4%를 각각 기록했다.

11 전술한 바와 같이, 스톡홀름평화연구소의 2010년 백서에 의하면, 미국의 군사비 지출액은 6632억 달러로서 43%(1위)이며, 중국은 988억달러로서 6.6%(2위), 영국은 692억 달러로서 4.2%(3위), 프랑스는 673억 달러로서 3.8%(4위),

통령의 대규모 감세정책, 2008년 하반기의 글로벌 금융위기의 여파로 인하여 '재정부실국'으로 전락했다.

상기와 같이, 유럽의 선진 복지국가들도 최근 글로벌 경제위기를 맞아 복지 혜택을 줄이는 등 어려움을 겪고 있는 것은 사실이다. 그러나 이를 두고 '보편적 복지'에서 '선택적 복지'로 기조를 바꿨다고 해석하는 것은 논리적 분석의 오류이며, 심지어 이들 국가들의 경기 침체가 과도한 복지지출로 야기된 것이라고 너무 쉽게 결론을 내리는 것은 전문가 분석답지 않은 경박한 처사이다. 사회보장제도는 단지 경제적 능력으로만 평가할 수 있으며, 오랜 문화적·사회적·정치적 투쟁과 도전의 역사적 산물인 것이다. 오히려, 저자는 사회적 연대감의 결정체인 사회보장제도가 엄연히 존재하고 있기 때문에 유럽 국가들은 당면한 경기침체를 조만간 극복할 수 있으리라고 믿는다.

그러한 시각에서, 한국인이 숙지해야 할 것은 다음과 같다. 남북한의 물리적 분단으로 인한 고통 못지않게, 소득 양극화 및 불균등으로 인한 남한 사회 내의 '사회경제적 분단'의 심각성을 냉철하게 주시해야 하며, 북한의 핵무기보다 더 무서운 고령화·저출산의 파고(波高)를 심각하게 고려해야 한다. 그것은 바로 성장과 복지의 조화이다. 따라서 글로벌 경제위기의 부정적 파급효과와, 초(超)고령화로 인한 복지재정의 위기가 마치 복지제도, 특히 '보편적' 복지제도의 결함으로부터 연유된 것 인양 국가적 당면과제의 본질이 왜곡 및 오도되어서는 안될 것이다. 복지 문제의 핵심은 합리적 재원조

러시아는 610억 달러로서 3.5%(5위), 독일은 480억 달러로서 3.3%(6위) 일본은 468억 달러로서 3.0%(7위)이다.

달일뿐, 사회보장제도 자체에 있는 것이 아니다. 구체적으로 말하면, 한국의 어느 소득계층이 한국사회의 대내적 통합을 위하여 얼마만큼 복지재정의 부담을 기꺼이 감수할 것인가이다. 그리고 저부담·저혜택의 현행 수준에서 고혜택으로 전환하려면 고부담은 필수적 과제이다. 그것은 단지 현행 사회보장제도의 존속을 위할 뿐만 아니라 대한민국의 자유시장경제 체제를 유지 및 번영시키는 접점이기도 하다. 저자는 한국인 모두가 진정성을 갖고 우리 사회를 바라보기 바란다.

3) '재정수지 악화'

'보편적 복지'는 복지지출을 증가시켜 국가 재정수지를 악화시킨다고 비판 받을 수 있다. 이 비판이 옳다면, '선별적 복지'를 선택한 미국과 일본은 왜 극심한 재정적자를 겪고 있는가?

여기서 유의할 것은, '보편적 복지'를 시행하는 북유럽 국가들은 '선택적 복지' 국가들보다 오히려 더 높은 '재정 건전성'을 보이고 있다는 것이다. 그 논거는 다음과 같다 : '재정수지'는 정부수입에서 정부지출을 뺀 금액을 국내총생산(GDP)으로 나눈 값인데, 이것은 한 국가의 '재정 건전성'을 보여주는 대표적 지표이다. 일반적으로, '재정수지'가 마이너스 4%를 넘어서면 금융시장에서는 '요주의 국가'로 지목해 투자를 꺼린다. 이 지표를 국제통화기금(IMF)의 2007~2011년 통계 자료에 적용한 「한겨레」(2011. 1. 26)의 비교·분석에 의하면, '보편적 복지국가'의 재정이 가장 건전하였고, 그 뒤를 이어 '보수·조합주의형 복지국가', '선택적 복지국가'의 순위로 나타났다.

'보편적 복지형' 5개국(스웨덴, 덴마크, 네덜란드, 노르웨이, 핀란드)의 평균 재정수지는 최근 5년간(2007~2011) 2.15%로 가장 건전했고, '보수·조합주의형' 5개국(독일, 프랑스, 벨기에, 오스트리아, 이탈리아)은 마이너스 3.55%, '선택적 복지형' 5개국(미국, 스위스, 오스트레일리아, 캐나다, 일본)은 마이너스 3.91%를 각각 보였다. 2011년의 경우, '보편적 복지국가'의 평균 재정수지는 마이너스 0.28%로, '선택적 복지국가'의 그것은 마이너스 4.9%, '보수·조합주의형 복지국가'의 그것은 마이너스 4.6%로 각각 추정됐다.

'보편적 복지' 국가 중에서 특히 노르웨이의 재정수지는 평균 13.85%로 경제협력개발기구(OECD) 국가 중에서 최고 수준이었고, 동 기간(2007~2011), 스웨덴의 재정수지는 0.35%, 핀란드의 그것은 0.36%로 각각 건전한 수준이었다. 이와 반면에, 동 기간, '선별적 복지'의 대표국인 미국의 재정수지는 마이너스 8.59%로, '보수·조합주의형' 복지국가의 대표국인 독일의 재정수지는 마이너스 2.22%로 각각 추정되었다.

'보편적 복지국가'의 '재정 건전성'이 다른 복지유형의 국가들보다 훨씬 양호하게 나타난 주요 요인은, 단연코, 상대적으로 높은 조세부담률 때문이다. 예로서, 2008년 기준으로, 한국의 조세부담률은 21%인데 비하여 OECD 회원국의 평균 조세부담률은 25.7%이다. 스웨덴의 조세부담률은 36%로 미국(28%)이나 독일(23%)보다 훨씬 높다.

여기서 유의할 것은 '보편적 복지국가'는 부유층에만 높은 세율을 적용하는 것이 아니라 중산층 및 서민층에도 소득에 따라 골고루 세금 부담을 부과한다는 점이다. '보편적 복지'국가의 경우, 중산층 및 서민층에게 세금을 부과 하지만 이들은 복지서비스 혜택을 받기 때문에 세금부담에 대한 거부감이 '선별적 복지국가'의 경우보다 상대적으로 적다. 또한, 복지지출을 최소화하기 위해, 고령층에 대한 연금 급여가 복지지출에 가장 높은 비중을 차지하지만 고령층의 경제활동 참가를 최대한 유인하는 정책을 실시하고 있기 때문에 이것 또한 '재정 건전성'에 일조하고 있다.

한국의 예산지출 구조를 보면, OECD국가에 비해 비정상적으로 높은 사회간접자본(SOC) 예산액(2011년 24.3조 원)이 전체 재정지출의 10.5%일 정도로 매우 높다.[12] 따라서 정부 예산이 부족하여 복지지출을 늘릴 수 없다기보다는 정치적 목적의 불요불급(不要不急) 재정지출이 많아서 복지지출이 뒷전에 밀렸다는 것을 알 수 있다.

이와 대조적으로, 다른 분야의 재정지출 구조는 매우 경직적이다. 연구개발 분야는 '미래성장동력 확보'라는 명분이 있고, 농림·중소기업 쪽 역시 '경제적 약자'라는 점을 내세우면 개혁이 어렵게 된다. 특히 국방비 삭감은 남북분단이란 현실 때문에 진보 진영조차 꺼내기 조심스러워 한다. 따라서 애꿎은 것이 복지분야의 재정지출인 것이다. 이것은 그 시대의 국민수준 및 국가지도자의 통치철학과 관련된 문제인 것이다.

결론적으로, 한국의 재정수지 적자는 무분별한 정치성 선심공약의 이행과 국가 우선순위에 대한 국정철학의 부재로 야기되고 있다. 상술하면, 한국의 예산(2011년 24.4조원) 가운데 다른 선진국에 비해 비중이 높은 분야는 사회간접자본(SOC), 연구개발(R&D), 산업·중소기업·에너지, 농림·수산·식품 등 경제분야와 국방분야이다. 한

---

12 다행히, 이명박 정부는 사회간접자본(SOC) 분야를 줄이겠다는 방침을 세우고 있다. 그러나 2010년 말 '쪽지 예산' 파동에서 보듯 정치권은 여야 가리지 않고 도로건설 예산에 매달렸다.

국의 국방비 지출(9.6%)은 선진국의 그것과 큰 차이가 나지는 않는다.[13] 그러나 한국의 경제분야 지출수준은 경제협력개발기구(OECD) 평균수준과 비교해서 과도한 편이다. 한국을 제외한 OECD 다른 국가들은 경제 분야에 전체 재정지출의 10% 안팎을 쓰고 있는데, 한국은 동 분야에 26%를 사용하고 있다.

한국의 경제분야의 재정지출 내역을 살펴보면, '운수 및 통신'부문 즉 도로, 공항, 항만, 철도 등 사회간접자본(SOC) 항목이 전체 재정지출의 10.5%(24.3조원)나 차지했다. 이 항목에는 완공해놓고도 사용하지 않는 공항, 국회의원들이 자기 지역구에 선심성으로 챙기는 도로사업 등이 주로 포함돼 있다. 역시 SOC에 포함되는 주택 및 지역개발(수자원 등)에 투입되는 예산 비중도 다른 OECD 국가들의 그것에 비해 높다. 따라서 SOC 예산이 재정수지 적자의 결정적 원인임을 알 수 있다. 또한, 농업·임업·어업 부문 지원도 총예산의 7.3%로서, 경제업무 지출에서 큰 비중을 차지한다.

참고로, 전국 14개 지방공항을 관리하는 한국공항공사는 2011년 2월 11일 지방공항 중 만성 적자(*2009년 58억 원의 적자*)에 시달리는 청주공항을 민간에 매각하겠다고 발표했다. 지방공항의 적자는 청주공항만의 문제가 아니다. 전국 14개 공항중에서 2009년 김포·제주·김해 공항은 1,541억 원의 흑자를 냈으나 나머지 11개 공항에선 480억 원의 적자를 기록했다.

---

13 스톡홀롬평화연구소의 2010년 백서에 의하면, 한국의 군사비 지출액(271억 달러)로서 세계 군사비 총액의 1.6%이며 세계 11위이다. 미국은 6632억 달러로서 43%(1위), 중국은 988억 달러로서 6.6%(2위), 영국은 692억 달러로서 4.2%(3위), 프랑스는 673억 달러로서 3.8%(4위), 러시아는 610억 달러로서 3.5%(5위), 독일은 480억 달러로서 3.3%(6위), 일본은 468억 달러로서 3.0%(7위)이다.

지방공항이 우후죽순처럼 생겨난 것은 유력 정치인과 자치단체장들이 무리하게 지방공항 건설을 밀어붙여 한 치 앞을 내다보지 못하였기 때문이다. 사실, 정권이 바뀔 때마다 어김없이 지방공항이 한두 곳씩 늘어나곤 했다. 예를 들어, 김영삼 정부 시대엔 양양공항이 개항했고, 김대중 정부시대에서는 울진공항이 건설됐으며, 노무현 정부 시대엔 동남권(영남) 신공항 건설 계획이 추진되었다.

○ 양양공항은 김영삼 정부가 통일시대에 대비해 영동지역의 거점공항으로 육성한다면서 1997년 착공해 2004년 개항했다. 3,500억 원의 예산이 투입됐다. 그러나 2008년 10월 대한항공의 양양~김해 노선이 끊기면서 정규노선이 하나도 없는 '유령공항' 신세가 됐다. 현재 한국공항공사 직원 11명이 남아 공항시설에 대한 유지관리만 하고 있다.

○ 경북 울진공항은 1,400여억 원을 들여 완공됐지만 여객을 실어 나르는 공항 기능을 수행해 본 적이 없다. 2001년 착공한 울진공항은 당초 2005년 개항할 계획이었다. 국토해양부는 2005년까지 완공은 했지만 여객 수요가 없자 개항을 미루다 2010년에 다시 50여억 원을 쏟아 부어 비행조종훈련 센터로 개조했다.

○ 김제공항(*전주 신공항*)은 1998년 건설 방침이 확정돼 480억 원이 투입되었으나 건설 도중에 사업이 포기되었다. 김제공항이 들어설 예정지에서 불과 27㎞ 떨어진 곳에 군산공항이 있고 서해안고속도로와 호남고속전철, 호남고속도로 등이 줄줄이 개통될 계획이었지만 당시, 전남 도지사와 지역 정치인들은 이를 무시한 채 사업을 추진했던 것이다. 결국, 경제적 타당성이 없는 것으로 나오자 사업을 접었다.

○ 예천공항은 2000년 380억 원을 들여 증축을 추진하였지만 예산만 낭비한 채 2004년 아예 폐쇄됐다. 지역 정치인들이 나서 노선 확대를 추진했으나 이용객이 늘지 않자 원래대로 군 전용 비행장으로 사용되고 있다.

○ 대구, 울산, 포항 공항들은 2004년 KTX 개통과 거미줄처럼 연결된 고속도로에 이름뿐인 공항으로 전락했다. 호남선 KTX가 2014년 완공되면 광주나 무안, 군산공항 등도 치명타를 입을 것이다.

이와 반면에, 한국의 경우, 현재 과세표준 1,200만 원 이하인 사람도 6%의 소득세를 납부하게 돼 있지만, 이런 저런 공제를 적용하면 공제액이 소득액을 잠식해서 세금을 내지 않는 납세자 비율이 근로소득세의 경우 무려 40.3%(2009년 기준)에 이른다. 또한, 자영업자들이 내는 종합소득세도 마찬가지다. 상술하면, 국내 자영업자는 550만 명으로 추정되지만 소득세를 내겠다고 신고한 사람은 357만 명이며, 이들 중에서도 소득세를 실제로 납부한 사람은 겨우 276만 명 정도다. 이 결과, 전체 자영업자의 절반가량이 역시 소득세를 내지 않는 셈이다.

이와 대조적으로, OECD 주요 국가의 소득세 면세자 비율은 20~30% 수준이다. 유럽국가의 경우 최소한의 세금이라도 저(低)소득층에서 거둠으로써 납세 의무를 성실히 이행하도록 하고, 납세액이 많든 혹은 적든 간에 그 세수(稅收)가 다시 복지지출에 투입되는 재정구조이다.

한편, 한국의 예산지출 구조를 보면, OECD국가에 비해 비정상적으로 높은 사회간접자본(SOC) 예산액(2011년 24.3조 원)이 전체 재정지출의 10.5%일 정도로 매우 높다.[14] 따라서 정부 예산이 부족하여

14 다행히, 이명박 정부는 사회간접자본(SOC) 분야를 줄이겠다는 방침을 세우

복지지출을 늘릴 수 없다기보다는 정치적 목적의 불요불급(不要不急) 재정지출이 많아서 복지지출이 뒷전에 밀렸다는 것을 알 수 있다. 게다가 연구개발 분야는 '미래성장동력 확보'라는 명분이 있고, 농림·중소기업 쪽 역시 '경제적 약자'라는 점을 내세우면 개혁이 어렵게 된다. 특히 국방비 삭감은 남북분단이란 현실 때문에 진보 진영조차 꺼내기 조심스러워 한다. 따라서 애꿎은 것이 복지분야의 재정지출인 것이다. 이것은 그 시대의 국민수준 및 국가지도자의 통치철학과 관련된 문제인 것이다.

4) '국채 부담의 증가와 전가'

'보편적 복지' 국가들은 복지 재원을 마련하고자 국채를 대규모로 발행하기 때문에 국가부채가 급증할 것이며, 결과적으로 다음 세대에게 부담을 떠넘긴다는 논리로서 비판을 받을 수 있다.

상기의 주장은 언뜻 옳은 것과 같지만, 조금만 더 생각해보면, 그것은 논리적 오류를 넘어 하나의 궤변임을 알 수 있다. 왜냐하면 '보편적 복지' 정책은 노후 소득보장 뿐만 아니라 수혜자 자신과 그 자녀들을 위한 기초생활비를 국가가 보조해주는 것이기 때문이다. 따라서 '보편적 복지' 정책을 통해 일자리 불안, 교육 불안, 보육 불안, 주거불안 등을 해결해주는 것은 다음 세대에게 부담을 전가하는 것이 아니라 오히려 미래 세대의 현재 부담을 완화 및 해소해주는 것이다.

상술하면, 등록금과 생활비 부담 때문에 마음 놓고 공부하지 못하고, 졸업 후에도 취직할 곳이 없는 젊은이들에게 '보편적 복지'를

고 있다. 그러나 2010년 말 '쪽지 예산' 파동에서 보듯 정치권은 여야 가리지 않고 도로건설 예산에 매달렸다.

통해 일자리를 만들어 주고, 생활에 소요되는 비용의 일부를 경감해 주며, 결혼하여 아이를 낳아 보육할 수 있도록 지원해 주는 것은 다음 세대에게 부담을 전가하는 것이 아니라, 오히려 다음 세대를 위해 현재 세대가 제대로 못하고 있는 책임을 국가가 대신해 주는 것이다.

한편, 앞에서 논한 바와 같이, 한국·일본·그리스 등의 경우 재정적자와 국가채무의 누증은 복지 확대에 의하여 야기되는 것이 아니라, 불요불급(不要不急)한 정부의 공공 사업프로젝트와 정치적 포퓰리즘 성격의 선거공약 사업 프로젝트의 추진으로 야기되었다. 특히 2012년 총선 및 대통령선거에서의 득표를 겨냥하여 무분별하게 남발하고 있는 '퍼주기 복지' 공약으로 인하여 한국의 국가 채무는 급증할 것이다. 향후, 한국이 일본과 그리스의 비극을 답습하지 않으리라는 보장은 없다.

일반적으로 국가부채 비중이 OECD 평균인 70% 수준을 넘어서면 미래 세대에 많은 부담을 주는 것으로 진단한다. 전술한 3가지 복지 유형에 관한 「한겨레」(2011. 1. 26)의 연구발표에 의하면, GDP에 대한 국가부채 비중 역시 '보편적 복지' 국가에서 상대적으로 낮은 것으로 나타났다. 2007~2011년 5년간 국내총생산(GDP) 대비 국가부채의 비중은 '보편적 복지형' 5개국(스웨덴, 덴마크, 네덜란드, 노르웨이, 핀란드)의 경우 평균 48.3%로 가장 낮았고, '보수·조합주의형' 5개국(독일, 프랑스, 벨기에, 오스트리아, 이탈리아)의 경우 84.2%, '선별적 복지형' 5개국(미국, 스위스, 오스트레일리아, 캐나다, 일본)의 경우 85.3%의 순으로 나타났다.

미국의 평균 국가부채 비중은 동 기간 81.9%로 추정되었다. 이 비중(81.9%)은 '보편적 복지' 국가인 스웨덴(40.5%)과 독일(71.3%)보다 월

등히 높았다. 물론 국가부채 비중이 비정상적으로 높은 일본(212%)을 제외한 나머지 '선택적 복지'국가의 국가부채 비중은 51.9%로 낮게 추정되었으나 그럼에도 불구하고 '보편적 복지' 국가의 그것(48.3%)보다는 높게 나타났다.

여기서 매우 흥미로운 점은 사회복지지출과 국가부채 규모를 비교해보면 이들 사이에 별 다른 상호관련성이 없다는 점이다. 대표적인 복지국가인 북유럽 국가들(스웨덴, 노르웨이, 핀란드, 덴마크)은 이미 1985년부터 20%를 넘는 규모의 사회복지지출을 수행해 왔다. 그럼에도 불구하고, 다른 유럽 국가들에 비하여 북유럽 국가들의 재정상태는 더 건전하며 이들 국가들의 국가부채 규모는 GDP의 절반 내외로서 다른 국가군들에 비하여 오히려 낮다는 것을 알 수 있다.

최근에 재정적자로 문제가 된 남유럽의 PIGS들(포르투갈, 이태리, 그리스, 스페인)의 GDP대비 사회복지지출의 비율은 1985년에 10%후반, 2007년에는 20%초반을 보이고 있다. 이들 국가들의 사회복지지출 수준은 다른 유럽 국가들에 비하여 낮지만 증가 속도는 빠르다. 한편, GDP대비 국가부채의 비율을 보면, 스페인의 그것은 66%이며 나머지 3개국의 그것은 100%가 넘는다.

한편 중부유럽 국가들인 프랑스, 독일, 오스트리아의 사회복지지출 수준은 1985년에 24.6%로서 북유럽 국가들의 동 비율과 비슷하며 2007년에는 26.6%로서 북유럽국가들의 동 비율보다도 높다. 이들 국가들의 GDP대비 국가부채의 비율은 평균 87%로서 남유럽 국가들의 그것에 비해서는 낮지만 북유럽국가들의 그것에 비해서는 높다.

비(非)유럽국가인 미국, 호주, 일본의 평균 사회복지지출 비율은 1985년에 12%, 2007년에는 17%로서 유럽 국가들에 비하여 훨씬 낮다. GDP대비 사회복지지출 비율의 경우, 이들 세 국가들 모두가 낮은 반면, GDP대비 국가부채 비율은 세 국가가 판이하게 다르다. 호주의 GDP대비 국가부채 비율은 25%로서 유럽 국가들에 비하여 아주 낮지만 미국의 동 비율은 93%로서 유럽국가들과 비교해도 높은 수준이다. 일본의 상기 비율은 200%로서 가장 높은 수준이다. 여기서 남유럽과 일본의 사회복지지출 규모는 다른 국가들보다 작지만 국가부채 규모는 더 크다는 것을 알 수 있다.

〈표 5-5〉 OECD 국가의 유형별 사회복지지출과 국가부채 규모

국가		복지지출		국가부채
		1985년	2007년	2010년
북유럽	스웨덴	30.2	27.3	49.1
	노르웨이	22.3	20.8	49.5
	덴마크	23.2	26.1	55.5
	핀란드	22.6	24.9	57.4
	평균	24.6	24.8	52.9
중부유럽	프랑스	26.0	28.4	94.1
	독일	22.5	25.2	87.0
	오스트리아	23.7	26.4	78.6
	평균	24.1	26.7	86.6
남유럽	포르투갈	12.5	22.5	103.1
	스페인	19.9	21.6	66.1
	이탈리아	20.8	24.9	126.8
	그리스	16.0	21.3	147.3
	평균	17.3	22.6	110.8
비유럽권	미국	13.5	16.2	93.6
	호주	12.1	16.0	25.3
	일본	11.3	18.7	199.7
	평균	12.3	17.0	106.2
전체평균		19.8	22.9	88.1

자료: 김태일(2011), p8.

4. 본 연구의 개혁방안

한국 사회가 현재 당면하고 있는 가장 무서운 역사적 과오는 소위 정치 지도자들이 자신의 정치적 승리를 위해 일반 국민을 선동하거나 혹은 일반 국민의 복지 욕망에 인기영합적으로 편승함으로써 망국(亡國)의 '무상복지' 문제를 유발시키고 있다는 점이다.

진정코, 국가의 위기 상황과 백년대계를 염려한다면, 지속적인 경제성장을 위한 신(新)성장동력산업을 어떻게 발굴하고 활성화 시킬 것인가, 그 다음 혹은 이와 동시에 복지비용을 어떻게 조달할 것이며 어느 계층에, 어떤 복지 급여에 역점을 둘 것인가를 분석·논의·합의해야 한다.

이제, 저자는 전술한 '최적 사회보장 모형'의 분석 결과를 토대로 국민연금제도의 당면과제 중에서 특히 연금재정 위기 상황을 근본적으로 해결할 수 있는 동 제도의 개혁방안을 제시하고자 한다. 여기서 유의할 것은 저자의 개혁안은 단순히 국민연금제도의 관련 계수 조정이 아니라 동 제도의 구조적 개혁을 의미한다는 점이다.

1) 민간저축 및 자본축적에 대한 '청년부양방식' 사회보장제도의 부정적 효과

현재 한국의 국민연금제도는 청년 부양방식(pay-as-you-go system)과 적립방식(funded system)의 혼합형이다. 이 제도 하에서는 민간저축이 감소할 수밖에 없으며, 이 결과 총자본축적이 감소하여 경제성장에 상기의 사회보장 시스템이 제도적 제약조건이 되고 있다. 또한, 한국의 자본스톡은 동태적 효율성 기준의 자본스톡 수준에 비하여 더욱 더 작아진다는 것을, 따라서 개인당 소비 및 세대간 사회복지 수준은 감소한다는 것을 알 수 있다.[15]

이제, 저자가 '과다 적립방식의 사회보장제도'(over-funded social security system)을 도입하는 현실적 정당성을 다음과 같은 실증적 분석결과로서 입증하고자 한다. 즉, 민간저축에 대하여 마이너스(−) 효과를 야기시킨다는 것이다. 이러한 일련의 실증적 분석결과를 개관하면 다음과 같다.

○ 우선, Martin Feldstein(1974)은 공적연금 도입이 민간저축에 미치는 효과를 실증적으로 분석하였다. 그의 연구결과, 사회보장제도가 민간저축을 완전 대체한다는 생애주기가설(life-cycle hypothesis)의 기본가정에 '조기퇴직 효과'를 포함시켜 생애주기가설(extended life income theory) 소비함수(저축함수가 아닌)를 이용하여 사회보장제도가 민간저축을 구축하는데 있어서 완전 대체효과가 아닌 부분적 대체효과가 있는 것으로, 또한 미국 사회보장제도가 민간저축을 30~50% 감소시키는 것으로 각각 나타났다.[16]

---

15 이에 관한 이론적 근거는 제6장 : '최적 사회보장 모형'에서 논술된다.

16 이와 반면에, Barro(1978)는 사회보장제도로 인해 민간저축을 감소시킬 수 있으나 부모세대가 자손들에게 유산을 남기기 위해 추가적으로 저축할 수 있으므로 공적 연금제도가 항상 민간저축을 감소시키는 것이 아니라고 주장하였다.
또한, David and Menchik(1985)는 여러 가지 저축동기 중에서 유산동기가 중요하다는 점을 반영하여 종속변수에 비(非)연금자산 대신에 '유언장에 표시된 상속액'을 가지고 추정한 결과, 탄력성이 0.13으로 분석되어 미국의 사회보장제도가 민간저축을 오히려 증가시켰다는 결론을 도출하였다.
그러나 상기의 연구는 사망시점에 유산을 상속할 정도로 자산이 많은 노인들만 대상으로 하였다는 점에서 전체 모집단을 대표할 수 없고 사회보장부(富)는 퇴직시점인 65세에 계산되지만 상속액은 사망시점에서 발생한다는

○ 또한, Feldstein and Pellechio(1979)의 횡단면 분석은 다음과 같은 추정식을 사용하여 1963년 미국 연방준비제도이사회의 자산 보유 자료를 이용하여 상기의 추정식과 유사한 모형을 추정한 결과, 사회보장부(富) 1달러가 가계의 금융자산 70센트를 감소시키는 것으로 분석되었다.[17]

$$W_i = f(Y_i^*,\ AGE_i,\ Z_i) - \phi SSW_i$$

여기서

i = 개인(혹은 가구)

W = 비(非)연금자산(nonpension wealth) = 금융자산 + 비금융자산

Y^* = 항상소득(혹은 생애소득을 대신할 수 있는 변수)

AGE = 연령

Z = 저축에 영향을 미치는 가구 및 개인특성변수

SSW = 사회보장부(富)

○ Kotlikoff(1979)는 1966년 패널자료를 사용하여 청년부양방식(pay-as-you-go financing system)의 연금제도에서 현재 가입자의 사회보장세(social security tax)가 미래 자신의 수급권 보장으로 연결된다는 점을

점에서 변수들 간의 시점이 일치하지 않는 문제점이 발견되었다.

17 한편, Leimer and Lesnoy(1982)는 Feldstein(1974)이 사회보장부(Social Security Wealth)를 계산하는데 오류가 있었음을 지적한 후, 이를 수정하고 동일한 모형을 다시 추정함으로써 공적 연금제도가 민간저축을 감소시키지 않는다는 것을 증명하였다. 이와 같이, 상기한 시계열 분석은 분석모형을 어떻게 설정하느냐, 또한 어떤 기간을 사용하느냐에 따라 분석결과가 다를 수 있으므로, 그 이후 많은 연구자들은 횡단면 분석에 의거하여 공적 연금제도가 민간저축에 미치는 효과를 분석하였다.

고려하여 사회보장부(social security wealth) 대신에 가입자가 퇴직시점까지 납부한 사회보장세의 현재가치 변수를 정책변수로 사용하였다. 그의 추정결과는 사회보장세의 현재가치가 부분적으로 가계 순자산을 대체함으로써 미국의 사회보장제도가 민간저축 감소에 어느 정도 영향을 주고 있다는 것이다.

○ Gale(1998)과 Attanasio and Rohwedder(2003)는 사회보장부(富)와 비(非)연금자산간 대체효과의 크기는 개인별로 예상하는 생애주기가 서로 다르기 때문에 가입기간이 증가함에 따라 개인별로 사회보장부(富)를 조정해 줄 필요가 있다고 주장하였다. Gale(1998)은 이런 측정편의를 제거하기 위해 조정계수를 적용한 사회보장부(富)를 가지고 추정한 결과, 구축효과의 탄력성이 마이너스 0.52에서 마이너스 0.77로 증가하는 것을 보여주었다. 또한, Attanasio and Rohwedder(2003)는 3회의 영국 공적연금 개혁으로 인해 연령별로 연금자산의 변화 정도가 다르다는 점을 고려하여 Gale(1998)이 사용한 조정 계수와 유사한 계수를 적용하여 공적연금제도가 민간저축을 대체한다는 실증적 근거를 발견하였다.

○ 한편, King and Dicks-Mireaux(1982)와 Hubbard(1986)는 연령이 증가할수록 자산이 증가했다가 다시 감소하는 역U자 형태를 보이는 연령자산 프로파일(age-wealth profile)에서 도출한 하기의 추정식을 이용하여 연금제도(공적연금제도와 개인연금제도)가 개인자산을 구축하는지의 여부를 분석하였다.

$$\ln\left(\frac{W_i}{Y_i}\right) = a_0 + \sum_{j=1}^{7} a_j v_{ji} - a_s \ln\left(\frac{SW_i}{Y_i}\right) - a_9 \ln\left(\frac{PW_i}{Y_i}\right)$$

상기의 분석결과는 사회보장제도의 경우 구축효과의 탄력성이 마이너스 0.25, 개인연금제도의 경우 구축효과의 탄력성이 마이너스 0.18로 각각 추정되었다. 이와 유사하게, Hubbard(1986)에서도 사회보장제도의 경우 구축효과의 탄력성이 마이너스 0.33, 개인연금제도의 경우 구축효과의 탄력성이 마이너스 0.16만큼 사적자산을 구축하는 것으로 각각 분석되었다.

○ Diamond and Hausman(1984)은 패널자료를 이용하여 사회보장부(富)가 비(非)연금 자산에 미치는 효과를 추정한 결과, 대체효과의 탄력성이 마이너스 0.25 내지 마이너스 0.4로 추정되었다.

○ Bernheim(1987)은 사회보장부(富)를 계산할 때 이자율과 사망위험을 모두 감안하는 일반적인 접근법(actuarial discounting)에서 사적연금시장이 존재하지 않을 경우 공적연금제도의 가계저축 구축효과가 낮게 평가될 수 있다는 점을 강조하면서 단순하게 이자율만 반영하는 접근법(simple discounting)을 사용하였다. 그 분석결과, 구축효과의 탄력성은 마이너스 1.37로 추정되었다.[18]

○ 한편, 한국의 경우 선행연구들은 분석방법(시계열 혹은 횡단면)에 상관없이 일반적으로 공적연금제도가 민간저축을 구축하는 것으로

---

18 그러나 Bernheim(1987)은 그의 추정모형에 너무 적은 설명변수를 포함시킴으로써 종속변수인 비(非)연금자산을 충분하게 설명해 주지 못했다는 비판을 받았다.

결론을 내고 있다.

• 임경묵·문형표(2003)는 국민연금제도 및 공무원연금제도가 민간저축에 미치는 효과를 시계열·횡단면으로 분석하였다. 시계열 분석에서는 공적연금적용률을 포함하여 공적연금제도의 확대가 가계저축률 하락에 영향을 준 것으로 나타났다.[19]

• 강성호·임병인(2005)은 특정기간 동안 관찰 가능한 저축 및 공적연금 보험료 변수를 중심으로 King and Dicks-Mireaux(1982) 등이 사용한 모형을 종합한 추정식을 사용하였다. 흑자 가구와 적자 가구, 공무원 가구와 비(非)공무원 가구로 각각 구분하여 가구의 특성별 회귀분석을 시도한 결과, 적자 가구와 공무원 가구의 경우 공적연금제도의 민간저축에 대한 구축효과가 각각 흑자 가구와 비(非)공무원 가구의 경우에 비해 적게 나타났다.

• 윤석명·오완근·신화연(2007)은 Feldstein(1974)의 모형을 이용하여 국민연금자산과 민간소비의 관계를 분석하였다. 국민연금제도가 민간소비에 미치는 효과가 장·단기적으로 서로 다른 점을 감안하여 오차수정모형을 사용하였다. 추정 결과, 사회보장자산의 단기 탄력성이 통계적 유의성은 낮으나 음(−)의 부호로 나타나고 있어 단기적으로 민간 저축을 증가시키지만, 장기 탄력성은 통계적으로 유의한 양(+)으로 나타나 장기적으로 사회보장자산이 민간저축을 감소시키고 있다는 분석결과를 제시하였다.

---

19 패널분석을 통해 공적연금이 가계저축에 미치는 효과에 대해서는 제도도입 역사가 오래된 공무원연금제도는 가계 금융자산을 구축하는 효과가 나타났으나, 아직 성숙기에 접어들지 못한 국민연금제도는 가계금융자산을 구축하는 효과가 미미한 것으로 나타났다.

• 최근 국내연구로 최성은(2007)은 자연실험분석 틀에서 국민연금제도 도입이 가계저축률에 미치는 효과를 분석하였다. 그 결과, 국민연금제도가 가계 저축률을 약 마이너스 1.4% 포인트 감소시키는 것으로 나타나서 1989년 이후 한국의 민간 저축률이 감소하는데 국민연금제도가 일조하고 있다는 시사점을 주고 있다.

• 김상호(2007)는 노동패널자료를 이용하여 국민연금자산의 가계저축 대체효과를 분석하였다. 그 결과, 대체효과의 크기가 90% 신뢰수준에서 마이너스 0.4 내지 마이너스 0.7로 조사되어 국민연금제도의 도입과 가입자의 확대가 선진국에서 관찰되는 것처럼 한국의 가계저축을 구축하였을 가능성을 제시하였다.

• 김대철·김진영·이만우(2008)는 개인의 생애소득을 추정하여 개인별 국민연금 기대자산을 구축함으로써 국민연금제도가 가계저축에 미치는 효과를 전체 가계저축의 구축효과 뿐만 아니라 소득계층별로 구축효과의 차이를 분석하였다.

상술하면, 가계순자산에 대한 부부합산국민연금기대자산의 탄력성이 통계적으로 유의한 마이너스 0.13으로 분석됨으로써 국민연금제도가 가계저축을 구축하는 것으로 나타났다. 즉, 생애 총연금액의 현재가치에서 생애 총보험료의 현재가치를 뺀 순연금액인 국민연금 기대자산이 10% 증가한다면 가계순자산은 약 1% 정도 감소한다는 것으로 추정할 수 있다. 또한, 연령별 및 가구주 직종별로도 구축정도의 차이만 발생하였을 뿐, 동일하게 민간저축을 구축하는 것으로 분석됨으로써 국민연금제도의 민간저축 구축효과를 확인하였다.

한편, 소득계층별로는 가계 순자산에 대한 국민연금 기대자산의 탄력성이 모든 소득계층에서 통계적으로 유의한 음(-)의 부호를 나타냈으며 그 탄력성의 절대값이 고소득층일수록 작게 나타남으로써 연금가입자의 소득수준이 높을수록 국민연금제도가 민간저축을 구축하는 효과가 감소하는 것으로 분석되었다. 고소득층일수록 민간저축을 구축하는 효과가 작다는 것은 시간이 갈수록 고소득층의 자발적인 가계저축이 증가한다는 것을 의미한다. 또한, 소득계층별로 국민연금제도가 가계저축률 격차 확대에 기여한다는 분석 결과는 현재의 노후대비 저축 부족의 격차가 현재의 소득분배구조를 더욱 악화시키고 있다는 것을 의미한다.

그러므로 저자는 이상적인 '한국형 복지제도'를 위하여 복지재정 시스템을 현행 '청년부양방식'(pay-as-you-go financing method)에서 과다적립방식(over-funded system)으로 전환해야 된다고 주장한다. 그렇게 함으로써, 사회보장제도가 저축 및 자본축적에 대한 부정적 효과로 인하여 경제성장을 저해(沮害)해서는 안된다는 것이다.[20] 이에 관한 이론적 뒷받침은 제6장의 '최적 사회보장 모형'에서 상세히 논할 것이다.

---

20 이 주장을 이론적으로 설명하면, 세대간 사회복지의 극대화가 이루어지는 장기 균형성장 궤도(P_{**}, k_{**}), 즉 Phelps-Koopmans(1965)의 동태적 효율성($r=\rho>n>0$)이라는 기준에서 보면, 한국 경제는 초기 자본부족($k_0<k_{**}$, $r>\rho>n>0$)의 상태에 놓여 있다. 따라서 동태적 효율성의 조건($r=\rho>n>0$)을 만족하기 위해서는, 개인당 민간 저축률(s)의 증가를 위하여 자본축적을 도모해야 하지만 민간 경제행위가 자본시장의 불확실성으로 인하여 단견적(myopia)이기 때문에 K. J. Arrow and M. Kurz(1969, 1970a and 1970b)의 이론에 의거하여 차선의 정책(the 2nd best policy)을 추구할 수밖에 없다. 그 정책의 하나로서 과다 적립방식의 사회보장 시스템(over-funded social security system)이다.

2) 연금재정 위기의 근본적 해결방향

(1) 사회보장제도가 도입된 라이프-사이클 소득 및 소비 가설

[그림 5-2]는 F. Modigliani and R. Brumberg(1954) 및 A. Ando and F. Modigliani(1963)의 라이프-사이클 소득가설(the Life-Cycle Income Hypothesis)을 저자의 사회보장 모형으로 다소 변형시킨 것이다.

[그림 5-2] '한국형 복지사회'의 기본 개념

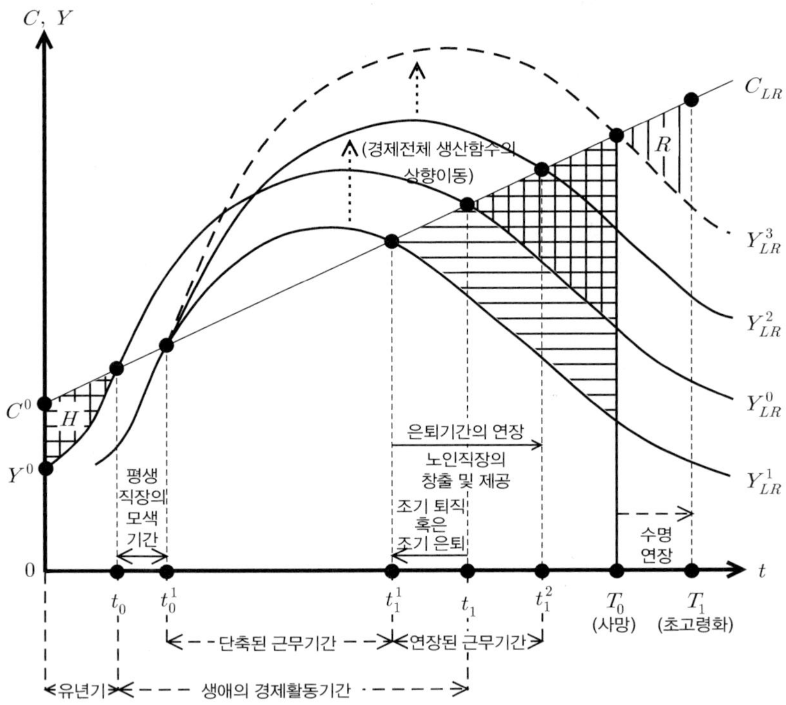

자료: 임양택(1988), 거시경제학, 법문사, pp. 323~326을 본 연구의 모형에 부합되도록 저자가 개작하였음.

사람은 태어나서($t=0$), 유년기($0 \sim t_0$) 동안 부모의 양육과 교육을 받은 후(t_0), '평생직장'을 찾아 근무($t_0 \sim t_1$ 혹은 $t_0^1 \sim t_1^1$)를 하다가 법정

정년(t_1)을 채운 후 혹은 조기 은퇴(t_1^1)한 후, 나머지 생애의 기간($t_1 \sim T_0$ 혹은 $t_1^1 \sim T_0$) 동안 자녀의 보살핌 혹은 정부로부터의 연금 및 의료를 받다가 사망(T_0)한다.

상기의 라이프-사이클에서 현대인의 당면과제는 라이프 사이클 소득(Y)에서 라이프 사이클 소비(C)를 차감한 평생 저축(S)으로써는 자녀의 양육과 교육을 위한 지출과 자신의 노후 생활 대책을 꾸려 나갈 수 없다는 점이다. 그 이유는 현대의 자녀는 종족 보존의 수단이 아니라 미래의 사회구성원으로서 생활력을 갖춘 인격체이기 때문이며 그러한 인물로 양육하는 비용이 부모의 경제력에 비하여 과도하기 때문이다.

설상가상으로, 산업구조의 변화(예로서 정보통신기술의 발달 등)로 인하여 '종신고용제' 혹은 '평생 직장'이 사라졌다. 산업의 라이프 사이클이 단축됨에 따라, 고용주나 고용인이나 모두 노동 유동성(labor mobility)이라는 개념에 익숙하게 되었다. 이 결과, 고용불안이 가중되고 근무기간이 단축(t_1 에서 t_1^1 으로)되고 있다.

또한, 인간 수명이 연장(T_0 에서 T_1 으로)되고 있다. 한국의 고령화 속도는 OECD 국가 중에서 가장 빠르다. 일반적으로, 인구 고령화는 경제활동인구를 감소시킬 뿐 아니라, 저축률을 감소시키고 자본시장에 영향을 미치며 나아가 장기적인 경제성장에도 악영향을 미친다. 이러한 산업구조의 변화를 [그림 5-2]에서 설명하면 경제 전체의 생산함수가 Y_{LR}^0 에서 Y_{LR}^1 으로 하향 이동하게 된다. 이 결과 근무기간이 $t_0^1 \sim t_1$ 에서 $t_0^1 \sim t_1^1$ 으로 단축된다. 이 결과, 국민연금료 수입은 더욱 줄어든다. 이와 동시에, 인구 고령화(T_0 에서 T_1 으로 수명 연장)는 조세수입을 감소시킴으로써 사회보장과 관련된 재정지출을 더욱 증가시킨다.

결국 연금기금의 고갈 시점은 출산율과 기대수명에 의하여 결정된다. 출산율의 감소는 국민연금료를 납부하는 적용인구를 감소시킴으로써 고갈시점을 앞당기며 기대수명의 연장(T_0 에서 T_1 으로)은 연금 수급자를 증가시켜 연금기금의 고갈시점을 앞당긴다.

〈표 5-6〉 주요 OECD국가의 인구 고령화 속도

구분	노령인구* 가속도		소요연수
	7%	14%	
한 국	2000	2022	22(예상)
일 본	1970	1994	24
핀 란 드	1958	1994	36
독 일	1932	1972	40
그 리 스	1951	1992	41
포르투갈	1951	1992	41
폴 란 드	1966	2013	47(예상)
영 국	1929	1976	47
스 위 스	1930	1982	52
이탈리아	1927	1988	61
캐 나 다	1945	2010	65(예상)
미 국	1942	2013	71(예상)
스 웨 덴	1887	1972	85
프 랑 스	1864	1979	115

주: *노령인구는 65세 이상 인구
자료: OECD(2001), p83.

한국의 경우를 예로 들어 구체적으로 살펴보면, 고령화로 인해 연금 보험료를 납부할 생산가능인구(15~59세 인구)의 증가율이 2020년 이후 마이너스 1.4~마이너스 1.9%로 하락할 것으로 전망된다. 그리고 기대수명은 점차 늘어나면서 연금 수급자들이 증가하고 있다. 또한, 출산율은 2006년 1.12명, 2007년 1.25명, 2008년 1.19명으로 감소추세를 보이고 있다.

(2) 최적 사회보장의 기본 방향

① 노인 복지

초고령화의 세계적 추세는 돌이킬 수 없기 때문에 최상의 노년 인구의 노후생활보장대책은 노년세대에게 직장을 제공하고 의료비 문제를 해결해주는 것이다. 상기와 같은 인구구조의 변동에 대응한 가장 합리적인 해결 방안은 [그림 5-2]에서 경제 전체의 생산함수를 Y^0_{LR} 혹은 Y^1_{LR} 에서 Y^2_{LR} 로 상향 이동시켜 고용기회를 많이 창출함으로써 개인 인생의 자원배분 문제는 원칙적으로 자기 자신이 스스로 해결할 수 있는 원초적 기반인 직장을 적극적 노동시장정책에 의해 제공하는 것이다. 이와 동시에, 개인이나 그의 가족이 물리적으로나 경제적으로 도저히 감당할 수 없는 영역 R (노인복지 부문)은 정부가 해당 노인의 노후생계비를 지급하면 되는 것이다.

상기와 같은 해결방안을 선택 및 추진하지 않는 경우, 정부의 복지재정수지 적자는 시간이 경과할수록 더욱 누적될 것이고, 그 부담은 고스란히 '낮아진' 생산함수 Y^1_{LR} 에서 부담하게 될 것이므로 사회적 불만은 폭등할 수밖에 없을 것이고 국가는 파산 위기로 진입할 것이다.

세계에서 고령화 속도가 가장 빠른 사회에서 '노인 빈곤'은 해결해야할 시급한 국가적 당면과제이다. 한국의 경우, 연금이나 실업급여 등 1차 안전망이 미흡하여, 서구 복지선진국과는 달리, 노인과 미(未)취업인구의 빈곤이 광범위하게 심화되고 있는데, 2010년 노인 빈곤율과 노인 극빈율은 전체 빈곤율의 3배를 상회한다(윤희숙, 2011). 국제적으로 비교해보면, 한국의 노인 빈곤율[21]은 OECD 국가들 중에서 가장 높다(곽숙영, 2011).

노인 빈곤을 해소하기 위하여, 한국정부는 2008년부터 시행되어 온 '기초노령연금' 제도를 통하여 현재 국민연금 가입자 전체 평균 소득월액의 5%에 해당하는 금액을 지급하고 있을 뿐이다. 2011~2012년 기준으로, 월 최고 연금액은 단독가구의 경우 9만1천2백 원, 부부 중 1인 수급인 경우 9만1천2백 원, 부부 모두 수급할 경우에는 14만5천9백 원을 각각 지급하고 있다. 그러나 상기의 국민연금 수령 금액이 매우 낮기 때문에, 노인 빈곤이 해소될 수 없다(석상훈·김헌수, 2011).

게다가 초고령화 추세로 인하여 노인인구가 급격히 증가하고 있다. 따라서 '기초노령연금' 제도만으로는 도저히 노인빈곤을 해소할 수 없다는 것을 알 수 있다. 그러므로 노인들을 위한 직업훈련을 강화하고 양질의 노인 일자리가 창출될 수 있도록 적극적 노동시장 정책(Active Labor Market Policy)을 추진해야 할 것이다.

노인에게 한 평생 쌓은 경험과 지식을 스스로 활용할 수 있는 '직장'을 제공하는 것이야말로 노인 당사자에게도 최상의 복지일 뿐만 아니라 국가재정의 부담을 경감 내지 소멸(한시적이라도)해주는

---

21 OECD(2011), *Society at a Glance*, pp. 68~69.

돌파구인 것이다. 물론, 근로능력을 상실한 노인 빈곤자에 대해서는 복지혜택이 돌아갈 수 있도록 노력해야 할 것이다.

상기와 같은 저자의 정책방안(향)을 현실적으로 검증해보면 다음과 같다. 300인 이상 사업장 고령자 고용율[22]은 2004년 약 4.51%였으며 그 이후 꾸준히 상승하여 2009년에 약 7.41%이다. 고용자 수로 보면, 2009년 약 200천명이 고용되었다. 이것은 2000년 이후 임금피크제 실시, '고용자고용촉진법' 개정을 통한 연령차별금지, 고령자 취업 알선을 위한 정보기반 시설 정비 등을 통해 정책적 효과가 서서히 나타나고 있는 것을 의미한다.

○ **독일의 적극적 노동시장정책에 의한 노후생활보장**

전술한 최적 사회보장의 기본방향과 함께 고려해야 할 것은 독일의 전통적 소득보장 정책과 영국의 최근 연금제도 개혁이다. 우선, 독일의 경우, 노동시장정책이 복지정책의 기반이다. 즉, 실업수당, 연금, 의료보험 등 복지체제의 핵심 제도들이 모두 고용, 임금, 실업과 관련되어 있다. 이러한 특징을 다음과 같이 3가지로 정리할 수 있다(홍성대 외, 2009, pp. 71~72).

첫째, 완전고용을 지향하는 강력한 노동시장정책으로 1980년대 이후 독일 노동시장정책의 변화는 실업급여 자격기준 강화 및 급여삭감, 노동시장 보호장벽 완화 및 적극적 노동시장 정책의 강화로 특징지어진다. 노동촉진개혁법(1997), 하르츠법안(Atypische Jobs), 연방고용청의 직업센터로 변화 등이 대표적이다.

둘째, 복지급여(실업수당, 전직훈련수당, 실업보험, 실업부조, 연금, 의료보험)를

---

22 고령자 고용률 = (55세 이상 근로자 / 상시근로자수) * 100

고용과 결합시키는 사회보험 중심의 소득보장정책을 실시하고 있다.

셋째, 잔여적인 사회복지서비스 정책으로서 아동양육보조금, 부모보조금, 노인장기요양보호가 실시되고 있다.

○ **영국의 저소득 계층을 위한 노후소득보장**

다음으로, 영국은 소득비례연금의 적용제외를 통해 공적연금의 재정부담을 줄였다. 즉, 사회구성원 모두의 노후소득보장을, 국가가 전적으로 책임지는 것이 아니라, 국가의 보호를 가장 필요로 하는 계층에 대해서만 국가가 적극적으로 개입한다는 것이다. 그리고 국가가 개입하지 않아도 자기 자신의 노후소득을 충분히 확보할 수 있는 계층에 대해서는 국가의 간섭을 최소화함으로써, 노후소득보장에 대한 국가의 부담을 최소화한다는 것이다.

이에 따라, 기초연금제도는 베버리지 보고서(Beveridge Report, 1948)의 원리에 따라 거의 보편적으로 정액급여로 제공되어왔었다. 영국의 연금제도 발전사는 사적연금 확대와 저소득층에 대한 국가역할 집중으로 요약될 수 있다. 그러나 기초연금은 저소득층의 기초생활보장을 위한 제 기능을 발휘하지 못하는 방향인 물가연동방식으로 축소되어왔다. 기초연금액을 현실화시키는 방식을 회피한 가장 큰 이유는 공적연금급여 지급을 위한 재정지출을 줄이려는 의도였다. 한편, 저소득층 보장책은 연금제도 밖에서의 선별적 보장 및 2층 공적연금 자체의 저소득층에 집중되었다.

② **보육 및 아동 복지**

[그림 5-2]에서 영역 H(아동복지 부문)는 정부가 아동보육을 지원

혹은 감당함으로써 젊은 부부를 경제적으로 도와주는 것이며 미래의 인적자본(Human Capital)을 축적하는 것이다.

여기서 유의해야 할 것은 저출산은 사회보장제도 자체를 붕괴시킬 뿐만 아니라 국가경제의 존립도 위협한다는 점이다. 따라서 한국 사회가 가장 시급한 것은 '저출산'의 문제를 해결함으로써 인구성장($n>0$)을 도모해야 한다. 젊은세대가 '저출산'하는 이유는 아동보육비 부담으로부터 기인한다. 이를 해결하기 위해서는, 우선 탁아소 문제를 해결해야 한다.

만약 자녀의 보육 걱정이 해소돼 젊은 엄마들이 많은 아이를 낳으면 25년, 30년 후에는 더 많은 젊은이들이 생산적 일자리에 종사할 것이며 경제에 활력이 생길 것이다. 다른 복지 지출은 뒷감당을 아들딸·손자 세대로 넘기는 수가 많지만 보육 복지는 반대로 다음 세대의 부담을 가볍게 해주는 생산적(生産的) 복지다.

여기서 유의해야 할 것은 자격 있는 보육교사와 제대로 된 설비를 갖춘 국·공립 보육시설은 전체(3만8021개소)의 5.3%(2034개)밖에 안 된다는 점이다. 국·공립 어린이집에 줄 서다 지친 부모들은 할 수 없이 아파트나 연립주택에서 아이들을 봐주는 영세 어린이집에 맡기거나 베이비시터를 구하게 되지만 제대로 돌봐주는지 미덥지 않은 것이다(조선일보, 2011. 07. 07).

한국의 여학생 대학진학률(80.5%)은 남학생(77.6%)보다 높다. 그런데도 여성의 경제활동참가율은 49.2%밖에 안 된다. 스웨덴은 아이가 태어나면 부모 모두 60일씩 육아 휴직을 주기 때문에 여성 경제활동참가율이 72%나 된다. 이와 같이, 고학력 여성인력을 활용하기 위해서도 보육 복지가 시급하다.

참고로, 덴마크에서 여성 노동자들이 노동시장에 적극적으로 진출할 수 있었던 요인은 육아 등 여성의 경제활동에 장애가 되는 제반문제를 극복하기 위한 사회 인프라 구축에 정부가 앞장서 여성의 경제활동에 장애가 되는 요인을 최소화하였기 때문이다. 또한, 프랑스·영국·스웨덴은 GDP의 2~4%를 보육 등 아동관련 복지에 지출하지만 한국의 아동복지지출 수준이 아직 GDP의 0.5%다. 보육복지 예산만큼은 획기적으로 늘릴 필요가 있다.

또한 전술한 보육 복지의 실시와 함께, 상대적으로 경제적으로 매우 취약한 지위에 있는 여성가구주 가구의 지원을 위하여 다음과 같은 아동복지 정책을 실시함이 바람직하다.

첫째, 근로세대 여성가구의 빈곤완화를 위한 중요한 대책으로 특히 이혼가정 아동양육비 지원제도를 마련해야 한다. 아동을 단독으로 양육하는 여성가구주에게 일률적으로 근로를 통한 소득만으로 경제적 자립을 이룰 것을 기대하는 것은 지나치다. 특히 어린 아동을 부양하는 여성가구주의 경우, 근로를 통한 소득과 이혼 남편으로부터의 양육비 지원을 결합하여 경제적 자립을 이룰 수 있도록 기대하는 것이 보다 현실적일 것이다.

또한, 아동부양비가 지나치게 낮은 수준으로 결정되고 있다. 이러한 문제점을 해결하기 위해서는 법원이 아동양육비를 결정할 때 이용할 수 있도록 수치화된 아동양육비 산정기준을 정부가 제시하고, 이 산정기준을 우선적으로 적용하도록 법제화해야 한다.

둘째, 지급의무자가 아동양육비를 지급하지 않는 경우에 대비해, 유럽 여러 국가에서 실시되고 있는 선(先)급여제도(advance maintenance benefits)를 도입할 필요가 있다. 즉, 지급의무자가 지불하지 않는 양육비 액수를 정부가 먼저 지급하고 정부는 지급의무자로부터 지급액을 변제받는 것이다. 이와 같은 제도 하에서, 아동양육비 지원이 일정 수준의 근로소득과 결합된다면 여성가구의 경제적 어려움은 상당 정도 완화되고 전반적 소득분배의 개선에 도움이 될 것이다.

여기서 유의할 것은 유아기 교육이 평생의 삶의 질과 성공을 결정짓는 초석이 된다는 점이다.[23] 한국의 유아교육법 제24조는 "*초등학교 취학 직전 1년의 유아교육은 무상으로 하되, 대통령령으로 정하는 바에 따라 순차적으로 실시한다*"고 이미 규정하고 있다. 또한, 영유아보육법 제35조는 "*초등학교 취학 직전 1년의 유아와 장애아에 대한 보육은 무상으로 하되, 대통령령으로 정하는 바에 따라 순차적으로 실시한다*"고 규정하고 있다.

현재 한국정부는 국·공립, 사립을 가리지 않고 소득 상위 30%를 뺀 중산층까지 어린이집·유치원을 다닐 경우 일정 한도(사립 시설은 한 살 미만 월 34만7000원까지) 내에서 이용료를 전액 지원하고 있다. 따라서 정부는 2011년 5월 초, 2012년부터 유치원과 어린이집(보육원)에 다니는 만 5세 어린이들이 모두 배울 수 있는 국가가 정한 '만 5세 공통과정'을 마련한다고 발표하였다. 또한 만 5세의 자녀를 둔 가구에서 해당 자녀를 유치원이나 어린이집에 보내는 경우 소득 수준에 상관없이 정부가 비용을 지원하게 되며, 지원 금액은 매년 증가하여 2016년에는 유치원비·보육원비의 전액 수준으로 확대될 예정이라고 한다. 그리고 유아보호를 명목으로 놀이학교 규제 등을 포함하는 유아교육법 개정을 추진하기도 하였으나 불행히도 불발

23 한편, 김병주(2009)에 의하면, 만 5세 이전에 두뇌의 80%가 발달하며 인격 기본 틀의 90%가 형성된다고 한다.

에 그쳤다(유진성, 2011).

또한, 현재 소득분위 70% 이하의 가구에게 지원하는 유아교육비의 경우도 유치원이나 보육원의 실비를 모두 지원하는 것은 아니고 정부가 정한 지원 금액에 따라 지원이 이루어지는 것이다. 그리고 표준교육·보육비 이외에도 교재비, 준비물 등 추가비용도 상당하다.

따라서 향후 유아교육에 대한 정부의 공교육 예산이 증가하더라도 부유한 가정까지 포함하는 무상교육 확대보다는 저소득층 중심의 실질적 교육·보육비 지원이 타당하다. 이러한 지원이 진정한 의미에서 교육의 균등한 기회를 실현하는 길이며, 시장의 왜곡을 최소화할 수 있는 방법이다.

(3) 사회보장기금과 신(新)성장동력산업의 연계에 의한 완전고용의 실현

본 연구는 가설적 '사회보장기금세'의 징수와 이로써 확충된 사회보장기금의 수익률 제고를 제안하였는데, 이것의 구체적 방안을 제시하고자 한다.

우선, [그림 5-2]에서 생산함수를 Y_{LR}^{0} 혹은 Y_{LR}^{1} 에서 Y_{LR}^{2} 혹은 Y_{LR}^{3} 으로 상향 이동하는 것과 관련하여, 본 연구는 기존의 전통적인 거시경제적 정책(통화정책, 재정정책 등)이 아니라, 슘페테리언(Schumpeterian)의 '테크노-경제발전전략'(Techno-Economic Development Strategy)을 제시한다(임양택, 2007; Yang-Taek Lim, 2006). 이 전략은 다음과 같은 동태적 경로(dynamic path)로 구현된다. 즉, 기초과학연구능력(BSRC : Basic Scientific Research Capacity)의 확충 → 총요소생산성(TFP : Total Factor Productivity)의 향상 → 국가경쟁력(National Competitiveness)의 강화 → 국제수지 흑자 → 성장·고용·분배 → '최대다수의 최대행복'(The Greatest

Happiness of the Greatest Number)이다.

성장·고용·분배의 선(善)순환구조 하에서, 경기침체는 총요소생산성 향상에 의한 '내생적 경제성장 모형'(Endogeneous Growth Model)로써, 실업증대는 인적자본(Human Capital) 확충에 의한 '고용창출형 경제성장'(Job-creating Growth)으로써, 소득분배의 불균등은 고용증대에 의한 사전적 소득분배구조 개선으로써, 소득양극화는 중산층의 확대로써 각각 해결하는 것이다.

'고용창출형 성장전략'을 추진하기 위해서는 '대기업-완제품-마케팅-수출'과 '중견(소)기업-중간재(부품·소재)-내수'의 상호보완적 산업연관관계를 맺게 함으로써 수출 증대 → 투자·고용 증대 → 생산증가 및 소득 증대 → 내수(소비) 증가 → 지속적 성장 및 형평한 분배를 추구하는 것이다.

상기한 상호보완적 산업연관관계를 정착·작동시키기 위해서는, 우선 대기업과 중견(소)기업의 상생적 산업연관관계, 제조업과 서비스산업의 상호보완적 산업연관관계, 실물부문과 금융부문의 순기능적 연계를 각각 정착시켜야 한다. 이와 동시에, 대기업과 중소기업간의 기술계열화가 추진함으로써 산업조직 효율화를 도모해야 한다. 그리고 사용자와 근로자의 공동운명체적 유대와 번영을 위하여 '산업민주주의'(Industrial Democracy)가 정착되어야 한다.

전술한 테크노-경제발전전략(Techno-Economic Development Strategy)에 의한 완전고용의 실현은 신기술 → 신상품 → 신산업 → 신시장의 발굴과 추진으로 집약된다. 이와 관련하여, 본 연구는 신기술로서 의료기술을, 신상품으로서 의료관광 상품을, 신시장으로서 의료시장을 각각 권장한다. 이 전략의 유효성은 다음과 같이 실증적으로 입증될 수 있다. 즉, 의료서비스 산업의 1인당 부가가치 비율(48.7%)과 취업유발계수(16.3명)가 제조업의 1인당 부가가치 비율(27.4%)과 취업유발계수(49명)에 비해 각각 훨씬 높아 새로운 성장동력으로 평가된다(한국조세연구원, 2001).[24]

(4) 연금재정의 건전화

2007년도 국민연금법 개정안은 현행 보험료율 9%를 유지하되 연금급여율을 현행 60%에서 점차적으로 인하하여 2028년에는 40%로 낮춘다는 것이다. 이미 급여수준이 한계선까지 하향조정 됐기 때문에 연금기금의 재정 안정화를 도모하기 위해서는 연금보험료 인상과 기금운용 수익률을 높이는 길 이외는 없다.

그러나 최근 국내·외 금융시장의 동향을 보면 기금운용 수익률을 높이는 것이 결코 쉬운 일은 아니다. 따라서 물항아리에 물을 더 채우려는 노력도 중요하지만 구멍이 뚫린 물항아리를 떼우는 것이 더욱 시급한 일이다.

① 확정급여제의 대안으로서 확정기부제의 도입

본 연구는 고령화 및 저출산의 추세에 대비한 국민연금제도의

24 상기의 테크노-경제발전전략(의료서비스 산업의 활성화)을 수행하기 위한 재원은 본 연구의 제6장에서 논할 최적 사회보장세율(θ_*)로 조성할 수 있는 사회보장기금(K_S)이다. 여기서 유의할 것은 본 연구의 '최적 사회보장 모형'에서 도출된 사회보장기금(Social Security Fund)은 현행 '국민연금기금' 혹은 '국민건강증진기금'과는 다르다는 점이다. 본 연구의 가설대로, 현행 '국민연금기금'은 종전의 투자 활동을 통하여 오직 국민연금의 균형예산을 정착시키는데 사용되어야 하며, 또한 '국민건강증진기금'도 건강보험의 균형예산을 추구해야 한다는 점이다.

재정 안정화를 위하여 다음과 같은 국민연금제도의 구조적(단순히 계수조정이 아니라) 개혁목표로서 현행 '확정급여제'(DBP : Defined-Benefits Plan)에서 '확정기부제'(DCP : Defined-Contribution Plan)로 전환할 것을 제안한다.

세계 각국의 공적 연금제도는 크게 2가지, 즉 ① 확정급여제(Defined-Benefits Plan)와 ② 확정기여제(Defined-Contribution Plan)로 분류되는데, 저자가 제시하고자 하는 개혁방향은 한국이 현재 채택하고 있는 '확정급여제'(DBP)에 '확정기여제'(DCP)를 부분적으로 도입함으로써 국민연금기금의 수익성과 안정성을 추구하는 것이다.[25] 그 정당성은 연금재정의 고갈 원인이 바로 현행 국민연금제도인 '확정급여제'(DBP)이기 때문이며, 향후 인구구조의 급격한 변화(즉, 고령화의 가속화 및 저출산으로 인한 생산가능인구의 대폭 감소 등)에 대응하기 위해서는 연금보험료나 연금급여액의 계수조정식의 '내과적' 개혁으로써는 도저히 불가능하므로 국민연금제도의 구조적 개혁, 즉 '외과수술'이 다소 필요하기 때문이다.

예로서, 연금개혁이 성공한 영국의 경우, 영국정부는 연금개혁에 대한 공감대 형성과 적절한 '확정급여제'(DBP)와 '확정기여제'(DCP)의 혼합형태로써 연금 개혁에 성공하였다(*The Economist*, 2006). 상술하면, 영국의 연금제도는 기금운용 수익률을 제고함과 동시에 고령화에 대비하기 위하여, 1980년, 기존의 '확정급여제'(DBP)에 '확정기여제'(DCP)를 부분적으로 도입함으로써 연금보험료의 일부를 민간 금융상품에 대한 투자를 허용했다. 이와 관련하여, 『연금개혁위원회』는 민간 금융상품 투자가 너무 적어 노령인구의 빈곤이 급증할 위험발생

25 전술한 바와 같이, 국제노동기구(ILO)는 '명목확정기여제'(Nominal Defined-Contribution Plan)를 도입할 것을 권고하였다.

가능성을 국민에게 정직하게 제시하면서 민간 금융상품 투자를 의무화하되, 투자 축소에 대한 연금가입자의 선택 권한을 연금가입자에게 부여했다. 그 대신에 '확정급여형' 연금급여 연동기준을 물가에서 임금으로 전환하여 연금급여액의 실질가치를 인상함으로써 연금개혁에 대한 국민의 지지를 획득하였다.

우선, 확정기여제(DCP)는 덴마크, 호주, 칠레 등이 채택하고 있는 제도이다. 동 제도 하에서는 일반 생명보험처럼 각 개인의 계좌에 입금된 연금보험료가 여러 금융상품에 적립식으로 투자되고, 그 투자수익이 퇴직 후 연금으로 지급된다. 연금가입자가 금융상품을 선택하고, 국가는 금융기관에 연금가입자의 주문을 전달한다. 동 제도의 특징은 연금기금의 운용 주체가 국가가 아니라 금융기관이며, 연금급여액은 국가가 전액 보장하는 것이 아니라 금융기관의 운용실적에 따라 변동한다는 점이다. 동 제도의 단점은 연금급여의 안정성이 낮다는 것인 반면에 동 제도의 장점은 연금기금 운용의 수익률이 높으며 연금재정이 인구구조의 변동(고령화 및 저출산)의 충격에 대하여 강하다는 것이다.

다음으로, '확정급여제'(DBP)는 미국, 독일, 일본, 한국 등이 채택하고 있는데, 동 제도의 핵심은 법정 급여를 국가가 보장한다는 것이다. 즉, 연금가입자는 연금보험료를 납부하여 은퇴 후 연금급여에 대한 권리를 획득하는 대신에 국가는 연금보험료 수입과 연금기금운용 수익으로 연금가입자에게 연금급여를 지급하는 것이다. 동 제도는, 효과상 젊은 근로자들로부터 거둬들인 돈을 퇴직자들에게 지급하는 방식(Pay-As-You-Go Financing)이다. 동 제도 하에서는 퇴직자들이 받는 연금수급액은 그들이 젊었을 때 연금기금에 얼마나 적립했느냐는 것과는 원칙적으로 직접적 연관이 없고, 주로 정치적 고려에 의해서 결정된다. 동 제도의 장점은 국가가 보장하기 때문에 연금급여의 안정성이 높다는 것인 반면, 동 제도의 단점은 인구구조의 변동(고령화 및 저출산)에 매우 취약하다는 것이다.

'확정급여제'(DBP)는 1889년 독일이 최초로 도입하였다. 당시 제1차 세계대전과 대공황으로 노령인구의 빈곤이 심각해짐에 따라 연금보험료의 즉시 지급이 필요했다. 또한, 당시(19세기 말~20세기 초)에는 금융시장도 성숙되어있지 않았기 때문에 금융기관이 아닌 정부의 연금기금의 관리가 관행화되어 있었다. 사실, '확정급여 방식'(DBP)은 안정된 경제성장과 노령인구 증가의 폭이 크지 않을 때에는 바람직한 방식이었다.

그러나 '확정급여제'(DBP)를 오랫동안 사용해왔던 유럽의 복지국가들은 경제침체의 장기화와 더불어 연금기금 고갈의 심각한 위험을 늦게나마 간파했다. 또한, 단지 연금세율을 높이거나 연금대상자 연령을 높이는 것만으로는 이 같은 '확정급여제'(DBP)의 본질적 문제점을 해결할 수는 없다는 것을 깨달았다. 따라서 그 대안으로 연금부담을 미래세대에게 전가하지 않고 당대의 세대간 재분배 원칙으로 해결하는 방식을 채택하기 시작했다.

한국의 경우, 현행 국민연금의 재정운용 방식은 소득의 9%를 매월 40년 이상 불입하면 은퇴 전 소득의 60%(현행), 50%(2008), 40%(2008)에 달하는 연금급여액을 보장받는다는 '확정급여방식'(DBP)을 택하고 있다. 그러나 여기서 특기해야 할 것은 경제활동인구가 2020년에는 전체 생산가능인구(15~59세 인구)의 51% 이하로 추락한다는 충격적인 상황이다. 따라서 보험료 징수 총액과 연금지급 총액의 불균형, 즉 연금재정수지 적자는 명약관화(明若觀火)하며, 연금기금 투자만으로서 재정수지적자를 메우는 것은 도저히 불가능하다는 점이다. 이러한 비관적 전망은 대부분의 선진국들이 기존의 '확정급여방식'(DBP)을 유지한 채, '계수조정식'(Parametic) 개혁(연금보험료율 인상 혹은 연금급여수준 삭감)을 선택했으나 재정 건전성 회복에는 실패했다는 사실로써 입증될 수 있다.[26]

본 연구가 제시하고자 하는 구조적 개혁목표는 한국이 현재 채택하고 있는 '확정급여제'(DBP)에 '확정기여제'(DCP)를 부분적으로 도입함으로써 국민연금기금의 수익성과 안정성을 추구하는 것이다. 그 정당성은 다음과 같다.

국민연금제도의 재정이 고갈되는 원인이 바로 현행 국민연금제도의 '확정급여제'(DBP)이다. 향후 인구구조의 급격한 변화(즉, 고령화의 가속화 및 저출산으로 인한 생산가능인구의 대폭 감소 등)에 대응하기 위해서는 연금보험료나 연금급여액의 계수조정식의 '내과적' 개혁으로써는 도저히 불가능하다. 따라서 국민연금제도의 구조적 개혁, 즉 '외과수술'이 필요한 것이다.

상술하면, 현행 국민연금의 재정운용 방식은 소득의 9%를 매월 40년 이상 불입하면 은퇴 전 소득의 60%(현행), 50%(2008), 40%(2008)에 달하는 연금급여액을 보장받는다는 '확정급여방식'(DBP)을 택하고 있다. 그러나 여기서 특기해야 할 것은 경제활동인구가 2020년에는 전체 생산가능인구(15~59세 인구)의 51% 이하로 추락한다는 충격적인 상황이다. 따라서 보험료 징수 총액과 연금지급 총액의 불

26 예로서, 오스트리아(1993, 1997), 프랑스(1993), 이탈리아(1992), 일본(1994, 1999) 등이다. 그 주요요인은 정치적 역학관계와 개혁에 대한 사회적 공감대가 형성되어 있지 않기 때문이었다(Klaus-Jürgen Gern, 2002).

균형, 즉 연금재정수지 적자는 명약관화(明若觀火)하며, 연금기금 투자만으로서 재정수지 적자를 메우는 것은 도저히 불가능하다는 점이다. 이러한 비관적 전망은 대부분의 선진국들이 기존의 '확정급여방식'(DBP)을 유지한 채, '계수조정식'(Parametic) 개혁(연금보험료율 인상 혹은 연금급여수준 삭감)을 선택했으나 재정 건전성 회복에는 실패했다는 사실로써 입증될 수 있다.

참고로, '확정급여제'(DBP)는 미국, 독일, 일본, 한국 등이 채택하고 있는데, 동 제도의 핵심은 법정 급여를 국가가 보장한다는 것이다.[27] 즉, 연금가입자는 연금보험료를 납부하여 은퇴 후 연금급여에 대한 권리를 획득하는 대신에 국가는 연금보험료 수입과 연금기금 운용 수익으로 연금가입자에게 연금급여를 지급하는 것이다. 동 제도는, 효과상, 젊은 근로자들로부터 거둬들인 연금보험료를 은퇴자들에게 연금으로 지급하는 방식(Pay-As-You-Go Financing)이다. 동 제도 하에서는 퇴직자들이 받는 연금수급액은 그들이 젊었을 때 연금기금에 얼마나 적립했느냐는 것과는 원칙적으로 직접적 연관이 없고, 주로 정치적 고려에 의해서 결정된다. '확정급여제'(DBP)의 장점은 국가가 보장하기 때문에 연금급여의 안정성이 높다는 것인 반면에, 동 제도의 단점은 인구구조의 변동(고령화 및 저출산)에 매우 취약하다는 것이다.

그러나 '확정급여제'(DBP)를 오랫동안 사용해왔던 유럽의 복지국

---

27 '확정급여제'(DBP)는 1889년 독일이 최초로 도입하였다. 당시 제1차 세계대전과 대공황으로 노령인구의 빈곤이 심각해짐에 따라 연금보험료의 즉시 지급이 필요했다. 또한, 당시(19세기 말~20세기 초)에는 금융시장도 성숙되어있지 않았기 때문에 금융기관이 아닌 정부의 연금기금의 관리가 관행화되어 있었다. 사실, '확정급여 방식'(DBP)은 안정된 경제성장과 노령인구 증가의 폭이 크지 않을 때에는 바람직한 방식이었다.

가들은 경제침체의 장기화와 더불어 연금기금 고갈의 심각한 위험을 늦게나마 간파했다. 또한, 단지 연금세율을 높이거나 연금대상자 연령을 높이는 것만으로는 이 같은 '확정급여제'(DBP)의 본질적 문제점을 해결할 수는 없다는 것을 깨달았다. 따라서 그 대안으로 연금부담을 미래세대에게 전가하지 않고 당대의 세대간 재분배 원칙으로 해결하는 방식을 채택하기 시작했다.

이와 대조적으로, 확정기여제(DCP)는 덴마크, 호주, 칠레 등이 채택하고 있는 제도이다. 동 제도 하에서는 일반 생명보험처럼 각 개인의 계좌에 입금된 연금보험료가 여러 금융상품에 적립식으로 투자되고, 그 투자수익이 퇴직 후 연금으로 지급된다. 연금가입자가 금융상품을 선택하고, 국가는 금융기관에 연금가입자의 주문을 전달한다. 동 제도의 특징은 연금기금의 운용 주체가 국가가 아니라 금융기관이며, 연금급여액은 국가가 전액 보장하는 것이 아니라 금융기관의 운용실적에 따라 변동한다는 점이다. 동 제도의 단점은 연금급여의 안정성이 낮다는 것인 반면에 동 제도의 장점은 연금기금 운용의 수익률이 높으며 연금재정이 인구구조의 변동(고령화 및 저출산)의 충격에 대하여 강하다는 것이다.

○ 영국의 연금제도 개혁 : '확정기여제'의 도입

영국 정부는 연금제도 개혁에 대한 공감대 형성과 적절한 '확정급여제'(DBP)와 '확정기여제'(DCP)의 혼합형태로써 연금 개혁에 성공하였다(*The Economist*, 2006). 상술하면, 영국은 고령화에 대비하기 위하여, 1980년, 기존의 '확정급여제'(DBP)에 '확정기여제'(DCP)를 부분적으로 도입함으로써 연금보험료의 일부를 민간 금융상품에 대한 투자를 허용했다. 이와 관련하여, 『연금개혁위원회』는 민간 금융상품 투자가 너무 적어 노령인구의 빈곤이 급증할 위험발생 가능성을 국민에게 솔직하게 제시하면서 민간 금융상품 투자를 의무화하되, 투자 축소에 대한 연금가입자의 선택 권한을 연금가입자에게 부여했다. 그 대신에 '확정급여형' 연금급여 연동기준을 물가에서 임금으로 전환하여 연금급여액의 실질가치를 인상함으로써 연금개혁에 대한 국민의 지지를 획득하였다.

○ 스웨덴의 공적 연금제도 개혁 : '명목 확정기여제'의 도입

세계 최초의 강제적용 공적 연금제도를 도입하였던 스웨덴은 보편적 복지모형의 대표적인 국가로 국제적인 주목을 받았으나, 변화하는 경제 및 사회의 환경 변화로 인해 기존 제도를 유지하는 것이 현실적으로 어렵다는 판단에 따라 기존의 '확정급여제'(DBP : Defined-Benefits Plan)의 연금급여를 '명목 확정기여제'(NDCP : Nominal Defined-Contribution Plan)와 '적립방식'으로 전환하여 연금재정의 수급 불균형 문제를 해소시키고 있다는 점이다.

상술하면, 스웨덴은 오랜 기간 다양한 정치세력간의 논의 과정을 거쳐 1998년 연금 개혁을 단행했다. 과거, 기초연금과 부가연금으로 이원화되었던 공적 연금제도를 소득비례방식으로 일원화하되 가입자에게 부분적인 선택권을 부여하였다. 그리고 복지제도의 소득재분배기능은 오직 '최저보증연금제도'가 담당하도록 함으로써 국가의 복지재정 부담을 최소화하였다.

그리고 2001년부터 스웨덴 정부는 많은 국민의 불만과 반발을 무릅쓰고 연금제도 개혁을 실시했다. 특히, 국가 재정과 연금 재정을 압박하는 '기초노령연금' 액수를 계속 줄여왔다. '기초노령연금' 대신에 소득에 따라 연금액을 정하는 복지제도가 도입되었다. 즉, 월소득 3만 2,000크로나(약 542만 원) 미만의 저(低)소득층을 위한 '확정급여형 연금'을 신설해 공적연금에서 충당하고 있다. 그러한 수혜자의 80%는 가정주부이다.

그럼에도 불구하고, 상기의 '확정급여형 연금'은 2008년 글로벌 금융위기를 거치면서 허점을 드러냈다. 연간 소득이 95만 크로나(약 1억 6,150만 원) 이상이던 고(高)소득자의 공적연금 수령액이 7% 감축되었다. 물론, 스웨덴 정부는 공적연금 수령액이 줄어든 연금가입자의 세금을 감면하지만, 그럼에도 불구하고, 국가연금 재정은 계속 적자를 기록하고 있다.

결국, 2008년 스웨덴 정부는 '확정급여형 연금' 재정지출 한도를 연간 410억 크로나(약 6조 9,500억 원)로 동결하고 '확정급여형 연금' 수혜자 자격을 종전의 '합산해서 40년간 국내 거주자'에서 '만 17세 이후 40년간 거주자'로 제한했다. 이 결과, 스웨덴의 공적연금 수혜자는 한창 때의 600만 명에서 60만 명으로 감소되었다. 그리고 '확정급여형 연금'을 받지 못하는 시민은 새로운 빈곤층으로 추락하고 있다.

② 연금급여액의 삭감과 연금보험료의 인상

국민연금발전위원회(2003)는 재정건전성의 확보를 위해 2010년 이후 연금가입자의 보험료를 소득의 25.0%로 인상해야 한다고 추산하였다. 비록, 연금 보험료를 소득의 25.0%로 인상하더라도 개인의 평균 수명 연장으로 급여를 받는 기간이 늘어나 개인이 크게 불리해지지 않을 것으로 전망된다.

따라서 지속적인 재정건전성 확보를 위해 연금 급여액을 삭감하거나 연금 보험료를 인상해야 한다. 즉, 급여의 소득대체율을 현행보다 10%포인트 낮춘 50%로 할 경우, 소득의 9%인 연금 보험료율을 20.7%로 인상할 필요가 있다. 또한, 급여의 소득대체율을 40%로 낮출 경우, 연금 보험료율은 16.4%로 상대적으로 낮게 책정하는 것이 가능하다.

또한, OECD 국가 중 유럽 대륙 복지국가들의 소득대체율은 평균 66.9%이고, '작은 정부'를 지향하는 스위스를 포함한 서구의 경우 평균 40.7%이다. 만약 급여의 소득대체율을 현재의 60%로 유지하면서 재정건전성을 확보하려면, 연금 보험료의 대폭 인상이 불가피하다.

참고로, OECD/EDRC 보고서(2001)는 한국의 국민연금과 퇴직금의 소득대체율이 지나치게 높게 책정되어 있음을 지적하고 있다. 따라서 공적연금의 소득대체율을 하향 조정할 필요가 있으며, 이러한 맥락에서 공적연금으로 구성되는 첫째 기둥(1st pillar)의 1층(1st tier)인 기초연금과 2층(2nd tier)인 소득비례연금의 소득대체율을 각각 20%로 설정하여 총 40%의 소득대체율을 보장하도록 제안하고 있다.

상기한 OECD/EDRC의 권고안을 좀 더 세밀하게 살펴보면, OECD/EDRC가 권고하는 공적연금 소득대체율이 현행 국민연금의 소득대체율과 비교해보면 결코 낮은 수준이 아니라고 저자는 생각한다. 그 근거는 다음과 같다. 현행 국민연금제도는 40년 가입 기준으로 평균소득자의 경우 홑벌이 가구당 60%의 소득대체율을 보장하고 있다. 이와 반면에, OECD/EDRC 권고안에 따라 홑벌이 가구의 소득대체율을 산정해보면, 부부에게 각각 적용되는 기초연금

20%, 합계 40%의 소득대체율에 덧붙여 홑벌이 가구 가장의 공적 소득비례연금 20%를 합산할 경우 총 60%의 소득대체율이 보장된다.

(5) 국민연금발전위원회의 독립기구화

한국정부는 『국민연금기금운용위원회』를 정부로부터 분리된 독립기구로써 재편하기로 발표(2007. 9. 6)했는데, 이것은 동 기금의 합리적 운용으로써 재정 안정화를 도모하고자 하는 것이다.

상술하면, 현재 한국의 국민연금기금은 보건복지부 장관의 책임 아래 『국민연금기금운용위원회』[28]가 심의·의결한 투자 전략에 따라 국민연금공단 기금운용본부가 운용하고 있다. 그러나 보건복지부가 국민연금기금 운용의 책임부처로 적합한지, 국민연금기금 운용위원회는 전문성을 갖고 있는지, 국민연금기금 운용본부는 천문학적 숫자인 국민연금 기금을 자율적으로 운용할 능력을 보유하고 있는지 등을 냉철하게 반성해볼 필요가 있다.

2007년 당시 기획예산처 장관이 "*국민연금기금 운용위원회는 보건복지부로부터 독립하여 한국은행의 금융통화운영위원회처럼 정부로부터 분리된 독립 상설기구로서 개편하겠다*"고 발표했다(조선일보, 2007. 9. 7).

따라서 저자는 현행 『국민연금발전위원회』가 상기한 『국민연금기금운용위원회』를 흡수하고 순수 민간인 중심으로 구성 및 개편하여[29] 정부로부터 뿐만 아니라 정치권으로부터도 독립함으로써 국민연금제도와 관련된 모든 변수, 즉 연금보험요율, 연금급여수준,

---

28 『국민연금기금운용위원회』는 현재 경제부터 차관, 경제단체 간부, 근로자 대표, 지역 가입자 대표 등 총 21명의 위원으로 구성되어 있다.

29 캐나다 국민연금의 운용담당기구인 CPPIB는 전원 민간인으로 구성하였다.

연금급여수령시기, 연금기금투자 등을 모두 총괄 할 수 있도록 제도화 할 것을 주장한다. 그리고 『국민연금기금운용위원회』를 명실상부한 자산운용의 최종 의사결정기구로서 민간 전문가 중심으로 재편해야 한다. 참고로, 캐나다 국민연금의 운용담당기구인 CPPIB (Canada Pension Plan Investment Board)는 전원 민간인으로 구성되어 있다.

상기와 같은 조직 개편을 통하여, 「국민연금발전위원회」는 천문학적 숫자인 국민연금기금을 채권·주식·사회간접자본·인적자본 등에 대한 사회투자(Social Capital)로 효율적으로 활용함으로써 금융시장 발전과 실물경제 성장에도 크게 기여할 수 있어야 할 것이다. 이 결과, 성장과 복지의 연계모형은 비로서 구축될 수 있을 것이다.[30]

(6) 국민연금기금 운용 수익률 제고

연금기금의 고갈 시점은 기금 수익률과 함께 출산율과 기대수명이 중요하다. 출산율 증가는 국민연금을 내는 인구가 증가하게 되면서 고갈시점을 늦추고 기대수명이 높아지면 연금 수급자가 늘어나 기금 고갈시점이 빨라지게 된다.

우선, 고령화로 인해 연금보험료를 납부할 생산가능인구(15~59세 인구)의 증가율이 2020년 이후 마이너스 1.4~마이너스 1.9%로 하락

---

30 저자, 임양택(2011)은 "최적경제성장과 사회보장"(Optimal Economic Growth and Social Security)의 제목으로, 사회복지 극대화를 위한 최적 경제성장률(Optimal Growth Rate)과, 이를 뒷받침하는 최적 저축율(Optimal Saving Rate)과 최적 사회보장세(Optimal Social Security Tax)를 각각 이론적으로 도출하였다. 저자는 사회보장기금(Social Security Fund)을 외생적으로(즉, 정치적으로) 결정하지 않고, 사회보장기금과 실물자본이 상호작용함으로써 경제성장에도 기여함과 동시에 사회보장급여(Social Security Benefits)를 높일 수 있는 이론석 모형을 제시하였다. 이것은 제6장에서 논술된다.

할 것으로 전망된다.[31]

한편, 출산율의 경우, 지난 2005년에서 2010년까지 1.08명으로 예상됐지만 실제로는 2006년 1.12명, 2007년 1.25명, 2008년 1.19명으로 예측치를 웃돌았다. 반면 기대수명은 점차 늘어나면서 연금수급자들이 증가하는 추세다.[32]

따라서 생산가능인구(15~59세 인구)의 감소로 인한 연금보험료 수입 하락을 국민연금 기금의 수익률 제고로 보충해야 한다. 이를 위해서는 국민연금기금의 적극적 투자가 필요한데, 이를 위해서는 글로벌 자산운용 시스템을 구축해야 하고 해외 전문인력 스카우트와 유수 투자전문기관과의 협력을 강화해야 한다.

전술한 바와 같이, 2007년도 국민연금법 개정안은 현행 보험료율 9%를 유지하되 연금급여율을 현행 60%에서 점차적으로 인하하여 2028년에는 40%로 낮춘다는 것이다. 이미 급여수준이 한계선까지 하향조정 됐기 때문에 연금기금의 재정 안정화를 도모하기 위해서는 연금보험료 인상과 기금운용 수익률을 높이는 길 이외는 없다.

상술하면, 국민연금기금 규모는 2007년에 들어 200조 원 시대를 맞이했다. 2010년에는 352조 원을 기록했다. 이 추세가 지속된다면, 2012년에는 400조 원, 2020년에는 1,000조 원, 2030년에는 2,000조 원, 2040년에는 2,600조 원의 연금기금이 각각 적립될 것으로 추산된다. 그러나 국민연금기금의 운용 수익률은 2007년 6월말 현재 6.39%인데, 이것은 동 기간 주식형 펀드의 평균 수익률 26%에 비

---

31 고령인구 비율이 7%(2000)에서 20%(2026)로 증가하는 데 소요되는 시간이 26년으로 세계에서 가장 빠를 것으로 예상된다(통계청, 2006).

32 제목 : [2060년에 국민연금 고갈될 가능성] 주식·해외부동산·자원개발 투자로 수익 다양화 나서 (출처 - 조선일보, 2011.06.17)

하여 1/4 수준이다.

국제적으로 비교해보면, 지난 3년간 국민연금의 평균 기금운용 수익률은 6.7%인데, 이것은 동 기간 캐나다 13.8%, 네덜란드 11.3%의 절반 수준에 불과하다. 심지어 저금리 국가인 일본의 10.5%에 비해서도 매우 저조한 수준이다.[33] 세계 각국의 연기금 간의 수익률 차이를 보이게 된 요인은 위험자산에 대한 투자 비중이었다. 투자자산에서 주식과 대체투자(사모투자펀드, 벤처투자) 등 위험자산이 차지하는 비중이 클수록 수익률이 높았다.

국민연금은 세계 5대 연기금 중에서 가장 늦게 만들어진 늦둥이 연금에 속하지만 2010년 기금운용에서는 중간 정도의 수익률을 기록했다. 특히 위험자산에 투자한 비중은 다른 해외의 연기금에 비해 절반 수준에 불과해 자산의 안정성은 비교적 높았다. 2010년에 국민연금의 수익률이 10.37%를 기록했으며 2년 연속 두 자릿수 성적을 기록했다. 국민연금 내부에서는 보수적인 운용을 하면서 이 정도 성적을 냈다는 것에 선전했다는 평가다.

국민연금은 오는 2016년까지 주식투자 비중을 30%대로 끌어올릴 예정이다. 이렇게 되면 2016년 말 예상 기금 565조 원 중 169조 5,000억 원이 넘는 돈이 국내외 주식시장에 투자되는 셈이다. 2010년 말 주식투자 비중이 74조 원 수준으로 무려 90조 원 이상이 5년 내 신규로 주식시장에 투자된다는 것이다.

그러나 전문가들은 무작정 주식투자 비중을 늘리기보다는 투자금 회수와 투자 자산을 분산하는 것이 중요하다고 조언한다. 실제

33 자료획득이 가능한 20개국의 평균(August Iglesias and Robert J. Palacios, 2001).

금융위기 시기에는 주식투자 비중이 낮은 국민연금과 일본후생펀드 수익률이 가장 선방했다. 국민연금의 주식과 대체투자 비중이 다른 나라보다 낮은 편이라서 방향은 옳지만, 단지 국내주식에 지나치게 투자를 많이 하면 자금을 회수하는 데 문제가 생길 수 있는 만큼 해외분산을 잘하는 것이 중요할 것이다.[34]

[그림 5-3] 국가별 연기금 최근 5년간 수익률(2010년 12월 기준)

(단위 : %)

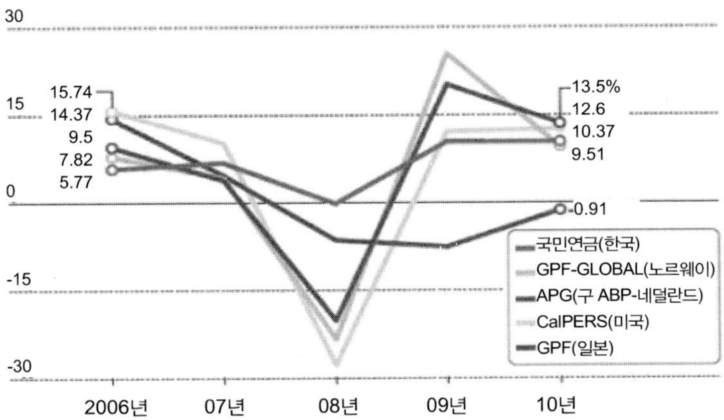

자료 : 조선일보(2011. 06. 17).

그러나 해외 연기금과 비교해보면 양호한 실적이라고 말할 수 없다. 국민연금은 세계 5대 연기금 중에서 가장 늦게 만들어진 늦둥이 연금에 속하지만 2009년 기금운용에서는 중간 정도의 수익률을 기록했다. 특히 위험자산에 투자한 비중은 다른 해외의 연기금에 비해 절반 수준에 불과해 자산의 안정성은 비교적

34 제목 : 세계 5대 연기금 살펴보니… 국민연금, 안전 투자로도 수익률 3위 (출처 - 조선일보, 2011.06.17)

높았다.

세계 5대 연기금 중 가장 높은 기금운용 성적표를 받은 네덜란드 공무원연금 관리 전문기관인 APG는 2009년 전체 기금운용 수익률 13.5%를 기록했다. APG는 공공기관과 교육부문의 피고용자를 대상으로 한 연금으로 지난 1996년 민영화된 연금운용 기관이다. 전체 운용 규모는 2,370억 유로(약 366조 원)에 달한다. 또한, 전체 운용 규모가 2,000억 달러(218조 원)인 미국 캘퍼스(캘리포니아 공무원연금)는 12.6%의 수익률로 2위에 올랐다. 그 다음이 한국의 국민연금이었다. 국민연금은 10.37%의 수익률을 기록해 1등 및 2등과는 2~3% 포인트 차이가 났다. 참고로, 가장 낮은 수익률을 기록한 곳은 한국의 국민연금과 비슷한 성격인 일본 후생연금보험(GPIF)이었다. 일본 후생연금보험은 세계에서 가장 큰 연기금이지만, 그것의 수익률이 마이너스 0.91%에 그쳤다.

1990년대 국가가 운용하는 국민연금기금의 수익률은 예금이자보다 평균 1.8%p, 1인당 국민소득 증가율보다 평균 8.4%p 낮다.[35] 한국의 경우 예외적으로 수익률이 높은 국가로 인정되고 있지만, 위험자산의 운용 경험이 일천하여[36] 장래 수익을 낙관하기 어려운 실정이다.

---

35 자료획득이 가능한 20개국의 평균(Iglesias, August, and Robert J. Palacios, 2001).

36 2006년 6월 현재 채권비중은 총 자산의 87.4%로서 위험자산에 대한 투자 비율은 낮게 유지되고 있으나, 정부는 수익률 제고를 위해 위험자산의 투자 비중을 높일 방침(www.nps4u.or.kr/fund; 보건복지부, "중기자산 배분안에 근거한 2007년 전략적 자산배분안 마련", 2006. 5. 30)

〈표 5-7〉 선진국의 연기금 유형별 투자비중과 금액 (2010년 12월 기준)

(단위 : 억 원)

국민연금 기금	국내외 주식	국내외 채권	대체투자	기타	전체 투자액
GPIF (일본)	3,482,201	9,381,576	-	238,657	13,102,434
GPF-GLOBAL (노르웨이)	3,707,872	2,325,508	-	-	6,033,380
APG(구 ABP) (네덜란드)	1,434,196	2,008,798 (대체투자 포함)		226,452	3,669,446
CalPERS (미국)	1,080,090	534,590	314,208	252,021	2,180,909
국민연금 (한국)	748,940	2,291,663	188,931	6,391	3,239,908

자료 : 조선일보(2011. 06. 17).

5. '포괄적' 복지를 위한 재원조달 방안

OECD에 따르면 2007년 한국의 GDP대비 공공복지지출 비중은 7.5%로 33개 회원국 평균 19.3%보다 11.8% 포인트 낮다. 이것은 2010년 기준으로 한국의 복지지출액이 OECD 평균보다 약 138조 원 더 적다는 것을 의미한다. 왜냐하면 2010년 한국의 GDP는 약 1,173조 원이기 때문이다(홍헌호, 2011).

또한, OECD의 33개 회원국 중에서 한국과 경제수준이 비슷한 10개국과 비교해보면 2009년 이들 국가들의 평균 조세부담율(사회보장기여금 포함)은 29.8%로 한국(25.6%)보다 4.2% 포인트 높고, GDP대비 공공복지지출 비율은 15.6%로 한국(7.5%)보다 8.1% 포인트 높다.

이것은 한국인이 경제수준이 비슷한 10개국들보다 49조 원 세금을 덜 내고 있고, 95조 원 복지혜택을 덜 누리고 있다는 것을 의미한다(홍헌호, 2011).

그러나 65세 이상 노인 인구의 비중이 2010년 11% 정도였지만 2050년에는 38.2%에 달하게 됨에 따라 저출산과 고령화가 심화되는 2050년에는 복지제도가 확충되지 않더라도 한국의 보건 및 사회복지 분야 재정지출은 2009년 GDP 대비 9.41%에서 2050년에는 22.32%로 12.91%포인트나 급증할 것으로 전망된다.

기획재정부가 정치권에서 제시하는 각종 복지정책을 추진하기 위한 연간 소요액을 추정한 결과를 보며, 기초노령연금 확대 5조 4천억 원, 무상보육 5조 1천억 원, 반값 등록금 3조~3조 6천억 원, 무상의료가 20조~39조 원 등 적게는 총 41조 1천억 원에서 많게는 60조 원에 달하는 것으로 나타났다. 이 소요액(60조 원)은 2011년도 국가 전체 예산 309조 원의 5분의 1에 해당한다. 2010년 총 복지예산은 81조 원이었고, 2011년에 86조 원으로 책정됐다. 따라서 상기의 소요액(60조 원)은 중앙정부 총 예산의 28%를 차지한다.

한국의 국가채무(IMF의 회계기준에 의거)가 약 447조 원이며, GDP대비 국가채무 비율은 44.9%이다. 여기서 유의해야 할 것은 현재 재정파탄에 빠진 스페인의 국가채무 비율이 46.1%이며, 아일랜드의 그것이 46%라는 점이다.

한편, 사회보장을 위한 기업의 조세부담을 보면, 2007년 한국의 GDP대비 법인세액 비율은 4.0%로 OECD 평균(3.9%)과 유사하나 GDP대비 기업부담 사회보장세 비율은 2.4%로 OECD 평균(5.4%)의 44% 수준에 불과하다. 법인세와 기업부담 사회보장세를 합한 기업의 조세부담은 GDP대비 6.4%로 OECD 평균(9.2%)의 70% 수준에 해당한다.

전술한 복지재원의 소요액을 감안하여, 우리는 국가적 선택을 해야 한다. 즉, 현행대로 '저(低)부담-저(低)복지'의 '선택적' 자유주의형 혹은 '보수-조합주의형'의 복지 국가를 지속할 것인가? 아니면 사회민주주의형의 '보편적' 복지국가를 선택할 것인가는 결국 국민이 선택할 문제이다.

그러나 '저(低)부담 · 고(高)복지'는 망국(亡國)으로 가는 '비단길'이므로 선택해서는 안된다. 따라서 세제개혁을 동반한 조세 부담의 증가와 건강보험료 부담의 증가가 불가피하다. 그렇지 않을 경우, 빚을 내서 연금과 복지제도를 지탱하는 일본의 상황이 한국에서도 전개될 수 있을 것이다.

저자는 '고(高)부담 · 광(廣)복지'의 '포괄적 복지'(Comprehensive Welfare)를 위한 재원 조달 방안으로서 크게 3가지 즉 ① 세율 인상, ② 비(非)과세 감면의 축소, ③ 토지 불로소득에 부과하는 '사회보장세'(Social Security Tax)의 도입을 제안한다. 앞의 2가지 방안은 현행 조세체계를 유지하는 경우의 사회보장기금 조달방안인 반면에 마지막의 세 번째는 부동산 관련 세제 개혁을 필요로 한다.

선진국의 사례에서 알 수 있듯이, '포괄적 복지'를 실현하는 데 가장 큰 변수는 경제수준이 아니라 국민들의 건전한 의식수준과 정부의 정책 수행 의지인 것이다.

1) 세율 인상

사실, 복지혜택의 확대는 필연적으로 증세(增稅)를 동반한다. 다행히, 한국의 경제규모와 조세부담률 등을 감안할 때, 세금을 올릴 수 있는 여지가 많다. 그 근거는 다음과 같다. 한국의 GDP 대비 개인소득세 비중은 OECD 평균수준의 1/3에 불과하다. 법인세의 경우 거의 비슷한 수준이지만, 자산보유 관련 세금의 경우, 오히려 한국이 OECD보다 조금 더 높으며, 부가가치세 등 소비세의 경우 한국이 OECD보다 조금 더 낮다.

〈표 5-8〉 OECD 국가들의 GDP 대비 조세별 세수 비교 (2004)(%)

구분	개인 소득세	법인세	자산 소유세	소비세	사회보장분담금		
					피고용자	고용주	합계
미국	8.9	2.2	3.1	4.7	3	3.4	6.4
영국	10.3	2.9	4.3	11.5	2.8	3.7	6.5
프랑스	7.4	2.8	3.3	11.1	4.0	11.0	11.4
독일	7.9	1.6	0.9	10.1	6.1	6.9	13.0
스웨덴	15.8	3.2	1.6	13.0	2.8	11.3	14.1
덴마크	24.7	3.2	1.8	16.0	1.1	0	1.1
일본	4.7	3.8	2.6	5.3	4.3	4.5	8.8
한국	3.4	3.5	2.8	8.9	3	2.1	5.1
OECD	9.1	3.4	1.9	11.4	3.0	5.5	8.5

자료: 1) OECD Economic Outlook database, 2005.
2) 정승일(2011), p2.

이와 관련하여, 정승일(2011)은 한국이 북유럽 복지국가 수준이 되기 위해서는 개인소득세를 현재의 징수 수준보다 약 5배(해당 년도 GDP 대비 기준)를 더 거두어야 한다고, 예로서 2011년의 경우 개인소득세 세수(稅收)를 40조원(예상치)이 아닌 200조원만큼 거두어야 한다고 각각 주장한다. 그 근거로서 한국은 스웨덴과 덴마크에 비하여 개인소득세 세수는 1/5~1/8 밖에 안되기 때문이라고 한다. 한국의 GDP대비 개인소득세 세수(稅收) 수준이 OECD 평균(9.1%)이 되기 위해서도 2011년 개인소득세 세수를 120조 원어치 거두어야 한다고 주장한다.

이와 반면에, 소득세 세수(稅收)의 대부분은 이미 상위 30%의 중·상소득층이 집중적으로 부담하고 있지만, 한국의 최고 소득세율(35%)은 스웨덴(59.6%), 미국(46.6%), 일본(50%) 등에 비해 매우 낮다. 따라서 소득세율을 인상할 여지가 충분하다는 것을 알 수 있다.

그럼에도 불구하고, 한국의 (개인)소득세의 실효 세율은 매우 낮다. 사업 소득자들이 소득에 비하여 소득세를 매우 적게 낸다는 것은 널리 알려져 있는 사실이지만, '유리알 지갑'이라는 근로자들의 절반이 소득세를 납부하지 않고 있으며, 연봉이 1억 원이라도 실효세율은 10%가 조금 넘는 수준이다.

이와 같이 실효 소득세율이 낮기 때문에 GDP 대비 실효 소득세(자본소득세 포함)의 비중이 4.4%에 불과하다. 게다가 2009년에는 실효 소득세율이 3.8%로 감소하였다. 이에 비하여 OECD 평균 실효 소득세율은 8.8%이다. 스웨덴의 실효 소득세율은 14.6%인 반면에 한국 다음으로 가장 낮은 일본의 실효 소득세율은 5.5%이다. 따라서 한국의 경우 소득세 부담이 적기 때문에 향후 추가적인 재원 조달에서 소득세의 증세가 중요한 대안이 될 수 있다는 것을 알 수 있다.

국세청이 2010년 발표한 자료를 보면, 한국의 조세부담률(*국민소득에서 조세가 차지하는 비중*)은 21%로서 한국의 조세부담률은 경제협력개발기구(OECD) 30개국 가운데 6번째로 낮은 수준이다. 따라서 만약 현재 한국의 현재의 조세부담률(21%)을 경제협력개발기구(OECD) 회원국 평균(26.7%) 수준까지만 끌어올릴 수 있다면, 국내총생산(GDP) 1,000조원의 6%인 60조 원의 재원을 추가로 확보할 수 있다.

상기와 같은 조세구조 하에서, 만약 직접세인 소득세를 높여 '포괄적 복지'를 구현할 수 있다면 모든 국민들이 보육비, 의료비, 노인요양 및 노후소득보장에 대한 혜택을 받게 되므로 중산층과 저(低)소득층은 자신이 받는 월급이 오르지 않아도 실질적으로 가계의 가처분 소득의 증가 효과를 누릴 수 있을 것이다. 즉, 직장에서 수령하는 임금 외에 '사회적 임금'을 추가적으로 받을 수 있다는 것이다.

한편, 야당은 고소득 계층과 대기업에게만 부과할 것은 주장하는 소위 '부자 증세' 방안을 주장하고 있다. 정동영 민주당 최고위원은 '부유세'를 통하여 약 7조 8천억 원을, 이정희 민주노동당 대표는 소득세·법인세의 최고세율 구간을 신설함으로써 약 8조 3천억 원을, 조승수 진보신당 대표는 '사회복지세'의 부과를 통하여 약 15조 원을 각각 징수할 수 있다고 주장하고 있다. 그리고 민주노동당 조승수 의원의 입법안에 따르면 법인세와 상속증여세 등에 대해 10~30%의 부가세를 도입하면 연간 15조 원 정도의 세수를 확보할 수 있다고 한다.

기획재정부가 2011년도 국정감사에서 국회기획재정위에 제출한 자료에 따르면 이명박 정부의 감세정책으로 인한 세수감소 효과는 2012년 기준 20.9조 원에 달한다. 이 중에서 소득세가 9.4조 원, 법인세는 4.7조 원, 도합 14.1조 원이다.[37] 따라서 소위 '부자감세'를

37 홍헌호(2011)를 저자가 다시 정돈했음.

철회하면 연간 14조 원을 확보할 수 있다.

그러나 저자는 상기한 야당의 '부자 증세'를 반대한다. 그 이유는 사회연대에 의한 사회통합을 추구하는 사회보장의 재원조달방안(야당의 '부유세')이 오히려 계층간 갈등을 유발할 것으로 예상되기 때문이다. 이와 관련하여 유의할 것은 한국의 소득세 시스템이 누진적으로 설계되어 있기 때문에 소득세 세수(稅收)의 대부분은 상위 30%의 중·상 소득층이 집중적으로 부담하고 있다는 사실이다.

따라서 저자는 '부유세' 대신에, '포괄적 복지'의 정당성 확보를 위해 부유층뿐만 아니라 중산층과 심지어 서민까지 포함하되 소득계층에 따라 차등 징수하는 '포괄적 및 누진적 증세'를 주장한다. 즉, '포괄적 복지'는 '포괄적 증세'(부유층뿐만 아니라 중산층 및 서민까지 부담하는)에 의한 '포괄적 혜택'을 추구함으로써 사회 연대감을 높이기 위한 사회보장제도인 것이다.

유럽의 선진 복지국가들은 최소한의 세금이라도 저(低)소득층에서 거둠으로써 납세 의무를 성실히 이행하도록 하고, 납세액이 많든 혹은 적든 간에 그 세수(稅收)가 다시 복지지출에 투입되는 재정구조를 갖고 있다.

한국의 경우, 소득세 면세점 이하(*근로소득자 1인 888만 원; 4인 가구 1,774만 원*)의 소득자가 무려 전체 국민의 50%이상으로 과도하게 많다. 현재 과세표준 1,200만 원 이하인 사람도 6%의 소득세를 납부하게 돼 있지만, 이런 저런 공제를 적용하면 공제액이 소득액을 잠식해서 세금을 내지 않는 납세자 비율이 근로소득세의 경우 무려 40.3%(2009년 기준)에 이른다. 이와 대조적으로, OECD 주요 국가의 소득세 면세자 비율은 20~30% 수준이다.

자영업자들이 내는 종합소득세도 마찬가지다. 상술하면, 국내 자영업자는 550만 명으로 추정되지만 소득세를 납부하겠다고 신고한 사람은 357만 명이며, 이들 중에서도 소득세를 실제로 납부한 사람은 겨우 276만 명 정도다. 이 결과, 전체 자영업자의 절반가량이 역시 소득세를 내지 않는 셈이다.

전술한 조세구조 하에서, 한국인은 세금을 더 징수하는 것이 얼마나 어려운 일인가를 과거 경험으로 잘 알고 있다. 노무현 정부 시절, 연간 3조원 남짓한 '종합부동산세'를 거두면서, 또한 2010년 소득세·법인세 최고 세율 인하(25%→22%)와 관련된 3조 7,000억 원의 감세를 놓고 각각 심각한 사회·정치적 갈등을 겪었다.[38]

2) 비(非)과세 감면 축소

'비과세 감면'이란 소득공제 등을 통해 세금을 깎아주는 것이다. 비(非)과세감면 규모가 한해 31조 3천억 원(2011년 잠정치)에 이른다. 이명박 정부는 법인세를 한 차례 인하(25%→22%)하였고, 2012년에도 추가 인하(20%)할 계획이다. 당초 정부의 감세안에 따라 8,800만 원을 초과하는 개인소득, 2억 원을 초과하는 법인소득의 과표 최고구간에 대한 세율이 각각 2010년까지 2% 포인트를 인하할 예정이었으나 그 시행이 2011년까지 2년간 유보되어 왔다.

---

38 2007년 종합부동산세 논란이 한창일 때, 한나라당 이종구 의원은 종합부동산세를 폐지하는 대신 최고 과표구간을 하나 더 신설하자고 주장하였다. 만약 소득세 최고과표구간(1억 원) 신설하면 연간 2.6조 원 세수를 확보할 수 있다. 종합소득세의 경우, 과표 1억 원 이상 고소득 자영업자에 대한 사회통합세(세율 40%)의 신설효과는 연간 1조 7,359억 원의 세수를 확보할 수 있다. 근로소득세의 경우, 과표 1억 원 이상 고소득 근로소득자에 대한 사회통합세(세율 40%) 신설효과는 연간 8,876억 원의 세수를 확보할 수 있다.

〈표 5-9〉 한국의 감세정책 개요

세법 개정	개정 내용
2007.12.31 세법 개정	종합소득세 과표구간 상향조정 (1,000만~8,000만 원 → 1,200만~8,800만 원)
2008.12.26 세법 개정	종합소득세 세율 조정 (8·17·26·35% → 6·16·25·35% → 6·15·24·33%) 법인세 과표구간 상향조정(1억 원 → 2009년 2억 원) 및 세율 조정 (13·25% → 2009년 11·22% → 2010년 10·20%
2009.12.31 세법 개정	종합소득세 최고세율 인하 유보 (2010~2011년 35% → 2012년 33%) 법인세 최고세율 인하 유보 (2010~2011년 22% → 2012년 20%)

한편, 민주당은 조세감면을 1차적으로 2007년 수준인 2.4%로 감축하여 국세감면액은 25.5조 원이 되어 6.5조 원의 세수확보 가능하다고 주장한다. 민주노동당은 상기의 비율을 2002년 수준인 2%로 낮출 경우 국세감면액은 21조 원이 되어 10조 원의 세수확보가 가능할 것이라고 주장한다.

그러나 2012년부터 시행하기로 예정된 감세정책이 동년 총선과 대통령선거를 의식한 정치권의 포퓰리즘으로 인해 철회될 가능성이 높아지고 있다. 그러한 전망의 근거는 다음과 같다.

첫째, 민주당이 '무상급식 · 무상의료 · 무상보육'에 '대학생 반값 등록금'을 더하여 이른바 '3+1 무상복지 시리즈'라는 '보편적 복지'를 위한 재정조달을 위해 감세정책의 철회를 주장하고 있다.

둘째, 한나라당의 2011년 4 · 27 재 · 보선 패배 이후 황우여 신임 원내대표 등 한나라당 내부에서는 감세정책을 철회하고 그 재원을 학생 등록금과 육아비, 소시민 주택문제 지원 등 복지예산에 활용할 것을 주장하고 있다.

기획재정부는 2단계 감세 규모가 매년 3조 7천억 원(소득세 5천억 원, 법인세 3조 2천억 원)으로 추산한다. 사실, 2010년 기준으로 한국의 최고 법인세율은 24.2%로서 일본(39.5%), 미국(39.2%), 영국(28.0%), 홍콩(16.5%), 대만(17%), 싱가포르(17%) 등 주요 아시아 경쟁국의 법인세율과 비교하면 상당히 높은 수준이지만 OECD 평균 수준(25.6%)보다 훨씬 낮은 수준이다. 그러나 법인세율의 이하가 세계적 추세인 것은 사실이다. OECD 국가들의 법정 최고 법인세율(지방세 포함)은 1985년에 평균 48.5%에 달했으나 1990년 41.3%, 1995년 36.7%, 2000년 32.6%, 2005년 28.2% 수준으로 계속 낮아졌고 2010년에는 25.6% 수준으로 인하되었다. 일본의 경우, 2011년 소득세법개정안(동년 6월 30일자로 공포 및 시행)에 이어서 법인세율 5% 인하를 국회에서 심의중이다. 한국의 법인세도 1995년부터 2010년까지 6%인하되었다.[39]

따라서 한국의 법인세 부담 수준이 다른 국가들에 비하여 높다거나 낮다고 말할 수 없다는 것을 알 수 있다. 설혹, 한국의 법인세 부담이 상대적으로 높다고 하더라도, 법인세 부담이 많다는 것이 곧 기업의 조세 부담이 높다는 것을 의미하지는 않는다는 점에 유의할 필요가 있다. 그 이유는 다른 국가들의 경우, 한국의 경우보다 법인세 부담이 적더라도 기업(고용주)이 부담하는 사회보험료 부담은 훨씬 커서 기업들의 총부담(법인세+사회보험료 고용주 부담분)은 한국보다 많기 때문이다. 기업들의 총부담(법인세+사회보험료)은 OECD 평균이 8.7%인데 비하여 한국은 6.4%이다. 그러므로 한국 정부의 2단계 감세 대상

---

39 이 결과, 법인세수는 오히려 8.7조 원에서 37.3조 원으로 4.3배 증가했다고 전국경제인연합회(2011. 10. 18)가 발표했다. 그러나 이 세수 증가는 법인세 인하 효과라기 보다는 동 기간(1995~2010), GDP가 2.9배 증가한 경제성장 효과라고 해석힘이 옳을 것이다.

〈표 5-10〉 OECD 국가의 법정 최고 법인세율

(단위 : %)

국가	1985년	1990년	1995년	2000년	2005년	2010년
호주	46.0	39.0	36.0	34.0	30.0	30.0
체코	-	-	41.0	31.0	26.0	19.0
헝가리	-	40.0	18.0	18.0	16.0	19.0
아일랜드	50.0	43.0	38.0	24.0	12.5	12.5
일본	-	50.0	50.0	40.9	39.5	39.5
한국	-	-	-	30.8	27.5	24.2
멕시코	-	-	-	35.0	30.0	30.0
폴란드	-	-	40.0	30.0	19.0	19.0
슬로바키아	-	-	40.0	29.0	19.0	19.0
터키	-	-	-	33.0	30.0	20.0
영국	40.0	34.0	33.0	30.0	30.0	28.0
미국	49.8	38.7	39.6	39.3	39.3	39.2
OECD 평균	48.5	41.3	36.7	32.6	28.2	25.6

주: 지방세를 포함한 세율
자료: 1) OECD Tax Database(2011)
2) 조경업 · 황상현(2011), p4를 인용

중의 하나인 법인세를 OECD 평균수준(25.6%) 보다 낮은 현행 24.2%에서 더욱 인하하는 것이 옳은가 혹은 그른가에 대한 해답은 정부에 있는 것이 아니라 기업에게 있다고 말할 수 있다. 즉, 기업이 법인세 인하를 통하여 투자 및 고용을 대폭 증대하여 '최상의 복지'인 '양호한 직장'(decent job)을 더욱 많이 공급하든지[40] 혹은 OECD 평균수준

40 한국경제연구원의 조경업·황상현(2011)은 현 시점에서 감세정책 유지로 총공급을 증가시키는 것이 물가안정을 가져와 서민생활 안정에 도움이 될 것이라는 이유로 감세정책(법인세 인하)을 주장한다. 미국 레이건 정부(1981~1989)의 감세 정책으로 인한 경기부양 및 물가안정을 지적하고 있다. 사실, 레이건 정부는 1970년대 두 번의 오일쇼크로 경기침체와 함께 물가상승이 동반하였던 스태그플레이션을 극복하기 위하여 공급 측면을 강조하면서 정부지출 축소, 노동 및 자본소득에 대한 한계세율 감소, 정부 규제 감소, 긴축통

만큼의 사회보험료 부담수준을 높임으로서 정부가 복지정책을 수행하도록 하는 것이다.

여기서 저자는 투자 및 고용 증대를 위한 법인세 인하를 주장하는 사람들에게 다음과 같이 질문하고 싶다. 왜 한국 기업들은 1982년 이후 무려 30년 동안 '임시투자세액공제'를 해주어도 '투자'를 제대로 하지 않는 이유가 무엇인가? 또한, 세제개편(2010. 08. 24)을 통하여 '고용창출투자세액공제'를 해주어도 '고용'을 증대할 기미가 보이지 않는가?

'임시투자세액공제'의 목적은 경기가 나쁠 때 설비투자 중 일정 부분에 대해 세금을 깎아줌으로써 기업투자를 유도해 경기를 진작시키는 것이다. 그럼에도 불구하고, '임시'라는 용어가 무색하게 1982년부터 지속되고 있다. 상술하면, 기업의 법인세 부담이 3조 2천억 원인 반면에, 특히 대기업은 임시투자세액공제액의 혜택을 1982년 이후 무려 30년을 향유해 왔으며 2008년의 경우에만 1조 8천억 원을 공제받았다. 이 결과, '임시투자세액공제'는 투자 제고의 실효성이 없어진 '대기업 지원 정책'으로 전락했다.

국세통계연보에 따르면 2008년 임시투자세액공제액 2조458억 원 중 86%인 1조7,658억 원이 841개 대기업에 돌아갔다. 이들은 전체 법인(40만개)의 0.21%에 해당한다. 참고로, 미국에서는 '임시투자세액공제'가 이미 폐지되었다.

그럼에도 불구하고, 최근에 정부는 '고용창출투자세액공제제도'를 세제개편안(2010. 08. 24)에 신설했다.[41] 동 제도는 수도권 과밀 억

화정책 등을 실시했다.

41 최근에 공포(2011. 6. 30)된 일본의 세법개정 내용에는 고용촉진세제가 포함되어 있다. 이 제도는 근로자의 추가고용을 한 법인이 일정 요건을 갖춘다면 고용에 대한 세액공제를 신청할 수 있는 제도인데, 상술하면 다음과

제 권역 밖의 기업이 사업용 자산에 투자를 하고 기존 종업원 수보다 고용을 늘리면, 투자한 금액의 7% 한도 내에서 고용 1명을 추가할 때마다 법인세나 사업소득세를 1,000만 원씩(만 15~29세 청년층의 경우에는 1,500만 원씩) 감면해주는 제도이다.

다른 한 편으로, 국민건강보험 재정의 확충을 위하여 민주당은 다음과 같은 재원조달 방안을 제시하였다. 즉, 건강보험료를 종합과세 방식으로 부과하여 2.7조 원의 세수를 추가로 확보하자는 것이다. 그 근거는 다음과 같다. 현재 건강보험료는 근로소득을 기준으로 부과되고 있다. 따라서 사업소득, 재산소득, 이전소득, 비경상소득 비중이 큰 고소득층의 실효세율(총소득 대비 조세부담액 비율)이 낮게 나타나기 때문에 건강보험료 부과에 따른 역진성 문제가 나타난다. 그러므로 건강보험료 부과에 따른 이런 역진성 문제를 해소하기 위해서 근로소득만이 아닌 총소득을 과세대상으로 삼아 건강보험료를 부과함이 바람직하다는 것이다.

소득 있는 취업자가 피부양자로 등록되어 건강보험료 면제를 받을 경우, 건강보험료 분리과세와 유사한 역진성 문제가 발생할 수 있다. 이러한 문제점을 감안하여, 민주당은 소득 있는 취업자가 피부양자로 등록되는 것을 최소화하여 연간 1.3조 원의 추가세수가 확보될 것이라 전망하고 있다.

그러나 저자는 상기한 민주당의 국민건강보험 재정 확보 방안(종합과세)을 반대한다. 그 이유는 종합소득세는 자영업자들의 약 50%

같다 : 법인이 일정요건을 갖추기 위해서는 고용한 근로자의 고용시기가 2011년 4월 1일부터 2014년 3월 31일까지여야 하며, 세액공제 금액은 증가되는 근로자 표준인원당 200,000엔으로 계산되며, 공제한도는 법인세 산출세약의 10%(중소기업은 20%)이다.

가 소득세를 납부하지 않고 있고 근로소득세 부담이 조세저항 선(線)에 도달해 있다는 점에서 상기한 재정확보 방안은 비(非)합리적이기 때문이다. 이러한 구조적 문제를 선결한 다음, 종합과세를 부과해야 소기의 목적을 달성할 수 있을 것이다.

따라서, 이에 대한 저자의 대안은 토지 불로소득에 대한 '사회보장세'의 부과뿐이라고 저자는 강조한다. 물론, 상기의 조세구조를 개선하고 종합과세에 의한 국민건강보험 재정을 확충하는데 다소 도움은 될 것이다. 그러나, 전술한 바와 같이, 저출산과 초고령화 추세와 '갑작스러운 통일'에 대비한 북한 주민의 건강보험 혜택을 공급하기 위한 재원 마련은 오직 상기의 '사회보장세' 도입뿐이라고 저자는 강조한다. 이에 관한 상세한 설명은 제4항에서 서술할 것이다.

3) '사회복지세'와 '참여재정 방식'의 증세

한편, 진보신당과 민주노동당은 '사회복지세'의 도입을 주장한다. 명칭상, '사회복지세'는 후술할 저자의 '사회보장세'와 유사하므로 이들의 내용상 차이점을 분명히 밝혀둘 필요가 있다.

우선, 진보신당의 '사회복지세'는 소득세, 법인세, 상속증여세, 종합부동산세 등 직접세목에 다시 누진세율을 적용하는 일종의 '부가세'(surtax)로서 상위 5% 부유계층과 1%의 대기업을 과세대상으로 삼아 매년 15조원을 확보할 수 있다고 추정한다(조승수 2011).

다음으로, 민주노동당의 2007년 '사회복지세' 역시 상기한 진보신당의 사회복지세와 유사하게 소득세, 법인세, 상속증여세, 특별소비세 등에 누진적 부가세율을 적용하는 것이다. 그러나 진보신당과 달리, 과세대상을 직접세를 내는 모든 납세자로 삼아 매년 13조원의 세수를 기대한다(민주노동당 2007).

상기한 진보신당과 민주노동당의 '사회복지세'를 비교해 보면, 모두 복지지출과 세입을 연계하는 '복지증세' 원칙을 구현하고, 다소 정도의 차이는 있지만, '사회복지세'로 확보되는 13~15조원 대부분을 상위계층이 부담하는 '부자 증세'를 주장한다. 이 두 방안의 차이점은 다음과 같다. 진보신당의 '사회복지세'는 '부유세' 방식으로서 과세대상을 소수 상위계층으로 한정하는데 반해, 민주노동당의 '사회복지세'는 직접세를 내는 모든 과세자가 과세대상이라는 점이다.

한편, 오건호(2011)는 '보편적 복지'를 위한 '참여재정방식'의 증세를 제안하면서 '참여재정방식'을 다음과 같이 정의하였다. 즉, "부자들에게만 '내라!'고 요구하는 것을 넘어 '보편적 복지'를 바라는 다수 시민들도 복지재정 확충에 참여하는 '내자!(낼테니 내라)' 운동"이라는 것이다. 이 방식은 '복지지출 목적과 연계된 사회복지세 도입'과 '국민건강보험료를 지렛대로 삼은 무상의료 재원 확보'로 요약된다. 전자는 기존 직접세에 누진 사회복지세율을 적용하여 약 20조원을, 후자는 국민건강보험료 인상과 보험료체계 개편을 통해 약 15조원을 각각 조성할 수 있다고 한다.

〈표 5-11〉 진보신당, 민주노동당, 참여재정방식의 복지국가 증세방안 비교

	부유세 방식	참여재정 방식
과세대상	상위계층, 대기업	중간계층 포함 (누진율 적용)
사례	진보신당 사회복지세 민주노동당 무상의료 재원방안	구 민주노동당 사회복지세 건강보험하나로 시민회의 재원방안
슬로건	내라!	내자! (낼테니 내라!)
강점	조세저항 우회 부자책임론 부각	복지증세 운동주체 형성 보편복지와 보편증세의 결합

자료: 오건호(2011), p6 참조.

참여재정방식을 주장하는 오건호(2011)는 2009년 기준 금액으로 총 8개의 세목에서 징수된 세금 78.6조원을 과세대상으로 삼아 여기서 총 17.6조원(2011년 기준 수치로 전환하면 약 20조원)을 조달할 수 있다고 주장한다. 그 산출근거는 〈표 5-12〉과 같다. 오건호(2011)의 각 세목별로 적용되는 사회복지세율은 다음과 같다 :

(1) 근로소득세, 종합소득세, 양도소득세 등 소득세 영역에선 1인당 세금이 100만원 이하의 경우 10%의 사회복지세율을, 100~1000만원은 20%의 사회복지세율을, 1000만원 초과는 30%의 사회복지세율을 각각 적용한다. 적은 금액의 소득세를 내는 납세자는 10%의 세율을 적용받아 '보편 증세'를 구현하고, 고액의 소득세를 내는 납세자는 30% 누진세율을 통해 대부분의 복지재정을 부담하게 된다. 단, 분리과세 대상인 이자·배당·기타 소득은 고액 금융소득자들을 대상으로 하는 금융소득종합과세에 포함되지 않는 소득이므로 10% 단일세율을 적용한다.

(2) 법인세 영역에서도 소득세와 유사한 방식으로 누진 사회복지세율을 적용한다. 법인세 납부액이 5억 이하의 기업에게 10%, 5~100억원은 20%, 100억원 초과는 30%의 사회복지세를 부가한다.

(3) 대부분 상위계층이 납세자인 종합부동산세, 상속증여세 영역은 30%의 단일세율을 적용한다. 이전에 명칭이 '특별소비세'였던 개별소비세도 주로 상위계층이 사용하는 고가 소비품에 부과하는 것이므로 역시 30%의 사회복지세율을 적용한다.

〈표 5-12〉 '참여재정방식'에 의한 사회복지세 추계 (2009년 기준)

(단위 : 원)

세목	기존세목 세입	사회복지세율	사회복지세 세액	계층별 부담 몫
근로 소득세	12.9조	10~30% 누진세율 100만원 이하/ 100~1000/ 1,000만원 초과	2.5조	• 전체 근로자 1430만명 중 852만명 참여(60%) • 실소득 2500~3700만원 연 1.3만원 (월 1천원) 부담 • 실소득 8200만원 이상자 40만명(2.8%)이 1.6조원, 65% 부담
종합 소득세	11.8조	10~30% 누진세율 100만원 이하/ 100~1000/ 1,000만원 초과	2.4조	• 전체 추정대상 507만명 중 279만명, 55% 참여. • 신고소득 1800~2000만원 연 5.6만원 (월 5천원) 부담 • 신고소득 1억원 초과 13만명(2.6%)이 2.3조원, 80% 부담
양도 소득세	8.8조	10~30% 누진세율 100만원 이하/ 100~1000/ 1,000만원 초과	2.4조	• 전체 양도소득 건수 57만 건 • 양도소득 1000~1200만원 연 8.4만원 (월 7천원) 부담 • 양도소득 1억원 이상 10만 건(17%)이 2.2조원, 91% 부담
이자배당 기타 소득세	약 4조	10% 단일세율	0.4조	• 금융소득종합과세 제외 분리과세 소득으로 10% 세율 적용
법인세	34.9조	10~30% 누진세율 5억 이하/ 5~100억/ 100억 초과	8.1조	• 전체 신고법인 42만개 중 23만개 법인 참여(54%). • 법인이윤 10억 이하 기업 평균 연 139만원 부담 • 법인이윤 500억 초과 364개 기업(0.1%)이 6.2조원, 77% 부담
종합 부동산세	1.0조	30% 단일세율	0.3조	• 부동산부유계층 부담
상속 증여세	3.5조	30% 단일세율	1.0조	• 불로소득 계층 부담
특별 소비세	1.7조	30% 단일세율	0.5조	• 고가품 이용자 부담
계	78.6조		17.6조 (20조)*	

* 2009~11년 2년간 국세증가율 14.2%를 적용해 2011년 확충재원은 약 20조원 추정(더 정확한 추계를 위해서는 2010년 이후 세율 반영한 조정 필요).

출처: 국세청(2010), [2010 국세통계연보] 수치 재가공.

자료: 오건호(2011), p8.

4) 헨리 조지의 경제사상과 '사회보장세'의 신설

포괄적 복지(Comprehensive Welfare)를 위한 재원조달방안으로서, 저자는 토지 불로소득에 부과하는 '사회보장세'(Social Security Tax)의 도입을 주장한다. 이 주장의 구체적 내용과 그것의 타당성을 논하기 전에, 저자는 다음과 같은 기본 입장을 우선 밝힌다.

첫째, 저자는 복지제도의 근간인 국민연금, 국민건강보험, 산재보험, 고용보험을 위한 부담금이 이미 존재하기 때문에, 현재의 조세체계(세목과 부담) 안에서 합리적 복지재원 조달 방안을 강구할 수밖에 없다는 점을 이해한다. 그리고 주어진 조세체계 하에서 소득세 면세점을 곧바로 내리거나 세율을 인상하면 수익(세수 증가)보다 비용(조세 저항)이 매우 클 수 있다는 것을 알고 있다. 그 이유는, 역사적으로 보면, 세금 올리고 표 얻는 정권은 거의 없기 때문이다. 최근 국민들의 복지에 대한 요구가 커지고 있지만 이를 위해 추가로 세금을 납부하겠다는 의식 수준은 여전히 낮다.

둘째, '사회보장세'(Social Security Tax)라는 목적세란 한시적·잠정적으로 특정 목적을 달성하기 위해 일정 기간 동안 과세하는 것이 본래 취지인 반면에 복지지출은 항구적인 것이므로 목적세의 신설 의도와 부합하지 않는다는 점을 저자는 잘 이해하고 있다. 게다가 기존 목적세 방위세, 교육세, 교통세 등도 오히려 점진적으로 없애야 하는 상황에서 또 다른 목적세를 신설하는 것은 재정의 유연성을 저해할 수 있다는 점을 저자는 또한 이해한다.

그러나 세계에서 가장 심각한 수준의 저출산 및 초고령화 추세를 보이고 있는 한국의 경우, '포괄적 복지'(Comprehensive Welfare)를 위한 '사회보장세'(Social Security Tax)의 도입은 그 어떤 '사회적 비용'보다 절실하고 시급한 과제라고 말할 수 있다. 단도직입적으로 말하면, 아무리 '사회적 비용'이 크더라도 망국(亡國)의 '죄값'보다는 적을 것이다.

한편, 김윤상(2009), 남기업(2007, 2010, 2011) 등은 헨리 조지(Henry George)의 경제사상 및 '지대조세제'(Land Value Taxation)[42]를 한국에 적용할 것을 주장한다. 그 주요 내용은 토지 불로소득 환수를 위한 '토지가치세'의 도입을 골자로 하는 세제개혁이다. 즉, 토지를 소유·사용하는 사람은 토지가치에 비례해서 사용료를 납부하게 하고, 그 대신 경제에 부담을 주는 다른 세금들은 감면하는 패키지형 세제개편이다.

상기한 헨리 조지의 견해를 지지하는 일단의 학자들을 지공주의자(地公主義者)로 칭한다. 저자의 '사회보장세'에 관하여 논술하기 전에 우선 유사하되 상이한 지공주의자(地公主義者)들의 주장을 다음과 같이 밝힘으로써 저자와 '사회보장세'와 지공주의자(地公主義者)들의 '토지가치세'의 차이점을 명확히 해두고자 한다.

(1) '토지(국토)보유세'

19세기 말 헨리 조지(Henry George)는 토지 소유로부터 발생하는 모든 소득은 불로소득이며 국가는 이것을 모두 '좋은 세금'인 토지단일세(보유세)로 환수하여야 한다고 주장했다. 그리고 토지 관련 불로소득을 세금으로 모두 환수하는 대신 노동과 자본의 생산적 활동의 댓가(소득)를 빼앗아가는 '나쁜 세금'인 소득세와 법인세는 아예

42 지대(地代)를 공유하기 위해 토지소유자로부터 지대(地代)를 징수하는 제도는 헨리 조지(Henry George, 1839~1897)가 '지대조세제'(land value taxation)라는 명칭으로 제시한 바 있다.

전면 폐지하자고 주장했다(헨리 조지, 1997).

김윤상(2009)은 한국의 토지(건물은 제외)를 소유함으로써 발생하는 모든 소득은 불로소득인 까닭에 전액 세금으로 환수해야하며, 이를 위해서는 부동산(구체적으로는 건물을 제외한 토지)의 소유에 대한 과세 비중을 크게 늘려야 한다고 주장한다. 다시 말하면, 토지(건물은 제외)의 소유로부터 발생하는 불로소득을 전면 세금(소유세)로 환수함과 동시에 노동과 자본의 생산적 활동의 결과인 근로소득(개인소득과 법인소득)에 대한 과세인 개인소득세와 법인세, 그리고 소비세(부가가치세)를 감축할 것을 주장한다.

또한, 남기업(2011)은 토지 보유세로 74조원의 세수를 확보할 수 있다고 추정하면서 개인소득세와 법인세(최근 수년의 경우 연 세수 합계 75원 안팎)를 전면 폐지하는 '패키지형 세제개혁'을 수행하더라도 전체적인 세수에는 별 문제가 없다고 주장한다. 그리고 이를 위해 향후(자본 범주에 속하는 건물이 아닌) 토지를 중심으로 보유세 실효 세율을 1.5%까지 단계적으로 늘려나가야 한다고 주장한다. 그러나, 이러한 단계적 세율 및 세수인상 과정에서, 건물 관련 세금은 자본소득으로써 불로소득은 아니기 때문에 오히려 단계적으로 인하하여야 한다고 주장한다.

상기의 지공주의자(地公主義者)들은 토지 관련 불로소득을 환수하게 되면 토지 가격이 하락하게 될 것이라고 주장한다. 이들의 주장을 요약하면 다음과 같다.

첫째, '토지보유세'는 시장을 왜곡시키지 않는 가장 이상적인 세금인 동시에 토지에서 발생하는 불로소득을 환수하는 가장 좋은 정책 수단이라고 한다. '부동산보유세'를 '토지보유세'와 '건물보유세'

로 분리해야 한다는 것이다.[43] 상기한 남기업 교수(2007, 2010, 2011)의 세제개혁안에서 유의할 것은 세금의 부과 대상은 건물이 아니라 토지이며, 또한 거래가 아니라 보유라는 것이다. 그 이유는 토지와 건물을 합친 '부동산보유세'에 비해 '토지보유세'는 정의로울 뿐만 아니라 효율적이기 때문이라고 한다.

여기서 '토지보유세'가 '정의롭다'고 말하는 이유는 천부자원인 토지에 대하여 토지보유세의 세율을 지속적으로 높여 모든 시민이 토지를 공유할 수 있도록 하기 때문이라고 한다.[44] 또한, '토지보유세'가 '효율적이다'라고 말하는 이유는 시장친화적인 세금인 '토지보유세'를 인상(가령, 실효세율을 1.5% 수준)하되 반(反)시장적인 '토지거래세'를 낮추면 토지가 실(實)소유자 중심으로 재편됨과 동시에 가장 필요로 하는 사람에게 토지 자원이 효율적으로 배분될 것으로 기대되기 때문이라고 한다. 그리고 인간이 노력해서 만든 건물에 대하여 '건물보유세'를 인하하면 건물의 신축·개조 활동이 촉진되기 때문이라고 한다.

둘째, 건물이 아니라 토지에 세금을 부과하기 위해서는, 우선 토지보유세·양도소득세·개발이익 환수는 높이되, 건물분 재산세·거래세(취득세·등록세)는 낮춰야 한다는 것이다. 남기업 교수(2007, 2010,

---

43 '로크의 단서'(Lockean Proviso)를 엄격하게 적용하면, 토지의 사유재산권을 인정할 여지가 매우 좁게 된다. 왜냐하면 토지에 노동을 투입하여 재산권을 취득하려면 그 토지와 비슷한 질(質)의 토지가 충분히 존재하여 다른 사람도 원한다면 얼마든지 토지를 취득할 수 있어야 하는데 이런 가능성은 거의 없기 때문이다.

44 노벨 경제학상 수상자 윌리엄 비크리(William Vickrey)는, 부동산보유세는 최선의 세금 중 하나(토지보유세)와 최악의 세금 중 하나(건물보유세)가 결합된 세금이라고 주장하였다(Vickrey 2001).

2011)는 양도소득세는 토지보유세가 충분히 높아지기 전까지 존속시킴이 바람직하다고 주장한다. 그 근거는 양도소득세란 실현된 불로소득에 과세하는 것인데, '토지보유세'가 강화되면 매매차익이 점점 줄어들기 때문에 결국 존재의의를 상실하게 될 것이라고 한다.

셋째, '토지보유세'는 지가(地價)가 아니라 지대(地代)를 기준으로 하는 것이 더 효과적이라고 한다.[45] 그 이유는 다음과 같다 : 즉, 지가(地價)는 미래에 발생할 모든 지대(地代)를 현재가치로 환원하여 합한 금액에서 미래의 모든 토지보유로 인한 각종 비용을 공제한 것이다. 그러나 토지 투기가 일어나면 거품이 발생하므로 지가(地價)는 상당히 불안정하다. 이와 반면에 지대(地代)는 당해년도의 토지가치를 나타내는 당시의 경제상황을 정확히 반영한다. 그러나 매년 발생하는 지대(地代)에 대한 환수비율을 높이면 지가(地價)는 하락하게 된다. 만약 지대(地代)를 100% 환수하면, 이론적으로는 지가(地價)는 '0'이 될 것이다.

'토지보유세'의 시행에서 제기될 수 있는 문제는 토지가치, 즉 지대(地代)를 100% 환수할 것인가 혹은 현존 토지가격, 즉 매입 지가(地價)를 고정시킬 것인가이다. 왜냐하면 이미 토지의 사유화가 엄청나게 진행된 상태에서 지대(地代)를 100% 환수하면 지가(地價)가 '0'

45 '지대(land rent)'는 토지의 생산성을 말한다. 그런데 토지 생산성은 개별 토지 소유자가 노력해서 좋아지는 것이 아니라 사회나 정부가 해당 토지 및 그 주변을 좋게 만들었기 때문에, 토지 생산성이 높아지는 것이다. 따라서 그러한 토지 가치를 사유화하는 것은 '불로소득'으로 간주된다는 것이다. 만약 토지 불로소득인 지대(地代)를 환수하면, 토지를 취득한 사람과 소유하지 못한 사람 간의 차이뿐만 아니라 생산성이 높은 토지를 소유한 사람과, 생산성이 낮은 토지를 소유한 사람이 각각 얻는 지대(地代)소득의 차이는 사라진다. 토지의 가치인 지대(地代)를 환수함에도 불구하고 차이가 난다면 그것은 개인의 노력의 차이라고 말할 수 있다.

이 되는데, 이 경우, 일부 선의의 피해자로서 토지 매입자가 피해를 볼 수 있는 반면에 후자의 방법은 지가(地價)가 고정되기 때문에 그런 문제가 생기지 않기 때문이다.

따라서 지대(地代)에서 매입지가(地價)의 이자(利子)를 공제된 금액만 환수하는 방법이 현실적으로 바람직하다고 주장한다. 결과적으로, 이와 동일한 원리로, 현재가치로 환산된 지대(地代)와 이자(利子)의 차액을 환수하면 해당 토지는 고정수익만 발생하기 때문에 지가(地價)가 고정된다고 한다.

넷째, 상기의 세제개혁을 제대로 수행하기 위해서는, 우선 '토지보유세'를 국세인 '국토보유세'와 지방세인 재산세로 재편해야 한다고 남기업 교수는 주장한다. 현행 '부동산보유세'는 지방세인 재산세와 국세인 '종합부동산세'로 되어 있다. 그러나 '종합부동산세'는 이미 형해화 되었다고 해도 과언이 아니다.[46]

헌법재판소가 세대별 합산에 대한 위헌 판결(2008년)을 내린 후, 주택분 종합부동산세 대상자는 절반 31만 명(2008년) 16만 명(2009년)으로 감소하였고, 세수입도 2조 1천억 원(2008년)에서 1조 2천억 원(2009년)으로 감소하였다(국세청 2010).

따라서 토지보유세를 국세로 징수한다는 정신을 살리고, 또 토지에 집중한다는 의미에서 '종합부동산세'를 폐지하고 '국토보유세'를 신설하는 것이 명실상부(名實相符)하다고 남기업(2011) 교수는 강조

---

46 남기업(2007, 2010, 2011)은 다음과 같이 지적한다. 즉, 현재 한국의 토지와 건물을 합친 부동산보유세의 실효세율은 선진국의 그것에 1/6~1/4에 불과하다. 과거 노무현 정부가 주택분에 한해서 2017년까지 0.61%로 올리겠다고 했지만, 그것도 선진국의 절반수준에 불과하고 그마저도 이명박 정부 하에서는 낮아졌다.

한다. 그리고 국토보유세는 주택분 토지와 나대지를 합쳐서 계산하고 사업용/비사업용을 구분하지 않고 일정가액 이상의 토지에 '국토보유세'를 부담시키고 세율을 점차적으로 강화함을 기본으로 한다는 것이다.

다섯째, 상기한 세제개혁의 방향에 따라, 정의롭고 효율적인 '토지보유세'를 신설하며 토지보유세의 세율을 점진적으로 인상하여 개발이익을 보다 포괄적으로 철저하게 환수하고, 기업이 소유한 업무용·비(非)업무용 토지에 대한 세금을 강화하는 대신에 법인세를 감면하며, 가계가 소유한 주택이나 상가 토지에 대한 세금을 강화하는 대신에 소득세를 감면하자고 남기업 교수(2007, 2010, 2011)는 제안한다.

이 경우, 보수적인 기업 및 가계도 토지보유세 부과 및 소득세 혹은 법인세 감면을 적극 찬성할 것이라고 한다. 우선, 법인에게 법인세를 깎아주면서 사업용·비(非)사업용 토지의 토지보유세를 더 많이 납부하도록 한다. 이 결과, 법인은 토지투기라는 비(非)생산적 활동을 단념하고 생산적 활동으로 고용창출에 기여할 수 있을 것이라고 한다. 또한, 가계에게 근로소득세를 감면해주는 만큼 주택분 토지세나 상가의 토지세를 더 많이 납부하도록 한다. 이 결과, 가계는 부동산 투기라는 비(非)생산적 활동이 아니라 상품과 서비스를 만드는 생산적인 일에 열중할 가능성이 높아질 것이다.

여섯째, '개발이익환수제'를 재도입하여 도시계획시설의 설치, 도시개발, 재건축 등의 공공사업 시행, 용도지역·지구·구역의 변경, 농지와 산지 전용 등의 용도전환 등에 적용해야 한다는 것이다. '개발이익환수제'는 국지적으로 일어나는 개발, 즉 토지의 용도나 밀도 변경으로 발생하는 불로소득을 환수하는 장치다.

일반적으로, 재개발이나 재건축을 하게 되면 토지사용의 밀도가 변경되는데, 이 과정에서 발생하는 것이 '개발이익'이다. 개발이익은 토지 불로소득의 일종으로서 이것을 사유화하게 되면, 아직 멀쩡한 건물을 허물어버리는 자원낭비가 초래되고, 난개발·막개발과 같은 환경파괴가 일어나게 된다. 따라서 개발이익을 포괄적으로 환수되어야 한다는 것이다.

(2) '포괄적 복지'를 위한 '사회보장세'의 도입

저자는 19세기 말 헨리 조지(Henry George)의 경제사상을 존중하여 21세기 글로벌 경제 패러다임에 적합한 '지대조세'(Land Value Taxation)의 형태로써 '토지 불로소득'에 대한 '사회보장세'를 부과하여 그 세수(稅收)로써 '포괄적 복지'(Comprehensive Welfare)를 위한 사회보장기금(Social Security Fund)을 확충할 것을 제안한다.[47] 그 추진전략은 다음과 같다.

헌법재판소가 세대별 합산에 대한 위헌 판결(2008년)을 존중하여, 이미 유명무실한 현행 주택분 '종합부동산세제'(국세)를 폐지하고 부동산(현재 토지와 건물을 합한 고정자산)의 보유를 건물 보유와 토지 보유로 분리하여 비(非)업무용 기업의 토지와 비(非)생계용 가계의 토지의 순(純)현재가치 증가분, 즉 토지보유기간 동안 발생한 연간 지대(地貸)의 현재가치 총액에서 토지매입 지가(地價)의 원금(元金) 및 이자(利子)지급액을 공제한 금액에 대하여 '사회보장기금'(Social Security Fund)

47 사회보장기금의 창출·조성·투자에 관한 저자의 동태적 모형은 본서의 제 Ⅷ장에 분석되어 있다.

을 조성하기 위한 목적으로 일정한 세율의 '사회보장세'(Social Security Tax)를 부과하되 관련 기업에 대하여서는 법인세를, 관련 가계에 대하여서는 건물보유에 대한 건물분 재산세 및 거래세(취득세와 등록세)를 각각 감면하는 세제개혁안을 제안한다. 그 징수액을 사회보장기금으로 확충하여 누란지위(累卵之危)에 놓여 있는 사회보장제도(국민연금제도와 국민건강보험제도 등)의 재정 확충에 충당할 것을 제안한다.

상기한 저자의 세제개혁안은 남기업(2007, 2010, 2011)의 그것으로부터 많은 '영감'과 '용기'를 얻은 것임을 고백하면서, 이들의 연구와 저자의 세제개혁안을 비교하면 다음과 같다.

① 우선, 김윤상(2009 및 2010)과 남기업(2007, 2010, 2011)의 세제개혁안은 토지 불로소득 환수를 위한 '토지가치세'의 도입을 골자로 하는 세제개혁이다. 즉, 토지를 소유·사용하는 사람은 토지가치에 비례해서 사용료를 납부하게 하고, 그 대신 경제에 부담을 주는 다른 세금들은 감면하는 패키지형 세제개편이다.

② 신규 조세의 명칭에 있어서, 저자는 '사회보장기금세'(Social Security fund Tax)를, 김윤상·남기업 교수는 헨리 조지(Henry George)의 '토지가치세'(Land Value Tax)의 개념을 빌려 '토지보유세' 혹은 '국토보유세'를 각각 사용하고 있다. 저자는 '사회보장기금세'라는 명칭이 김윤상·남기업 교수의 '토지보유세' 혹은 '국토보유세'에 비하여 '본래의 목적'에 더욱 더 부합된다고 생각한다.

③ 김윤상(2009 및 2010)과 남기업(2007, 2010, 2011)은 기업의 비(非)업무용 토지뿐만 아니라 업무용 토지에 대하여 중과하되 법인세를 감면하고 가계의 거주용 주택분 토지와 생계형 상가의 토지에도 중과

하되 근로소득세를 감면하는 방식으로 기업과 가계로 하여금 신규 '토지 혹은 국토 보유세'의 신설에 대한 찬성으로 유도 혹은 설득할 수 있다고 생각한다.

그러나 저자는 기업이 보유하고 있는 업무용 토지와 가계가 소유하고 있는 거주용 주택분 토지와 생계형 상가의 토지는 '토지가치세'의 부과대상에서 제외한다. 저자는 김윤상·남기업 교수가 제안하는 기업의 업무용 및 비(非)업무용 토지와 거주용 주택분 토지 및 생계형 상가의 토지에도 토지보유세를 중과하는 것은 애초부터 실현 불가능하거나 중도에서 폐기될 수 있을 것으로 예상된다. 그 근거로서 노무현 정부 당시 '종합부동산세'로 인하여 한국 사회가 겪었던 홍역을 상기할 수 있다.

④ 김윤상·남기업 교수는 '토지가치세'의 산정에서 토지보유 기간동안 발생한 연간 지대(地貸)의 현재가치 총액에서 토지매입의 지가(地價)의 이자(利子)지급액을 공제한 금액에 부과할 것을 주장한다. 그러나 저자는 상기의 이자(利子)뿐만 아니라 토지매입 당시의 원금(元金)까지 공제한 금액에 부과할 것을 제안한다.

⑤ 김윤상(2009 및 2010)과 남기업(2007, 2010, 2011)은 가계의 경우 거주용 주택분 토지와 생계형 상가의 토지에 '토지가치세'를 중과하고 그 대신 근로소득세를 감면하자고 제안한다. 그러나 본 연구는 거주용 주택분 토지와 생계형 상가의 토지에 '토지가치세'를 부과하는 것을 반대할 뿐만 아니라 근로소득세의 감면도 반대한다. 아마도 김윤상(2009 및 2010)과 남기업(2007, 2010, 2011)은 근로소득세의 현황과 그 중요성을 감안하지 못한 것 같다.

전술한 바와 같이, '사회보장기금'을 조성하기 위한 '사회보장세'의 도입 및 이를 위한 세제개편으로 창출될 수 있는 기대효과는 다음과 같다 :

첫째, 저자는 세법 전문가는 아니기 때문에 다음과 같은 남기업(2007, 2010, 2011)의 추정 결과를 인용한다. 토지보유세(국세의 국토보유세 + 지방세의 재산세)의 실효세율을 1.5%로 높이는 경우, 무려 연간 74조 원의 세수를 확보할 수 있다(남기업, 2011). 구체적으로, 2009년 말 공시지가로 계산하면, '토지보유세'는 약 74조 원[(3,464조 원/0.7)× 0.015]을 징수할 수 있는데, 이는 지대(地代)의 약 40% 정도가 되는 것으로 추정된다(남기업, 2011). 토지의 연간 임대가치(지대) 총액은 2009년 현재 재산을 소득으로 환산하는 비율에 따라 연간 약 104조 원 내지 173조 원이 된다. 전자는 보수적 기준인 3%를, 후자는 보건복지부의 현행 기준인 5%를 각각 적용한 것이다(변창흠 · 안규오, 2009 ; 남기업, 2009).

둘째, 한국의 토지 불로소득의 사유화가 소득분배의 불균등과 양극화의 근본적 요인이다(임양택, 2007). 구체적으로, 행정자치부 발표자료에 의하면, 2005년 12월 현재 주민등록 총 세대 1,785만 세대의 60%인 1,070만 세대만이 개인 토지를 소유하고 있다. 토지가액 기준의 세대 분포를 보면, 1천만 원~5천만 원 사이가 728만 세대(40.8%)로 가장 높은 비중을 차지하며, 10억 원~50억 원의 토지소유자는 14만 세대(0.778%), 50억 원~100억 원의 토지소유자는 6,600세대(0.037%)이고, 100억 원 이상 토지소유자도 1,900세대(0.01%)로 각각 집계되었다.

참고로, 통계청이 2008년에 발표한 「2007년 말 기준 국가자산통계 추계결과」에 따르면 2007년 현재 한국의 토지가격은 GDP의

3.7배로 프랑스(3.0배), 미국(2.8배), 호주(2.8배), 캐나다(1.1배), 일본(2.4배, 2006년 기준) 등 주요국보다 높게 나타났다. 이 발표에 따르면 2007년 한국의 토지가격은 3조 5,780억 달러로 면적이 100배에 달하는 캐나다 토지가격의 2.3배에 해당하고, 한국의 77배에 달하는 호주의 토지가격의 1.4배에 달한다.

한편, 세대별 토지소유 분포의 편중도를 나타내는 지니계수는 극단적 불평등일 때 1이고, 완전 평등일 때 0인데, 동 계수(토지소유 세대만을 중심으로 계산한)는 면적 기준으로 보면 0.81, 가액 기준으로 보면 0.64로 매우 높다. 상기의 수치는 토지를 소유하는 세대간의 편중도를 나타내므로, 토지를 소유하지 않은 세대까지 포함한 전체 세대를 고려해 세대별 토지소유 분포의 지니계수를 계산해보면 면적 기준으로 0.89, 가액 기준으로 0.79로 더 높아진다.

상기와 같은 극심한 편중도를 보이는 토지소유 구조 하에서 토지가격이 급격히 상승했다. 한국토지공사의 자료로 과거 30년간 지가상승률을 5년 단위로 계산해보면, 최근 5년간(2001~2005) 전국 지가상승률이 24.6%이다. 2005년 현재, 공시지가 총액은 2,176조 원이므로 5년간 지가상승액이 430조 원으로 계산된다.

상기와 같은 엄청난 금액이 모두 토지소유자에게 불로소득으로 귀속되었다. 게다가 토지소유가 심하게 편중되어 있는 까닭에 불로소득은 상위계층의 추가소득으로 귀속되었으며, 그 결과 토지로 인한 계층간 소득양극화가 얼마나 심해졌을지 짐작해볼 수 있다.[48]

---

48 이러한 소득양극화 문제는 지가상승률이 훨씬 더 높았던 1990년대 이전에는 더욱 심했다. 1980년대 말 전국적인 부동산투기 광풍으로 주택가격과 전·월세 값이 폭등하여, 1990년 4월 이사철에는 폭등한 전·월세 값을 감당할 수 없어 당장 길거리에 나앉게 된 세입자 17명이 귀중한 생명을 스스

이 결과, 부동산 자산소득의 격차를 보면, 최상위 5%(약 50만 가구)가 보유한 부동산 보유액은 전국 부동산 총 시가 4,500조 원의 약 50%인 2,250조 원로 추산된다. 이들의 가구당 부동산 보유액은 50억~100억 원으로 추정된다.

한편, 행정자치부가 발표(2007년 10월)한 「2006년 토지소유 현황 통계」에서도 확인할 수 있다. 즉, 2006년 말 기준으로, 한국의 토지 소유자 중에서 상위 1%(50만 명)가 민유지의 57%, 상위 10%(약 500만 명)가 민유지의 98.4%를 소유하고 있는 것으로 나타났다. 참고로, 삼성전자가 소유한 부동산은 18조 7천 억 원이고, 롯데는 9조 5천 억 원, 현대자동차 8조 7천 억 원, LG는 6조 1천 억 원, SK는 7조 7천 억 원으로 조사되었다(국민일보, 2005. 9. 25).

상기와 같이, 토지소유의 극심한 집중도에 따른 토지 불로소득을 추계해보면 다음과 같다. 1998년 이후 남한 지역에서 최근 10년간(1998년~2007년) 발생한 토지 불로소득의 전체 규모는 약 2,002조원이었던 반면에, 조세 및 부담금을 통하여 환수된 토지 불로소득의 징수액(취득과세 + 보유과세 + 이전과세 + 개별부담금)은 약 116조원(즉, 환수비율이 5.8%에 불과)으로 추산된다(변창흠 · 안규오, 2009; 남기업, 2009). 따라서 이러한 상기의 천문학적 불로소득(총 1,886조 원)이 한국 사회의 빈부격차의 주된 원인임을 알 수 있다.

따라서, '토지가치세'를 부과하면, 토지가치가 상승하더라도 그 이익이 토지소유자에게 가지 않고 조세로 모두 징수되므로 소득과 부(富)의 분배가 토지 불로소득에 의해 악화되는 것을 사전에 방지

로 끊었다. 그중에는 아내와 두 자녀와 함께 동반자살한 가정도 있었다. 집주인이 올려달라고 한 금액은 불과 200만 원이었는데, 그 가정은 그 돈을 마련할 수 없었던 것이다.

할 수 있다.[49]

셋째, 토지 불로소득에 부과하는 '사회보장세'는 주택난을 해결하는데 매우 유용한 제도가 될 것이다. '토지가치세', 즉 '사회보장세'를 부과하면 조세가 지가(地價)로 자본화(capitalization)되어 지가가 하락하게 되므로 토지개발 희망자가 토지를 쉽게 취득할 수 있고 그로 인해 토지개발이 촉진될 수 있을 것이다. 특히, 서민의 '내 집 마련의 꿈'을 상대적으로 쉽게 이룰 수 있다. 왜냐하면 택지가격이 주택가격의 50%를 상회하여, '지대조세'를 부과하면 택지가격이 거의 0이 되므로, 주택가격이 절반 정도로 대폭 낮아질 것이기 때문이다.

부동산 정보업체인 부동산뱅크에 의하면, 2006년 말 현재, 전국 아파트값 총액은 1,439조 원으로, 2005년 말의 1,105조 원보다 334조 원(30.3%)이나 폭등했다. 전술한 바와 같은 토지가격 상승과 더불어 주택가격도 상승해 무(無)주택자의 주택구입이 점점 어려워지고 있다.

한 해 동안 서울의 아파트 시가총액이 153조 원(34.7%)이 늘어나 2006년 말 현재 593조 원에 달했는데, 이는 전국 아파트 시가총액의 41.2%에 해당하는 금액이다. 대한주택공사의 "연도별 아파트 평당 분양가 현황"에 따르면 수도권 주공아파트 공급가격은 2002년 평당 413만 원에서 2003년 521만 원, 2004년 536만 원, 2005년 610만 원, 2006년 1,218만 원으로 4년 사이에 약 3배나 인상되었다. 그 결과, 서민이 3억 원짜리 집 한 채 장만하려면 매달 100만 원씩 24년을 저축해야 하며(연리 5% 단리 기준), 교육여건과 생활여건이 좋은

49 박성욱(2007)은 토지보유에 대한 증세는 상위집단의 후생수준은 낮추는 반면 하위집단의 후생수준은 높이는 효과가 있다는 분석결과를 발표했다.

10억 원대의 강남 주택을 마련하려면 무려 80년이 걸려야 가능하다.

넷째, 상기의 세제개혁안(토지불로소득에 대한 사회보장기금세의 부과)은 비단 북지재정의 기반을 공고히 할 수 있을 뿐만 아니라 소득분배 구조의 불평등과 양극화의 근본 요인을 제거할 수 있을 것으로 기대된다. 나아가, 상기의 사회적 자본(social capital)은 인적 자본(Human Capital)을 질적으로나 양적으로 증가시키는데 투입됨으로써 경제성장에 크게 기여할 수 있다(Yang-Taek Lim, 2007). 즉, 인적자원이 주도하는 경제성장 패러다임 즉 '고용창출형 성장'(Job-Creating Growth)이 필요한 것이다. 고학력 청년, 저(低)출산에 의하여 증가된 여성 노동력, 고령화로 인하여 발생된 노인 인력이 각각 취업의 기회를 갖도록 하는 것이 경제성장임과 동시에 복지국가 건설의 관건인 것이다.

구체적으로, 정부가 실직자 교육훈련과 공공 일자리 창출을 위하여 '적극적 노동시장 정책'(Active Labor Market Policy)을 추진해야 한다. 노동시장에서의 교육훈련 예산을 늘려 상기한 계층들이 중산층으로 가는 사다리에 오를 수 있도록 도와주어야 한다. 이를 위한 한국정부의 예산 비중이 고작 국내총생산(GDP) 대비 0.1%수준이다. 이것은 경제협력개발기구(OECD) 평균(0.5%)에 비해 5분의 1에 불과하다.

다섯째, '사회보장세'로 조성된 사회보장기금은 남한 주민의 복지문제뿐만 아니라 통일 후 북한 주민의 최저 생계비 지급을 통하여 남북한 주민의 사회통합(Social Integration)을 추구할 수 있는 소중한 재원이 될 수 있다.

참고로, 통일연구원 및 대외경제정책연구원은 2013년 통일을 가정할 때 초기 1년간 최소 553조 원의 체제통합비용이 소요될 것이며, 만약 북한 주민의 사회보장 수준을 남한 주민의 최저생계비 수준으로 맞춘다면 249조 원이 필요할 것이라고 발표했다(조선일보, 2011. 07. 12). 그 재원조달 방법은 2015년부터 남·북한 신뢰 구축에 따른 점진적 국방비 절감을 통하여 2015~2040년의 25년간 총 5,853억 달러(약 633조 원)의 국방비 절감액, 통일 후 국가 신용도 상승에 따른 해외자본 조될 수 있을까? 2015년부터 남·북한 신뢰구축이 가능할 것인가? 설혹 남·북한 신뢰 구축이 가능하더라도, 한국의 국방비가 절감될 수 있을까?

아무쪼록, 저자는 상기의 '장밋빛' 청사진이 부디 실현되기를 간절히 소망한다. 만약 상기의 시나리오가 실현되기 어렵다면, 그러한 불확실성 하에서 한국 사회의 균열과 엄청난 사회적 내용을 고려하여 전술한 저자의 '사회보장세'가 정착 및 가동되어 한국 사회가 선진 복지사회로 발전될 수 있기를 기도한다.

5) 한국의 토지개혁과 토지관련 세제

(1) 한국의 토지개혁

① 「농지개혁법」의 제정(1949. 06. 21)[50]

1949년 6월 21일 『농지개혁법』을 제정하여 경자유전(耕者有田)의 원칙을 실현하고 농민의 농지소유상한을 원칙적으로 3정보로 한정하는 등의 농지개혁[51]을 단행하였다.

---

50 김연철(2010), "해방 뒤 토지개혁이 실패했다면", 한겨레 21, 제 800호(2010. 03. 05)를 참조.

51 북한의 '토지개혁'에 대응하여, 남한에서는 '토지개혁'을 '농지개혁'이라고 부른다.

이승만 대통령이 '농지개혁안 실시에 관한 건'(1950. 3. 27)에서 밝힌 취지는 "*농민들에게는 농지를 제공해 자작농으로 육성하고, 지주들은 보상과 적산불하 등을 통해 산업자본으로 육성하겠다*"는 것이었다. 농지개혁으로 전근대적 지주계급이 해체되었고, 산업자본이 형성되었으며, 그 결과 경제 근대화의 기초가 마련됐다. 인민군이 쳐들어왔을 때, 농민들이 호응하지 않았던 이유가 바로 토지를 가졌기 때문이라는 주장도 성립된다.[52]

한국의 토지개혁은 분단과 전쟁이라는 무대 위에서 이루어졌다. 해방 이후 북한에서는 토지개혁이 신속하게 추진됐다. 소련 군정의 '인민민주주의 혁명론', 식민지 시기 급진적 농민운동의 경험, 그리고 농민들의 오랜 열망이 결합된 결과였다.

상기와 같은 배경 하에서, '농지개혁'은 전(前)근대적 지주계급을 해체함에 따라 신분질서에서 해방된 농민의 자녀들은 교육의 기회를 가질 수 있었고, 산업화와 함께 당당한 대한민국의 시민으로서 직장을 가질 수 있었다. 사실, 농지개혁이 이루어지지 않았다면, 지주계급의 기득권은 민주주의 발전을 가로막았을 것이며, 오늘날 재벌의 족벌체제에 못지않은 사회경제적 발전의 저해요인이 되었을 것이다. 또한, '농지개혁'은 산업자본을 형성하였으며, 그 결과 민주주의와 근대화의 기초를 마련했으며, 한국 사회가 전통적 농업국가에서 현대적 공업국가로 전환하는 길을 열었다.

---

52 토지개혁 과정에 미국이 적극적으로 개입했다는 사실이다. 냉전시대 동아시아에서 안정적인 반공국가를 만들기 위해서는 농민의 지지가 필요했다.

② 「**부동산투기제와 지가 안정을 위한 종합대책**」(1978)

제 1차 경제개발 5개년 계획(1962~1966)이 실시된 해부터 토지문제에 관하여 가장 극단적인 조치를 취하였던 『부동산 투기억제와 지가 안정을 위한 종합대책』(1978. 8 .8, 이른바 8·8조치)이 단행됐다.

③ 「**부동산 종합대책**」**(1988. 08. 10)과**

'토지공개념' 3법의 제정(1989. 12. 30)

제9차 헌법 개정(1987. 10. 29)이 마무리 되면서 정치적 상황은 어느 정도 안정을 찾았지만, 노사분규와 더불어 부동산 문제는 사회 안정을 위협하는 중요한 문제로 부각됨으로써, 정부의 강력한 투기억제대책이 연이어 발표됐다.

1988년 8월 10일 발표된 『부동산 종합대책』(이른바 9·10 조치)은 검인계약서의 도입 및 동기 의무화 추진·양소득세의 강화·종합토지세의 도입·지가 체계의 일원화 등을 결정하였으며, 토지의 공개념을 바탕으로 한 광범위한 토지제도의 개혁을 검토하게 되었다.

구체적으로, 부동산정책위원회(부총리 위원장)는 「토지공개념 연구위원회」[53]를 설치하기로 결정하여 택지소유상한제, 개발이익환수제,

---

53 토지 공개념이라는 용어가 거론된 이래, 주로 공법학자들은 이 용어를 비교적 즐겨 사용하였지만, 대체적으로 사법학자들은 이 용어의 사용을 자제하면서 오히려 '토지 소유권의 제한'을 사용하는 것이 바람직하다는 다소 비판적인 입장이었다. 그 주된 논지를 살펴보면 다음과 같다 :

첫째, 토지공개념은 소유권의 내용인 사용·수익·처분권을 용익소유권과 처분소유권으로 나누어 전자는 소유자에게 후자는 국가에 귀속시키는 행위로서 중세 봉건적 토지 소유권으로의 복귀를 뜻하거나 더 나아가서 토지에 대한 사적 소유권을 부정함으로써 토지의 국유화 또는 공유화라고 혹평하며, 토지공개념의 실시는 사유재산제도에 대한 위기라는 주장도 제기되었다.

둘째, 개인의 자율성을 침해하고 규제를 통한 국가통제를 강화하는 것은

실수이익환수제, 실수요자 위주의 토지거래규제, 기업의 투기 억제 등 5개 분과로 나누어 연구하도록 하였다. 그 결과, 1989년 말「택지소유상한에 관란 법률」(1989. 12. 30, 법률 제 4174호로 개정되었다가, 1998. 09. 19, 법률 제5571호로 폐지됨),「개발이익환수에 관한 법률」(1989. 12. 30. 법률 제 4175호),「토지초과이득세법」(1989. 12. 30, 법률 제 41747호로 개정되었다가, 1998. 12. 28, 법률 제5586호로 폐지됨)등 이른바 토지공개념 3법이 압도적인 여론의 지지를 받으면서 국회를 통과하여 제정될 수 있었던 것이다.

④「**부동산등기특별조치법**」**(1990. 08. 01)**

또한, 부동산투기 억제책으로서「부동산등기특별조치법」(1990. 08. 01, 법률 제 4244호)을 제정하여 관인계약서의 사용과 등기를 의무화 하였으며,「부동산실권리자 명의등기에 관한 법률」(1995. 03. 30, 법률 제 4944호)을 제정하여 그동안 탈세와 투기 등의 수단으로 악용 되었던 명의신탁을 금지하는 입법적 조치를 단행하였다. 이러한 법률은 투기적 거래를 원천적으로 봉쇄하기 위한 획기적인 법률임과 동시에 토지법의 공법적 성격과 사법적 성격을 모두 갖춘 법률이라고 평가할 수 있을 것이다(김상용 · 정우형, 2004, p36).

그리고 이 시기에 가장 주목하여야 할 내용은 공공복리를 강조하는 토지에 대한 공익과 국민의 재산권 보장을 최우선 과제로 강조하는 사익의 갈등을 조정할 수 있는 기구로서 헌법재판소가 설치되었다는 점이다. 1988년 9월 1일 설립된 헌법재판소는 오늘에 이

사경제질서의 왜곡을 초래하여 자유민주주의의 근간인 사적 자치의 원칙을 근원적으로 흩뜨려 놓은 결과를 초래할 것에 대한 깊은 우려를 표시하는 견해도 있었다.

르기까지 수없이 많은 토지와 관련된 헌법재판소 결정을 내리고 있는데, 「국토이용관리법」상의 토지거래허가제는 헌법에 위반되지 않는다고 판시하였으며, 토지공개념 3법 중의 하나인 「토지초과이득세법」에 대해서는 헌법불합치 결정(헌법재판소 1994. 07. 29)을 하여 그 내용을 개정하도록 하였다(1994. 12. 22, 법률 제 4803호 일부 개정).

⑤ IMF 관리체제 하에서 '토지 공개념 제도'의 폐지

1997년 말 한국 결제가 극심한 외환위기를 겪으면서 IMF 관리체제에 편입된 이래 국내 경기는 침체되고 그와 더불어 부동산 시장의 침체도 매우 심각한 상태가 되었다. 부동산 가격의 폭락은 기업 및 가계의 자산 가치를 급격히 감소시키게 됨으로써 투자 수요와 소비 수요 등 경제를 수요기반을 약화시키면서 소득 감소와 수요 감소의 악순환을 형성하는 불황이 우려되는 상황이 발생하였다.

이에 따라 투기 억제 일변도의 정책기조는 상당한 변화를 초래하게 되었으며, 부동산 시장 개방 등 토지정책과 입법에도 상당한 변화가 야기되었다. 부동산 시장을 활성화하기 위한 측면에서 토기거래허가와 신고 구역을 전면 해제 하였으며, 각종 토지 거래 규제도 완화하는 조치를 취하게 되었다. 결국, 적극적인 국민여론의 지지를 받아 확대 도입되었던 토지 공개념 제도도 대폭 완화되었다. 즉, 택지소유상한제와 토지초과이득세제를 폐지하였으며, 개발부담금은 1999년 12월 31일까지 부과를 중지하였다.

또한, 침체된 부동산 시장을 활성화하기 위한 방안으로서 각종 세제와 금융 지원책에 강구되었다. 이를테면 특별부가세를 면제하거나 폐지하였으며, 취득세와 등록세면제, 양도 소득세 인하, 법인의 비업무용 토지에 대한 취득세 중과세 규정의 폐지 등의 정책이 부동산 시장의 활성화 방안으로 추진되었다.

전 국토의 37%에 지정되어 있던 토지거래 신고구역을 전면 해제하였고, 당시 전 국토의 31.9%에 걸쳐 지정되어 있던 토지거래허가 구역 중 극소수의 일부(택지개발예정지구 등 대규모 개발사업 주변지역 3.3%)를 제외하고 토지거래 허가구역을 전면적으로 폐지되었다.

⑥ 「**국토의 난개발방지 종합대책**」(2000. 05. 30)

그런데 1999년 12월 IMF 관리제세를 벗어나면서 부동산 경기도 서서히 살아나기 시작하자 수도권 주변의 준농림지를 중심으로 난개발의 문제가 제기되기 시작하였다. 이에 정부는 2000년 5월 30일 「국토의 난개발방지 종합대책」을 발표하고 국토이용 및 관리체계를 「선 계획, 후 개발」 체계로 개편하는 정책방향을 제시하였으며, 이러한 방향에 따라 종전의 「국토이용관리법」과 「도시계획법」을 「국토의 계획 및 이용에 관한 법률」로 통합 제정하였다. 이와 함께 종전의 「국토건설종합계획법」과 「국토이용관리법」의 일부 규정을 통합하여 「국토기본법」을 제정하였다.

토지 시장은 비교적 장기적으로 안정세를 유지하고 있었지만, 2004년 이후 개발예정지역을 중심으로 토지 가격이 상승하는 추세를 보이기 시작하였다. 정부가 행정복합도시·혁신도시·기업도시 등 대규모 국책사업계획을 발표하자 개발이익을 기대한 투기적 수요가 확산되고 토기 보상금이 공익사업의 주변지역에 유입되어 수요가 증가하였다.

이에 따라 정부는 2005년 8월 31일 「서민주거 안정과 부동산투기 억제를 위한 부동산 개혁방안」(이른바 8·31대책)을 발표하였다. 그 주된 내용은 토지 시장의 안정을 위한 다음의 2가지 정책이다.

첫째, 부도안 거래 투명화 정책이다. 부동산 거래시에 실제 가격의 신고를 의무화(2006년 1월 1일부터 시행)하고, 부동산 등기부에 실거래 가격을 기재하도록 부동산등기법을 개정하였다.

둘째, 토기시장 안정정책을 위하여 토지수용정책을 단계별로 강화하였다. 즉, 취득 단계에서는 토지거래허가제의 실효성을 제고시키고, 개발단계에서는 부담금제를 정비하며 보유 단계에서는 보유세를 합리화하고, 양도단계에서는 양도세를 강화한다는 것이었다.

한편, 헌법 재판소는 '토지거래허가제'는 합헌이라고 결정하였다. 즉, 『*국토이용관리법상의 토지거래허가제는 투기적인 거래라고 인정되는 경우에 일정한 기간 동안만 토지의 처분권을 제한하는 것이므로 헌법상의 재산권 법정주의에 형식적으로나 실질적으로 합치되는 것이어서 위헌이라고 볼 수 없고, 오히려 토지의 정상적인 거래를 유도함으로써 헌법의 이념을 실현시키는 것이며, 또한 재산권의 본질적인 내용의 침해란 그 침해로 재산권이 본래의 목적을 달성할 수 없을 정도로 유명무실하게 되는 것을 말하는데, 토지거래허가제는 토지의 처분을 전면적으로 금지하는 것이 아니라, 특정지역에 한해서 일정한 기간을 정하여 정상거래가 아닌 투기적 거래 등일 경우에만 제한하는 것이고, 또한 구제정차로서 토지소유자에게 불허가처분에 대한 이의 신청권과 토지 매수청구권을 부여하고 있으므로 사유재산권의 본질적인 내용을 침해하는 것이라 할 수 없다.*』

(2) 한국의 토지관련 세제[54]

로크(John Locke)의 '노동가치설'(Labour Theory of Value)에 따르면, 토지의 소유권은 노동의 대가에 근거한 것이며 토지는 공유될 뿐이기 때문에 노동의 대가가 아닌 개발이익은 모든 시민의 공유물이라 할 수 있다고 하였으며, 밀(John Stuart Mill)은 자연상태에 있어서의 토지 소유권은 어느 특정인의 독점물이 될 수 없고 토지를 생산적으로 이용하지 않으면 토지에 대한권리는 인정될 수 없다고 하여 토지소유권의 절대적 소유사상을 부인하였다.

이러한 사상에 근거할 경우 모든 개발이익에 대한 환수가 가능하다. 김상용·정우형(2004)은 개발이익의 환수에 관해서는 토지소유자의 노력에 의하지 않는 불로소득이므로 개발이익은 토지가치배분의 형평성을 유지하기 위하여 전액 환수되어야 논리적으로 타당하다고 주장한다.

토지는 자연이 국민 모두에게 무상으로 준 것이므로 제도의 개선과 정착을 통하여 궁극적으로는 토지소유자의수탁자 내지는 관리인에 불과하다는 사고를 제도화할 수 있을 것이라고 말한다. 토지공개념을 적극 옹호하는 입장이다.

헌법 제122조는 국토의 효율적 이용, 개발과 보전을 위하여 법률이 정하는 바에 의하여 그에 관한 필요한 제한과 의무를 부과할 수 있도록 규정하고 있다.

우선, 국토이용관리법에는 "*국토는 모든 국민의 복리증진을 위한유한한 자원이며, 공통기반임에 비추어 그 이용에 있어서는 공공복리를 우선시키고 자연환경을 보전(保全)함과 아울러 지역적 제 요*

---

54 류점동(2009)을 참고하여 저자가 재구성 요약한 것임을 밝힌다.

건을 충분히 고려하여 토지가 합리적으로 이용되고 적정하게 거래되도록 함으로써 양호한 생활환경의 확보와 국토의 균형 있는 발전을 도모함을 그 기본이념으로 한다'고, 명시되어있다. 또한 "*국가 지방자치단체 또는 정부투자기관의 개발 사업이나 정리사업 등에 의하여 토지소유자가 자신의 노력에 관계없이 지가가 상승되어 현저한 이익을 받은 때에는 국가가 그 이익을 환수*'할 수 있도록 각각 규정하고 있다.

개발이익환수에관한법률 제2조의 1에 의하면 개발이익이란 "개발사업의 시행, 토지이용계획의 변경, 기타 사회 경제적 요인에 의하여 정상지가상승분을 초과하여 개발사업을 시행하는 자 또는 토지소유자에게 귀속되는 토지가액의 증가분"을 가리키고 있어 우리나라에서도 개발이익이 유형·무형의 개발행위에 따라 발생하는 가치의 증가를 의미한다. 토지가치의 상승요인으로서 토지소유자의 투자, 공공의 투자, 도시 계획적 결정, 기타 사회·경제적 요인을 들 수 있다.

① **부동산투기억제세제**(1967. 11. 29)

1960년대 중반에 제1차 경제개발5개년계획의 성공적 추진으로 유동성이 풍부해지면서 부동산투기가 발생하였다. 부동산 투자를 억제하여 부동산에 투자 되는 비생산적인 자금을 생산적인 자금으로 유도하고 지가안정을 도모할 필요가 있었다. 부동산투기억제세는 부동산투기로 발생하는 양도차액을 과세하기 위하여 「부동산투기억제에관한특별조치세법」(1967. 11. 29 제정)에 의해 도입되었고, 이로써 한국에서 최초로 자본이득에 대한 과세가 시작되었다. 세액은 과세표준액에 세율 50/100을 곱한 금액으로 하였다. 그러나 부동산 투기억제세는 2차에 걸친 법 개정 이후 결국 폐지(1974. 12. 24)되었다.

○ 제3조 : 투기억제세 과세대상은 서울·부산·대구·인천·대정·광주와 그 인접 시·읍·면 및 고속도로 중심선에서 4km이내에 있는 토지였다.

○ 제4조 : 토지를 양도하거나 양도한 것으로 보는 개인 또는 법인을 과세의무자로 하였다.

○ 제8조 : 과세표준은 이들 지역에서 발생한 토지양도차액이고(제1항), 공지(空地)에 대하여는 2년 마다 차익(空地差益이라 함)이 있는 것으로 보고 그 차익에 대하여 부과하였다(제2항).

○ 제9조 : 토지의 양도차익은 양도 당시의 시가표준액에서 취득 당시의 시가표준액, 자본적 지출액(설비비 · 낫 등), 양도경비, 취득 당시의 시가표준액에도 도매물가상승률을 곱한 액을 공제한 후 결정되었고(제1항), 공지차익은 시가표준액에서 2년 전의 시가표준액과 도매물가상승률을 곱한 액을 공제하여 결정하였다(제2항).

② 양도소득세제

국민생활의 안정을 도모함과 동시에 경제의 안정 성장 기조를 유지한다는 기본목표로 하여 대통령 긴급조치가 선포(1974. 1. 14)되었다. 이에 따라 세제정책의 기본방향은 소득재분배기능의 강화, 중산층 및 저소득층의 세부담 경감, 경제개발 지원과 기업과세의 개선으로 정해졌다. 국세와 지방세 등은 거의 모든 주요세목에 걸쳐 세법이 개정되었다.

이 때 토지양도와 관련된 세제도 크게 변했다. 먼저, 소득세법을 개정하였다. 그리하여 과세대상을 일정한 토지에 한정하였던 종전의 부동산투기억제세를 모든 토지에 적용하는 양도소득세로 전환하였고 개인에 대한 양도소득 과세와의 형평을 유지하기 위해 법인에 대한 법인세특별부가세를 도입됐다.

양도소득은 재고자산(또는 이에 준하는 재산)이외 자산의 양도로 인하여 발생한 즉, 양도차익에 의한 소득이다. 다시 말해서, 당해 연도에 부동산·주식 등과 같이 자본적 성격의 자산을 양도함으로써 보유기간 동안 자본적 자산의 가치상승에 따라 발생된 자본이득(capital gain)을 말한다. 이러한 자본이득은 일시에 실현된 일시소득이므로, 계속사업 등으로 인하여 발생하는 사업소득과는 차이가 있기 때문에 이들을 구분하여 과세한다.

양도소득세 부과대상은 토지와 건물의 양도로 인하여 발생하는 소득, 부동산을 취득할 수 있는 권리·지상권·전세권과 등기된 부동산임차권 등 부동산에 관한권리의 양도로 인하여 발생하는 소득, 일정한 주식 또는 출자지분의 양도로 인하여 발생하는 소득, 기타 일정한 자산의 양도로 인하여 발생하는 소득 등이다. 여기에서 자산의 양도란 자산에 대한 등기 또는 등록과 관계없이 매도, 교환, 법인에 대한 현물출자 등으로 인하여 그 자산이 유상으로 사실상 이전되는 것을 말한다.

양도소득금액은 양도소득의 총수입금액(양도가액)에서 필요경비를 공제한 금액(양도차익)에 장기보유특별공제액을 공제한 금액으로 한다. 자산의 양도가액은 당해 자산의 양도 당시 기준시가에 의한다. 토지의 경우 지가공시 및 토지 등의 평가에 관한 법률에 의한 개별공시지가에 따라 건물의 경우는 신축가격·구조·용도·위치·신축

년도 등을 참작하여 매년 1회 이상 국세청장이 산정·고시하는 가액에 따라 산정한다. 다만, 당해 자산이 고가주택, 미등기 양도자산, 투기지역내 부동산인 경우에는 양도자와 양수자간에 실제로 거래한 가액(실지거래가액)으로 한다.

또한, 2006년부터 비사업용(나대지, 잡종지, 부재지주 소유 농지, 임야, 목장) 등은 실재거래가로 과세하고 2007년부터는 전면 실재거래가로 과세한다. 본래양도소득세의 과세대상은 부동산과 그 권리, 비상장주식, 기타자산을 모두 포함하고 있지만, 토지 및 건물 등 부동산이 사실상 양도소득세의 대부분을 차지해 왔다. 결국, 연간 발생한 자본이득을 총합산하여 소득세로 부과한다는 당초 취지보다는, 부동산 거래할 때마다 개별적으로 양도소득에 부과된다는 측면에서 실질적으로 부동산양도세로서 운영되어 왔다(한국조세연구원, 2002).

③ 토지초과이득세

토지초과이득세는 1962년 도시계획법을 제정할 당시부터 시행해 온 수익자부담금제를 폐지하면서 도입된 제도로, 토지초과이득세법은 토지공개념을 확대하는 일련의 입법(택지소유상한에관한법률, 개발이익환수에관한법률)과 함께 제정(1989. 12. 30)되어 1990년 1월 1일부터 시행되었다.

그러나 1994년 헌법재판소는 토지초과이득세법 자체에 관한 헌법불합치 결정21)을 하였다. 헌법재판소는 헌법불합치의 이유로 ① 기준시가의 산정기준이나 방법의 시행령으로의 백지위임, ② 지가평가의 불비로 인한 이득 계측의 부정적, ③ 지가하락에 대비한 장치의 결여, ④ 유휴토지 등의 범위의 불합리성, 특히, 임대토지의 획일적 처리, ⑤ 양도소득세 등에서 공제할 수 있는 토지초과이득세액의 불완전 공제에 따른 이중과세 등을 들면서, 위헌결정이 가져올 부작용을 고려하여 변형결정인 헌법불합치결정을 내렸다.

이에 따라 법률 제4807호로 토지초과이득세법이 헌법 합치적으로 개정(1994. 12. 22)되었다. 먼저 과표산정의 법적근거로 마련하고, 세부담의적정성을 높이기 위해 초과누진세율체계를 도입하였으며, 과세대상 토지인 유휴토지의 과세대상범위를 완화하였으며, 조세마찰을 줄이기 위해 지가안정기에는 전국단위의 과세를 중지하고 지가급등 지역에만 과세하도록 하였다. 그러나 외환위기 이후 1998년 경제사정의 악화에 따른 부동산 경기의 침체를 극복하기위한 정책적 목적으로 토지공개념 3법 중 마지막인 토지초과이득세법폐지법률이 폐지(1998. 12. 28)되었다.

다만 토지초과이득세법은 위헌이라서 폐지된 것이 아니라, 경제사정의 악화를 극복하기 위한 정책적 이유로 폐지되었다는 점이다. 헌법재판소는 토지초과이득세의 목적의 정당성을 인정하고 있으며, 미실현 이익에 대한 과세 역시입법자가 채택할 수 있는 정책수단임을 인정하였다.

또한 헌법재판소는 토지공개념에 입각한 토지철학을 부정하는 것은 아니며, 단지 토지공개념의 남용에 대한 경고의 의미를 가지는 것으로 볼 수 있다. 이 해석은 몇 년 후에 있는 헌법불합치 결정에 따라 개정된 토지초과이득세법에 대한 합헌결정에서도 확인할 수 있다.

(3) 「조세특례제한법」의 일부 개정(2011. 07. 25)

최근에, 정부는 「조세특례제한법」의 일부를 개정한 법률을 공포(2011. 07. 25)하였는데, 그 개정 이유 및 주요 내용은 다음과 같다.

○ 개정 이유 및 주요 내용

임대주택의 공급을 확대하기 위하여 자기관리부동산투자회사가 주택을 신축·매입하여 임대업을 영위하는 경우 그 임대소득에 대해 5년간 임대소득금액의 50%를 소득공제 한다는 것이다.[55]

○ 개정 내용

제55조의2제6항을 제7항으로 하고, 같은 조에 제5항 및 제6항을 각각 다음과 같이 신설하였다.

• 제5항 : *자기관리부동산투자회사가 2012년 12월 31일 이전에 대통령령으로 정하는 규모 이하의 주택을 신축하거나 취득 당시 입주된 사실이 없는 대통령령으로 정하는 규모 이하의 주택을 매입하여 임대업을 경영하는 경우에는 그 임대업으로부터 최초로 소득이 발생한 사업연도(임대사업 개시일부터 5년이 되는 날이 속하는 사업연도까지 그 사업에서 소득이 발생하지 아니하는 경우에는 5년이 되는 날이 속하는 사업연도)와 그 다음 사업연도 개시일부터 5년 이내에 끝나는 사업연도까지 해당 주택을 임대함으로써 발생한 소득금액의 100분의 50에 상당하는 금액을 각 사업연도의 소득금액에서 공제한다.*

---

55 본 연구의 논리 전개상 「축사용지에 대한 양도소득세의 감면」에 관한 법률 개정 내용에 관해서는 생략한다. 이 개정 내용은 자유무역협정의 이행으로 생산액 감소 피해가 우려되는 축산농가를 지원하기 위하여 8년 이상 축산업에 사용한 축사용지를 양도하는 경우 양도세를 전액 감면하려는 것이다.

• 제6항 : *제4항 및 제5항을 적용받으려는 자기관리부동산투자회사가 소득공제를 적용받는 사업과 그 밖의 사업을 겸영하는 경우에는 「법인세법」 제113조에 따라 구분하여 경리하여야 한다.*

상기와 같이 개정된 법률로써, 얼마만큼 임대주택의 공급이 활성화되어 서민계층의 주거문제를 해결해 줄 것인지, 혹은 이 조치가 임대소득계층의 불로소득을 더욱 더 증대시킬 것인지는 두고 보아야 할 것이다.

6. 사회보장기금의 투자방안

'한국형 복지사회'를 건설하기 위한 '포괄적 복지'(Comprehensive Welfare)의 성공 여부는 저자가 재원 조달 방안으로서 가설적으로 제안한 '사회보장세'(Social Security Tax)의 징수에 관한 국민합의를 어떻게 도출할 것인가, 이로써 확충된 '사회보장기금'(Social Security Fund)의 수익률을 어떻게 제고할 것인가에 달려있다.

전자는 정치적 문제이므로 본 연구의 분석 범위를 벗어난다. 그러나 후자는 저자의 정책대안('최적 사회보장세'의 도입)을 현실적으로 뒷받침 할 수 있는 중요한 연구 대상이다. 그러한 뜻에서, 저자는 '사회보장기금'(Social Security Fund)을 '영리의료법인' 즉, '영리병원'을 설립 및 운영하는데 투자함으로써 의료서비스의 산업화와 의료관광사업의 활성화를 도모할 것을 제안한다.

1) 의료서비스의 산업화

의료서비스 산업의 1인당 부가가치 비율(48.7%)과 취업유발계수(16.3명)가 제조업의 1인당 부가가치 비율(27.4%)과 취업유발계수(49명)에 비해 각각 훨씬 높아 새로운 성장동력으로 평가된다(한국조세연구원, 2001).

의료서비스의 산업화를 제대로 추진시키기 위해서는, 국민건강보험공단으로 하여금 의료법 제33조 2항(의료기관 개설)에 의거하여 의료기관을 설립할 수 있도록 관련 조항과 동 공단의 정관을 개정해야 한다.[56] 이 경우, 국민건강보험공단은 '영리의료법인'으로서 '영리병원'을 운영할 수 있다.[57]

참고로, '영리병원'이 등장한 최초의 예는 1968년 미국에서 이윤추구를 위한 병원 체인(Chain)인 HCA의 설립이다. 영국, 독일 등 유럽 국가는 예산 절감을 위해 공공병원에 대한 민간 위탁 등이 시행되면서 2000년대 초 '영리병원'이 본격적으로 등장하기 시작했다. 중국은 부족한 병상자원에 대한 민간투자를 허용하고 있다. 이와 대조적으로, 일본과 네덜란드 등은 '영리병원'을 허용하지 않고 있다. 일본과 네덜란드는 비교적 충분한 의료자원을 갖고 있다. 예로

---

56 한국에서는 의료법 제33조 2항(의료기관 개설)이 영리병원의 설립을 금지하고 있다. 이 법률은 의료기관을 만들 수 있는 주체로서 의사·치과의사·한의사나 국가 및 지방자치단체를 명시하고 있다.

57 특별법인 '경제자유구역 지정 및 운영에 관한 법률'에서는 경제자유구역 내에서 보건복지가족부 장관의 허가를 받아 외국의료기관 또는 외국인 전용약국의 개설이 가능하도록 하고 있다. 즉, 외국자본에 의한 영리병원을 허용하고 있는 것이다. 최근 큰 논란 속에 무산(2008. 7. 28)된 제주도 국내영리병원은 '제주특별자치도 설치 및 국제자치도시 조성을 위한 특별법'에 따라 내국인도 제주도에서 외국인과 마찬가지로 영리병원을 운영할 수 있게 허용하자는 방안이었다.

서 일본은 공공병상이 36% 정도에 달해 10% 수준인 한국과 큰 차이가 난다.

한 걸음 더 나아가, 의료서비스의 해외진출을 적극 지원해야 할 것이다. 그러나 2004년 한국의 의료 및 보건서비스 수출 비중은 세계 의료·보건 시장규모의 0.1%에 불과하다(고정민 · 강성욱, 2007). 예를 들어, 한국의 어느 대학병원은 규제의 덫을 피해 1998년 미국 뉴욕에 진출하여 2002년 로스앤젤레스(LA)에서 불임센터를 개설하고 흑자경영을 이어오고 있다. 상술하면, 2005년에는 정상 가격의 20%에 불과한 가격으로 LA의 가장 큰 병원 중 하나인 LA 장로병원을 인수한 뒤 지배구조 개선과 철저한 현지화를 통해 3년 만에 흑자로 전환시켰다. 이 병원의 성공 사례는 한국에서는 이념과 규제의 덫에 빠져 아무것도 할 수 없었지만 해외 시장에서는 의료의 산업화가 가능할 수 있다는 증거이다.

2) 의료관광사업의 활성화

저자는 '사회보장세'에 의하여 확충된 사회보장기금의 투자대상으로서 '의료관광' 사업의 활성화를 적극적으로 고려할 것을 권장한다.

다행히, 보건복지부와 문화체육관광부의 합동으로 개최된 제11차 경제정책조정회의(2011. 6. 8)에서 발표된 의료관광사업 성과 및 활성화 대책에 의하면, 2009년 5월부터 본격적으로 시작된 의료관광사업이 정부의 선제적 재정 투입과 민간 투자 활성화로 인하여 안정적 성장 기반을 구축한 것으로 평가되고 있다.[58]

---

58 참고로 유치실적 및 진료수익은 2009년의 60,201명 및 547억 원에서 2010년

그러나, 아시아 의료관광을 선도하고 있는 태국(156만), 싱가포르(72만), 인도(73만)에 비해 낮은 실적과 한국의료에 대한 낮은 인지도, 부족한 인프라 등은 동 사업 활성화를 위한 걸림돌로 지적되고 있다(보건복지부, 2011).

한국의 의료관광사업의 현황을 보면 2007년에 한국을 방문한 외국 의료관광객은 1만 6,000여 명으로 집계되었으며, 이들이 지출한 의료진료비는 6,160만 달러에 불과하다. 이와 반면에 타일랜드는 2007년에 150여 개의 병원이 110만 의료관광객을 유치해 8억 달러 수입을 올렸다고 한다. 예로서, 방콕 범룽랏병원은 20개국에 '환자유치사무소'를 두고 무려 35만 명을 유치했으며, 싱가포르는 2005년 래플즈병원 등에서 외국인 41만 명을 유치해 5억 4,000만 달러를 벌었다고 한다(조선일보, 2008. 07. 26).

상기와 같이 의료 관광객의 저조한 실적에 비하여, 한국의 의료기술수준은 상대적으로 높다. 미국의 의료기술 수준을 100점으로 칠 때, 한국의 위암·유방암기술은 100점, 흉부외과기술은 96점, 간·심장이식기술은 90점으로 평가받는다(한국경제신문, 2008. 7. 31). 구체적으로 보면, 한국의 의술 수준은 아시아에서 최고로 평가되는 일본의 그것보다 다소 떨어지지만 위암 치료나 골수이식, 신장 및 간 이식, 피부 및 미용성형, 모발이식, 치과치료 등의 일부 분야에서는 오히려 일본의 그것을 앞지르는 것으로 인정받고 있다(한국경제신문, 2008. 07. 31).

게다가, 한국은 의료관광객을 끌어들일 수 있는 높은 가격경쟁

에는 81,789명 및 1,032억 원으로 증가 하였고, 건강관련 여행수지는 2007년 △69.8억 원에서 2008년 △59.2억 원, 2009년△13.2억 원, 2010년 2.2백만 불로 각각 증가하였다.

력을 갖추고 있다. 건강검진에 드는 비용은 한국에서 평균 50만 원이지만 미국에서는 250만~300만 원에 달한다. 항공료를 감안하더라도 한국에서 진료 받는 것이 미국 환자에겐 경제적으로 유리한 셈이다. 예로서 무릎 인공관절 수술이 미국에서는 8만 달러나 들지만 한국에선 1만 달러면 된다. 라식수술의 경우, 미국에서는 4,000달러가, 한국에선 2,000달러가 각각 소요된다.

또한, 중증 질환의 수술이나 성형외과 피부과 치과 등 비보험 치료의 비용을 비교해보면, 한국이 미국 및 일본에 비해 적게는 10~30%, 많게는 절반 수준이다. 치질 수술의 경우, 한국에서의 수술비용은 평균 127만원에 불과하지만 미국에서의 수술비용은 무려 9배인 1,091만 원이 든다. 초기 암의 경우, 한국의 검진 및 수술비용이 200만~300만원이라면 미국의 그것은 3,000만~4,000만 원에 달한다. 유방확대 성형수술도 미국에서의 수술비용은 680만~1,000만 원 수준이지만 한국은 300만~500만 원 선이다(중앙일보, 2008. 03. 07).

[그림 5-4] 한국 의료비의 경쟁력

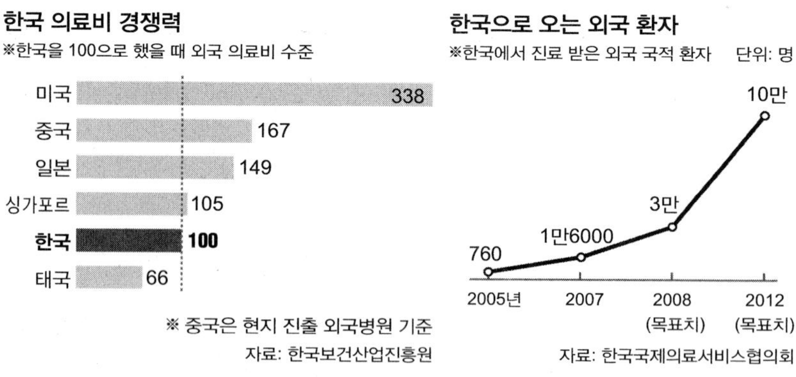

자료: 중앙일보, 2008. 03. 07.

〈표 5-13〉 한국의 의료경쟁력의 SWOT 분석

강점 (Strength)	• 의료진 시설 장비 등 수준 높은 인프라 • 대학병원간 경쟁과 국제교류를 통한 의료발전 • 정부, 병원, 유관기관의 의료산업화 전략 • 타 산업에서 입증된 광고 홍보 마케팅 노하우 • 한국 관광산업의 성장세
약점 (Weakness)	• 언어 소통 애로(필리핀, 인도, 싱가포르는 영어권) • 다인종, 다문화 이해 부족 • 매력적인 관광상품 부족 • 숙박, 교통, 식비 등 높은 체제비
기회 (Opportunity)	• 병원간 인수합병 허용 등 의료제도 개선 • 영리병원 도입 등 의료산업화 • 의료 서비스 개방 등 글로벌화 • 의료관광에 대한 폭발적 관심 유도
위기 (Threat)	• 동남아시아 의료기관의 시장 선점 • 중동(UAE, 요르단 등) 의료기관의 부상 • 중국, 일본 등 주변국 의료수준의 발전 • 주변국의 국가적 전략적 막대한 투자

자료: 한국경제신문, 2008. 07. 31.

따라서 한국의 의료관광 사업을 활성화시키기 위해서는 우선 병원이 환자를 유치하기 위한 소개·알선료 지급을 금지하는 의료법 조항을 폐기하여 한국 병원·의원들이 마음껏 의료관광객을 유치할 수 있도록 해야 할 것이다. 또한, 조만간 '국경 없는 병원, 국경 없는 환자'의 시대를 맞아 의료시장이 개방될 것에 대비하여 관련 인프라를 조성해야 할 것이다. 이러한 시각에서, 인프라 조성을 위한 국민건강보험공단의 가설적 '국민건강보험진흥기금'이 효과적으로 활용될 수 있을 것이다.

상기한 저자의 정책제안이 현실적으로 적합하고 유효할 것이라고 기대되는 이유는 우선 대외적으로 보면 급격히 팽창하고 있는 추세를 보이고 있으므로 의료관광시장의 수요를 충분히 확보할 수 있기 때문이며, 또한 대내적으로도 고령화에 따른 의료서비스 시장이 크게 확대되고 있기 때문이다.

상기의 추세와 수요를 인식하고, 정부는 고부가가치서비스 산업으로서 글로벌 교육서비스, 녹색금융, 콘텐츠·소프트웨어 및 MICE·관광산업과 함께 글로벌 헬스케어를 선정했다. 헬스케어는 세계 의료관광이 2012년 1,000억 달러로 성장할 것으로 예측되고 있는 가운데 국내 의료산업의 경쟁력이 세계적으로 인정받고 있다. 2007년 현재 1만 5,000명인 외국인 환자 유치수를 2013년 12만 명, 2018년 30만 명으로 늘린다는 계획이다. 글로벌 헬스케어는 세계 의료시장은 2004년 400억 달러에서 2012년 1,000억 달러 규모로 성장할 것으로 예상되고 고용창출 효과도 매우 높아 양질의 일자리 창출을 기대할 수 있는 분야이다.

제6장

최적 사회보장 모형

1. P. A. Samuelson 교수의 '최적 사회보장제도'와 '최적 인구성장률'

경제이론의 발전 과정에서 처음으로 시간 변수를 파렛토 최적 자원배분의 분석에 도입시킨 연구는 P. A. Samuelson(1958)이다. 이 연구에서, 사무엘슨 교수는 무한(infinite)의 시간대(time horizon)와 중첩세대(overlapping generation)의 가정 하에서 완전경쟁적 시장의 기능은 반드시 파렛토 최적(Pareto Optimality)을 산출하지 않는다고 주장하였다.[1]

상기의 Samuelson 교수의 이론을 제대로 이해하기 위해서는 우선 Phelps-Koopmans(1965)의 동태적 비효율성(dynamic inefficiency) 이론을 숙지해야 한다. 우선, 그 배경을 설명하면, E. S. Phelps(1962)는 동태적 비효율성 이론을 최초로 제시하였고, 이 이론을 T. C. Koopmans (1965)가 증명하였으며, 이 증명을 기초로 E. S. Phelps(1966)가 상기의 이론을 정립하고 일반화시켰다. 이어서, K. J. Arrow(1969)는 동태적 비효율성이 야기되는 근본 원인으로서 자본시장의 불완전성으로 인한 '단견적'인 저축행위라고 지적하였다(1969, p141).

상기의 Phelps-Koopmans 이론(1965)의 동태적 비(非)효율성 개념 이자율(r)과 인구성장률(n)의 관계로 나타내면 다음과 같다.

$r \leqq n$: Phelps-Koopmans(1965)의 동태적 비(非)효율성

$r = n$: Phelps-Koopmans(1965)의 동태적 효율성

---

1 또한, E. S. Phelps(1966)는 시간 변수가 자원배분의 분석에 도입된다면 파렛토 최적(Pareto Optimality)에 관한 모든 문제들이 새로운 차원에 직면하게 된다고 주장하였다.

본 연구의 분석목표인 최적 세대간 자원배분 모형과 관련된 P. A. Samuelson 교수의 모형은 크게 2가지, 즉 ① '최적 사회보장'(Optimal Social Security), ② '최적 인구성장률'(Optimal Population Growth Rate)인데, 이 두 주제는 모두 밀접한 상관관계를 갖는다. 상기의 두 주제와 관련된 P. A. Samuelson 교수의 주요 이론들을 종합적으로 정리 및 열거하면 다음과 같다.

- ○ 'Pure Consumption Loan Model'에 의거한 '*Impossibility Theorem*'(1958)
- ○ Finite Time Horizon에서 Phelps, Koopmans(1965)의 '*Dynamic Efficiency Theorem*'을 추구한 '*Catenary Turnpike Theorem*'(1965)
- ○ Optimal Capital Formation과 Optimal Consumption Allocation Theorem(1968)
- ○ Two-part(Goldenest) Golden Rule에 기초한 '*Optimal Population Growth Rate Theorem*'(1975a)
- ○ 인구성장률의 변화를 고려한 '*Optimal Social Security Theorem*'(1975b)[2]

전술한 Phelps-Koopmans(1965)의 동태적 비(非)효율성 상태에서 동태적 효율성으로 전환하기 위한 방법으로서 P. A. Samuelson 교수(1975 a and b)는 세대간 자원배분 기능을 갖는 최적 사회보장제도(Optimal Social Security System)와 최적 인구성장률(Optimal Population Growth Rate)을 제시한 것이다. 어떠한 사회보장제도를 선택할 것인가는 주

---

2 본 연구의 〈표 6-1〉에 P. A. Samuelson 교수의 상기한 이론들이 종합적으로 정리되어 있다.

어진 자본축적 상태가 어떠한 것인가에 따라 결정된다. 동태적 효율성(dynamic efficiency)을 만족시키는 자본축적(k_{**})에 비하여 만약 초기 자본 축적이 과다($k_0 > k_{**}$ 따라서 $r < n$)하다면 '청년부양 방식의 사회보장'(pay-as-you-go social security)이, 만약 초기 자본축적이 과소($k_0 < k_{**}$ 따라서 $r > n$)하다면, '과다 적립방식의 사회보장'(over-funded social security)이 각각 권장된다.

① $r_{\omega 1} < r_* = n_{\omega 1} < n_*$: '청년 부양방식'(pay-as-you-go)의 사회보장에 의한 자본감축이 필요

② $n_* < r_{\omega 2} < n_{\omega 2} = r_*$: '과다 적립방식'(over-funded)의 사회보장에 의한 자본축적이 필요

③ $r_{\omega 3} = r_* = n_{\omega 3} = n_*$: '자기 부양방식'(fully-funded)의 사회보장

여기서

n_* = 최적 인구성장률[3]

n_ω = 비(非)최적 인구성장률

r_ω = 자유방임 상태(laissez faire)에서의 이자율[4]

r_* = '생물학적 이자율'(Samuelson's biological rate of interest)

1, 2 및 3 = '청년 부양방식'(pay-as-you-go), '과다 적립방식'(over-funded), '자기 부양방식'(fully-funded)의 사회보장을 각각 순서대로 나타내는 하첨자

---

3 P. A. Samuelson (1975a)의 식(14).

4 P. A. Samuelson (1975b, p 540).의 식(4) 및 식(7)

1) '순수-소비 대부' 모형

저자가 알기로서는 사회보장제도를 세대간 자원배분 모형에 최초로 도입 및 분석한 연구는 P. A. Samuelson 교수의 1975년도에 발표된 2개의 논문 : "*Optimal Social Security*"와 "*Optimal Population Growth Rate*"이다. 상기한 연구의 근간은 사무엘슨 교수 자신의 '순수-소비 대부 모형'(pure-consumption loan model, 1958)에 기초한 그의 '*Impossibility Theorem*'이다.

상기한 모형의 주제는, 정부의 시장개입이 존재하지 않는 '분권화된 경제체제'(decentralized economic system)에서, 개인의 세대간 자원배분이 파렛토 최적(Pareto Optimality)을 야기할 수 없기 때문에 '최적의 정부역할은 무엇인가?'라는 것이다.

사무엘슨 교수의 '순수-소비 대부 모형'(1958) 하에서, 개인은 동일한 효용함수 $u(c^1, c^2)$를 갖고 있으며, 각 개인은 분석의 편의상 '1'의 실질소득(단일 소비재로 측정한)을 번다고 가정한다.

$$u(c^1, c^2) \quad \cdots\cdots\cdots\cdots \quad (1)$$

여기서

c^1 : 현재 기간(t^1)에서의 개인당 현재 소비

c^2 : 미래 기간(t^2)에서의 개인당 미래 소비

상기의 모형에서 자본재(capital goods)는 존재하지 않으며, 따라서 투자의 기회와 저축에 대한 이자 소득의 창출 기회가 없다. 이것이 바로 사무엘슨 교수의 'Impossibility Theorem'이다.

따라서 각 개인은 하기의 제약조건 하에서 효용함수 $u(c^1, c^2)$가 극대화되도록 경제활동기간(t^1)의 소득을 현재소비(c^1)와 미래소비(c^2)로 단순히 배분할 뿐이다. 이 경우, 이자율은 "0"이다. 왜냐하면 이미 은퇴한 노년세대(old generation)는 소득이 없으며, 따라서 젊은세대(young generation)에게 이자를 지급할 수 없기 때문이다.

$$c^1 + c^2 \leqq 1 \quad \cdots\cdots (2)$$

한편, 노동력 혹은 인구(L)가 자연성장률 (n)으로 성장하고, 젊은세대(young generation)의 총저축(S)은 경제활동인구의 저축(sL)에서 전기($t-1$)의 세대, 즉 노년세대가 자신의 젊은세대 기간 저축한 것(sL_{t-1})을 현재의 은퇴시기에서 소비하는 것을 공제한 것과 같다.

$$L = (1+n)L_{t-1} \quad \cdots\cdots (3)$$

$$S = sL - sL_{t-1} = \frac{sLn}{1+n} > 0 \quad \cdots\cdots (4)$$

다른 한편으로, 정부는 젊은세대에게 그들의 저축에 대한 '수익률'(n), 즉 P. A. Samuelson(1958)의 '생물학적 이자율'(biological interest rate)을 제공하면서 개인의 저축을 징수하고, 징수된 저축(즉, 사회보장세)은 다시 노년세대의 소비(즉, 최저생계 유지)를 위하여 이전한다. 즉, '사회보장 급여'(social security benefit)가 지급된다. 그러나 노년세대는 젊은세대의 저축을 소비하고 결국 사망할 뿐이지만, 정부는 젊은세대에게 $(1+n)sL$ 만큼 '국가부채'를 갖게 된다. 상기의 세대간 자원배분 메카니즘이 바로 '청년부양식 사회보장제도'(pay-as-you-go financing program of social security system)인 것이다. 이 모형에서, Samuelson 교수는 상기의 수익률 n 을 '생물학적 이자율'(biological interest rate)이라고 칭하였다.

다음 기간$(t+1)$에서, 정부는 상기의 과정을 반복하면서 새로운 젊은세대로부터 저축을 징수하여 전기(t)의 '국가부채'를 갚는다. 만약 인구가 증가한다면, 징수된 저축은 전기(t)의 국가부채에 대한 원금과 이자를 다 갚을 수 있다. 따라서 식(2)의 제약조건은 다시 다음과 같이 변형된다.

$$c^1 + \frac{c^2}{1+n} \leqq 1 \quad \cdots\cdots (5)$$

상기한 사무엘슨 교수의 '순수-소비 대부 모형'(Pure-Consumption Loan Model) 하에서, 2기간 효용함수의 극대화 모형은 다음과 같다.

$$Max\, u(c^1, c^2)$$

subject to :

$$c^1 + c^2/(1+n) = 1$$

따라서 상기의 효용함수 극대화 조건은 다음과 같다.

$$\underset{c^1,\, c^2}{MRS} = \frac{\partial u(c_*^1, c_*^2)/\partial c^1}{\partial u(c_*^1, c_*^2)/\partial c^2} = 1+n \quad \cdots\cdots (6)$$

여기서 c_*^1 및 c_*^2 는 각각 c^1 및 c^2 의 최적치.

전술한 세대간 자원배분 모형에, P. A. Diamond(1965)는 '생산적 자본'(productive capital)의 개념을 도입함으로써 개인이 소득창출형 자산을 보유할 수 있도록 하였다. 이 모형에서, 사회보장제도가 존재하지 않는 경우, 노년세대는 자본을 소유하고 그것을 현재 기간의 젊은세대에 대여하는 반면에, 젊은세대는 이 자본을 갖고 생산함수 $F(K, L)$ 에 의거하여 산출물을 생산하고 임금을 벌어 원금(K)과 이자(nK)를 노년세대에게 갚는다.[5]

$$\omega = f(k) - kf'(k) \quad \cdots\cdots (7)$$

여기서

$$r = f'(k)$$

한편, 장기균형 상태에서는 c^1, c^2, k 는 다음과 같은 시스템에 의하여 결정된다.

$$c^1 + \frac{c^2}{1+f'(k)} = f(k) - kf'(k) \quad \cdots\cdots (8)$$

---

[5] D. Cass and M. E. Yarri(1967)는 상기한 Samuelson(1975) 및 Diamond(1965)의 이론에 대하여 다음과 같이 논평하였다 : "The particular studies to which we have reference here are Samuelson's 1958 article on an exact consumption-loan model of interest and Diamond's 1965 article on a neoclassical model of national debt. This essay may very well be thought of as a continuation of the investigation begun by these authors"(p233). 그리고 Cass and Yaari(1966)는 Samuelson(1975)의 모형을 검증하였다(pp. 353~367).

$$\underset{c^1, c^2}{MRS} = \frac{\partial u(c^1, c^2)/\partial c^1}{\partial u(c^1, c^2)/\partial c^2} = 1 + f'(k) \quad \cdots\cdots (9)$$

$$(1+n)k = f(k) - kf'(k) - c^1 \quad \cdots\cdots (10)$$

그리고 상기의 세대간 자원배분이 파렛토 최적(Pareto Optimality)이 되기 위해서는 하기의 조건, 즉 자본축적의 황금률(Golden Rule)을 만족해야 되지만, 그것을 보증할 수는 없다.

$$f'(k) = n \quad \cdots\cdots (11)$$

2) '최적 사회보장제도' 이론

P. A. Samuelson(1975)은 Phelps-Koopmans(1965)의 동태적 비효율성(dynamic inefficiency)을 동태적 효율성으로 전환하기 위하여 사회보장제도(Social Security System)를 다음과 같이 도입하였다.

$$c^1 + \frac{c^2}{1+f'(k)} = f(k) - kf'(k) - \tau + \frac{b}{1+f'(k)} \quad \cdots\cdots (12)$$

$$\underset{c^1, c^2}{MRS} = \frac{\partial u(c^1,\ c^2)/\partial c^1}{\partial u(c^1,\ c^2)/\partial c^2} = 1 + f'(k) \quad \cdots\cdots (13)$$

$$(1+n)(k - k_s) = f(k) - kf'(k) - \tau - c^1 \quad \cdots\cdots (14)$$

여기서

c^1 : 현재 기간(t^1)에서의 개인당 현재 소비

c^2 : 미래 기간(t^2)에서의 개인당 미래 소비

τ : 개인당 사회보장세

b : 개인당 사회보장급여

k_s : 개인당 사회보장기금

$k-k_s$: 사적 소유의 자본(즉, 민간부문의 자본)

이제, 사회보장제도가 도입된 세대간 자원배분에 대한 제약조건으로서 하기와 같은 사회보장제도의 예산제약 조건이 설정된다.

$$K_{s+1}-K_s=f'(k)K_s+\tau L-bL_{t-1} \quad \cdots\cdots (15)$$

$$\begin{aligned}\frac{b}{1+n} &= \tau+[1+f'(k)]k_s-(1+n)k_s \quad \cdots\cdots (16)\\ &= \tau+[f'(k)-n]k_s\end{aligned}$$

한편, 동태적 효율성(dynamic efficiency)을 위한 황금률(Golden Rule), 즉 식(11)의 $f'(k)=n$ 을 만족시키는 장기균형 상태에서 개인당 사회보장 급여(b)는 하기의 조건을 만족시킨다. 즉, 개인당 사회보장급여(b)는 개인당 사회보장세(τ)와 그것에 대한 P. A. Samuelson(1958)의 생물학적 이자(biological interest rate)의 합계이다.

$$b=(1+n)\tau \quad \cdots\cdots (17)$$

만약 사람들이 미래소비의 증가를 위한 저축(즉, 현재소비의 희생)을 원하는 것이 아니라 보다 많은 현재소비를 원한다면, 경제 전체의

자본스톡은 동태적 효율성(dynamic efficiency)을 만족시키는 자본스톡의 수준보다 낮은 수준에서 결정되어 자본축적의 과도 상태, 즉 $f'(k) > n$ 가 된다.

상기의 경우, 정부는 자본축적(capital accumulation)을 촉진하기 위하여 식(17)의 사회보장급여(b)를 지급하되, 나머지 사회보장기금(K_S)을 투자하여 동 기금(K_S)을 확충한다고 가정한다. 이러한 정책 수행은 $f'(k) > n$ 이 존속되는 한 지속된다.

$$\triangle K_S = \frac{f'(k) - n}{1+n} K_S \quad \cdots\cdots (18)$$

경제 전체의 자본스톡(K)은 사적 소유의 자본($K - K_S$)뿐만 아니라 사회보장기금(K_S)도 포함하기 때문에, 상기의 정책 수행에 따라 자본의 한계생산 체감의 법칙($f'' < 0$)에 따라 $f'(k)$ 는 감소하게 된다. 다시, 자본축적의 황금률 조건 $f'(k) = n$ 이 회복되면, 상기의 자본축적은 중지된다.

이제, 상기와 반대의 경우인 자본축적의 과다 상태, 즉 $f'(k) < n$ 의 경우를 고려하자. 이 경우는 초기의 '적립방식'(funded scheme)에서 과다저축(oversaving)과 과다투자(overinvestment)가 야기되어 결국 사회보장기금(K_S)이 고갈될 것이다.

따라서 자본축적의 과다상태($f'(k) < n$)라는 동태적 비효율성을 동태적 효율성으로 전환하기 위해서, 정부는 재정지출(이 경우, 사회보장급여 b)을 $\psi[n - f'(k)]$ 만큼 증가시키는 정책 방안을 수행할 수 있다. 왜냐하면 '사적 저축 + 세금 = 사적 투자 + 정부지출(사회보장급

여 포함)' 즉, '사적 저축 = 사적 투자 + 정부지출(사회보장급여 포함) − 세금'이기 때문이다.

$$b = (1+n)\tau + \theta[n - f'(k)] \quad \cdots\cdots (19)$$

여기서

θ : 동태적 비효율성을 동태적 효율성으로 전환하기 위한 속도조절 기능의 정책변수

상기의 경우, 정부부채 V는 다음과 같이 나타낼 수 있다.

$$V_{t+1} = \theta[n - f'(k)]L_{t-1} + [1 + f'(k)]V \quad \cdots\cdots (20)$$

$$v_{t+1} = \frac{1 + f'(k)}{1+n}v + \theta\frac{n - f'(k)}{(1+n)^2} \quad \cdots\cdots (21)$$

$$\triangle v = \frac{f'(k) - n}{1+n}\left(v - \frac{\theta}{1+n}\right) \quad \cdots\cdots (22)$$

(1) '청년 부양방식'(Pay-as-you-go)의 사회보장제도

P. A. Samuelson(1958, 1967 a and b, and 1975 a and b)은 인구성장률($n_{\omega 1}$)이 최적 인구성장률(n_*)보다 매우 낮고 초기 자본축적이 과다인 $r_{\omega 1} < r_* = n_{\omega 1} < n_*$의 조건에서는 장기균형 상태의 자본/노동의 비율이 $k(\infty;\, g) > k_g$가 되어 Phelps and Koopmans의 동태적 비효율성이 야기되므로 이 경우, 청년 부양방식(pay-as-you-go)의 사회보

장제도가 도입되어 '최상의 황금률 성장 궤도'(the Goodness Golden Rule path)로 전환해야 한다고 주장한다.[6]

상기의 사회보장제도는 젊은세대에게 사회보장세(τ)를 부과하고 노년세대에게 사회보장급여(b)를 지급할 수 있기 때문에 과도한 사적 저축에 의한 과다 자본축적을 감소시킬 수 있다.[7] 이에 따라 이자율(r_{w1})은 상승할 것이라고 한다.

만약 '최상의 황금률 성장 궤도'(The Goldenest Golden Rule path) 상에서 이자율(r_{w1})이 상승하여 n_{w1} 과 일치하게 될 때, 즉 하기의 조건이 성립되면, 동태적 효율성(dynamic efficiency)이 동시적으로 만족될 것이라고 한다.[8]

$$r_{\omega 3} = n_{\omega 3} = r_{*} < n_{*} \quad \cdots\cdots (23)$$

상기한 Samuelson 교수의 '최상의 황금률 성장 궤도' 조건과 사회적 시간 선호율(ρ)을 결합하면 다음과 같다.

$$\frac{U_1[\hat{c_1}, \hat{c_2}]}{U_2[\hat{c_1}, \hat{c_2}]} - 1 = \hat{r} \leq n < \rho \quad \cdots\cdots (24)$$

여기서

$$U_i \equiv \partial U / \partial \hat{c_1} > 0 \ , \ i = 1, 2 \ \equiv \partial U / \partial \hat{c_1} > 0$$

---

6 Ibid., p 535, lines 9~10.

7 Ibid., p 535, lines 15~17.

8 Samuelson 교수는 자신의 "최상의 황금률 성장 궤도"(the goldenest golden rule, 1975a) 혹은 "The Two-Part Golden Rule(1968)로 칭하기도 하였다.

$\hat{r} = f'(\hat{k})$: 황금률 성장 궤도 상의 이자율

$\hat{c_1}$ $(i = 1, 2)$: 현재$(t = 1)$ 및 미래$(t = 2)$의 개인당 소비

(2) '과다 적립방식'(Over-funded)의 사회보장제도

P. A. Samuelson(1975b)은 인구성장률$(n_{\omega 2})$이 최적 인구성장률(n_*)보다 매우 높고 초기 자본축적이 과소한 $n_* < r_{\omega 2} < n_{\omega 2} = r_*$ 의 초기 조건에서는 장기균형 상태의 자본/노동 비율이 $k(\infty; g) < k_g$ 가 되어 동태적 비(非)효율성이 야기된다고 주장한다.[9] 이 경우, '과다 적립방식'(over-funded)의 사회보장제도가 도입되어 '사회적 소유의 실질 자본'(socially-owned real capital), 즉 사회보장기금(k_s)을 투자하여 개인당 소비(c)를 높여 '황금률의 생애 복지'(the Golden Rule life time wellbeing)를 극대화해야 한다고 주장한다.[10] 이 경우, 하기의 최적 조건이 성립된다.

$$① \ \underset{c^1, c^2}{MRS} = \frac{\partial U[c_*^1, \ c_*^2] / \partial c^1}{\partial U[c_*^1, \ c_*^2] / \partial c^2} = 1 + r_* = 1 + n_{\omega 1} \quad \cdots\cdots\cdots\cdots\cdots (25)$$

$$② \ r_* \equiv f'(k_*) = n_{\omega 1} \quad \cdots\cdots\cdots\cdots\cdots (26)$$

$$③ \ c_*^1 + \frac{c_*^2}{1 + r_*} = f(k_*) - r_* k_* \quad \cdots\cdots\cdots\cdots\cdots (27)$$

$$③' \ \frac{c_*^2}{1 + n_{\omega 1}} = \tau + (1 + n_{\omega 1})(k_* - k^s) \quad \cdots\cdots\cdots\cdots\cdots (28)$$

---

9 P. A. Samuelson(1975b), p 535, lines 5~8 및 line 31.

10 Ibid., p 535, line 19~21 ; p 542 line 6~8.

여기서

$U(\cdot)$ 및 $f(\cdot)$ = 사회적 효용함수 및 개인당 생산함수

c^1 및 c^2 = 개인당 현재소비 및 개인당 미래소비

3) '최적 인구성장률' 이론

P. A. Samuelson(1975b)은 동태적으로 효율적인 최적의 세대간 자원배분을 위한 통제변수로서 '최적 인구성장률'(Optimal Population Growth Rate)을 모든 가능한 황금률 성장궤도(Golden Rule Path) 중에서 그 기간 효용함수를 극대화할 수 있는 인구성장률로 정의하고 인구성장률의 변화와 사회보장 프로그램을 다음과 같이 연계시켰다.

P. A. Samuelson(1975b)은 사회보장 없이 혹은 '자기 부양방식'(fully-funded) 사회보장제도에 의하여 '최상의 황금률 상태'(the Goldenest Golden Rule State)가 달성될 수 있다고 주장했다.[11] 전자는 'the Samuelson's Serendipity Theorem'을 의미한다. 즉, 근로자의 저축이 바로 경제 성장률을 결정한다는 것이다.[12] 만약 인구성장률(n_{w3})이 최적 인구성장률(n_*)과 일치한다면, 라이프 사이클 사적 저축률은 '최상의 황금률 균형 상태'(the Goldenest Golden-Rule steady state)를 만족시킨다는 것이다. 이 경우, 사회보장제도는 존재하지 않지만 최적 인구성장률(n_*)이 존재한다는 것이다.

$$c_*^1(n_{\omega3}) + \frac{c_*^2(n_{\omega3})}{1+n_{\omega3}} = f(k^* n_{\omega3}) - n_{\omega3} \cdot k^* n_{\omega3} \quad \cdots\cdots (29)$$

---

11 Ibid., p 542, lines 2~3.

12 Ibid., p 535, lines 27~28.

여기서 유의할 것은 지금까지 인구성장률을 상수(constant)로 가정하였는데, 만약 이것이 변수(variable)라면, 장기균형의 황금률 성장 궤도가 다수(多數)가 된다는 점이다. 이에 관하여 M. Morishima(1965)는 다음과 같이 주장했다.

… *the assumption that the rate of growth of population is constant. This, together with others, implies the uniqueness of the Golden Rule path. Suppose, instead, that the rate of growth of population s an increasing function of the consumption per capita until it reaches a certain level, after which the population growth rate will decrease. Then there are possibilities of multi-Golden Rule paths. You shall have to be concerned with the comparison between Golden Rule paths (the best Golden Rule path, the second best Golden Rule path and so on) and also with the locality of the stability of the best Golden Rule path*(T. C Koopmans, 1965, p 295).

또한, T. C. Koopmans(1965)는 상기의 M. Morishima(1965)의 주장을 다음과 같이 뒷받침했다 :

… *the rate of population growth is a function of consumption per head, initially increasing and thereafter decreasing. This is, … , a realistic generalization that it is important to have*(T. C. Koopmans, 1965, p 296).

$$Max_{n_{\omega1}} U^* n_{\omega3} = Max\, U\left[f(k^* n_{\omega3}) - n_{\omega1} k^* n_{\omega3} - \frac{c_*^2 (n_{\omega3})}{1+n_{\omega3}}\ ,\ c_*^2 (n_{\omega3})\right]$$

$$= U\left[f(k_{**}) - n_* k_{**} - \frac{c_{**}^2}{1+n_*}\ ,\ c_{**}^2\right] \cdots\cdots\cdots\cdots\cdots\cdots (30)$$

and

$$n_* = \left(\frac{c^2 n_{\omega3}}{k n_{\omega3}}\right)^{1/2} - 1 \cdots\cdots\cdots\cdots\cdots\cdots\cdots\cdots\cdots\cdots\cdots\cdots\cdots (31)$$

where

$$n_* = n_{\omega3} = r_* = r_{\omega3}$$

여기서 유의할 것은 P. A. Samuelson(1975)은 그의 최적 인구성장률과 관련된 최상의 황금률 성장궤도(the Goldenest Golden-Rule Path)가 '불안정적'이라는 것을 인식하였다는 점이다 :

"… *the Goldenest Golden-Rule state might fall on one of them that is unstable* …"

그러나 Samuelson 교수는 상기의 '불안정성'이 Franco Modigliani (1953, 1955)의 다수(多數)균형(a multiple equilibria)으로부터 기인한다고 주장한다. Modigliani의 다수균형의 불안정성이란 일반균형을 위해서는 개인 저축이 바로 사회 전체의 투자로 일치해야 하는데 이를 보증할 수 없는 사실로부터 기인한다. 그러나 본 연구가 논하는 '동태적 불안정성'(dynamically instability)은 동태적 비효율성(dynamic inefficiency)으로부터 기인한다. 이것은 제2절에서 증명될 것이다.

또한, 상기한 Samuelson 교수의 최상의 황금율 성장궤도(The Goldenest Golden-Rule Path)에 관하여 지적할 것은 다음과 같다. 아무리 '황금률 성장궤도'(Golden Rule Path)는 최상의 것이라고 할지라도[13], 그 목표에 경제가 도달할 수 있도록 실현 가능한 성장궤도(feasible path)를 위한 방법론이 없다는 점이다.

2. '최적 사회보장 모형'[14]

1) 이론적 배경

상기의 연구와 관련된 최적의 동태적 자원배분 문제에 관한 연구로서 예를 들면, P. A. Samuelson(1958, 1959, 1960, 1967, 1968, 1975), P. A. Diamond(1965), E. S. Phelps(1966), D. Cass와 M. E. Yaari(1967), K. J. Arrow 및 M. Kurz(1969, 1970a, 1970b), P. A. Diamond 및 J. A. Mirrlees(1971) 등이다. 상기한 동태적 자원배분에 관한 연구들을 종합해보면 크게 나누어 다음과 같은 2가지의 접근방향으로 나눌 수 있다.

첫째, 완전 예견성(perfect foresight)[15]과 라이프-사이클(life-cycle) 저축

---

13 T. C. Koopmans(1965), "*no path is 'infinitely better' than the Golden Rule path … No feasible path … can in definitely maintain or exceed a level of utility that exceeds that level of utility corresponding to the Golden Rule path.*"

14 본 모형은 Yang-Taek Lim(1978, 1981, 2011)으로부터 발췌하였으나 이를 수정 및 보완했으며 이것을 다시 2011년 사회정책연합 공동학술대회(2011. 9. 24)에서 발표함으로써 복지 전문가들과 깊이 토론되었음을 밝힌다.

15 "Perfect foresight"에 관한 상세한 설명은 예로서 Frank H. Hahn(1966), Karl Shell and Joseph E. Stiglitz(1967)을 참조할 수 있다.

함수를 가정한 연구로서, 전술한 P. A. Samuelson(1958, 1959, 1960, 1967, 1968, 1975)의 약 20년간의 연구와 P. A. Diamond(1965) 그리고 D. Cass와 M. E. Yaari(1967)를 들 수 있다. 이들은 초기 자본스톡의 과다(over-accumulation) 상태 하에서 동태적 비(非)효율성(Dynamic Inefficiency)을 동태적 효율성(Dynamic Efficiency)으로 전환시키기 위한 최적의 자원배분을 추구하였다.

둘째, 피구(A. C. Pigou)의 단견성(Myopia)[16]과 케인지언 저축함수(Keynesian Saving Function)를 가정한 연구로서, K. J. Arrow and M. Kurz(1969, 1970a, 1970b)을 들 수 있다. 이들은 초기 자본부족(under-accumulation) 상태 하에서 세대간 사회복지(international social welfare)의 극대화를 만족시킬 수 있는 최적의 자원배분을 추구하였다.

전술한 라이프-사이클 저축 가설(Life-Cycle Saving Hypothesis)의 가정은 신(新)고전학파의 미시경제학적 분석에 기초를 두면서 현재소비와 미래소비가 이자율에 의하여 결정된다는 것이다. 즉, 경제적 의사결정자들은 미래의 자본시장에 대하여 '완전 예견'할 수 있다고 가정한다.

한편, 케인지언 저축함수(Keynesian Saving Function)의 가정은 John Maynard Keynes(1936)의 거시경제학적 『고용, 이자, 화폐에 관한 일반이론』(*The General Theory of Employment, Interest and Money*)에 기초를 두면서 현재소비 혹은 저축이 이자율이 아니라 현재소득에 의하여 결정된다는 것이다. 즉, 경제적 의사결정자들은 미래의 자본시장에 대하여 '단견적'이라고 가정한다.

상기한 2가지 방향의 연구들은 최적의 동태적 자원배분을 통한

16 A. C. Pigou(1952).

사회복지 극대화란 공통된 목적을 가지고 있으나 자본축적의 "과다"(abundance)와 "부족"(shortage)이라는 상이한 초기 조건을 가지고 있다.

2) 기본 가정

본 연구가 최적의 동태적 자원배분을 위한 필요조건 및 충분조건을 도출하기 위한 기본 가정은 K. J. Arrow 및 M. Kurz(1969, 1970a, 1970b)의 접근방법에 속한다. 즉, 초기 조건으로서 자본 부족(capital shortage)을, 저축함수로서 케인지언 저축함수를 각각 가정한다. 그리고 단기적 완전 예견성(short-run perfect foresight), 즉 피구(A. C. Pigou)의 단견성(Pigouvian myopia)에 의하여 소비와 저축이 결정된다고 가정한다. 또한, 목적함수는 A. Bergson(1938)과 P. A. Samuelson(1938) 형태의 사회복지함수(social welfare function)이다.

여기서 유의할 것은 본 연구의 기본 입장은 Arrow 및 Kurz(1969, 1970a, 1970b)의 연구방향에 속하지만 이들과 상이한 점은 최적의 동태적 자원배분의 분석에 사회보장제도(social security system)가 도입되었다는 점이다. 그러나 사회보장을 상기의 분석에 최초로 이론적으로 도입시킨 연구는 앞서 밝힌 1975년도의 P. A. Samuelson 교수의 '최적 사회보장'(optimal social security)이다. 사회보장에 대한 본 연구와 Samuelson 교수의 차이는 본론에서 상세히 다루고 있으므로 여기서는 모형상의 차이만을 다음과 같이 밝히고자 한다.

첫째, P. A. Samuelson 교수의 최적 사회보장은 초기 자본스톡의 과다(capital abundance), 라이프-사이클 저축 가설, 장기 완전 예견성(long-run perfect foresight)에 기초를 두고 있다. 이와 반면에, 본 연구의 사회보장은 초기 자본스톡의 부족(capital shortage), 케인지언 저축함수,

단기 완전 예견성(short-run perfect foresight) 즉 단견성(myopia)의 가정에 기초를 둔다. 그러나 P. A. Samuelson 교수의 최적 사회보장 모형은 중첩세대(overlapping generation)의 효용함수를 극대화하는 반면에, 본 연구의 최적 사회보장 모형은 세대간 사회복지 함수를 극대화한다.

따라서 본 연구의 기본적 특성은 Samuelson 교수의 최적 사회보장이론과 '대칭적 관점'에서 K. J. Arrow and M. Kurz(1969, 1970a, 1970b)의 동태적 자원배분의 접근방법을 도입한 것이라고 말할 수 있다.

둘째, 본 연구의 기본 입장인 초기 자본축적의 과소 상태와 관련하여 사회보장이 민간 저축에 미치는 효과에 관하여 언급하지 않을 수 없다. 민간저축에 대한 사회보장의 효과를 분석한 연구가 지난 50년 동안 진행되었다.

예를 들어 Phillip Cagan(1965), George Katona(1965), Henry J. Aaron (1966, 1967, 1968), Franco Reviglio(1967), Roger F. Murray(1968), Joseph A. Pechman, Henry Aaron, Michael K. Taussig(1968), Martin Feldstein (1974, 1975, 1976), Alicia H. Munnell(1974), Robert J. Barro(1978), Martin Feldstein and Anthony Pellechio(1979), Laurence J. Kotlikoff(1979a), Mervin. A. King, and Louis Dicks-Mireaux(1982), Dean R. Leimer and Selig D. Lesnoy(1982), Peter A. Diamond and Jerry A. Hausman(1984), David and Paul L. Menchik(1985), Robert G. Hubbard(1986), B. Douglas Bernheim(1987), William G. Gale(1998), Orazio P. Attanasio and Agar Brugiavini(2003) 등을 들 수 있다.

한국의 경우, 임경묵 · 문형표(2003), 강성호 · 임병인(2005), 김상호(2007), 윤석명 · 오완근 · 신화연(2007), 최성은(2007), 김대철 · 김진영 · 이만우(2008) 등을 들 수 있다.

그러나 상기의 연구들은 사회보장이 민간저축에 미치는 효과를 시계열 혹은 횡단면 모형으로써 실증적으로 분석하였다. 이와 반면에, 본 연구는 경제성장과 사회보장의 상호갈등적 혹은 상호보완적 관계를 거시경제학적 모형 하에서 이론적으로 분석하는 것이다.

그러나 본 연구는 자본 부족의 초기 상태를 가정하고 최적의 사회보장기금이 자본 축적에 기여함으로써 동태적으로 효율적인 장기 균형성장 궤도로 유도하는 모형을 정립함에 있어서 상기의 연구 : 민간 저축에 대한 사회보장의 효과는 정책적 시사점으로서 매우 유용할 것이다.

셋째, 오늘날, 인구구조의 변화(고령화 및 저출산)를 고려하지 않은 사회보장 연구는 의미가 없을 만큼, 이들의 상호관련성에 관한 분석은 매우 중요하다. 왜냐하면 인구구조의 변화는 정년연령이 고정되어 있는 경우, 저축률과 이자율의 조정을 통해 거시경제에 영향을 미치기 때문이다. 따라서 거시경제정책은 장기적으로 인구구조의 변화를 하나의 변수로 고려하여야만 한다.

향후, 연금급여가 노후소득으로서 기능하는 역할이 축소되고 노동인력 감소로 인한 노동 단위당 임금이 상승할 것이다. 이에 따라 개인은 은퇴연령을 늦추고 중년 이후의 노동시간을 상당폭 증가시킬 것이다. 그러나 경제 전체적으로는 청년층에 비해 노동시간이 짧은 고령층의 인구비중이 증가하면서 노동활용률(labor utilization)이 빠르게 하락할 것이며, 이에 따라 고령화가 성장 잠재력의 약화 요인으로 작용할 것이다. 그리고 연금 재정수지의 적자 압력이 가중될 것이다.

본 연구는 P. A. Samuelson(1975b)의 '최적 인구성장률'(Optimal

Population Growth Rate)와 관련된 사회보장제도의 세대간 자원배분 모형을 정립 및 분석하는 것이 아니라 초기 자본스톡의 부족 상태와 인구구조의 변화(노령화 및 저출산) 하에서 동태적 비효율성을 동태적 효율성으로 전환하기 위한 최적의 사회보장 모형을 정립하는 것이다. 물론, 본 연구는 인구구조의 변동을 3가지, 즉 성장(growing), 감소(declining), 정체(stationary)의 경우로 나누어, 각 경우에 대한 동태적 자원배분 문제를 분석하고자 할 것이다.

상기한 본 연구의 입장과 관련된 일련의 연구들은 다음과 같다.

우선, 인구 고령화로 인한 사회보장제도의 위기에 관한 연구로는 Cooley and Soares(1996), Butler(1999), Cooley(1999), Bohn(2002) 등을 들 수 있다. D'Autume(2003)은 평균연령의 증가로 나타나는 고령화, 퇴직연령의 변화, 출산율의 감소가 갖는 여러 가지 거시경제적 효과를 분석하였다. D'Autume(2003)은 Diamond(1965)에 의해 개발된 2기간 생애중첩 모형(two-period overlapping generations model)을 변형하여 사회보장정책의 유지 가능성(sustainability)과 최적성(optimality)을 분석하였다.

한국의 경우, 조장옥(2004), 신성휘·최기홍(2010), 김태정(2011) 등을 들 수 있다. 특히, 김태정(2011)은 중첩세대(overlapping generations)의 일반균형 이론을 응용한 모형 하에서[17] 고령화가 한국경제에 미칠 영향을 노동공급 및 공적연금 재정수지를 중심으로 분석하였다.

3) 최적 동태적 자원배분 모형

본 연구의 최적의 동태적 자원배분 모형은 Frank P. Ramsey(1928)

---

17 김태정(2011)의 모형은 Kulish et al.(2006)이 제시한 내생적 은퇴시기 결정 모형을 이용하였다.

형태의 소비지향적 최적 경제성장 모형(consumption-oriented optimal growth model)에 기초를 두고 있다.[18] 그리고, T. C. Koopmans(1965, 1967)이 논한 바와 같이 최적통제이론(optimal control theory)[19]에 의한 '수학적 필요성' 때문에 본 연구의 모형은 무한적 시간대(infinite time-horizon)를 가정한다.[20]

(1) 목적함수

본 연구가 유한적 시간대(finite time-horizon)의 가정 하에서 P. A. Samuelson의 'Catenary Turnpike Theorem'(1965)을 분석하지 않는 근본적 이유는 본 연구의 목적(목표)는 제한된 시간대(finite time horizon)에서 자본축적의 속도를 분석하는 것이 아니기 때문이다.

전술한 가정 하에서, 본 연구의 목적함수는 다음과 같이 나타낼 수 있다.

$$SW = \int_{0}^{+\infty} e^{-(\rho - n)t} \cdot L_0 U[c(t)]\, dt, \quad e: 상수 > 0 \cdots\cdots\cdots (1)$$

---

18 최적 경제성장 모형에는 대개 두 가지의 형태가 있다. 즉 (1) 소비지향적 최적 경제성장 모형과 자본축적지향적 최적 경제성장 모형(capital accumulation-oriented optimal economic growth model)이다. 이 두 가지의 형태 중에서 본 연구가 전자를 택한 이유는 개인당 소비의 함수로서 정의된 사회복지를 주어진 조건하에 극대화시키고자 하는 것이 본 연구의 분석목적이기 때문이다.

19 '최적통제이론'(Optimal Control Theory)이란 L. S. Pontryagin, V. G. Boltyanskii, Gamkrelidge, and E. F. Mischenko(1962)의 Maximum Principle을 의미한다.

20 여기서 말하는 '수학적 필요성'이란 최적을 위한 수렴조건(Convergence Condition)의 만족을 의미한다. 이 조건의 만족을 위해서는 무한적 시간대(Infinite time-horizon)가 필요한데, 그 이유는 다음과 같다. 유한적 시간대(finite time-horizon)를 가정하는 경우 최종(terminal) 자본스톡을 정의해야 하는데, 이것은 불가능한 일이기 때문이다.

여기서

SW = 세대간 사회복지함수(intergenerational social welfare function)

U = 각 시각(혹은 세대)의 대표자(P. A. Samuelson의 'a representative man')의 효용함수[21]

c = 개인당 소비

L_0 = 초기($t=0$) 인구 혹은 노동력

$n(g_L+\lambda)$ = 자연성장률(노동력 증가율 g_L + Harrod 중립형 노동력 확장적 기술진보율 λ)

ρ = 사회직 시간선호(social time preference)를 나타내는 사회적 할인율

t = 시간 지수(index of time)

상기한 본 연구의 목적함수는 다음과 같은 의미를 나타낸다 :

(1) 세대간 사회복지함수(SW)는 대표자의 효용($U(c)$) 에 '효과적' 총 노동력 $E(t)=L(t)e^{\lambda t}$ 를 곱한 사회적 효용 $E(t)U(t)$ 의 적분치이다. 그리고 대표자의 효용 U 는 개인당 소비 $c(t)$의 함수이다.

(2) 모든 미래의 효용 $U[c(t)]$ 을 할인한 것은 가설적인 중앙계획당국(central planning board)이 현재 세대의 현재 소비를 미래 세대의 미래 소비보다 더 중요하게 생각한다는 실용주의적(pragmatic) 입장을 취하고 있음을 나타낸다.[22]

21 각 세대에 오직 한 사람만의 대표자가 존재함을 가정한다. 이것은 각 세대에 사는 모든 사람들이 동일한 효용함수와 동일한 소득능력을 갖고 있음을 뜻한다. 이 가정을 세움으로써, 본 연구의 근본적인 문제에 보다 효과적으로 접근할 수 있다. 이 가정을 제일 먼저 세운 사람은 P. A. Samuelson(1965)이다.

22 D. Cass(1965)와 T. C. Koopmans(1965)를 비롯한 대다수의 최적 경제성장 연구는 미래효용을 사회적 할인율로서 "할인"하였으나 E. P. Ramsey(1928)

대표자의 효용함수 $U[c(t)]$의 특성은 다음과 같은 신(新)고전학파의 가정으로써 다음과 같이 나타낼 수 있다.

$$U'[c(t)] > 0,\ U''[c(t)] < 0 \quad \cdots\cdots (2)$$

그리고

$$\left.\begin{array}{ll} \lim\limits_{c\to 0} U[c(t)] = -\infty & \lim\limits_{c\to\infty} U[c(t)] = +\infty \\ \lim\limits_{c\to 0} U'[c(t)] = +\infty & \lim\limits_{c\to\infty} U'[c(t)] = 0 \end{array}\right\} \quad \cdots\cdots (3)$$

식(2)는 개인당 소비(c)에 대한 한계효용(U')은 "0"보다 크나 개인당 소비 증가에 따른 한계효용의 증가는 감소한다는 것을 나타낸다. 식(3)은 식(2)와 관련하여, 효용함수(U)는 개인당 소비(c)의 '엄격한 오목'(strictly concave)함수임을 나타낸다. 식(36)의 $\lim\limits_{c\to 0} U[c(t)] = -\infty$의 조건은 저축률($s$)이 "1"이 될 수 없다는 제약조건을 모든 시각(t)에서 만족시킨다. 그리고 효용함수(U)는 개인당 소비(c)에 의하여 유일하게 결정된다.

(2) 거시경제 모형

본 연구의 생산함수는 다음과 같은 신고전학파의 생산함수(F)이다.

$$Q(t) = F[E(t),\ K(t)] \quad \cdots\cdots (4)$$

여기서

Q = 총생산물, E = '효과적' 총노동력, K = 총자본스톡

와 P. A. Samuelson(1965)은 "할인"하지 아니하였다.

상기의 총자본스톡(K)이란 사회보장기금[23]을 포함한 사회보장부문의 자본스톡, 즉 P. A. Samuelson 교수가 정의한 '사회적으로 소유하는 실질자본'(socially owned real capital)을 의미한다.

'효과적 노동력'(E)이란 헤로드 중립(Harrod neutral)형의 노동확대형(labor-augmenting) 기술진보율(λ)에 의하여 증가된 노동력으로서 다음과 같이 나타낼 수 있다.[24]

$$E(t) = L(t) \cdot e^{-\lambda t},\ \lambda = 상수 > 0 \cdots\cdots (5)$$

그리고

$$L(t) = L_0 e^{g_L \cdot t}, \quad g_L = 상수 > 0 \cdots\cdots (6)$$

여기서

L =노동력, L_0 =초기 노동력(상수),

g_L =노동력의 증가율(외생적 변수),

λ =오직 시간 t의 함수인 외생적 기술진보율

상기의 식(5)와 식(6)을 결합하면 다음과 같다.

$$E(t) = L(t) \cdot e^{\lambda t} = L_0 e^{(gL+\lambda)t} = L_0 e^{nt}, n = g_L + \lambda > 0 \cdots (7)$$

---

23 본 장에서는 '사회보장기금'이 '국민연금기금'을 의미하지만, 사회보장의 측면에서 '국민건강증진기금'까지 포함할 수 있다.

24 Joan Robinson(1938)과 Hirofumi Uzawa(1961)는 기술진보가 순전히 노동 증가형(labor augmenting)이 되기 위한 필요 충분조건이 Harrod neutral이라고 증명하였다.

여기서

n=자연성장률(the natural growth rate)

상기의 식(7)을 규모에 대한 보수의 불변(CRS : Constant Returns to Scale)을 가정한 개인당 생산함수 형태로 변환하면 다음과 같다.

$$q(t)=\frac{Q(t)}{E(t)}=F\left[1,\ \frac{K(t)}{E(t)}\right]=f\left[\frac{K(t)}{E(t)}\right]=f[k(t)] \quad \cdots\cdots\cdots\cdots (8)$$

여기서

$$f'(k)>0 \text{ and } f''(k)<0\ ,\ f(0)=0 \quad \cdots\cdots\cdots\cdots (9)$$

$$\lim_{k\to 0}f'(k)=\infty\ ,\ \lim_{k\to\infty}f(k)=\infty\ ,\ \lim_{k\to\infty}f'(k)=0 \quad \cdots\cdots\cdots (10)$$

식(9)는 신고전학파의 생산함수 특성들을 말한다. 즉, 자본의 한계생산성 $f'(k)$은 "0"보다 크며, 2차 미분 가능하며 감소한다. 식(10)은 모든 노동(L)이 자본스톡(K)의 크기에는 관계없이 생산력으로 고용될 수 있음을 말하고 자본(K)과 노동(L)은 각각 생산의 필수적인 요소라는 것을 말한다.

본 연구의 분석목표와 관련하여, 자본과 노동이 상기의 생산함수에 의하여 산출된 총생산물 혹은 총소득(Q)이 어떻게 소비(C)와 저축(S)으로 나누어지며, 그리고 어떻게 임금(W)과 이자소득(R)으로 구성되는가를 규명해 볼 필요가 있다. 전자는 수직적 자원배분을, 후자는 수평적인 자원배분을 각각 의미한다. 즉, 전자는 자본축적을 통한 경제성장과 관련되는 반면에, 후자는 노동과 자본의 소득분배와 관련된다. 본 연구의 모형에서는 '수직적' 자원배분(consumption accumulation)과 '수평적' 자원배분(capital allocation)은 상호 밀접하게 관련되어 있다.

총소득(혹은 총생산물) Q 는 임금소득(W)과 이자소득(R)으로 구성되고, 이들은 아래와 같이 각각 정의된다.

$$Q(t) \equiv W(t) + R(t) \quad \cdots\cdots (11)$$

$$W(t) \equiv \omega(t)h(t)e^{\lambda t}L(t) \quad \cdots\cdots (12)$$

$$R(t) \equiv r(t)K(t), \;\; r(t) = f'[k(t)] > 0 \quad \cdots\cdots (13)$$

여기서

ω : 시간당 임금률

h : 노동공급(노동시간으로 측정되는)

r : 이자율(완전경쟁 하에서 자본의 한계생산 $f'(k)$와 일치)

한편, 본 연구의 모형에서는 사회보장제도와 관련된 3가지 변수, 즉 ① 가설적으로 도입된 사회보장세금(혹은 국민연금보험 징수액) T, ② 사회보장기금(혹은 국민연금기금) K_S, ③ 사회보장 급여액(혹은 국민연금 급여액) B 가 도입되기 때문에 소비(C)와 저축(S)의 기초가 되는 것은 총소득(Q)이 아니라 가처분소득(Q_d)이다. 즉,

$$Q_d(t) = C(t) + S(t) \quad \cdots\cdots (14)$$

그리고 케인지언 저축 가설에 의하여 저축(S)은 가처분소득(Q_d)에 저축률(s)을 곱한 것이고 저축률(s)은 "0"보다 크고 "1"보다 작은 상수라고 가정한다.

$$S(t) = s\,Q_d(t),\ 0 < s < 1 \quad \cdots\cdots (15)$$

$$C(t) = (1-s)\,Q_d(t)\,,\ 0 < 1-s < 1 \quad \cdots\cdots (16)$$

(3) 사회보장 모형

본 연구의 가설적 목적에 따라, 사회보장세(혹은 국민연금보험료)의 총징수액 T_S 는 2가지, 즉 T_1 과 T_2 로 나누어진다.

본 연구의 모형에서는 2가지 종류의 사회보장세금(혹은 국민연금보험료, 징수액) T_S 가 존재한다. 첫째는 사회보장세금(혹은 국민연금보험)의 징수액(T_1)이다. 둘째는 본 연구의 가설적 목적(국민연금 재정의 건전화)과 관련하여 사회보장기금(혹은 국민연금기금) K_S 을 조성하기 위한 추가적 사회보장세금(혹은 국민연금보험)의 납부액(T_2)이다. T_1 와 T_2 는 모두 임금소득(W)에 부과된다. T_1 은 현행 사회보장세율(혹은 국민연금보험료율) τ 에 의하여, T_2 는 가설적으로 상기의 세율 τ 의 증가분$(d\tau)$, 즉 θ 에 의하여 각각 징수된다고 가정한다.

$$T_S(t) = T_1(t) + T_2(t) \quad \cdots\cdots (17)$$

여기서

T_1 : 현행 사회보장세금율(혹은 국민연금보험요율) τ 에 의하여 징

수되는 금액.

T_2 : 본 연구의 가설적 목적에 따라 상기의 사회보장세율(혹은 국민연금 보험료율) τ 의 증가율($d\tau$), 즉 θ 에 의하여 징수되는 금액.

$$T_S(t) \equiv T_1(t) + T_2(t) = (\tau + \theta) w(t) h[\hat{w}(t)] e^{\lambda t} L(t) ,$$
$$0 < \tau + \theta < 1 \quad \cdots\cdots (18)$$

$$T_1(t) = \tau w(t) h[\hat{w}(t)] e^{\lambda t} L(t) , \ 0 < \tau < 1 \quad \cdots\cdots (19)$$

$$T_2(t) = \theta w(t) h[\hat{w}(t)] e^{\lambda t} L(t) , \ 0 < \theta < \tau < 1 \quad \cdots\cdots (20)$$

또한, 본 연구는 T_1 은 '청년 부양방식'(pay-as-you-go financing)의 사회보장제도(혹은 국민연금제도) 하에서 균형예산정책(balanced budget policy)에 따라 사회보장급여 혹은 국민연금급여 B_S 로 상쇄되며 T_2 는 사회적 자본(social capital)으로서 사회적 투자(social investment)를 통하여 사회보장기금(혹은 국민연금기금) K_S 을 확충하는데 사용된다고 가정한다.

$$T_1(t) = B_S(t) \quad \cdots\cdots (21)$$

$$T_2(t) = K_S(t) \quad \cdots\cdots (22)$$

여기서

$B_S(t)$: 사회보장급여(혹은 국민연금급여)

$K_S(t)$: 사회보장기금(혹은 국민연금기금)

한편, 장기균형 상태에서 $T_1(t)$와 $B_S(t)$는 다음과 같다 :

$$T_1(t) = \tau_0 w_0 h_0 L_0 e^{nt} = B(t) \quad \cdots\cdots (23)$$

$$T_1(t) = T_0 e^{nt} \quad \cdots\cdots (24)$$

$$B_S(t) = B_0 e^{nt} \quad \cdots\cdots (25)$$

여기서 유의할 것은, 본 연구는 분석의 편의상, 사회보장급여(혹은 국민연금급여) B_S를 외생변수로서 주어진 상수로 취급할 뿐, 수익비(연금급여총액/연금보험료 지급 총액)와 소득대체율(연금급여총액/은퇴전 소득)에 관한 논의는 본 연구의 분석 범위를 벗어나므로 제외한다는 점이다. 그 이유는 다음과 같다.

전술한 바와 같이, 본 연구의 목적은 초기 자본 부족의 상태($r > n$)에서 세대간 사회복지함수(SW)를 극대화할 수 있는 최적의 수직적 자원배분(c^1 과 c^2)과 최적의 수평적 자원배분(K_P 와 K_S)을 위한 최적 저축률(s_*)과 최적 사회보장세율(θ_*)을 도출하고 이들의 조절 메카니즘을 정립하는 것이다. 이러한 동태적 자원 배분의 분석 모형 하에서 사회보장제도와 관련된 계수 조정(예로서 수익비 혹은 소득대체율)에 관한 이론적 분석은 향후 연구과제로 남겨둔다. 그 대신, 상기의 계수 조정 문제는 본 연구의 제도개혁안에서 다룰 것이다.

상기의 가정에 따라 가처분소득(Q_d)은 다음과 같다.

$$Q_d(t) = Q(t) - [\, T_1(t) + T_2(t) \,] + B_S(t) \quad \cdots\cdots (26)$$

식(26)에 식(21)을 대입시키면 가처분소득(Q_d)은 다음과 같다.

$$Q_d(t) = Q(t) - T_2(t) = S(t) + C(t) \quad \cdots\cdots (27)$$

$$S(t) = S_P(t) + C(t) \quad \cdots\cdots (28)$$

$$S_P(t) = s\,Q_d(t) = I_P(t) = \dot{K}_P(t) \quad \cdots\cdots (29)$$

$$I(t) = I_P(t) + I_S(t) \quad \cdots\cdots (30)$$

$$K(t) = K_P(t) + K_S(t) \quad \cdots\cdots (31)$$

여기서

C = 총소비 ; S_P = 민간 부문의 저축액 ; s = 민간 저축률

S = 총저축 ; I = 총투자 ; I_P, I_S = 민간 투자, 사회적 투자

K = 총자본소득 ; K_P, K_S = 민간 자본스톡, 사회보장기금

여기서 본 연구는 사회보장기금(혹은 국민연금기금) K_S 이 민간경제부문과 사회보장부문을 연결하는 연결고리임을 알 수 있다. 왜냐하면 사회보장부문의 소비와 저축 그리고 투자는 별도로 존재하지 않는다는 가정 하에서 경제 전체의 소비(C)와 저축(S)을 결정하는 기초가 가처분소득(Q_d)이기 때문이다.[25] 그리고 생산함수는 오직 하나, 식(4)만이 존재하지 않는다고 가정한다. 즉, 사회보장부문의 생산함

---

25 여기서 유의할 것은 "私"경제부문(the private economy sector)이라고 한 것은 "公"경제부문(the public economy sector)과의 대칭적인 개념으로 사용한 것이 아니라 사회보장부문(social security sector)과의 대칭적인 개념으로 사용한 것이라는 점이다. 따라서 식(14)의 소비(C)와 저축(S)은 "全"경제의 소비와 저축을 의미한다.

수가 별도로 존재하지 않는다고 가정한다.

따라서 사회보장기금(혹은 국민연금기금) K_S 이 투입될 때, 식(4)와 주어진 생산함수를 통해서 생산물을 산출하게 된다. 그리고 '사적' 자본 K_P 과 '사회적' 자본, 즉 사회보장기금(혹은 국민연금기금) K_S 은 동질적(homogeneous)이라고 가정한다. 즉, 자본의 용도와 생산성은 모두 동일하다는 것이다. 그리고 계획된 저축(S)과 계획된 투자(I)는 항상 일치한다고 가정한다.

$$S(t) = I(t) = dK(t)/dt \quad \cdots\cdots (32)$$

이제, 본 연구가 가설적으로 조성하고자 하는 사회보장기금(혹은 국민연금기금) $K_S(t)$ 를 도출할 수 있다.[26]

$$K_S(t) = w(t)e^{\lambda t}L(t)h[\hat{w}(t)]\left(\frac{\alpha(t)}{1-\alpha(t)}\hat{\epsilon}\right)\theta(t) = dT_2(t) \cdot \quad (33)$$

여기서

τ = 현행 사회보장세율(혹은 국민연금보험요율), $0 < \tau < 1$, τ = 상수

$\alpha(t) \equiv \tau + \theta(t)$

$0 < \alpha \equiv \tau + \theta < 1$, $0 < \theta < \tau < 1$

α = 사회보장세율(혹은 국민연금보험요율)의 증가율

26 여기서 강조하고자 하는 것은 다음과 같다. 이자소득(R)에 사회보장기금세(τ)를 부과하지 않고 임금소득(W)에 부과한 것은 이자소득계층을 옹호한다는 의미는 아니다. 본 연구의 목적은 사회보장제도가 최적 경제성장에 어떠한 영향을 미치는가를 분석하고자 하는 것일 뿐, 임금소득계층과 이자소득계층의 소득분배 문제를 분석하고자 하는 것은 아니다.

τ = 현행 사회보장세율(혹은 국민연금보험요율)

$\theta = d\tau =$ 사회보장세율(혹은 국민연금보험요율)의 증가분

$\hat{w}(t) = (1-\tau-\theta)w(t) = \overline{w}(1-\theta)$

$\overline{w}(t) = (1-\tau)w(t)$

$\hat{\epsilon} = \dfrac{d\log h(\hat{w})}{d\log(\hat{w})}$, $\hat{\epsilon} < 0$, $\hat{\epsilon} =$ 상수, 순임금율 $\overline{w} \equiv w(1-\tau-\theta)$

에 대한 노동공급(작업시간으로 계산된)의 비(非)보상된 탄력성

$\epsilon = \dfrac{d\log h(\overline{w})}{d\log(\overline{w})}$, $\epsilon < 0$, $\epsilon =$ 상수, 순임금율 $\overline{w} \equiv w(1-\tau)$

에 대한 노동공급의 비(非)보상된 탄력성

사회보장기금(혹은 국민연금기금) $K_S(t)$ 의 동태적 증가분 $dK_S(t)/d\hat{t}$ 는 다음과 같이 수식으로 나타낼 수 있다.

$$\frac{dK_s(\hat{t})}{d\hat{t}} = w(t)e^{\lambda t}L(t)h\left[\hat{w}(t)\right]\cdot\left(1-\frac{\alpha(t)}{1-\alpha(t)}\hat{\epsilon}\right)\psi(t) + r(t)K_S(\hat{t}),\ \hat{t} > t \quad \cdots\cdots (34)$$

여기서

t=사회보장세 혹은 국민연금보험료의 추가 징수액 $dT_2(t)$ 이 자본시장에 투자되는 시점

$\hat{t}$=사회보장기금 혹은 국민연금기금 $K_S(t)$ 가 자본소득 $r(t)K_S(\hat{t})$ 를 벌어 다시 사회보장기금 혹은 국민연금기금에 투입되는 시점

혹은

$$\frac{dK_s(\hat{t})}{d\hat{t}} - r(t)K_S(\hat{t}) = X \cdot e^{n\hat{t}} \quad \cdots\cdots (35)$$

여기서

$$X \equiv w(t)h\left[\hat{w}(t)\right]\left(1 - \frac{\alpha(t)}{1-\alpha(t)}\hat{\epsilon}\right)\theta(t)L_0$$

$$e^{n\hat{t}} = e^{(\lambda+g)\hat{t}}$$

또한, 본 연구의 가설에 의거하여, 초기의 사회보장기금(혹은 국민연금기금) $K_S(t)$ 의 초기치는 '0' 이다. 즉,

$$K_S(\hat{t}=0) = 0 \quad \cdots\cdots (36)$$

따라서 식(36)을 식(34) 혹은 식(35)에 적용하면 $K_S(\hat{t})$ 의 일반 해(general solution)를 다음과 같은 미분방정식으로 나타낼 수 있다.

$$K_S(\hat{t}) = \frac{e^{r(t)\hat{t}} - e^{n\hat{t}}}{r(t)-n} L_0 w(t)h\left[\hat{w}(t)\right]\left(1 - \frac{\alpha(t)}{1-\alpha(t)}\hat{\epsilon}\right)\theta(t) \quad \cdots (37)$$

여기서

$r(t) > n > 0$ (본 연구의 가정 : 초기 자본부족 상태를 반영)

$\alpha(t) = \tau + \theta(t)$ (본 연구의 가설적 목적)

상기한 $K_S(\hat{t})$ 의 일반 해(解)로부터 시간당 변화율 $\dot{K}_S(\hat{t})$ 은 다음과 같이 도출할 수 있다.

$$\dot{K}_S(\hat{t}) = \frac{r(t)e^{r(t)\hat{t}} - ne^{n\hat{t}}}{r(t)-n} L_0 w(t) h[\hat{w}(t)]\left(1 - \frac{\alpha(t)}{1-\alpha(t)}\hat{\epsilon}\right)\theta(t) \quad \cdots\cdots (38)$$

이제, 본 연구의 가설적 목적에 따라, 사회적 투자 $I_S(t)$를 사회적 자본 $K_S(t)$ 와 연결 지으면 다음과 같다.

$$I_S(\hat{t}) = \dot{K}_S(\hat{t}) = \frac{r(t)e^{[r(t)-n)\hat{t}]} - n}{r(t)-n}\left(1 - \frac{\tau+\theta(t)}{1-\tau-\theta(t)}\hat{\epsilon}\right) T_2(\hat{t}) \quad \cdots\cdots (39)$$

여기서

$$T_2(\hat{t}) = \theta(t) w(t) h[\hat{w}(t)] L_0 e^{n\hat{t}}$$

즉,

$$I_S(\hat{t}) = \dot{K}_S(\hat{t}) = \theta(t)\ \Omega(t:\hat{t})[Q(t) - r(t)K(t)] \quad \cdots\cdots (40)$$

여기서

$$\Omega(t:\hat{t}) \equiv \frac{r(t)e^{[r(t)-n)\hat{t}]} - n}{r(t)-n}\left(1 - \frac{\tau+\theta(t)}{1-\tau-\theta(t)}\hat{\epsilon}\right) \quad \cdots\cdots (41)$$

따라서 사회보장기금(혹은 국민연금기금) $K_S(t)$ 의 자본축적($\dot{K}_S$), 즉 사회적 투자(I_S)는 5개 변수, 즉 ① 현행 사회보장세율(혹은 국민연금보험요율) τ 과 ② 사회보장세율(혹은 국민연금보험요율)의 증가분(θ), ③ 노동공급시간($h(\hat{w})$), ④ 초기(初期)의 노동력 혹은 인구수(L_0), ⑤ 자연성장률 n 과 관련되어 있다는 것을 알 수 있다.

한편, 민간투자 $I_P(t)$ 를 개인당 형태(per capita form)로 전환하면 다음과 같다.

$$i_p(t) = \frac{I_p(t)}{L_0 e^{nt}} = \dot{k}_p(t) + nk_p(t) \quad (\because \dot{k}_p = \frac{I_p}{k_p} k_p - nk_p) \cdots\cdots (42)$$

여기서

$$i_p(t) = \frac{I_p(t)}{L_0 e^{nt}},\ \text{개인당 민간투자}$$

$$k_p(t) = \frac{K_p(t)}{L_0 e^{nt}},\ \text{개인당 민간자본}$$

$$\dot{k}_p(t) = \frac{dk_p(t)}{dt},\ \text{개인당 민간자본}(k_p)\text{의 변화율}$$

그리고 일반균형 및 케인지언 소비함수를 나타내는 $I = S = sQ_d$ 의 관계를 이용하여 식(42)의 개인당 민간투자 $i_p(t)$ 를 다음과 같이 변형시킬 수 있다.

$$i_p(t) = \frac{I_p(t)}{L(t)} = \frac{S_p(t)}{L_0 e^{nt}} = \frac{sQ_d(t)}{L_0 e^{nt}}$$
$$= s[1-\theta(t)]q(t) + \theta(t)r(t)k(t) = \dot{k}_p(t) + nk_p(t) \cdots (43)$$

다른 한편으로, 본 연구의 가설적 목적에 따라 사회보장제도가 도입된 개인당 소비(c)는 다음과 같다.

$$c(t) = (1-s)[1-\theta(t)]q(t) + \theta(t)r(t)k(t) \quad \cdots\cdots (44)$$

식(43)과 식(44)를 연결하면 다음과 같다.

$$i_p(t) = \frac{s}{1-s}c(t) = \dot{k}_p(t) + nk_p(t) \quad \cdots\cdots (45)$$

따라서 하기의 관계를 도출할 수 있다.

$$\frac{s}{1-s} = \frac{1}{c(t)}[\dot{k}_p(t) + nk_p(t)] \quad \cdots\cdots (46)$$

미분방정식에 관한 R. Bellman(1953a)의 이론[27]에 의거하여 $\dot{k}_p(t)$는 "0"에 수렴하므로, 식(45)는 다음과 같다.

$$\frac{s}{1-s} = n\frac{\hat{k}_p(t)}{\hat{c}(t)} \quad \cdots\cdots (47)$$

(4) 최적통제 모형

여기서 유의할 것은 식(47)은 K. J. Arrow(1969)의 'Impossibility Theorem'*(즉, '우연'을 제외하고서는 최적의 공공부문 투자는 통제하기 불(不)가능하다는 것)*을 의미한다는 점이다. 그 이유는 사전적 조건인 $s/(1-s)$

---

27 k_p 와 c 는 어떤 확정적 극한값(definite limits), 즉 $\hat{k}_p(t)$ 와 $\hat{c}(t)$ 에 수렴하고 $k_p(t)$ 는 자율적 미분방정식 체계(autonomous differential equations)에 대한 해(解)의 한 구성요소이고, n 은 상수이기 때문이다.

가 최적 공공투자 정책과는 독립적이며 개인의 경제행위가 공공정책과 반드시 부합된다고 보장할 수 없기 때문이다. 이와 관련하여, K. J. Arrow(1969)는 다음과 같이 주장하였다 :

When the specified public instruments are insufficient to control the publicly optimal policy, then a "second-best" policy is followed, which is the best that can be achieved with the given set of instruments. This means that the analysis of the noncontrollable cases is in essence a dynamic theory of second best.

전술한 K. J. Arrow(1969)의 "Impossibility Theorem"에 의거하여, 최적 통제이론(Optimal Control Theory)을 이용하여 동태적 효율성을 위한 민간부문의 최적 저축률(s_*)과 최적 사회보장세율(θ_*)을 도출하고자 한다. 이를 위해, 우선 민간부문의 단견적(myopia) 경제행위를 다음과 같이 정의한다.

① $c_1(t) = (1 - s_*)[1 - \theta_*(t)]q(t) + \theta_*(t)r(t)k(t)$ ················· (48)

② $i_p(t) = s_*[1 - \theta_*(t)]q(t) + \theta_*(t)r(t)k(t)$ ·························· (49)

③ $c_2(t) = c_1(t)\dfrac{s_*}{1 - s_*}[1 + r(t)] + b(t)$ ································· (50)

여기서 제기될 수 있는 의문은 왜 2개의 통제변수(s_*, θ_*)가 필요한가이다. 그 이유는 다음과 같다.

① 본 연구는 '청년 부양방식의 사회보장제도'(pay-as-you-go social security program)를 도입하였기 때문에, 사회보장기금(social security fund)이

별도로 축적되지 않는다. 따라서 세대간 사회복지를 극대화하기 위해서는 최적 사회보장세율 θ_* 로써 '사회적 자본'(socially-owned capital)을 조성할 필요가 있다.

② 상기의 θ_* 와 함께 최적 저축률 s_* 은 피구(A. C. Pigou)의 단견성(myopia)을 사회적으로 바람직한 민간 저축률로 유도하기 위한 것이다.

③ 상기의 2개 통제변수 s_* 와 θ_* 는 가설적인 목표, 즉 세대간 사회복지 극대화를 위한 장기 균형성장 궤도에 도달하는 시간을 가속화시키기 위하여 상호 일관성 있는 원리에 따라 작동할 것이다.

전술한 이론적 배경 하에서, 사회보장(혹은 국민연금)이 도입된 최적 경제성장을 다음과 같이 정의할 수 있다 즉, 그것은 사회보장기금 혹은 국민연금기금(K_s)의 사회적 투자(I_s)와 사회보장 급여(B_s)가 도입된 세대간 사회복지함수(SW)의 극대화를 만족시켜주는, 즉 동태적으로 효율적인 경제성장 궤적이다. 이를 모형으로 나타내면 하기와 같다.

$$\underset{s(t)\cdot\theta(t)}{Maximize}$$

$$SW = \int_0^{+\infty} e^{-(\rho-n)t}\,U[c(t)]\,dt$$

subject to

$$C(t) = [1-s(t)]\{[1-\theta(t)]f[k(t)] + \theta(t)r(t)k(t)\}$$

$$f[k(t)] = f[k_p(t),\ k_s(t)] = w(t)h(t) + r(t)k(t)$$

$$\dot{k}(t) = \dot{k}_p(t) + \dot{k}_s(t)$$

$$\dot{k}_p(t) = i_p(t) - nk_p(t)$$

$$\dot{k}_s(t) = i_s(t) - nk_s(t)$$

$$i_p(t) = s(t)\{[1-\theta(t)]f[k(t)] + \theta(t)r(t)k(t)\}$$

$$i_s(t) = \frac{re^{(r-n)t} - n}{r-n}\{f[k(t)] - r(t)k(t)\}\theta(t)$$

$$i(t) = i_p(t) + i_s(t)$$

$$k(t) = k_p(t) + k_s(t)$$

$$\rho > n > 0$$

$$r > n$$

$$0 < s(t) < 1$$

$$0 < \theta(t) < \tau < 1$$

$$0 < \theta(t) + \tau < 1$$

$$f[k(t)] \geq c(t) + dk(t)/dt$$

$$f' > 0,\ f'' < 0,\ f(0) = 0,\ f(\infty) = \infty,\ f'(0) = \infty,\ f'(\infty) = 0$$

$$U' > 0,\ U'' < 0,\ U(0) = -\infty,\ U(\infty) = \infty,\ U'(0) = +\infty,\ U'(\infty) = 0$$

$$k(0) = k_0 > 0$$

$$k_p(0) = k_p^0 > 0$$

$$k_s(0) = k_s^0 > 0$$

상기한 최적 경제성장 궤적이란 수학적으로는 하기의 식(51)로, 그래프로서는 [그림 6-1]로 각각 나타낼 수 있다.

$$f[k^*(t)] = \rho - \dot{p}/p \quad \cdots\cdots (51)$$

[그림 6-1] 최적 저축률 및 최적 사회보장정책이 도입된 장·단기 균형성장 궤적

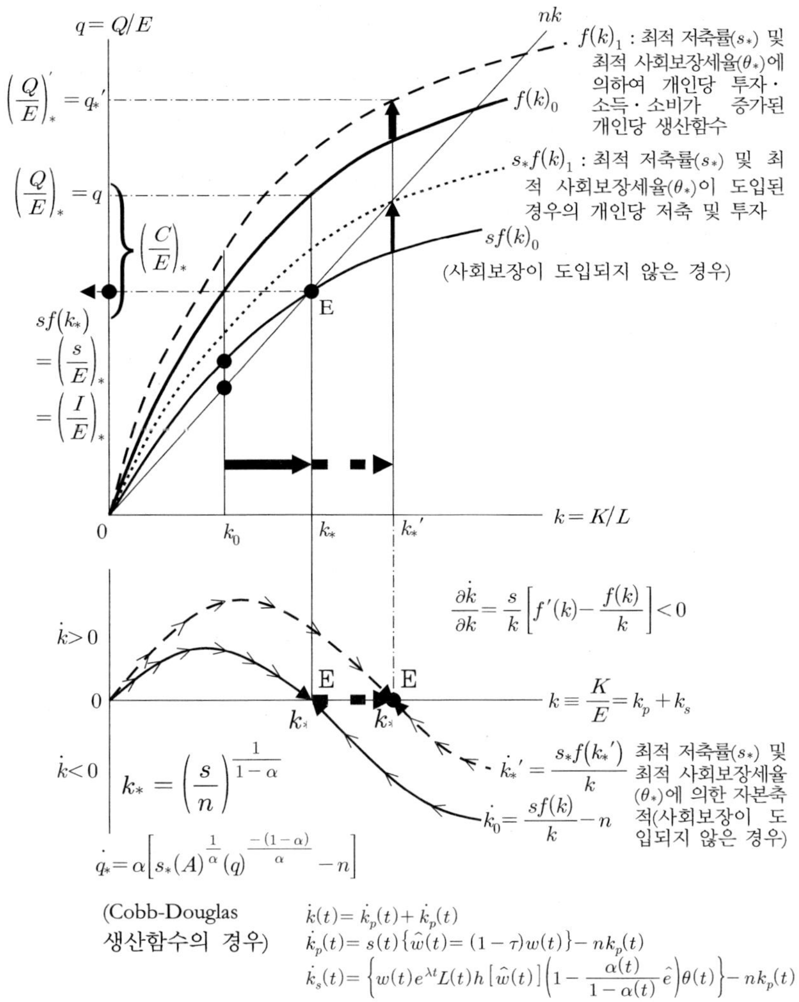

4) 단기 경제성장과 사회보장

이제, 본 연구는 상기의 경제성장 궤적을 유지하기 위한 최적의 '수직적' 자원배분(c_1, c_2)과 '수평적' 자원배분(k_p, k_s)을 분석의 편의상 나누어 분석하고자 한다.

(1) 현재세대와 미래세대 간 최적의 '수직적' 자원 배분

사회보장이 도입된 세대간 사회복지함수(SW)의 극대화를 위한 최적의 '수직적' 자원배분 조건을 도출하기 위해, 다음과 같이 해밀토니언 함수(Hamiltonian Function)를 다음과 같이 도출된다.

해밀토니언 함수 H_V 는 '수직적' 자원배분에 의하여 세대간 사회복지함수(SW)가 증가할 때마다 각 단위(utils)에 일정한 가치를 할당한다.

$$H_V(k, P, \pi, s, \theta, t) = U[(1-s)\{f-\theta(f-rk)\}]+ P\{sf-\theta(s-\Omega)(f-rk)-nk\}+\pi(f-c-i) \quad \cdots\cdots (52)$$

여기서

$$V_*(k, k_p, k_s, P, P_p, P_s, s, \theta, t)= \underset{s \text{ and } \theta}{Maximize} \int_0^{+\infty} e^{-(\rho-n)t} U[c(t)]dt \quad \cdots\cdots (53)$$

$$P \equiv \left(\frac{\partial V_*}{\partial k}\right) \cdot e^{-(\rho-n)t}$$, 개인당 총투자(i)의 단위당 잠재가격 ……… (54)

$$P = P(t),\ \dot{P}/P = \dot{P}/P(t)$$

$$c_* = (1-s_*)[(1-\theta_*)f(k^*)-\theta_* \cdot r \cdot k^*] \quad \cdots\cdots (55)$$

$$0 < s_* < 1,\ 0 < \theta_* < \tau < 1$$

$$k = k^*(t),\ r = r(t)$$

$$i = i_p + i_s = sf - \theta(s-\Omega)(f-rk) \quad \cdots\cdots (56)$$

$$\dot{k} = \dot{k}_p + \dot{k}_s = i_p + i_s - n(k_p + k_s) \quad \cdots\cdots (57)$$

π = 라그랑지언 승수(Lagrange Multiplier)

상기의 극대화 문제에 L. S. Pontryagin, V. G. Boltyanskii, R. V. Gamkrelidze, and E. F. Mischenko(1962)와 K. J. Arrow(1967)의 Propositions 4-7을 적용하면 다음과 같다.

① $$\frac{\partial H_V}{\partial s} = 0 = U'\frac{\partial c}{\partial s} + P\frac{\partial i}{\partial s} + \pi(-1)\left(\frac{\partial c}{\partial s} + \frac{\partial i}{\partial s}\right) \quad \cdots\cdots (58)$$

즉,

$$U' = P \quad \cdots\cdots (59)$$

② $$\frac{\partial H_V}{\partial \theta} = 0 = U'\frac{\partial c}{\partial \theta} + P\frac{\partial i}{\partial \theta} + \pi(-1)\left(\frac{\partial c}{\partial \theta} + \frac{\partial i}{\partial \theta}\right) \quad \cdots\cdots (60)$$

즉,

$$P = \pi \quad \cdots\cdots (61)$$

③ $$\dot{P} = (\rho - r)P - \frac{\partial H_V}{\partial k} = (\rho - r)P - \left[U'\frac{\partial c}{\partial k} + P\frac{\partial i}{\partial k} + \pi\left(f - \frac{\partial c}{\partial k} - \frac{\partial i}{\partial k}\right)\right] \quad \cdots\cdots (62)$$

즉,

$$\dot{P} = (\rho - r)P \quad \cdots\cdots (63)$$

여기서

$$U' \equiv \partial U / \partial c > 0$$

$$k = k(t),\ s = s_*(t),\ \theta = \theta_*(t),\ P = P(t)$$

$$r = f_k \equiv \partial f / \partial k > 0$$

따라서 동태적 효용성(dynamic efficiency)을 위한 '수직적' 자원배분은 식(59), 식(61), 식(63)을 만족시키는 최적 저축율(s_*)과 최적 사회보장세율(θ_*)을 선택해야 한다는 것을 알 수 있다. 상기의 필요조건을 요약하면 다음과 같다 :

① $U'(c_*) = P = \pi$

② $\dot{P}/P = \rho - r$

③ $\dot{k} = \dot{k}_p + \dot{k}_s = (i_p - nk_p) + (i_s - nk_s)$

이제, 상기한 최적의 '수직적' 자원배분을 위한 필요조건을 설명하면 다음과 같다.

첫째, 모든 시각(t)에 있어서 최적 저축률(s_*)과 최적 사회보장세율(θ_*)은 개인당 소비(c)의 한계효용, $U'(c)$이 부가적 개인당 자본의 잠재가격(P)과 일치하도록 결정해야 한다. 즉, $U'(c) = P$가 만족되어야 한다.

둘째, 개인당 자본의 잠재가격(P)의 변화율, $\dot{P}/P = (dp/dt)/P$이 사회적 할인율(ρ)과 이자율(r)의 차이($\rho - r$)와 같아지도록, 즉, $\dot{P}/P = \rho - r$가 성립될 수 있도록, 모든 시각(t)에 있어서, 최적 저축률(s_*)과 최적 사회보장세율(θ_*)을 결정해야 한다.

셋째, 상기의 두 필요조건(상기의 ①과 ②)은 최적 저축률(s_*)과 최적 사회보장세율(혹은 국민연금보험요율) θ_* 에 관한 통제 원리를 말한다. 이 원리는 다음과 같은 제약조건 $f \geq c + i$ 을 동시에 만족해야 된다. 즉, 개인당 생산물(f)은 개인당 소비(c)와 개인당 총투자 (i)의 합보다 작아서는 안된다. 상기의 제약조건을 만족시켜 주는 조건은 라그랑지언 승수(Lagrangian multiplier) π가 "0"보다 커야 된다. 그러나 이 조건은 상기의 ①에 의해 충족된다. 왜냐하면 한계효용(U')은 항상 0보다 크므로($U' > 0$), 상기의 ①에서 $U' = P = \pi > 0$ 이기 때문이다.

넷째, 최적 저축률(s_*)은 모든 시각(t)에 있어서 $0 < s_* < 1$ 의 조건을 만족해야 한다. 이 조건의 만족을 나타내 주는 것이 상기의 ①의 $P = \pi$ 이다. 왜냐하면 최적 저축률(s_*)에 의하여 상대적으로 결정되는 최적의 개인당 투자의 값(i_*)이 오직 $P = \pi$ 인 경우에서 상수가 되기 때문이다.

$P > \pi$ 인 경우, 세대간 사회복지함수(SW)의 극대화를 위하여 보다 많은 개인당 투자(i)가 필요하다는 것을 나타내기 때문에 주어진 시각에서 생산된 총생산물을 모두 투자로 충당시켜야 된다. 이 경우, 최적의 수직적 자원배분이 성립될 수 없다. 왜냐하면 이 경우, 생산물이 모두 저축되기 때문에 저축률(s)은 "1"이 되고($s = 1$), 개인당 소비(c)는 "0"이 된다($c = 0$). 이것은 $0 < s < 1$ 의 가정에 위배되고 $U'(0) = \infty$ 에 의하여 최적의 수직적 자원배분이 존재할 수 없다.

이와 반대로, $P < \pi$인 경우, 상기와 동일한 논리로써 총 생산물이 소비되어야 최적의 수직적 자원배분을 유지할 수 있다. 따라서 $c = f'(k)$가 되고 $s = 0$ 가 되어 $0 < s < 1$ 의 가정에 위배되고 $U'(0) = \infty$ 의 조건에 의하여 최적의 '수직적' 자원배분이 존재할

수 없다.

결론적으로, $P \neq \pi$ 이면 최적의 개인당 투자(i_*)가 존재할 수 없다. 이러한 우려는 식(55)의 최적의 '수직적' 자원배분을 위한 필요조건 $P = \pi$ 에 의해 제거된다. 이 결과, 최적의 개인당 투자(i_*)는 존재하게 되고 따라서 극한적인 저축과 소비는 존재할 수 없다. 다시 말하면, $P = \pi$ 에 의하여 최적 저축률(s_*)의 존재 영역 $0 < s_* < 1$ 이 만족된다. 이 영역을 만족시키는 내부적 최적 해(解) (an interior optimum solution)는 $P = \pi$ 의 필요조건에 의하여 만족된다.

이제, 최적의 '수직적' 자원배분의 조건들이 어떻게 상호작용을 하는지를 분석해 보고자 한다. 초기$(t = 0)$ 개인당 총자본스톡, $k(0)$과 초기 총자본스톡(k_0)의 단위당 잠재가격, $P(0)$가 주어지고 사회적 할인율(ρ)과 자연성장률(n)이 외생적으로 주어진다. 그리고 최적 저축률(s_*)과 최적 사회보장세율(혹은 국민연금보험요율) θ_* 이 결정된다. 이때, 상기의 ①로부터 최적 개인당 소비(c_*)가 결정된다. 그리고 s_*와 θ_* 에 의하여 결정된 최적의 개인당 총자본스톡 k_* 는 주어진 생산함수와 작용하여 MPK, 즉 $f'(k)$를 산출하고 이것은 이자율(r)과 일치된다. 이와 동시에, 식(49)에 의하여 r 은 주어진 ρ 와 P와 함께 $\dot{P}$ 의 값을 결정한다. 또한, 외생적으로 주어진 n 과 최적통제로 결정된 i^*, i_s^*, k^* 그리고 k_s^* 는 상기의 ①에 의하여 $\dot{k}$ 의 값을 결정한다. 이러한 상기의 과정을 시간 $t = 0$ 에서 $t = \infty$ 까지 계속함으로써 $(c_*, \dot{P}, \dot{k})$의 궤적을 도출할 수 있다. 상기한 변수들의 최적치는 최적 경제성장의 궤적을 형성하게 된다.

(2) 민간경제부문과 사회보장부문 간 최적의 '수평적' 자원배분

이제, 사회보장이 도입된 세대간 사회복지함수(SW)의 극대화를 위한 최적의 '수평적' 자원배분 조건을 다음과 같이 도출하고자 한다. 전술한 '수직적' 자원배분의 경우와 같이, '수평적' 자원배분을 위한 해밀토니안 함수 H_H 는 다음과 같다.

$$\begin{aligned} &H_H(k_p\,,\,k_s\,,\,P_p\,,\,P_s\,,\,s\,,\,\theta\,,\,t) \\ &\quad = U[(1-s)\{f-\theta(f-rk)\}]+P_p[s\{f-\theta(f-rk)\}-nk_p] \\ &\quad + P_s\{\theta\Omega(f-rk)-nk_s\} \quad\cdots\cdots (64) \end{aligned}$$

여기서

$$V^* = \underset{s\ ,\ \theta}{Maximum}\left[\int_t^\infty e^{-(\rho-n)t}U(c)dt\right]$$

$$P_p \equiv \left(\frac{\partial V_*}{\partial k_p}\right)\cdot e^{-(\rho-n)t},$$ 개인당 민간부문 투자(I_p)의 단위당 잠재가격 ……… (65)

$$P_s \equiv \left(\frac{\partial V_*}{\partial k_s}\right)\cdot e^{-(\rho-n)t},$$ 개인당 사회보장 부문투자(I_s)의 단위당 잠재가격 ……… (66)

$$P_p = P_p(t)\,,\ P_s = P_s(t)$$

$$\dot{P}_p/P_p = \dot{P}_p/P_p(t)\,,\ \dot{P}_s/P_s = \dot{P}_s/P_s(t)$$

$$k_p = k_p^*(t)\,,\ k_s = k_s^*(t)$$

$$r = \partial f/\partial k = \partial f/\partial k_p = \partial f/\partial k_s$$

$$k(t_0) = k_0 > 0\,,\ k_p(t_0) = k_p^0 > 0\,,\ k_s(t_0) = k_s^0 > 0$$

상기의 최적화 문제는 다음과 같은 조건들을 만족시키는 2개의 통제변수, 즉 최적 저축률$(s*)$ 과 최적 사회보장세율$(\theta*)$을 구하는 것이다.

① $$\frac{\partial H_H}{\partial s} = 0 = U'\frac{\partial c}{\partial s} + P_p\frac{\partial i_p}{\partial s} + P_s\frac{\partial i_s}{\partial s} \quad \cdots\cdots (66)$$

즉,

$$U' = P_p \quad \cdots\cdots (67)$$

② $$\frac{\partial H_H}{\partial \theta} = 0 = U'\frac{\partial c}{\partial \theta} + P_p\frac{\partial i_p}{\partial \theta} + P_s\frac{\partial i_s}{\partial \theta} \quad \cdots\cdots (68)$$

즉,

$$P_p = P_s(\Omega + \theta\Omega_\theta),\ \Omega_\theta \equiv \partial\Omega/\partial\theta \quad \cdots\cdots (69)$$

③ $$\dot{P}_p = (\rho - r)P_p - \frac{\partial H_H}{\partial k_p} = (\rho - r)P_p - \left[U'\frac{\partial c}{\partial k_p} + P_p\frac{\partial i_p}{\partial k_p} + P_s\frac{\partial i_s}{\partial k_p}\right] \quad \cdots\cdots (70)$$

즉,

$$\dot{P}_p = (\rho - r)P_p(\because\ r = f_p \equiv \partial f/\partial k_p > 0) \quad \cdots\cdots (71)$$

④ $\dot{P}_s = (\rho - r)P_s - \dfrac{\partial H_H}{\partial k_s} = (\rho - r)P_s$

$$- \left[U' \frac{\partial c}{\partial k_s} + P_p \frac{\partial i_p}{\partial k_s} + P_s \frac{\partial i_s}{\partial k_s} \right] \cdots\cdots (72)$$

즉,

$$\dot{P}_s = \left[\rho - r(\Omega + \theta\Omega_\theta)\right] P_s (\because \ r = f_s \equiv \partial f / \partial k_s > 0) \cdots\cdots (73)$$

여기서

$k_p = k_p(t),\ k_s = k_s(t),\ s = s_*(t),\ \theta = \theta_*(t),$

$P_p = P_P(t),\ P_s = P_s(t)$

따라서 동태적 효율성(dynamic efficiency)을 위한 '수평적' 자원배분은 식(66), 식(69), 식(71), 식(73)을 만족하는 최적 저축률(s_*)과 최적 사회보장세율(θ_*)을 선택해야 된다는 것을 알 수 있다. 상기의 필요조건들을 요약하면 다음과 같다 :

① $U'(c_*) = P = P_p = P_s \dfrac{re^{(r-n)t} - n}{r - n}$

② $\dot{P}/P = \dot{P}_p / P_p = \rho - r$

③ $\dot{P}_s / P_s = \rho - r\left[\dfrac{re^{(r-n)t} - n}{r - n}\right]$

④ $i_p^* = s_*[(1 - \theta_*)f(k^*)] + \theta_* r k^*$

⑤ $i_s^* = \dfrac{re^{(r-n)t} - n}{r - n}[f(k^*) - rk^*]$

여기서

$$P \equiv \left(\frac{\partial V_*}{\partial k}\right) \cdot e^{-(\rho - n)t},\ P_p \equiv \frac{\partial V^*}{\partial k_p} e^{-(\rho - n)t},\ P_s \equiv \frac{\partial V^*}{\partial k_s} e^{-(\rho - n)t}$$

$$P = P(t)\ ,\ P_p = P_p(t)\ ,\ P_s = P_s(t)$$

$$\dot{P}/P = \dot{P}/P(t)\ ,\ \dot{P}_p/P_p = \dot{P}_p/P_p(t)\ ,\ \dot{P}_s/P_s = \dot{P}_s/P_s(t)$$

$$s = s_*(t),\ 0 < s_* < 1$$

$$\theta = \theta_*(t),\ 0 < \theta_* < \tau < 1$$

$$k = k^*(t)\ ,\ k_p = k_p^*(t)\ ,\ k_s = k_s^*(t)$$

$$r = \partial f/\partial k = \partial f/\partial k_p = \partial f/\partial k_s$$

상기한 최적의 '수평적' 자원배분을 위한 필요조건을 설명하면 다음과 같다.

첫째, 모든 시각(t)에서 최적 저축률(s_*)과 최적 사회보장세율(θ_*)은 개인당 소비(c)의 한계효용(U')이 개인당 민간자본의 단위당 잠재가격(P_p)과 일치하도록 결정되어야 된다. 즉, 식(67) : $U' = P_p$ 의 조건이 만족되어야 한다.

둘째, s_* 와 θ_* 는 개인당 소비(c)의 한계효용(U')이 개인당 사회보장기금(k_s)의 단위당 잠재가격(P_s)에 $\dfrac{re^{(r-n)t} - n}{r - n}$ 을 곱한 것과 일치하도록 모든 시각(t)에서 선택되어야 된다. 즉, 식(69) : $U' = P_s \dfrac{re^{(r-n)t} - n}{r - n}$ 의 조건이 만족되어야 한다.

셋째, 모든 시각(t)에서 개인당 민간자본의 단위당 잠재가격(P_p)의 변화율, $\dot{P}_p/P_p = (dP_p/dt)/P_p$ 이 사회적 할인율(ρ)과 이자율(r)과의 차이$(\rho - r)$와 일치하도록 s_* 와 θ_* 가 결정되어야 된다. 즉, 식(71)

: $\dot{P}_p / P_p = \rho - r$ 의 조건이 만족되어야 한다.

넷째, 개인당 사회보장기금(혹은 국민연금기금) k_s 의 잠재가격 P_s 의 변화율($\dot{P}_s / P_s$)은 모든 시각(t)에서 사회적 할인율(ρ)과 이자율(r)에 $\frac{re^{(r-n)t} - n}{r-n}$ 을 곱한 것과의 차이가 일치하도록 s_* 와 θ_* 가 결정되어야 한다. 즉, 식(71) : $\frac{\dot{P}_s}{P_s} = \rho - \frac{re^{(r-n)t} - n}{r-n} \cdot r$ 의 조건이 만족되어야 한다.

다섯째, 개인당 민간자본(k_p)과 개인당 사회보장기금(혹은 국민연금기금) k_s 사이의 배분이 모든 시각(t)에서, 식(73) : $P_p = P_s \frac{re^{(r-n)t} - n}{r-n}$ 의 조건을 만족시킬 수 있도록 s_* 와 θ_* 가 결정되어야 한다. 즉, $\dot{k}^*$ 가 k_p^* 와 k_s^* 로 배분되도록 혹은 i^* 가 i_p^* 와 i_s^* 로 배분되도록 하기 위해서는 s_* 와 θ_* 가 $P_p = P_s \frac{re^{(r-n)t} - n}{r-n}$ 의 조건을 모든 시각(t)에서 만족되어야 한다.

전술한 분석을 기초로 하여, 사회적 목적을 달성시키기 위한 차선의 정책(the second-best policy)으로서 도입된 최적 사회보장(혹은 국민연금) 정책을 다음과 같이 정립할 수 있다. 즉, 세대간 사회복지함수(SW)의 극대화를 위해서는 최적의 '수직적' 자원배분과 최적의 '수평적' 자원배분이 상호 양립되지 않으면 안된다는 것이다. 즉, 최적 사회보장(혹은 국민연금)은 최적 경제성장과 양립되어야 하며 상호보완적일 수 있다는 것이다. 이것은 다음과 같이 증명될 수 있다 :

전술한 최적의 '수직적' 및 '수평적' 자원배분은 동시적으로 이루어지는 것이므로, 각 필요조건들을 통합하여 다음과 같은 동태적 효율성을 위한 필요조건을 도출할 수 있다.

$$\left.\begin{array}{l} ① \quad U'\left[(1-s)\{f-\theta_*(f-rk)\}\right]=P=P_p=P_s\left(\Omega_s+\theta_*\Omega_\theta^*\right)=\pi \\ ② \quad \dot{P}/P=\dot{P}_p/P_p=\rho-r \end{array}\right\} \quad (74)$$

$$③ \quad \dot{P}_s/P_s=\rho-r\left[\frac{re^{(r-n)t}-n}{r-n}\right]$$

$$④ \quad i^*=i_p^*+i_s^*$$

$$⑤ \quad i_p^*=s_*[(1-\theta_*)f(k^*)]+\theta_* rk^*$$

$$⑥ \quad i_s^*=\frac{re^{(r-n)t}-n}{r-n}\left[f(k^*)-rk^*\right]$$

$$⑦ \quad \dot{k}=\dot{k}_p+\dot{k}_s=(i_p-nk_p)+(i_s-nk_s)$$

여기서

$$U'\equiv \partial U/\partial c>0$$

$$s=s_*(t),\ 0<s_*<1\ ;\ \theta=\theta_*(t),\ 0<\theta_*<\tau<1$$

$$k=k^*(t)\ ,\ k_p=k_p^*(t)\ ,\ k_s=k_s^*(t)$$

$$r=\partial f/\partial k=\partial f/\partial k_p=\partial f/\partial k_s>0$$

$$P\equiv\left(\frac{\partial V_*}{\partial k}\right)\cdot e^{-(\rho-n)t}\ ,\ P_p\equiv\frac{\partial V^*}{\partial k_p}e^{-(\rho-n)t}\ ,$$

$$P_s\equiv\frac{\partial V^*}{\partial k_s}e^{-(\rho-n)t}$$

$$P=P(t)\ ,\ P_p=P_p(t)\ ,\ P_s=P_s(t)$$

$$\dot{P}/P=\dot{P}/P(t)\ ,\ \dot{P}_p/P_p=\dot{P}_p/P_p(t)\ ,\ \dot{P}_s/P_s=\dot{P}_s/P_s(t)$$

$$\dot{P}=(\rho-r)P\ ,\ \dot{P}_p=(\rho-r)P_p\ ,\ \dot{P}_s=\left[\rho-r(\Omega+\theta\Omega_\theta)\right]P_s$$

전술한 바와 같이, 수직적 및 수평적 자원배분에 의한 동태적 효율성을 위한 필요조건, 식(74)는 하기의 3개 자본형성함수(transition functions)와 함께 하나의 완전한 동태적 프로그래밍(dynamic programming)을 구성한다.

⑧ $\dot{k} = \dot{k}_p + \dot{k}_s = s_* f - \theta_*(s_* - \Omega_*)(f - rk) - nk$

⑨ $\dot{k}_p = s_*\{f - \theta_*(f - rk)\} - nk_p$

⑩ $\dot{k}_s = \theta_* \Omega_*(f - rk) - nk_s$

상기의 필요조건, 식(74)에서 보는 바와 같이, 최적 저축율(s_*)과 최적 사회보장세율(θ_*)은 상기의 연립방정식체계에 대한 동시적 解(simultaneous solution)라는 것을 알 수 있다. 이로써, '수직적' 자원배분을 통하여 현재 소득(θ)을 소비(C)와 저축(S) 및 투자(I)로, 이와 동시에 자본스톡(k)을 사적자본(k_p)과 사회보장부분의 자본(k_s)으로 각각 내분된다는 것을 알 수 있다.

⑪ $c_* = (1 - s_*)\{f - \theta_*(f - rk)\}$

$\quad = c(k,\, k_p,\, k_s,\, P,\, P_p,\, P_s,\, s_*,\, \theta_*,\, t)$

⑫ $k_p^* = k_p(k_p,\, k_s,\, P_p,\, P_s,\, s_*,\, \theta_*,\, t)$

⑬ $k_s^* = k_s(k_s,\, k_p,\, P_s,\, P_p,\, s_*,\, \theta_*,\, t)$

상기의 필요조건, 식(74)에서 보는 바와 같이, 최적 저축율(s_*)과 최적 사회보장세율(θ_*)은 상기의 연립방정식체계에 대한 동시적 解(simultaneous solution)라는 것을 알 수 있다. 이로써, '수직적' 자원배분을 통하여 현재 소득(θ)을 소비(C)와 저축(S) 및 투자(I)로, 이와 동시에 자본스톡(k)을 사적자본(k_p)과 사회보장부문의 자본(k_s)으로 각각 내분된다는 것을 알 수 있다.

$$c_* = (1-s_*)\{f-\theta_*(f-rk)\} = c(k,\ k_p,\ k_s,\ P,\ P_p,\ P_s,\ s_*,\ \theta_*,\ t)$$
$$k_p^* = k_p(k_p,\ k_s,\ P_p,\ P_s,\ s_*,\ \theta_*,\ t)$$
$$k_s^* = k_s(k_s,\ k_p,\ P_s,\ P_p,\ s_*,\ \theta_*,\ t)$$

5) 장기 균형성장과 사회보장

(1) 동태적 효율성을 위한 최적 자원배분 모형

최적의 장기 균형성장과 사회보장은, 기술적으로 말하면, $\dot{P}$, $\dot{P}_s$, $\dot{P}_p$ 그리고 $\dot{k}$, $\dot{k}_p$, $\dot{k}_s$ 가 동시에 각각 "0"이 되는, 즉 모든 동태적 운동(dynamic motion)이 정지된 균형상태이다. 최적 사회보장(혹은 국민연금) 정책은 최적 장기 균형성장과 함께 하기와 같은 동태적 효율성을 위한 필요조건을 만족시킨다.

$$f'[k^{**}(t)] = \rho \quad \cdots\cdots (75)$$

subject to

$$U'(c_*) = P = P_p = P_s \frac{re^{(r-n)t}-n}{r-n}$$
$$\rho = r$$
$$s_* = [(1-\theta_*)f(k^*)+\theta_* rk^*] + \frac{re^{(r-n)t}-n}{r-n}[f(k^*)-rk^*] = nk^*$$

이제, 본 연구는 단기 경제성장과 사회보장(혹은 국민연금)이 어떻게 장기균형 상태로 전환되는가를 분석하고자 한다. 이 분석은 단기의 최적 경제성장 궤도를 나타내는 식(51) : $f[k^{**}(t)] = \rho - \dot{P}/P$ 가 어떠한 의미를 갖는가를 파악함으로써 가능하게 된다.

우선, $\dot{P}/P$ 는 최적 조건 : $U'(c) = P$ 와 개인당 소비의 한계사회효용 탄력성(the elasticity of marginal social utility)의 정의를 이용하여 아래와 같이 변형될 수 있다.

$$\frac{\dot{P}}{P} = \frac{U''(c)}{U'(c)} \cdot \dot{c} = -\varepsilon_{U'c}\frac{\dot{c}}{c} \quad \cdots\cdots (76)^{28}$$

여기서

$$\dot{P} = \frac{dP}{dt} = \frac{du'(c)}{dt} = \frac{du'(c)}{dc} \bullet \frac{dc}{dt} = U''(c) \bullet \dot{c} \quad \cdots\cdots (77)$$

또한,

$$\varepsilon_{U'C} = \frac{du'(c)/u'(c)}{dc/c} = \frac{du'(c)}{dc} \bullet \frac{c}{u'(c)} = \frac{u'(c)}{u'(c)} \bullet c > 0 \cdot (78)$$

이제, 식(76), 식(77), 식(78)을 식(51)에 대입하여 아래와 같이 쓸 수 있다.

$$\rho - r = \frac{\dot{P}}{P} = -\varepsilon_{U'c}\frac{\dot{c}}{c} \quad \cdots\cdots (79)^{29}$$

---

28 $\varepsilon_{U'c}$ 앞에 '−' 부호가 붙여진 이유는 일반적으로 $\varepsilon_{U'c} > 0$ 이고 $U' > 0$ 와 $U'' < 0$ 을 가정하기 때문이다.

29 식(79)는 경제성장 및 사회보장의 동태적 최적을 위한 필요조건을 다음과

여기서

$$r = f(k)$$

상기의 식(79)는 다음과 같은 의미를 갖는다 :

첫째, 사회보장(혹은 국민연금)이 도입된 장기 균형성장 궤도 상에서 최적의 경제성장과 사회보장(혹은 국민연금)을 유지하기 위해서는 사회적 시간선호율(ρ)과 이자율(r)의 차이($\rho - r$)가 개인당 총자본스톡의 잠재가격(P)의 변화율($\dot{P}/P$)과 일치해야 한다.

둘째, ρ 와 r 의 차이($\rho - r$)가 소비의 한계사회효용 탄력성($\varepsilon_{U'C}$)에 개인당 소비의 변화율($\dot{c}/c$)을 곱한 것의 절대값과 일치해야 된다.

여기서 유의해야 될 것은 ρ 와 $\varepsilon_{U'C}$ 는 가정에 의하여 외생적으로 주어진 상수라는 점이다. 또한, r 은 자본스톡의 수준에 의하여 변한다는 점이다. 따라서 동태적 운동(dynamic motion)은 실제로 $r \equiv f'(k)$, $\dot{P}$, $\dot{C}$ 에서 일어나게 된다. 식(77)에서 보듯이, 만약 $\rho \lesseqgtr r$ 이면, $\dot{P}/P \lesseqgtr 0$ 및 $\dot{c}/c \lesseqgtr 0$ 이다. 왜냐하면 $P = U'(c) > 0$, $\rho =$ 상수 > 0, $\varepsilon_{U'C} =$ 상수 > 0, 그리고 $c > 0$ 이기 때문이다.

상기의 조건이 갖는 경제학적 의미를 정확히 이해하기 위해서는, 각 변수들의 개념과 관련 변수들의 상호작용을 파악해야 된다.

(1) 사회적 시간 선호율(ρ)은 미래소비의 증가로 인한 미래효용의 흐름을 현재 효용의 가치로 전환시키는 사회적 할인율이다. ρ 의

같은 조건, 즉 최적 경제성장을 위한 미래소비와 현재소비의 MRT(the marginal rate of transformation)와 MRS(the marginal rate of substitution)가 일치해야 한다는 조건으로 해석될 수 있다. 예로서 Joseph E. Stiglitz(1970)은 $MRT = r = \frac{d\log u'(c)}{dt} + \rho = MRS$ 의 최적조건을 제시했다.

값이 낮을수록 미래소비(C_2)의 미래효용은 덜 할인될 것이므로 미래소비(C_2)를 위한 저축(즉, 현재소비(C_1)의 연기)가 사회적으로 장려된다. 따라서 자본축적률은 상대적으로 높게 된다. 이와 반대로, ρ 의 값이 높을수록 미래소비(C_2)의 증가로 인한 미래효용을 보다 더 할인하게 되므로 미래소비(C_2)가 억제되고 상대적으로 현재소비(C_1)가 증가되어 자본축적률이 낮아진다. 따라서 ρ 는 부가적 자본축적의 사회적 비용 혹은 미래소비(C_2)의 기회비용(희생된 현재소비(C_1)로써 측정된)을 나타낸다고 말할 수 있다. 그러므로 ρ 와 자본축적 사이는 반대방향의 관계가 성립된다.

(2) 이자율(r)은 자본스톡의 사회적 수익(social return) 즉 현재소비(C_1)의 기회비용(포기된 미래소비(C_2)로써 측정되는)을 나타낸다. r 이 높을수록 현재소비(C_1)의 기회비용은 높아지고, 저축과 투자는 증가하고 미래소비(C_2) 증가로 인한 미래효용이 커지게 된다. 이와 반대로, 자본스톡의 사회적 수익률 r 이 낮으면 현재소비(C_1)의 기회비용이 낮아지고, 저축과 투자는 감소하고 현재소비(C_1) 증가로 인한 현재 효용이 커지게 된다. 이와 같이, r 과 자본축적 사이에는 동일한 방향의 관계가 성립한다.

(3) 소비 증가에 대한 한계사회효용 탄력성(ε)은 미래효용의 사회적 가치를 반영한다. ε 가 낮을수록 개인당 소비 증가에 의한 한계사회효용 $U'(c)$가 낮아진다. 또한, 이것은 $U''(c) < 0$ 으로 인하여 사회구성원들이 보다 많은 미래소비(C_2)를 선호하고 있음을 의미한다. 즉, 기꺼이 그들 자신들의 미래와 그들의 자손들을 위하여 현재소비(C_1)의 감소를 기꺼이 감수하고 있음을 의미한다. 그러므로 ε 와 자본축적은 반대방향의 관계를 갖는다. 즉, ε가 낮으면 저축률(s)

은 증가하고 ε 가 높으면 저축률(s)은 감소한다. 즉, 상기의 3가지 변수 즉 ρ, r, ε 는 모두 동일한 방향으로 움직인다.

(4) $\rho < r$ 은 자본증가의 사회적 비용(ρ)보다 자본증가의 사회적 수익(r)이 큰 것을 의미하므로 현재소비(C_1)를 감소시킴으로써 저축(S)을 상대적으로 증가시켜 자본축적(capital accumulation)이 야기되어 미래소비(C_2)가 증가하게 되고 이것은 다시 $U''(c) < 0$ 에 의하여 사회복지 극대화에 대한 자본 증가의 기여도(P)가 점점 감소되기 시작한다. 즉, $\dot{P}/P < 0$ 가 된다. 이와 반면에, 개인당 소비(c)의 증가율은 점점 높아진다. 즉, $\dot{c}/c > 0$ 가 된다. 이와 반면에, $\rho > r$ 의 경우에서는 상기와 정반대이다.

(5) 오직 $\rho = r$ 일 때만이 즉 자본증가의 사회적 비용(ρ)과 사회적 수익(r)이 일치할 때, 동태적 균형을 찾게 된다. 즉, $\dot{P}/P = 0 = \dot{c}/c$ 가 된다. 이 균형상태에서 세대간 사회복지함수(SW)는 극대화된다.

(6) 자본축적의 경우 ($r > \rho$)이든 혹은 자본감축($r < \rho$)의 경우이든 간에, 최적 저축률(s_*)과 최적 사회보장세율(θ_*)의 존재를 위하여 $n < \rho$ 의 조건은 항상 성립되어야 한다.

그러나 상기의 두 경우는 각각 다른 최종 목표를 갖고 있다. 본 연구가 분석하고 있는 자본축적(capital accumulation)의 경우는 '청년 부양방식'(pay-as-you-go system)의 사회보장제도를 통하여 '과다 적립방식'(over-funded system)의 사회보장제도를 통하여 $\rho = r$ 의 조건으로 특징지어지는 최적의 장기 균형성장(the long-run equilibrium growth)을 최종목표로 삼고 있다. 이와 반면에, P. A. Samuelson(1975a and b)이 분석한 자본감축(capital decumulation)의 경우는 $r = n$ 의 조건으로 특징지어지는 황금률(Golden Rule)과 '최적 인구성장률'(Optimal Population Growth Rate)

의 사회보장제도에 의한 최상의 황금률(The Goldenest Golden Rule)을 최종목표로 삼고 있다.

(2) 장기 균형성장 궤도의 특성

다음으로, 전술한 분석결과를 토대로, 본 연구는 장기 균형성장 궤도의 특성을 일련의 정리(定理) 형태로 분석하고자 한다.

세대간 사회복지함수(SW)의 극대화에 필요한 자본스톡에 비하여 초기 자본스톡(k_0)이 부족한 수준일 경우($n < r$), 경제성장과 사회보장(혹은 국민연금)의 상호보완적 관계를 유지하기 위해서는 최적 저축률(s_*)과 최적 사회보장세율(혹은 국민연금보험요율) θ_* 은 장기 균형성장 제도에서 다음과 같은 Phelps-Koopmans(1965)의 동태적 비(非)효율성 상태에서 동태적 효율성 상태로 전환할 수 있다.

동태적 비(非)효율성 상태 : $f_k = f_p = f_s = r > \rho > n > 0$

동태적 효율성 상태 : $f_k = f_p = f_s = r_* = \rho > n > 0$

여기서

$f_k =$ 총자본에 대한 수익률

$f_p =$ 민간자본에 대한 수익률

$f_s =$ 사회적으로 소유된 자본(socially-owned capital)에 대한 수익률

$r =$ 동태적 비(非)효율성 상태에서의 이자율

$r_* =$ 동태적 효율성 상태에서의 이자율

$\rho =$ 사회적 시간선호율(the social time-preference rate)

$n =$ 자연성장률(the natural growth rate)

여기서 $r > \rho$ 은 자본축적(capital accumulation)을 나타내고 $r > n$ 은 자본부족(capital shortage)의 초기($t = 0$) 상태($k_0 < k_{**}$)를 나타내고 $\rho > n$ 는 최적 저축률(s_*)과 최적 사회보장세율(혹은 국민연금보험요율) θ_* 이 존재하기 위한 수학적 필요조건이다. 이와 반면에, $r > \rho$ 은 동태적 비효율성을 나타내고 $r = \rho$ 은 동태적 효율성을 나타낸다.

상기와 '대칭적'인 경우로서, 세대간 사회복지함수(SW)의 극대화에 필요한 자본스톡에 비하여 초기 자본스톡(k_0)이 과다($r < n$)한 수준($k_0 > k_{**}$)일 때, 경제성장과 사회보장(혹은 국민연금)의 상호보완적 관계를 유지하기 위해서는 최적 저축률(s_*)과 최적 사회보장세율(혹은 국민연금보험요율) θ_* 은 장기 균형성장 궤도(P_{**}, k_{**})에서 하기와 같은 동태적 효율성 조건을 만족해야 한다.

$$\rho > n \geq r = \partial f / \partial k = \partial f / \partial k_p = \partial f / \partial k_s$$

여기서 $r < \rho$ 은 자본감축(capital decumulation)을, $r < n$ 은 자본과다(capital abundance)의 초기($t = 0$) 상태($k_0 < k_{**}$)를, $\rho > n$ 은 최적 저축률(s_*)과 최적 사회보장세율(혹은 국민연금보험요율) θ_* 이 존재하기 위한 수학적 필요조건을 각각 나타낸다. $r < n$ 은 동태적 비(非) 효율성을, $r = n$ 은 황금률(Golden Rule)을 각각 나타낸다.

E. S. Phelps(1966)의 황금률 성장궤도(Golden Rule Path)에서는 개인당 소비(c)가 극대화됨과 동시에, 이를 위한 정책적 도구로서 사용된 최적 사회보장세율(θ_*)이 소멸되어($\theta_* = 0$), 자연히 최적 사회보장기금(K_S)도 소진($K_S = 0$)된다.

〈증명〉

우선, $\theta^* = 0$ 을 증명하기 위해서, 다음과 같은 라그란지언 함수 (Lagrangian function) G 를 세운다.

$$G \equiv G(s, \theta, k, \Psi)$$
$$= (1-s)\{f(k) - \theta[f(k) - rk]\} \text{ from equation (106)}$$
$$+ \Psi\{sf(k) - \theta(s - \Omega)[f(k) - rk] - nk\}$$
$$\text{from equation (103)} \quad \cdots\cdots \text{(A1)}$$

여기서

Ψ = 보조변수(the auxiliary variable)

상기의 라그란지언 함수 G 를 4개의 변수 : s, θ, k, Ψ 에 대하여 각각 편미분을 하면 다음과 같다.

(1) $\dfrac{\partial G}{\partial s} = -\{f(k) - \theta[f(k) - rk]\} + \Psi\{f(k) - \theta[f(k) - rk]\} = 0$

즉,

$\Psi = 1$ ······ (A2)

왜냐하면 $0 < \theta < 1$, $r \equiv f'(k) > 0$, $k > 0$ 이므로

$(1-\nu)f(k) + \theta rk > 0$

(2) $\dfrac{\partial G}{\partial \theta} = (1-s)(-1)[f(k) - rk] + \Psi\{(-1)(s - \Omega)[f(k) - rk]\} = 0$

즉,

$$\Omega = 1 \quad (\because \Psi = 1) \qquad \text{(A3)}$$

(3) $$\frac{\partial G}{\partial k} = (1-s)\{[f'(k) - \theta[f'(k) - r]\} + \Psi\{sf'(k) - \theta(s - \Omega)[f'(k) - r] - n\} = 0$$

즉,

$$r_g = n \qquad \text{(A4)}$$

왜냐하면 $0 < s < 1$, $f'^{(kg)} = n_g$, $\Psi = 1$

(4) $$\frac{\partial G}{\partial \Psi} = sf(k) - \theta(s - \Omega)[f(k) - rk] - nk = 0$$

즉,

$$[s + \theta(1-s)]f(k_g) = [1 + \theta(1-s)]r_g k_g \qquad \text{(A5)}$$

왜냐하면 $\Omega = 1$, $r_g = n$

식(A5)를 저축률 s 를 중심으로 정돈하면 황금률의 저축률(s_g)을 다음과 같이 구할 수 있다.

$$s_g = \frac{r_g k_g - \theta wh}{f(k_g) - \theta wh} \qquad \text{(A6)}$$

여기서

k_g = 황금률 성장궤도 상의 지본/노동의 비율(k)

한편, 식(A1)의 제약조건들을 정리하면 다음과 같다.

$$\begin{aligned} 0 = \dot{k} &= sf(k) - \theta(s - \Omega)[f(k) - rk] - nk \\ &= sf(k) - \theta(s - \Omega)f(k) + \theta(s - \Omega)rk - nk \\ &= sf(k) - \theta sf(k) + \theta\Omega f(k) + \theta srk - \theta\Omega rk - nk \\ &= sf(k) - \theta sf(k) + \theta srk + \theta\Omega f(k) - \theta\Omega rk - nk \\ &= s[(1-\theta)f(k) + \theta rk] + \theta\Omega(-rk) - nk \quad \cdots\cdots \text{(A7)} \end{aligned}$$

식(A7)로부터 개인당 소비(c)는 다음과 같이 도출할 수 있다.

$$\begin{aligned} c &= (1-s)\{f(k) - \theta[f(k) - rk]\} \\ &= \{f(k) - \theta[f(k) - rk]\} - s\{f(k) - \theta[f(k) - rk]\} \\ &= [(1-\theta)f(k) + \theta rk] - s[(1-\theta)f(k) + \theta rk] \quad \cdots\cdots \text{(A8)} \end{aligned}$$

식(A8)을 다시 정돈하면 다음과 같다.

$$s[(1-\theta)f(k) + \theta rk] = [(1-\theta)f(k) + \theta rk] - c \quad \cdots\cdots \text{(A9)}$$

다음으로, 최적 자원배분의 필요조건인 $U'(c_*) = P$ 를 식(A9)에 적용하면 다음과 같다.

$$s_*[(1-\theta_*)f(k) + \theta_* rk] = [(1-\theta_*)f(k) + \theta_* rk] - c_*(P) \quad \text{(A10)}$$

여기서

$c_*(P)$: 최적 저축률(s_*)과 최적 사회보장세율(θ_*)에 의하여 결

정된 최적 개인당 소비(c_*)로서 개인당 총투자(i)의 잠재가격(P)으로 평가된 것.

식(A10)을 식(A7)의 첫째 항에 대입하면 식(A7)은 다음과 같이 변형된다.

$$\begin{aligned} 0 = \dot{k} &= [(1-\theta_*)f(k)+\theta_* rk] - c_*(P) + \theta_*\Omega[f(k)-rk] - nk \\ &= [(1-\theta_*)+\theta_*\Omega]f(k) + \theta_* rk - \theta_*\Omega rk - nk - c_*(P) \\ &= [1-\theta_*(1-\Omega)]f(k) + [\theta_* r(1-\Omega)-n]k - c_*(P) \cdots \text{(A11)} \end{aligned}$$

그리고 식(A11)을 장기 균형성장 궤도$(\dot{k}=0)$에서의 생산함수 측면에서 정돈하면 다음과 같다.

$$f(k_*) = \frac{c_*(P) - [\theta_* r(1-\Omega)-n]k_*}{1-\theta_*(1-\Omega)} \cdots\cdots \text{(A12)}$$

다시, 식(A12)의 $f(k_*)$를 최적의 자본/노동 비율(k_*)의 측면에서 편미분하면 다음과 같다.

$$f'(k_*) = \frac{n-\theta_* r_*(1-\Omega)}{1-\theta_*(1-\Omega)} \cdots\cdots \text{(A13)}$$

식(A13)에 식(A3), 즉 $\Omega = 1$ 을 대입하면, 식(A11)은 다음과 같다.

$$f'(k_*) = r_* = n \cdots\cdots \text{(A14)}$$

다시, 식(A13)에 식(A14)를 대입하면, 황금률 성장궤도 상의 개인당 생산물(소득), $f(k)$를 다음과 같이 구할 수 있다.

$$f(k)=c_*(P)+r_*k_* \quad \cdots\cdots \text{(A15)}$$

한편, 정의(定義)에 따라 $i \equiv f(k)-c=f(k)$ 이고 케인지언 저축함수(the Keynesian saving assumption)에 의하여 최적의 개인당 총투자(i_*)는 다음과 같다.

$$i_* = s_* f(k) = r_* k_* \quad \cdots\cdots \text{(A16)}$$

즉,

$$s_* = \frac{r_* k_*}{f(k_*)} = \sigma \text{(E. S. Phelps(1966)의 자본축적에 관한 황금률)} \quad \cdots\cdots \text{(A17)}$$

여기서

$\sigma \equiv f'(k)\cdot\dfrac{k}{f(k)}$, 개인당 총생산물 $f(k)$ 에 대한 개인당 총자본(k)의 탄력성

따라서, 오직 최적 사회보장세율(θ)이 소멸될 때, 식(A6)와 식(A17)은 일치함을 알 수 있다.

$$s_g = \frac{r_g k_g - \theta wh}{f(k_g)-\theta wh} = s_* = \frac{r_* k_*}{f(k_*)} \quad \cdots\cdots \text{(A18)}$$

여기서

$$r_g = n = r_*\,,\ r_g = f'(k_g)\,,\ r_* = f'(k_*) \quad \cdots\cdots \text{(A19)}$$

상기한 식(A19)은 오직 최적 사회보장세율(θ_*)이 소멸될 때(즉, $\theta_* = 0$ 일 때), 이에 따라 최적 개인당 사회보장기금(k_s^*)이 소진될 때($k_s^* = 0$), 최적 저축률(s_*)은 황금률의 저축률(s_g)로 대체된다는 것을 알 수 있다.

다음으로, $k^* = 0$ 을 증명하기 위해서, 황금률의 조건($r = n$)을 식(36)에 적용하면 다음과 같다 :

$$\frac{dK_S(\hat{t})}{d\hat{t}} - rK_S(\hat{t}) = X \cdot e^{n\hat{t}} \quad \text{(A20)}$$

여기서

$$X \equiv w(t)h[\hat{w}(t)]\left(1 - \frac{\alpha(t)}{1-\alpha(t)}\hat{\varepsilon}\right)\theta(t)L_0$$

$$e^{n\hat{t}} = e^{(\lambda+g)\hat{t}}$$

$$\alpha(t) \equiv \theta(t) + \tau,\ \theta = \theta(t),\ \tau = \tau_0,\ w = w(t),\ h = h(t)$$

$$r \equiv f' = r(t) > 0,\ K_S = K_S(\hat{t}) > 0$$

$$L_0,\ \hat{\varepsilon},\ \tau,\ n : \text{상수} > 0$$

상기의 식(A20)의 1계·상수 계수·비동차 선형 미분방정식(the first order, constant coefficient, nonhomogenous linear differential equation)을 풀면 다음과 같다.

$$\dot{K}_S(\hat{t})e^{\int(-n)d\hat{t}} = \int X e^{n\hat{t}} e^{\int(-n)d\hat{t}} d\hat{t} + A_0 \quad \text{(A21)}$$

$$K_S(\hat{t})e^{-n\hat{t}} = X\int e^{(n-n)\hat{t}} d\hat{t} + A_0 = X + A_0 \quad \text{(A22)}$$

$$K_S(\hat{t}) = Xe^{n\hat{t}} + A_0\, e^{n\hat{t}} \quad \text{(A23)}$$

$$K_S(0) = 0 = X + A_0 (\because K_S(\hat{t} = 0) = 0) \quad \text{(A24)}$$
$$X = -A_0 \quad \text{(A25)}$$

식(A25)를 식(A23)에 적용하면,

$$K_S(\hat{t})e^{-n\hat{t}} = -A_0 + A_0 = 0 \quad \text{(A26)}$$
$$\therefore K_S(\hat{t}) = 0,\ \dot{K}_S(\hat{t}) = 0 \text{(황금률의 경제성장 궤도에서)} \quad \text{(A27)}$$

6) 장기 균형성장 궤도의 자율성, 존재성, 유일성, 동태적 안정성

본 연구는 사회보장(혹은 국민연금)을 포함한 최적의 장기 균형성장(the long-run equilibrium growth)의 자율성(autonomousness), 존재성(existence), 유일성(uniqueness), 동태적 안정성(dynamic stability)에 관한 분석 결과를 정리(定理)의 형태로 각각 제시하고자 한다.

(1) 자율성(Autonomousness)

장기 균형성장 궤도(P_{**}, k_{**})가 '자율성'(Autonomousness)의 특성을 갖는다는 것은, 수학적으로 말하면, 세대간 사회복지함수(SW)의 극대값 V_{**}가 시간(t)에 상수로서 존재한다는 것을 의미한다.

$$V_{**}[K_{**}, t_0] = V_{**}(K_{**}) \quad \text{(80)}$$

따라서 '자율성'(Autonomousness)을 증명하기 위해서는 최적의 수직적 및 수평적 자원배분을 위한 2개의 해밀토니언(Hamiltonian)함수 H_V 및 H_H와 $u(\cdot)$, $f(\cdot)$, $c(\cdot)$, $\dot{k}(\cdot)$, $\dot{k}_p(\cdot)$, $\dot{k}_s(\cdot)$, $i(\cdot)$, $i_p(\cdot)$, $i_s(\cdot)$ 모두가 시간(t)에 대하여 독립적(independent)인 상태를 말한다(R. Bellman, 1957 및 K. J. Arrow, 1969의 定理 8).

$$H_V[K_{**}, t] = H_V(K_{**}) \quad \cdots\cdots (81)$$

$$H_H[k_p^{**}, k_s^{**}, t] = H_H[k_p^{**}, k_s^{**}] \quad \cdots\cdots (82)$$

$$f[k_{**}, t_0] = f(k_{**}) \quad \cdots\cdots (83)$$

$$c_{**}[k_{**}, t_0] = c_{**}(k_{**}) \quad \cdots\cdots (84)$$

$$i_{**}[k_{**}, t_0] = i_{**}(k_{**}) \quad \cdots\cdots (85)$$

$$i_p^{**}[k_p^{**}, t_0] = i_p^{**}(k_p^{**}) \quad \cdots\cdots (86)$$

$$i_s^{**}[k_s^{**}, t_0] = i_s^{**}(k_s^{**}) \quad \cdots\cdots (87)$$

다시 말하면, 세대간 사회복지함수(SW)가 최적 저축률(s_*)과 최적 사회보장세율(혹은 국민연금보험요율) θ_* 에 의하여 일단 극대화되면, 이 극대값은 시간(t)에 관계없이 하나의 상수로서 항상 존재하게 된다. 따라서 다른 모든 함수들도 시간(t)에 대하여 독립적(autonomous)이게 된다. 즉, 동태적으로 효율적인 장기 균형성장 궤적은 자율성(autonomousness)의 특성을 갖게 된다. 상기의 장기균형 상태에서, P^{**}, P_p^{**}, P_s^{**} 는 오직 k^{**}, k_p^{**}, k_s^{**} 에 의하여 각각 결정된다는 것이다.

$$P_{**}[k_{**}, t_0] = P_{**}(k_{**}) \quad \cdots\cdots (88)$$

$$P_p^{**}[k_p^{**}, t_0] = P_p^{**}(k_p^{**}) \quad \cdots\cdots (89)$$

$$P_s^{**}[k_s^{**}, t_0] = P_s^{**}(k_s^{**}) \quad \cdots\cdots (90)$$

그리고 신고전학파의 생산함수 가정 하에서 동태적 효율성을 위한 2개 최적치(s_* 와 θ_*)는 장기 균형치를 결정한다.

$$\infty = \lim_{k \to 0} f'(k) = \lim_{k_p \to 0} f'(k_p) = \lim_{k_s \to 0} f'(k_s) > \rho \cdots\cdots (91)$$

$$0 = \lim_{k \to \infty} f'(k) = \lim_{k_p \to \infty} f'(k_p) = \lim_{k_s \to \infty} f'(k_s) < \rho \cdots\cdots (92)$$

결론적으로, 자본/노동(k)의 초기치 : k^0, k_p^0, k_s^0 가 주어졌을 때, 최적 저축률 s_* 및 최적 사회보장세율 θ_* 에 의하여 장기균형 상태에 도달하여 세대간 사회복지함수(SW)가 극대화 되었을 때, 장기 균형성장 궤도가 자율성(autonomousness)을 갖는다는 것을 알 수 있다. 즉, 시간(t)에 관계없이, 장기 균형성장은 세대간 사회복지의 극대화와 함께 지속된다는 것이다.

(2) 존재성(Existence)

① **최적의 '수직적' 자원배분의 경우**

초기 자본부족($r > n$)의 상태에서, 중앙계획당국이 최적 저축률(s_*)과 최적 사회보장세율(혹은 국민연금보험요율) θ_* 을 결정하였을 때, 균형예산의 사회보장정책 하에서, 동태적으로 효율적인 장기 균형성장 궤도(P_{**}, k_{**})는 최적의 '수직적' 자원배분에 의하여 존재하는지의 여부를 검증하기 위해서, 야코비 이론(Jacobian Theorem)에 의거하여, k_* 와 P_* 의 연립방정식 체계를 다음과 같이 세운다.

① $\dot{P}_*(t) = \psi(P_*, k_*, t) = [\rho - r(t)]P_*(t) \cdots\cdots (93)$

② $\dot{k}_*(t) = \phi(P_*, k_*, t)$

$$= \{1 - \theta_*(t)[1 - \Omega_*(t)]f[k_*(t)]$$

$$+ \theta_*(t)r(t)[1 - \Omega_*(t)] - n\}k_*(t) - c_*[P_*(t)] \quad \cdots\cdots\cdots (94)$$

여기서

$$P_* = \psi^{-1}(\dot{P}_*, \dot{k}_*), \ k_* = \phi^{-1}(\dot{P}_*, \dot{k}_*),$$

$$r(t) = f'[k(t)], \ c_*[P_*(t)] = c_*(t)$$

$$\Omega_*(t : \hat{t}) = \frac{r(t)e^{[r(t)-n]\hat{t}} - n}{r(t) - n} \cdot (1 - \frac{\tau + \theta(t)}{1 - \tau - \theta(t)}\hat{\epsilon}) = 1$$

상기의 식(93)과 식(94)의 연립방정식 체계로부터 최적의 '수직적' 자원배분을 위한 야코비 방정식 J_V 는 다음과 같다.

$$J_V = \frac{\partial(\dot{P}_*, \dot{k}_*)}{\partial(P_*, k_*)} = \begin{vmatrix} \frac{\partial \dot{P}_*}{\partial P_*} & \frac{\partial \dot{k}_*}{\partial P_*} \\ \frac{\partial \dot{P}_*}{\partial k_*} & \frac{\partial \dot{k}_*}{\partial k_*} \end{vmatrix} = \begin{vmatrix} \frac{\partial \psi}{\partial P_*} & \frac{\partial \phi}{\partial P_*} \\ \frac{\partial \psi}{\partial k_*} & \frac{\partial \phi}{\partial k_*} \end{vmatrix}$$

$$= \begin{vmatrix} \rho - r & -c'_*(P_*) \\ -Pf_{kk} & r - n \end{vmatrix} < 0 \quad \cdots\cdots\cdots (95)$$

즉,

$$J_V = (\rho - r)(r - n) - c'_*(P_*)P_*f_{**} < 0 \quad \cdots\cdots\cdots (96)$$

여기서

$$(\rho - r)(r - n) \leq 0$$

$$\psi_p \equiv \frac{\partial \psi}{\partial P_*} = \rho - r \gtreqless 0 \ \ as \ \rho \gtreqless r \quad \cdots\cdots\cdots (97)$$

$$\psi_k \equiv \frac{\partial \psi}{\partial k_*} = -Pf_{kk} > 0 \ (\because f_{kk} < 0 \text{ 및 } P > 0) \cdots\cdots\cdots\cdots (98)$$

$$\phi_p \equiv \frac{\partial \phi}{\partial P_*} = -c'_*(P_*) > 0 \cdots\cdots\cdots\cdots (99)$$

$$\phi_k \equiv \frac{\partial \phi}{\partial k_*} = [1-\theta_*(1-\Omega_*)]r + \theta_* r(1-\Omega_*) - n$$

$$= r - n \gtreqless 0 \ as \ r \gtreqless n \cdots\cdots\cdots\cdots (100)$$

$$\Omega(t:\hat{t}) \equiv \frac{r(t)e^{[r(t)-n]\hat{t}} - n}{r(t)-n} \cdot (1 - \frac{\tau+\theta(t)}{1-\tau-\theta(t)}\hat{\epsilon}) = 1$$

$$U'(c) = P > 0\ ,\ U''(c) < 0$$

$$c = c(P)$$

$$\dot{s} = s_*(t)\ ,\ \theta = \theta_*(t)\ ,\ k = k(t)\ ,\ r = r(t)\ ,\ P = P(t)$$

$$0 < s_* < 1\ ,\ 0 < \theta_* < \tau < 1\ ,\ 0 < \theta_* + \tau < 1$$

$$f'(k_s) = f'(k_p) = f'(k) = r \geq \rho > n > 0$$

본 연구의 가정 및 조건하에서, 야코비안 행렬식(Jacobian Determinant) J_V 의 값이 "0" 이 아니므로($J_V < 0$), 장기 균형성장 궤도(P_{**}, k_{**})는 존재한다는 것을 증명할 수 있다. 그 이유는 다음과 같다 :

(1) 장기 균형성장 궤도($\dot{P}_* = 0$)에서 $\rho = r$

(2) 신고전학파 가정에 의하여 $f_{kk} < 0$

(3) 세대간 사회복지함수(SW)의 극대화를 위한 필요조건 :
$u'(c) = P_*$ 와 신고전학파 가정 : $u'(c) > 0$에 의하여 $P_* > 0$

(4) 상기의 필요조건 : $u'(c) = P_*$과 함께, 신고전학파 가정에 의하여 $c'_*(P_*) < 0$

(5) 복합변수 Ω 는 장기 균형성장 궤도에서는 “1”로 수렴한다.

즉, $\Omega_* = 1$

우선, $f'(k_s) = f'(k_p) = f'(k) = r$ 은 최적의 ‘수직적’ 자원배분이 극단적 해(解) (corner solution)를 갖지 않도록 하는 조건이고, $\rho > n$ 의 조건은 최적 통제이론의 수렴조건(the convergence condition)과 횡단성 조건(the transversality condition)을 만족시킴으로써 세대간 사회복지함수(SW)의 극대값이 상수로서 존재할 수 있도록 하는 조건이다.

다음으로, $r \geq \rho > n$ 은 $\rho \leq n$ 과 $r > n$ 의 두 조건을 결합한 것으로 초기 자본스톡의 부족상태($k_0 < k_{**}$)에 대한 자본 축적(capital accumulation)의 논리적 정당성(logical consistency)을 의미한다. 따라서 $r \geq \rho > n$ 의 조건은 $(\rho - r)(r - n) \leq 0$ 의 조건을 만족시킴으로써 자코비안 행렬식(Jacobian Determinant)의 값이 “0”이 되지 않도록($J_V < 0$) 한다.

또한, $r \geq \rho > n$ 은 최적 저축률(s_*) 및 최적 사회보장세율(혹은 국민연금보험요율) θ_* 이 모두 내적 균형치(interior equilibrium value)로서 하기의 조건을 항상 만족시킨다.

$$U'(c) = P > 0 \ , \ U''(c) < 0$$

여기서

$$c = (1-s)[(1-\theta)f(k) + \theta rk]$$

$$s = s_*(t) \ , \ \theta = \theta_*(t) \ , \ k = k(t) \ , \ P = P(t)$$

$$\lim_{c \to 0} U(c) = -\infty \ , \ \lim_{c \to \infty} U(c) = +\infty \ ,$$

$$\lim_{c \to 0} U'(c) = +\infty \,, \; \lim_{c \to \infty} U'(c) = 0$$

전술한 정리로부터, 우리는 r, ρ, n(특히, r 과 n)의 조합에 따라 3 가지 조건에 부합되는 최적의 자원배분 정책을 다음과 같이 분류할 수 있다. :

(1) 식(96)에서 $r > n$ 및 $\rho < r$ 일 때, 즉 $r \geq \rho > n > 0$ 으로서 초기자본 부족($k_0 < k_{**}$)인 경우 $J_V < 0$ 이므로, 최적 자본축적정책(optimal capital accumulation policy)은 존재하며, 이 정책은 '과다 적립방식의 사회보장세도'(over-funded social security system)로 '사회적 자본', 즉 사회보장기금(k_s)을 통하여 경제성장과 사회보장의 상호보완적 관계를 유지함으로써 궁극적으로는 세대간 사회복지함수(SW)가 극대화할 수 있다.

(2) 식(96)에서 $r < n$ 및 $\rho > r$ 일 때, 즉 $\rho > n > r > 0$ 으로서 초기자본 과다($k_0 > k_{**}$)인 경우 $J_V < 0$ 이므로, 최적 자본감축정책(optimal capital decumulation policy)은 존재하며, 이 정책은 '청년 부양방식의 사회보장제도'(pay-as-you-go financing social security system)로 개인당 저축(s)을 개인당 소비(c)로 전환 및 증가시켜 궁극적으로는 개인당 소비(c)가 극대화되는 황금률의 성장궤도(Golden Rule path)로 진입할 수 있다.

(3) 식(96)에서 $n = 0$ 일 때, 초기자본 과소($k_0 < k_{**}$)인 경우 $J_V < 0$ 이므로, 자본축적 정책으로서 최적의 '과다 적립방식의 사회보장제도'는 존재하는 반면에 초기자본 과다($k_0 > k_{**}$)인 경우 최적의 '청년 부양방식의 사회보장제도'가 존재하기 위해서는 마이너스 이자율($r < 0$)이 요구되는 비(非)현실적 상황이다.

전술한 바와 같이, $r \lesseqgtr n$ 과 $\rho \lesseqgtr r$ 에 따라 2가지, 즉 $r > \rho > n > 0$ 과 $\rho > n > r > 0$ 의 상호 '대칭적'(symmetric)인 경우로 나누어, $r > n$(초기 자본부족 상태)의 경우 '과다 적립방식 사회보장제도'가, $r < n$(초기 자본과다 상태)의 경우 '청년 부양방식 사회보장제도'가 각각 도입된 이유는 동태적 비효율성(dynamic inefficiency)을 동태적 효율성(dynamic efficiency)으로 전환하기 위함이다. 상기한 Phelps-Koopmans(1965)의 이론[30]을 본 연구의 모형에 적용하면 다음과 같다.

$$\frac{\partial c_*(P)}{\partial s} = \frac{\partial c_*(P)}{\partial k}\frac{\partial k_*}{\partial s} = (r-n)\frac{\partial k_*}{\partial s} \gtreqless 0 \text{ as } r \gtreqless n \quad \cdots\cdots (101)$$

여기서

$$f'(k_*) = r \ , \quad \frac{\partial k_*}{\partial s} > 0 \ , \quad \dot{k} = 0$$

$$c_*(P) = [1-\theta_*(1-\Omega_*)]f(k_*) + [\theta_* r(1-\Omega_*) - n]k_* \quad \cdots (102)$$

② **최적의 '수평적' 자원 배분의 경우**

한편, 최적의 '수평적' 자원배분(k_p, k_s)으로 인한 장기 균형성장 궤도(k_p^{**}, k_s^{**}, k^{**})의 존재성, 유일성, 동태적 안정성을 검증하기 위하여, 우선 k_p^*, k_s^*, k^* 의 연립방정식을 다음과 같이 세운다.

---

30 이것은 전술한 바와 같이 E. S. Phelps(1962)에 의하여 주장된 후, T. C. Koopmans(1965)가 증명하였고, 다시 E. S. Phelps(1965, 1966)는 재정립하였다.

$$\left.\begin{aligned} \dot{k}_p &= X(k_p , k_s , k) = s[f-\theta(f-rk)]-nk_p \\ \dot{k}_s &= Y(k_p , k_s , k) = \Omega\cdot\theta(f-rk)-nk_s \\ \dot{k} &= Z(k_p , k_s , k) = (1-\theta)(1-\Omega)f+[\theta r(1-\Omega)-n]k-C(P) \end{aligned}\right\} \cdot (103)$$

수학적으로 말하면, 장기 균형성장 궤도(k_p^{**}, k_s^{**}, k^{**})가 존재하기 위해서는 식(103)을 만족시키는 연립방정식의 해(解) (k_p^*, k_s^*, k^*), 즉 식(104)가 존재해야 된다는 것을 의미한다.

$$\left.\begin{aligned} k_p^* &= X^{-1}(\dot{k}_p^* , \dot{k}_s^* , \dot{k}^*) \\ k_s^* &= Y^{-1}(\dot{k}_p^* , \dot{k}_s^* , \dot{k}^*) \\ k^* &= Z^{-1}(\dot{k}_p^* , \dot{k}_s^* , \dot{k}^*) \end{aligned}\right\} \cdots\cdots (104)$$

여기서

$$\left.\begin{aligned} \dot{k}_p^* &= X(k_p^{**} , k_s^{**} , k^{**}) = 0 \\ \dot{k}_s^* &= Y(k_p^{**} , k_s^{**} , k^{**}) = 0 \\ \dot{k}^* &= Z(k_p^{**} , k_s^{**} , k^{**}) = 0 \end{aligned}\right\}$$

상기한 장기 균형성장 궤도(k_p^*, k_s^*, k^*)의 존재성을 증명하기 위해서는 식(103)의 연립방정식으로부터 야코비언 행렬식(Jacobian Determinant), 즉 식(105)의 J_H 값이 "0"가 아니어야 한다($J_H \neq 0$).

$$J_H \equiv \frac{\partial(\dot{k}_p , \dot{k}_s , \dot{k})}{\partial(k_p , k_s , k)} = \begin{bmatrix} X_p & Y_p & Z_p \\ X_s & Y_s & Z_s \\ X_k & Y_k & Z_k \end{bmatrix} = \begin{bmatrix} sr-n & 0 & r-n \\ sr & -n & r-n \\ sr & 0 & r-n \end{bmatrix} \cdots (105)$$

여기서

$$X_p = \partial \dot{k}_p / \partial k_p = s[f_p - \theta(f_p - r)] - n = sr - n$$

$$X_s = \partial \dot{k}_p / \partial k_s = s[f_s - \theta(f_s - r)] = sr$$

$$X_k = \partial \dot{k}_p / \partial k = s[f_k - \theta(f_k - r)] = sr$$

$$Y_p = \partial \dot{k}_s / \partial k_p = \Omega\theta(f_p - r) = 0(\because k = k_p + k_s)$$

$$Y_s = \partial \dot{k}_s / \partial k_s = \Omega\theta(f_s - r) - n = - n$$

$$Y_k = \partial \dot{k}_s / \partial k = \Omega\theta(f_s - r) = 0$$

$$Z_i = \partial \dot{k} / \partial k_p = (1 - \theta + \theta\Omega) f_p + (\theta r - \Omega\theta r - n) = r - n$$

$$Z_s = \partial \dot{k} / \partial k_s = (1 - \theta + \theta\Omega) f_s + (\theta r - \Omega\theta r - r) = r - n$$

$$Z_i = Z_p\ ,\ Z_s\ ,\ Z_k$$

$$k = k_p + k_s$$

$$r = f_k = f_p = f_s$$

상기와 같은 조건 하에서, J_H 의 방정식을 풀어보면, $r \gtreqless n$ 의 값에 따라 $J_H \gtreqless 0$ 으로 나타나는 것을 알 수 있다.

① 인구가 성장하는 경우($n > 0$), 초기의 자본축적이 부족($r > n$)이든 혹은 과다($r < n$)이든 간에 $J_H \lessgtr 0$(즉, $J_H \neq 0$)가 됨으로써 최적의 수평적 자원배분에 의한 장기 균형성장 궤도(k_p^{**}, k_s^{**}, k^{**})가 존재한다.

$$r \lessgtr n \text{ 및 } n > 0 \text{ 일 때, } J_H = (-n)^2 (r - n) \lessgtr 0 \quad \cdots\cdots\cdots\cdots\cdots (106)$$

② 인구가 정체되어 있거나($n = 0$) 혹은, 경제가 황금률 성장궤도($r = n$)에 놓여 있는 경우, 최적의 '수평적' 자원배분에 의한 장기 균형성장 궤도(k_p^{**}, k_s^{**}, k^{**})가 존재하지 않는다.

$$J_H = 0 \ , \ n = 0 \ , \ r = n \quad \cdots\cdots (107)$$

특히, 인구가 정체된 경우$(n=0)$, 개인당 사회적 자본의 변화율$(\dot{k}_s)$은 다음과 같다.

$$\dot{k}_s(t)_{n=0} = e^{rt} wh\left(1 - \frac{\tau+\theta}{1-\tau-\theta}\hat{\varepsilon}\right)\theta \quad \cdots\cdots (108)$$

식(37)의 도출과정에 "$n=0$"을 적용하면 $K_S(t)$ 는 다음과 같다.

$$K_S(t) = \frac{1}{r(t)}(e^{rt}-1)\,L_0\,w(t)\,h[\hat{w}(t)]\left(1 - \frac{\tau+\theta}{1-\tau-\theta}\hat{\varepsilon}\right)\theta \quad \cdots (E1)$$

그리고 식(A20)을 시간 t 에 대해 미분하면 $\dot{K}_S(t)$ 는 다음과 같다.

$$\dot{K}_S(t) = e^{rt}\,w(t)\,h[\hat{w}(t)]\left(1 - \frac{\tau+\theta}{1-\tau-\theta}\hat{\varepsilon}\right)\theta\,L_0 \quad \cdots\cdots (E2)$$

한편,

$k_s \equiv \dfrac{K_S}{L_0\,e^{nt}}$ 이므로 이를 시간 t 에 대해 미분하면 다음과 같다.

$$\dot{k}_s \equiv \frac{\dot{K}_S}{L_0\,e^{nt}} - nk_s\ t \quad \cdots\cdots (E3)$$

상기의 식(E3)에 '$n=0$'과 식(E1)을 대입하면 식(108)을 도출할 수 있다.

(3) 유일성(Uniqueness)

상기의 <定理 4>가 성립될 때, 동태적으로 효율적인 장기 균형 성장은 유일하게 존재한다.

〈증명〉

장기 균형성장 궤도(P_{**}, k_{**})가 존재하므로, 이제 그것이 단 1개의(즉, 유일한) 장기 균형성장 궤도(P_{**}, k_{**})임을 증명하고자 한다. 이것의 증명은 수학적으로 말하면 장기 균형의 자본/노동의 비율 k 가 장기 균형치 k_{**} 에 수렴함(convergence)을 증명하는 것이다.

$$r = f'(k_{**}) \equiv \rho \quad \cdots\cdots (109)$$

장기 균형치 k_{**} 의 유일성(uniqueness)은 본 연구의 생산함수가 '엄격한 오목성'(strict concavity)을 갖는다는 것을 의미한다.

$$\lim_{k \to 0} f'(k) > \rho \quad \cdots\cdots (110)$$

$$\lim_{k \to 0} f'(k) = +\infty > \rho > n \quad \cdots\cdots (111)$$

$$\lim_{k \to \infty} f'(k) = 0 < n < \rho \quad \cdots\cdots (112)$$

$$\lim_{k \to \infty} f'(k) \geq \rho > n > 0 \quad \cdots\cdots (113)$$

$$\lim_{k \to \infty} f'(k) \leq \rho \quad \cdots\cdots (114)$$

$$c(t) = 0 \ \text{ with } \ k(t) = 0 \ \text{ and } \ f[k(t)] = 0 \quad \cdots\cdots (115)$$

최적 저축율(s_*)과 최적 사회보장세율(θ_*)에 의한 장기 균형성장 궤도(P_{**}, k_{**})가 유일하게 존재하기 위한 필요조건은 다음과 같은 3개의 충분조건 : ① 해밀토니언 함수의 오목성(the concavity of Hamiltonian function), ② 횡단성조건(the transversality conditions), ③ 수렴조건(the convergence condition)을 만족시킨다.

① **해밀토니언 함수의 오목성**

최적 저축율(s_*)과 최적 사회보장세율(θ_*)에 의하여 극대화되고자 하는 해밀토니언 함수(H_V^0)는 k, P, π, t 가 주어졌을 때 k에서 오목해야 한다. 또한, H_H^0 는 k, k_p, k_s, P, P_p, P_s, π, t 가 주어졌을 때, k_p 와 k_s 에서 오목해야 한다.

여기서

$$H_H^0(k, P, t) = \underset{s \text{ and } \theta}{Maximize}\, H_H(s, \theta, k, P, \pi, t) \cdots\cdots\cdots\cdots (116)$$

$$H_H^0(k_p, k_s, P_p, P_s, t) = \underset{s \text{ and } \theta}{Maximize}\, H_H(k, k_p, k_s, P, P_p, P_s, s, \theta, t) \cdots (117)$$

상기한 최적 해(optimal solution)가 유일하게 존재하기 위해서는 2개의 해밀토니언 함수(H_V^0과 H_H^0)가 엄격히 오목(strictly concave)해야 한다. 구체적으로, '수평적' 자원배분을 위한 s_* 및 θ_*의 유일한 존재성을 위한 충분조건으로서 H_H^0는 하기의 조건을 만족해야 한다.

$$\left.\begin{array}{l} H_H^{SS} < 0 \text{ or } H_H^{SP} > 0 \\ \begin{vmatrix} H_H^{PP} & H_H^{PS} \\ H_H^{SP} & H_H^{SS} \end{vmatrix} > 0 \end{array}\right\} \cdots\cdots (118)$$

여기서,

$$H_H \equiv \left(k_p, k_s, P_p, P_s, s, \theta, t\right)$$

이 경우, Hessian determinant는 다음과 같이 정의된다.

$$U''\left\{(1-s)^2(r)^2\left(f_{pp}+f_{ss}-2f_{ps}\right)\right\}+U'\left\{f_{pp}f_{ss}-\left(f_{ps}\right)^2\right\}>0$$
$$\cdots\cdots (119)$$

여기서

$$U'' \equiv \partial U'/\partial c < 0$$

$$f_{jj} \equiv \partial f_j/\partial k_j < 0,\ j=p,\ s$$

$$0<s<1,\ r>0,\ f_{pp}<0,\ f_{ss}<0,\ f_{ps}>0$$

$$f_{pp}f_{ss} > \left(f_{ps}\right)^2 \left(\because f_{pp}<0 \text{ 및 } f_{ss}<0\right)$$

나아가, $r=f=f_p=f_s$ 와 $f_{pp}=f_{ss}$ 을 식(119)에 적용하여 식(120)과 같이 축약할 수 있다.

$$2U''(1-s)^2(t)^2 + U'\left(f_{pp}+f_{ps}\right)<0 \cdots\cdots (120)$$

따라서 $|f_{pp}|>|f_{ps}|$ 을 가정하면, 최적 자원배분이 유일하게 존재

함을 위한 충분조건 중에서 헤밀토니언 함수의 '엄격한 오목성'(strict concavity)을 증명할 수 있다.

② **횡단성 조건**

최적의 수직적 및 수평적 자원배분이 존재하기 위한 충분조건의 하나로서 다음과 같은 횡단성 조건(the transversality conditions)을 만족해야 한다.

$$\lim_{t \to \infty} e^{-(\rho - n)t} P(t) \geq 0 \quad \cdots\cdots (121)$$

$$\lim_{t \to \infty} e^{-(\rho - n)t} P(t)k(t) = 0 \quad \cdots\cdots (122)$$

$$\lim_{t \to \infty} e^{-(\rho - n)t} P_p(t) \geq 0 \quad \cdots\cdots (123)$$

$$\lim_{t \to \infty} e^{-(\rho - n)t} P_p(t)k_p(t) = 0 \quad \cdots\cdots (124)$$

$$\lim_{t \to \infty} e^{-(\rho - n)t} P_s(t) \geq 0 \quad \cdots\cdots (125)$$

$$\lim_{t \to \infty} e^{-(\rho - n)t} P_s(t)k_s(t) = 0 \quad \cdots\cdots (126)$$

상기의 조건을 설명하면 다음과 같다 : k, k_p, k_s 의 잠재가격의 현재가치가 모든 시각(t)에서 마이너스(−)가 되어서는 안 되며, 이와 동시에 i, i_p, i_s 의 단위당 현재가치가 시간(t)이 경과함에 따라 작아져야 한다는 것이다.

③ **수렴 조건**

최적 저축률(s_*)과 최적 사회보장세율(θ_*)에 의하여 세대간 사회복지함수(SW)가 극대화되기 위해서는 다음 하기의 목적함수가 어떤 한정적이고 플러스의 극한치(finite and positive limit)로 수렴해야 하는데, 이것은 본 연구의 기본가정 : $0 < n < \rho < r$ 로서 만족된다.

$$\int_{0}^{+\infty} e^{-(\rho-n)t} L_0 U[c(t)]\, dt$$

마지막으로, 본 연구의 기본가정 : $0 < n < \rho < r$ 을 횡단성 조건(수렴 조건뿐만 아니라)을 만족시킨다는 것을 알 수 있다. 이를 증명하면 다음과 같다.

$$P > 0 \ (\because \ U' = P > 0)$$
$$P_p > 0 \ (\because \ U' = P_p > 0)$$
$$P_s > 0 \ (\because \ \Omega_* + \theta^* \Omega_\theta^* > 0\text{을 가정하여 } U' = P_p > 0)$$
$$\lim_{t\to\infty} \frac{P_j(t)}{e^{(\rho-n)t}} \geq 0,\ P_j(t) = P(t),\ P_p(t),\ P_s(t)$$
$$(\because \ 0 < n < \rho < r) \quad \cdots\cdots (127)$$

따라서 식(105), (107), (109)가 만족된다.

$$\lim_{t\to\infty} \frac{P_j(t)k_j(t)}{e^{(\rho-n)t}} = 0 \ (\because \ 0 < n < \rho < r) \quad \cdots\cdots (128)$$

여기서

$$P_j(t) = P(t),\ P_p(t),\ P_s(t)\ ;\ k_j(t) = k(t),\ k_p(t),\ k_s(t)$$

따라서 $k(t)$, $k_p(t)$, $k_s(t)$, $k^{**}(t)$, $k_p^{**}(t)$, $k_s^{**}(t)$로 각각 수렴되므로, 또한 $c(t)$는 $c_{**}(t)$로 수렴되므로 식(122), (124), (126)는 자동적으로 만족된다는 것을 알 수 있다.

(4) 동태적 안정성(Dynamic Stability)

최적의 '수직적' 자원배분과 최적의 '수평적' 자원배분으로 유지되는 장기 균형성장의 궤도(P_{**}, k_{**})는 동태적으로 효율적일 뿐만 아니라, 동태적으로 안정적(dynamically stable)이다.

〈증명〉

① 최적의 '수직적' 자원 배분의 경우

동태적 안정성(dynamic stability) 여부는 동태적으로 효율적인 장기 균형치(P_{**}, k_{**})가 안장점(saddle-point)의 특성을 갖는지의 여부를 판별하는 것이다. 이를 증명하기 위하여, 장기 균형점(P_{**}, k_{**})의 근방에 존재하는 점(P_{*}, k_{*})을 '테일러의 확장'(Taylor's expension)에 의하여 다음과 같은 1계·동차·미분 방정식 체계(linear differential equation system)를 세운다.

$$\begin{aligned}\dot{P}_{*} &= (\rho - r)P = \psi(P_{*}, k_{*}) \\ &= \frac{\partial\psi(P_{*}, k_{*})}{\partial P_{*}}(P_{*} - P_{**}) + \frac{\partial\psi(P_{*}, k_{*})}{\partial k_{*}}(k_{*} - k_{**}) \quad \cdots\cdots\cdots (129)\end{aligned}$$

$$\begin{aligned}\dot{k}_{*} &= [1 - \theta_{*}(1 - \Omega_{*})]f(k_{*}) + [\theta_{*}r(1 - \Omega_{*}) - n]k_{*} - c_{*}(P_{*}) \\ &= \phi(P_{*}, k_{*}) = \frac{\partial\phi(P_{*}, k_{*})}{\partial P_{*}}(P_{*} - P_{**}) + \frac{\partial\phi(P_{*}, k_{*})}{\partial k_{*}}(k_{*} - k_{**}) \\ &\cdots\cdots\cdots\cdots\cdots\cdots\cdots\cdots\cdots\cdots\cdots\cdots\cdots\cdots\cdots\cdots\cdots\cdots\cdots\cdots\cdots (130)\end{aligned}$$

상기의 연립방정식 체계를 행렬로 나타내면 다음과 같다.

$$\begin{vmatrix} \psi_P & \psi_k \\ \phi_P & \phi_k \end{vmatrix} \begin{vmatrix} P_* & P_{**} \\ k_* & k_* \end{vmatrix} = \begin{vmatrix} \dot{P}_* \\ \dot{k}_* \end{vmatrix} \cdots\cdots (131)$$

그리고 식(131)의 맨 왼쪽 항을 행렬식으로 나타내면 다음과 같다.

$$\begin{vmatrix} \psi_P & \psi_k \\ \phi_P & \phi_k \end{vmatrix} = \begin{vmatrix} \rho - f_k - \lambda & -Pf_{kk} \\ -c'_*(P_*) & r-n-\lambda \end{vmatrix} \cdots\cdots (132)$$

여기서

$\psi_p = \rho - r$, $\psi_k = -Pf_{kk}$, $\phi_p = -c'_*(P_*)$, $\phi_k = r - n$

λ = 특성근(the characteristic root)

식(132)의 행렬식을 풀고, 다시 이를 특성근($\lambda_i = \lambda_1, \lambda_2$)을 중심으로 정돈하면 다음과 같다.

$$(\rho - f_k - \lambda)(r - n - \lambda) - Pf_{kk}c'_*(P_*) = 0 \cdots\cdots (133)$$

즉,

$$\lambda_i = \frac{1}{2}\left\{ (\rho - n) \pm \sqrt{(\rho-n)^2 - 4[(\rho-r)(r-n) - Pf_{kk}c'_*(P_*)]} \right\} \cdots\cdots (134)$$

식(134)의 $(\rho - r)(r-n)P \cdot f_{kk}c'(P)$ 는 식(96)에서 값이 마이너스(-)임을 이미 증명하였다. 왜냐하면 $\rho > r$, $r > n$, $c'(P) > 0$, $f_{kk} < 0$ 이기 때문이다. 따라서 2개의 특성근 ; λ_1과 λ_2는 실수(real)임과 동시에 서로 다른 부호를 갖는다. 따라서 장기 균형성장 궤도

(P_{**}, k_{**})는 안장점(saddle point)이며, 따라서 동태적 안정성(dynamic stability)을 갖는다는 것을 알 수 있다. 또한, T. C. Koopmans(1965)의 이론에 따라, 장기 균형성장 궤도(P_{**}, k_{**})에서는 $\rho = n$ 이므로 식(134)는 다음과 같다.

$$\lambda_i = \pm 2\sqrt{(\rho - r)(r-n) - P f_{kk} c'_*(P_*)} \quad \cdots\cdots (135)$$

② **최적의 '수평적' 자원 배분의 경우**

한편, 장기 균형성장 궤도$(k_p^{**}, k_s^{**}, k^{**})$의 동태적 안정성(dynamic stability) 여부를 조사하기 위하여, 식(104)를 장기 균형지$(k_p^{**}, k_s^{**}, k^{**})$의 근방에 존재하는 k, k_p, k_s 에서 1계 · 동질적 · 미분방정식(the first-order, homogeneous differential equations)을 선형화하면 각각 다음과 같다 :

$$\dot{k}_p = \frac{\partial X(k_p, k_s, k)}{\partial k_p}(k_p - k_p^{**}) + \frac{\partial X(k_p, k_s, k)}{\partial k_s}(k_s - k_s^{**}) + \frac{\partial X(k_p, k_s, k)}{\partial k}(k - k_{**}) \quad \cdots\cdots (136)$$

$$\dot{k}_s = \frac{\partial Y(k_p, k_s, k)}{\partial k_p}(k_p - k_p^{**}) + \frac{\partial Y(k_p, k_s, k)}{\partial k_s}(k_s - k_s^{**}) + \frac{\partial Y(k_p, k_s, k)}{\partial k}(k - k_{**}) \quad \cdots\cdots (137)$$

$$\dot{k} = \frac{\partial Z(k_p, k_s, k)}{\partial k_p}(k_p - k_p^{**}) + \frac{\partial Z(k_p, k_s, k)}{\partial k_s}(k_s - k_s^{**}) + \frac{\partial Z(k_p, k_s, k)}{\partial k}(k - k_{**}) \quad \cdots\cdots (138)$$

식(136)의 첫째 항, 식(137)의 둘째 항, 식(138)의 셋째 항은 각각 k_p , k_s , k 의 시간당 변화율을 각각 나타낸다. 식(136)의 둘째 항과 식(137)의 첫째 항은 각각 $\dot{k}_p$ 와 $\dot{k}_s$ 에 대한 교차 효과(cross effect)를 각각 나타낸다. 식(136)과 식(137)의 셋째 항은 k 의 배분 효과(allocation effect)를 나타낸다. 식(138)의 첫째 항 및 둘째 항은 장기 균형치(k_p^{**} , k_s^{**})로 접근함에 따라 k_p 와 k_s 의 역전 효과(reverse effect)를 각각 나타낸다. 상기의 연립방정식 체계 : 식(136), 식(137), 식(138)을 행렬로 나타내면 다음과 같다.

$$\begin{bmatrix} X_p & X_s & X_k \\ Y_p & Y_s & Y_k \\ Z_p & Z_s & Z_k \end{bmatrix} \begin{bmatrix} k_p - k_p^{**} \\ k_s - k_s^{**} \\ k - k^{**} \end{bmatrix} = \begin{bmatrix} \dot{k}_p \\ \dot{k}_s \\ \dot{k} \end{bmatrix} \cdots\cdots (139)$$

식(139)의 맨 왼쪽 행렬을 행렬식으로 변환하여 그것의 2개의 특성근(characteristic root)인 Ψ_1 과 Ψ_2 를 풀면 다음과 같다.

$$\begin{vmatrix} sr-n-\Psi & sr & sr \\ 0 & -n-\Psi & 0 \\ r-n & r-n & r-n-\Psi \end{vmatrix} \cdots\cdots (140)$$

즉,

$$\Psi^2 - (sr + r - 2n)\Psi - n(r-n) = 0 \ ; \ \Psi \neq -n \cdots\cdots (141)$$

$$\Psi_i = \frac{1}{2}\left\{ (sr + r - 2n) \pm \sqrt{(sr + r - 2n)^2 + 4n(r-n)} \right\} ; \ i = 1,2$$

$$\cdots\cdots (142)$$

상기의 두 특성근 : Ψ_1 과 Ψ_2 은 다음과 같이 2가지 경우, 즉 인구가 증가하는 경우$(n>0)$와 인구가 감소하는 경우$(n<0)$로 나누어 동태적 안정성 여부를 검증하는데 사용될 수 있다.

① $r>n>0$ 인 경우, Ψ_1 과 Ψ_2 은 실수(real number)이며 상호 반대 방향의 부호를 갖는다. 따라서 장기 균형성장 궤도$(k_p^{**}, k_s^{**}, k^{**})$는 안장점(stable point)으로서, 동태적으로 안정적(dynamically stable)이다.

② $r>n(<0)$인 경우, J_H가 퇴행(degenaration)이 되어 $(\dot{k}=0, \dot{k}_p=0, \dot{k}_s=0)$을 만족시킬 수 있는 장기 균형성장 궤도$(k_p^{**}, k_s^{**}, k^{**})$가 존재하지 않는다. 즉, 최적의 수식석 사원배분(c^1, c^2) 뿐만 아니라 수평적 자본배분(k_p, k_s)도 존재하지 않는다. 이를 수학적으로 나타내면 다음과 같다 :

$$s[(1-\theta)q+\theta rk] \neq nk_p;\theta\Omega(q-rk) \neq nk_s$$

7) 인구구조 변화에 따른 사회보장정책의 유형

일반적으로, 인구고령화는 경제활동인구를 감소시킬 뿐 아니라, 저축률을 감소시키는 등 자본시장에도 영향을 미치고 나아가 장기적인 경제성장에도 악영향을 미친다. 또한, 조세수입도 감소시킴으로써 사회보장과 관련된 재정지출을 더욱 증가시킨다. 특히 사회보장과 관련해서는 연금재정이 가장 직접적인 영향을 받을 것으로 예상된다.

인구구조의 변화, 즉 본 연구에서 자연성장률(n)의 변화에 따른 수직적 및 수평적 자원배분에 관한 분석결과를 다음과 같이 요약한다.

첫째, 인구가 증가하는 경우$(n>0)$, 동태적 비효율성 상태$(r>\rho>n>0$ 혹은 $0<r<n<\rho)$이든 간에, 즉 초기 자본축적이 과소$(k_0<k_{**})$이든 혹

은 과다($k_0 > k_{**}$)이든 간에, 최적 저축률(s_*)과 최적 사회보장세율(θ_*)에 의하여 동태적으로 효율적인 장기 균형성장 궤도(P_{**}, k_{**})로 수렴할 수 있는 수직적 및 수평적 자원배분은 존재한다. 그러나 전자($k_0 < k_{**}$)의 경우 과다 적립방식 사회보장에 의한 장기 균형점은 동태적으로 안정적이지만 후자($k_0 > k_{**}$)의 경우 청년 부양방식 사회보장에 의한 장기 균형점은 동태적으로 불(不)안정적이다.

둘째, 인구가 정체된 경우($n = 0$), 초기 자본부족($k_0 < k_{**}$)의 동태적 비효율성 상태를 동태적 효율성 상태(P_{**}, k_{**})로 전환시키고자 하는 최적의 수직적 및 수평적 자원배분 정책은 존재하지만 이와 반대인 초기 자본과다 상태($k_0 > k_{**}$)에서는 최적의 필요조건이 마이너스 이자율($r < 0$)을 요구하므로 상기의 최적 사회보장정책은 존재할 수 없다.

한편, 동태적 안정성의 측면에서 보면, 상기의 경우($n = 0$), 초기 자본부족($k_0 < k_{**}$)의 동태적 비효율성 상태를 동태적 효율성 상태(P_{**}, k_{**})로 전환시키고자 하는 최적의 수직적 자원배분은 존재할뿐만 아니라 동태적으로 안정적인 반면에 최적의 수평적 자원배분은 존재하지만 동태적으로 불안정적이다.

셋째, 인구가 감소하는 경우($n < 0$), 초기 자본축적이 과소($k_0 < k_{**}$)일 때, 수직적 및 수평적 자원배분 정책에 의한 장기균형은 존재하지만 두 자원배분 정책은 모두 동태적으로 불안정적이다. 한편, 초기 자본축적이 과다($k_0 > k_{**}$)일 때, 수직적 및 수평적 자원배분의 최적 조건은 비(非)현실적 가정 $r < 0$을 요구하므로 두 자원배분 정책은 모두 성립되지 않는다.

최적의 '수직적' 및 '수평적' 자원배분 모형의 분석결과를 인구성장률(n)의 3가지 경우, 즉 ① $n > 0$, ② $n = 0$, ③ $n < 0$ 으로 나누

어 인구구조의 변화에 따른 사회보장정책의 유형과 장기 균형성장 궤도(P_{**}, k_{**})의 존재성 및 동태적 안정성 여부를 각각 규명하면 〈표 6-1〉과 같다.

다음으로, 개인당 민간부문의 자본(k_p)과 사회보장부문의 자본(k_s) 사이의 수평적 자원배분에 대한 인구구조의 변화의 파급효과를 분석하기 위하여 k_p 변화율과 k_s 변화율 곡선의 기울기를 도출하면 다음과 같다.

$$\left.\frac{dk_s}{dk_p}\right|_{\dot{k}_p} = \frac{\partial \dot{k}_p / \partial k_p}{\partial \dot{k}_s / \partial k_s} = \frac{X_p}{X_s} = \frac{sr - n}{sr} \quad \cdots\cdots (143)$$

$$\left.\frac{dk_s}{dk_p}\right|_{\dot{k}_s} = \frac{\partial \dot{k}_s / \partial k_p}{\partial \dot{k}_s / \partial k_s} = \frac{Y_p}{Y_s} = \frac{0}{-n} = 0 \quad \cdots\cdots (144)$$

여기서

$$0 < s < 1 \ , \ r = f_k = f_p = f_s > 0$$

$$X_P = \partial \dot{k}_p / \partial k_p = s[f_p - \theta(f_p - r)] - n = sr - n$$

$$X_S = \partial \dot{k}_p / \partial k_p = s[f_s - \theta(f_s - r)] = sr$$

$$Y_P = \partial \dot{k}_s / \partial k_p = \Omega\theta(f_p - r) = 0$$

$$Y_S = \partial \dot{k}_p / \partial k_s = \Omega\theta(f_s - r) - n = -n$$

〈표 6-1〉 최적 '수직적' 및 '수평적' 자원배분에 대한 인구성장률(n) 변동의 파급효과

인구 성장률 (n)	동태적 비효율성	사회보장정책의 유행	장기 균형성장 궤도의 존재성 여부		동태적 안정성 여부	
			수직적 자원배분	수평적 자원배분[1]	수직적 자원배분	수평적 자원배분
인구 증가 ($n>0$)	$r>\rho>n>0$ ($k_0<k_{**}$) (본 연구)	과다 적립방식 (Over-Funded System)	존재 ($J_V<0$)	존재 ($J_H<0$)	안정	안정
	$0<r<n<\rho$ ($k_0>k_{**}$) (Samuelson)	청년 부양방식 (Pay-as-you-go Financing)	존재 ($J_V<0$)	존재 ($J_H<0$)	안정	不안정
인구 정체 ($n=0$)	$r>\rho>n=0$ ($k_0<k_{**}$)	과다 적립방식 (Over-Funded System)	존재 ($J_V<0$)	존재 ($J_H>0$)	안정	不안정
	$r<n=0<\rho$ ($k_0>k_{**}$)	청년 부양방식 (Pay-as-you-go Financing)	非현실적 ($\because r<0$)	非현실적 ($\because r<0$)	N/A	N/A
인구 감소 ($n<0$)	$r>\rho>0>n$ ($k_0<k_{**}$)	과다 적립방식 (Over-Funded System)	존재 ($J_V<0$)	존재 ($J_H>0$)	안정	不안정
	$r<n<0<\rho$ ($k_0>k_{**}$)	청년 부양방식 (Pay-as-you-go Financing)	非현실적 ($\because r<0$)	非현실적 ($\because r<0$)	N/A	N/A
$\rho>n=r>0$ (The Golden Rule Path)		자기 부양방식 (Fully-Funded System)	존재 ($J_V<0$)	존재하지 않음	不안정	N/A

주: 1) P. A. Samuelson(1975b)는 '수평적 자원배분'을 고려하지 않았음.

2) $J_V=(\rho-r)(r-n)-c'_*(p_*)P_*f_{kk}$ (식(96)으로부터)

3) $J_H=(-n)^2(r-n)$ (식(100)으로부터)

4) $\lambda_i=\frac{1}{2}\left\{(n-\rho)\pm\sqrt{(\rho-n)^2-4[(\rho-r)(r-n)-Pf_{kk}c'_*(P_*)]}\right\}$; $i=1,2$ (식(134)로부터)

5) $\Psi_i=\frac{1}{2}\left\{(sr+r-2n)\pm\sqrt{(sr+r-2n)^2+4n(r-n)}\right\}$; $i=1,2$ (식(142)로부터)

상기의 관계를 분석한 결과를 요약하면 〈표 6-2〉이며, 그래프로 나타낸 것이 [그림 6-2]이다. 여기서 수평적 자원배분 과정 중에서 초기 자본과소$(k_0 < k_{**})$인 경우는 $L_0 L_*$ 로, 초기 자본과다$(k_0 > k_{**})$인 경우는 $S_0 L_*$ 로 각각 나타낼 수 있다. P. A. Samuelson 교수의 세대간 자원배분은 수평적 자원배분이 없으므로 $S_0 S_*$ 로 나타낼 수 있다. 이와 대조적으로, 본 연구의 모형에서 최적의 수평적 자원배분 영역은 빗금 친 부분이다.

〈표 6-2〉 최적 수평적 자원배분에 대한 인구성장률(n) 변동의 파급효과

인구성장률	Case	$\dot{k}_p = 0$ 곡선의 기울기	[그림 6-2]의 경로
인구 증가 $(n>0)$	$s \cdot r > 0$	$0 < \frac{dk_s}{dk_p}\Big\vert < 1$	Path1의 $k_p^0 M_1$ 부분
	$s \cdot r = 0$	$\frac{dk_s}{dk_p}\Big\vert_{\dot{k}_p = 0} = 0$	Path1 상의 점 M_1
	$s \cdot r < 0$	$\frac{dk_s}{dk_p}\Big\vert_{\dot{k}_p = 0} < 0$	Path1의 $M_1 \theta_*$ 부분
인구 정체 $(n=0)$	모든 기간	$\frac{dk_s}{dk_p}\Big\vert_{\dot{k}_p = 0} = 1$	Path2의 45° 직선
인구 감소 $(n<0)$	모든 기간	$\frac{dk_s}{dk_p}\Big\vert_{\dot{k}_p = 0} > 1$	Path3

[그림 6-2] 최적 경로(k_p 및 k_s)와 최적의 수평적 자원배분 비율(k_s/k_p)의 관계

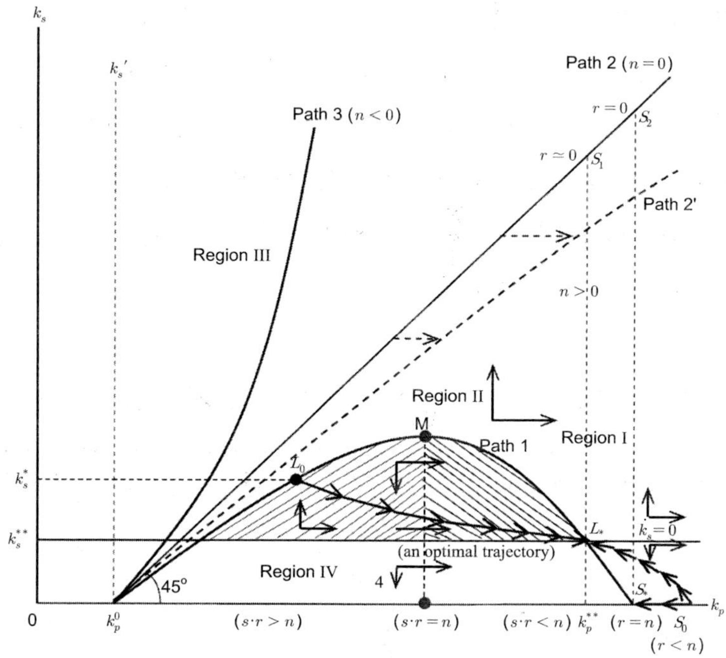

8) 장기 균형성장과 최적 사회보장의 동태적 과정

앞에서 최적 장기 균형성장의 존재성, 유일성 그리고 동태적 안정성을 분석하였으므로, 이제 최적 장기 균형성장의 궤적(optimal trajectory)을 [그림 6-3]으로 설명하고자 한다.[31]

전술한 최적 장기 균형성장의 동태적 안정성은 매우 중요한 의미를 갖는다. 왜냐하면 안장점(saddle-point)의 특성은 (P, k) 평면 상에서 임의의 점으로부터 경제성장을 시작할 때, 최적 저축률(s_*)과 최적 사회보장세율 혹은 국민연금보험요율(θ_*)을 조정함으로써 최종

31 이러한 그래프와 관련된 연구로서 D. Cass(1965), K. J. Arrow(1967), 그리고 K. J. Arrow and M. Kurz(1970) 등을 예로 들 수 있다.

목표인 장기균형상태(P_{**}, k_{**})로 자동적으로 유도될 수 있는 최적 궤적(optimal trajectory)을 추적할 수 있기 때문이다.

[그림 6-3]의 패널 A는 최적 경제성장 궤적(optimal growth trajectory)을, 패널 B는 최적 개인당 소비 궤적을, 패널 C는 본 연구의 자본축적 궤적과 P. A. Samuelson 교수의 자본감축 궤적을 각각 나타낸다.

우선, 패널 A 상에서 총자본스톡의 잠재가격 P 는 수직축에, 노동-총자본의 비율 k 는 수평축에 각각 나타나 있다. 이들은 4가지 영역을 갖고 있는데 이들은 두 함수 $\dot{P}$ 와 $\dot{k}$ 의 값에 따라 구분된다. 즉, $\dot{P}$ 의 함수와 $\dot{k}$ 의 함수는 각각 다음과 같다:

$$\dot{P} = \psi(P_i, k) = [\rho - f'(k)]P$$
$$\dot{k} = \phi(P_i, k) = (1-\theta)f(k) + \theta rk - nk - c(p)$$

(1) $\dot{P}/P = \rho - f(k) \gtreqless 0$, $f'(k) = r$, $\rho = r$ 일 때, $k = k_{**}$

① $k_0 < k_{**}$ 이면 즉 $\rho < r$ 이면, $\dot{P} < 0$ 즉 P는 감소한다.

② $k_0 = k_{**}$ 이면 즉 $\rho = r$ 이면, $\dot{P} = 0$ 즉 P는 최적 장기 균형치 P_{**}를 갖는다.

③ $k_0 > k_{**}$ 이면 즉 $\rho > r$ 이면, $\dot{P} > 0$ 즉 P는 증가한다.

[그림 6-3]

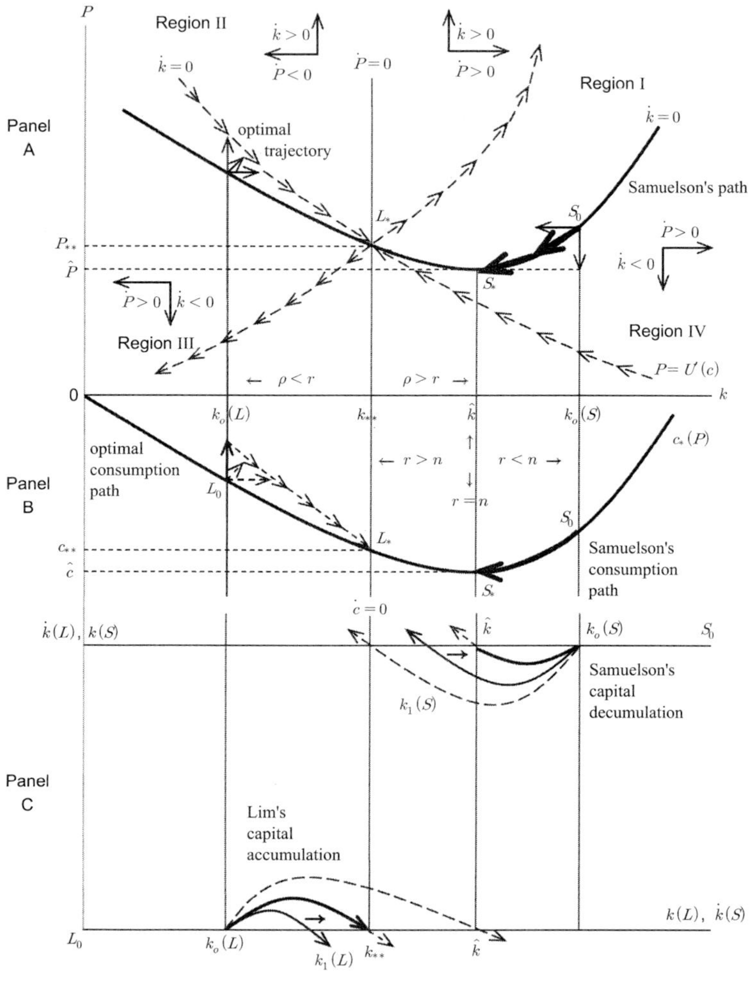

우선, $\rho < r$ 인 경우는 초기 자본스톡의 부족 상태($k_0 < k_{**}$)를 의미하므로 사회복지 극대화를 위하여 자본축적($\dot{k} > 0$)이 필요하다. 자본스톡이 증가함에 따라 자본의 한계생산성 체감의 법칙($f'' < 0$)에 의하여 세대간 사회복지함수(SW)의 극대화에 대한 총자본 단위당 한

계기여도(P)가 감소하기 시작한다. 즉 $\dot{P} < 0$ 이다.

한편, $\rho > r$ 인 경우는 상기와 정반대로 초기 자본스톡(k_0)의 과다상태$(k_0 > k_{**})$를 나타내므로 세대간 사회복지함수(SW)의 극대화를 위해서는 자본감축$(\dot{k} < 0)$이 필요하다. 자본스톡이 감소함에 따라 $(f'' < 0)$에 의하여 (P)가 증가하기 시작한다. 즉 $\dot{P} > 0$이다.

만약 $\rho = r$ 이 만족되면, 이것은 장기 균형성장 조건을 나타낸다. 이 조건 하에서는 세대간 사회복지함수(SW)가 극대화되기 때문에 자본스톡의 증가 혹은 감소는 정지된다. 즉, $k = k_{**}$ 에서 고정된다.

따라서 최석 장기 균형점을 경계로 2가지의 경우가 생기게 된다. $k_0 < k_{**}$ 즉, 수직선 $\dot{P} = 0$의 왼쪽 영역은 $\dot{P} < 0$ 인 반면에, $k_0 > k_{**}$ 즉, 수직선 $\dot{P} = 0$ 의 오른쪽 영역은 $\dot{P} > 0$ 이다.

(2) $\partial\dot{k}/\partial k = f'(k) - n \gtreqless 0$,$f'(k) = r$, $r = n$ 일 때 $k = k_g$

① $k_0 < k_g$ 이면 즉 $r > n$ 이면, $\dot{k} > 0$ 즉 k 는 증가한다.

② $k_0 = k_g$ 이면 즉 $r = n$ 이면, $\dot{k} = 0$ 즉 k 는 황금률(Golden Rule)의 k_g가 된다.

③ $k_0 > k_g$ 이면 즉 $r < n$ 이면, $\dot{k} < 0$ 즉 k 는 감소한다.

(3) 함수 $\dot{k} \gtreqless 0$ 의 3가지 경우를 구분하기 위하여 함수 $\dot{k}$ 를 다음과 같은 음(陰) 함수(implicit function)로 나타낼 수 있다.

$$\dot{k} = \dot{k}(P, k) = 0$$

상기의 함수는 모든 k의 값에 대한 P의 값을 나타낸다. 즉, $\dot{k}=0$의 모든 단일(singular) 해(解)들의 집합을 나타낸다. 음(陰)함수(implicit function)의 특성을 이용하여 곡선 $\dot{k}=0$ 의 기울기를 아래와 같이 구할 수 있다.

$$\left.\frac{dP}{dk}\right|_{\dot{k}=0} = -\frac{\partial \dot{k}/\partial k}{\partial \dot{k}/\partial P} = -\frac{\phi k}{\phi P} = -\frac{r-n}{-c'(P)} = \frac{r-n}{-c'(P)} \lesseqgtr 0 \quad \cdots (145)$$

여기서 $c'(P)$ 는 최적을 위한 필요조건 $U'(c)=p>0$ 와 가정 $U''(c)<0$에 의하여 $c'(P)<0$ 이므로 다음과 같은 3가지 경우를 고려할 수 있다.

① $r>n$ 이면, 곡선 $\dot{k}=0$ 의 기울기 값은 "−" 이다.
② $r=n$ 이면, 곡선 $\dot{k}=0$ 의 기울기 값은 "0" 이다. 즉, 이 곡선은 극대점(황금률)에 위치한다.
③ $r<n$ 이면, 곡선 $\dot{k}=0$ 의 기울기 값은 "+" 이다.

이제, 전술한 2가지 경우 : (2)와 (3)의 분석결과를 종합하면 다음과 같다.

① 곡선 $\dot{k}=0$ 의 상단 부분은 $\dot{k}>0$ 즉 k 는 증가하고 $\dot{k}=0$ 의 하단 부분은 $\dot{k}<0$ 즉 k 는 감소한다.
② 곡선 $\dot{k}=0$ 은 k 와 P 의 두 변수로서 구성되는 음(陰)함수로서 $r \lesseqgtr n$ 의 3가지 경우에 따라 각각 다른 기울기의 값 dP/dk 을 갖는다.

③ 만약 $r > n$ 이면 즉 $k < k_g$ 이면, k 는 증가($\dot{k} > 0$)하고 곡선 $\dot{k} = 0$ 의 기울기 값은 "−" 이다. 이와 반면에, 만약 $r < n$ 이면 즉 $k > k_g$ 이면, k 는 감소($\dot{k} < 0$)하고 곡선 $\dot{k} = 0$ 의 기울기 값은 "+"이다.

④ $r = n$ 이면 $k = k_g$ 가 되어 황금률(Golden Rule)의 상태에 도달하게 된다. 이때 곡선 $\dot{k} = 0$ 의 기울기 값은 "0" 이고 따라서 $\dot{k} = 0$ 곡선의 극소점 S_* (P. A. Samuelson 교수의 목표)에 위치하게 된다. 그리고 이 점은 패널 B 상의 곡선 개인당 소비 곡선 $c(P)$의 극대점 S_* (P. A. Samuelson 교수의 목표)와 일치하게 된다.

상기의 분석으로써, 패널 A의 평면은 아래와 같이 4가지 영역으로 구분된다.

① 영역 Ⅰ : $\dot{k} > 0$ 및 $\dot{P} > 0$ 인 경우
② 영역 Ⅱ : $\dot{k} > 0$ 및 $\dot{P} < 0$ 인 경우
③ 영역 Ⅵ : $\dot{k} < 0$ 및 $\dot{P} < 0$ 인 경우
④ 영역 Ⅵ : $\dot{k} < 0$ 및 $\dot{P} > 0$ 인 경우

한편, 수직선 $\dot{P} = 0$ 와 곡선 $\dot{k} = 0$ 가 교차하는 점 L_* (본 연구의 분석목표)는 세대간 사회복지(SW)의 극대화를 만족시키며 동시에 최적 장기 균형치를 나타낸다. 앞에서 분석하였듯이, 점 L_* 는 안장점(saddle-point)으로서 동태적 안정성(dynamic stability)을 갖는다.

영역 Ⅰ 에서는 $\dot{k} > 0$ 와 $\dot{P} > 0$ 이므로 점 L_* 로부터 동북방향의 동태적 운동(dynamic motion)이 존재한다. 그리고 영역 Ⅵ 에서는 $\dot{k} < 0$

와 $\dot{P}<0$ 이므로 점 L_* 로부터 서남방향의 동태적 운동이 존재한다. 그러므로 영역 Ⅰ과 영역 Ⅵ의 어느 지점에서나 최적 경제성장 궤도로의 동태적 운동이 존재하지 않는다. 따라서 사회복지의 극대화는 달성할 수가 없게 된다.

상기의 이유는 다음과 같은 논리에 근거를 둔다. 영역 Ⅰ에서는 $\rho>r$ 의 조건이 적용되므로 사회복지 극대화에 필요한 자본스톡(k_{**})에 비하여 초기 자본스톡(k_0)의 과다(capital abundance) 상태($k_0>k_{**}$)를 나타낸다. 이 경우 과다자본을 소비증가로 환원시켜 사회복지의 극대화를 도모해야 한다. 그러나 이 영역 내의 모든 점은 오히려 자본축적($\dot{k}>0$)의 동태적 운동이 존재하므로 개인당 소비(c)는 감소하게 된다. 즉, 점점 사회복지 극대점 L_* 로부터 벗어나게 된다.

상기한 영역 Ⅰ과 대조적으로, 영역 Ⅵ에서는 $\rho<r$ 의 조건이 적용되므로 $k_0<k_{**}$ 즉 초기 자본스톡의 부족(capital shortage)을 나타낸다. 이 경우, 자본축적($\dot{k}>0$)을 도모함으로써 미래소비와 미래효용을 증가시켜야 한다. 그러나 이 영역내의 모든 점은 오히려 자본감축($\dot{k}<0$)의 동태적 운동이 존재한다. 따라서 점 L_* 로부터 점점 벗어나게 된다.

그러나 영역 Ⅱ는 $\rho<r$ 의 경우에, 또한 영역 Ⅵ는 $\rho>r$ 의 조건 하에서 각각 최적 경제성장 궤도가 존재한다. 즉, 사회복지 극대점 L_* 로 향하는 동태적 운동이 존재한다. 그 이유는 다음과 같다. 우선, 영역 Ⅱ에서, $\dot{k}>0$ 와 $\dot{P}<0$ 의 조건은 $\rho<r$ 즉 자본스톡의 부족의 상태($k_0<k_{**}$)와 양립됨을 알 수 있다. 즉, 자본축적률을 증가($\dot{k}>0$)시킴으로써 미래소비를 증가시켜 사회복지 극대화를 추구할 수 있다. 이 경우, 패널 A에 나타나 있듯이, 개인당 소비(c)는 동태적으로 증가하게 된다. 이와 동시에, 자본스톡이 증가함에 따라 자본 단위당 사회복지 극대화의 기여도(P)는 감소($\dot{P}<0$)하기 시작한다. 따라서 사회복지 극대점 L_* 로 향하는 최적 경제성장 궤도가 존재할 수 있다.

초기 자본부족 상태($k_0 < k_{**}$)를 최적 경제성장 궤도로 유도하는 제도적 장치는 본 연구의 최적 저축률(s_*)과 최적 사회보장세율(θ_*)이다. 즉, 시발점이 패널 A와 패널 B에서 각각 L_0 라고 할 때, s_* 와 θ_*는 동태적 과정을 통하여 이 경제를 L_* 로 접근시키기 위하여 작동하게 된다. 일단, 상기의 경제가 L_* 에 도달하게 되면 $\dot{P}=0$, $\dot{k}=0$, $\dot{c}=0$ 가 되어 동태적으로 안정적인 장기 균형치 (P_{**} , k_{**})를 갖게 된다.

한편, 영역 Ⅵ에서 $\dot{k}<0$ 와 $\dot{P}>0$ 의 조건은 $\rho<r$ 즉 초기 자본스톡의 과다(capital abundance) 상태($k_0 > k_{**}$)와 양립된다. 과다 자본스톡을 개인당 소비(c)의 증가로 환원시켜(즉, $\dot{k}<0$ 을 통하여) 사회복지 극대화를 추구할 수 있다. 자본스톡이 감소($\dot{k}<0$)함에 따라 자본단위당 사회복지 극대화에의 기여도(P)는 증가($\dot{P}>0$)되기 시작한다. 따라서 세대간 사회복지(SW)의 극대점 L_* 로 향하는 최적 경제성장 궤도가 존재한다.

상기의 분석을 통하여, 우리는 최적 경제성장 궤도를 조정하는 장치가 바로 수직적 최적 자원배분과 수평적 최적 자원배분을 동시적으로 만족시켜 주는 최적의 필요조건 즉, $P=U'(c)$ 임을 알 수 있다. 상기의 조건은 개인당 소비(c)와 자본 단위당 잠재가격(p)을 반대방향으로 변화시키는 메카니즘이다. 왜냐하면 개인당 소비(c)의 한계사회효용체감($U'(c)$)의 가정 때문이다. 즉, P 가 증가(감소)하면 최적 조건을 유지하기 위하여 $U'(c)$ 도 증가(감소)해야 된다. $U'(c)$의 증가(감소)를 위해서는 c 의 감소(증가)가 필요하다. 이와 같이, c와 P 는 반대 방향으로 변화하게 된다. 이 조건이 최적 조건을 유지하기 위하여 자본 단위당 잠재가격(P)과 노동 단위당 자본스톡(k)과의 역관계를 나타내는 또 다른 최적 조건 즉 $\dot{P}/P=(\rho-r)$와 종합하면 보다 명확한 의미를 갖게 된다.

영역 II 는 초기 자본스톡의 부족($k_0 < k_{**}$) 상태($\rho < r$)이므로 자본축적($\dot{k}>0$)이 필요하다. k 가 증가됨에 따라 이자율(r) 혹은 자본의 한계생산(MPK)이 감소되어 자본 단위당 잠재가격(P)이 증가하게 된다. P 의 증가는 $U'(c)=P$ 의 최적조건에 의하여 현재소비(c)의 감소가 필요하게 된다. 따라서 P , k , c 의 양립적인 변화는 오직 최적 경제성장 궤도상에서만 성립된다. 여기서 '양립적'이란 이유는 자본 단위당 잠재가격(P)이 높으면 높을수록 (낮으면 낮을수록) 자본축적률(자본감축률)이 높을 것이고 동시에 현재소비(c)가 감소(증가)될 것이기 때문이다. 즉, $\partial k/\partial p=-c'(P)<0$, $c''(P)=\partial c/\partial P<0$, $C=C(P)$의 관계가 성립되기 때문이다. 따라서 최적 경제성장 궤도는 절대로 인접 영역을 통과하지 않고 오직 최적 장기 균형점 L_* 로만 접근하게 된다.

〈표 6-3〉 장기 균형성장과 최적 사회보장의 동태적 운동

$\rho : r$	$\dot{P}$	$\dot{c}$	$\dot{k}$	Region	Dynamic State	Existence of Optimality
$\rho < r$ ($k < k_{**}$)	$\dot{P}<0$	$\dot{c}>0$	$\dot{k}>0$	Region Ⅱ	dynamic inefficient	not exist
			$\dot{k}=0$	on the $\dot{k}=0$ curve	the long-run equilibrium growth path (dynamically efficient)	exist
			$\dot{k}<0$	Region Ⅵ	dynamic inefficient	not exist
$\rho = r$ ($k = k_{**}$)	$\dot{P}=0$	$\dot{c}=0$	$\dot{k}>0$	on the upper $\dot{P}=0$ line	dynamic inefficient	not exist
			$\dot{k}=0$	The L_* point	the long-run equilibrium growth path (dynamically efficient)	exist
			$\dot{k}<0$	on the lower $\dot{P}=0$ line	dynamic inefficient	not exist
$\rho > r$ ($k > k_{**}$)	$\dot{P}>0$	$\dot{c}<0$	$\dot{k}>0$	Region Ⅰ	dynamic inefficient	not exist
			$\dot{k}=0$	on the $\dot{k}=0$ curve	the long-run equilibrium growth path (dynamically efficient)	exist
			$\dot{k}<0$	Region Ⅵ	dynamic inefficient	not exist
$n : r$	$\frac{dP}{dk}\Big\vert_{\dot{k}=0}$	$\frac{dc}{dk}\Big\vert_{\dot{k}=0}$	$\dot{k}$	$\rho : r$	a point on the $\dot{k}=0$ curve and the $c(P)$ curve	Lim vs Samuelson
$n < r$	– (down)	+ (up)	$\dot{k}=0$	$\rho < r$	a point on the $\dot{k}=0$ and $c(P)$ curves to the left of L_*	Lim's initial state
				$\rho = r$	the long-run equilibrium point, L_*	Lim's target path
				$\rho > r$	a point on the $\dot{k}=0$ and $c(P)$ curves between L_* and S_*	N.A
$n = r$	0 (Min.)	0 (Max.)	$\dot{k}=0$	$\rho > r$	the Golden Rule path, S_*	Samuelson's target path
$n > r$	+ (up)	- (down)	$\dot{k}=0$	$\rho > r$	a point on the $\dot{k}=0$ and $c(P)$ curves to the right of S_*	Samuelson's initial state

9) 최적 저축률과 최적 사회보장세율의 경합적 관계와 장기균형에로의 동태적 조절

K. J. Arrow(1969)의 '공공투자 안정성 이론'(the theory on the stability of public instrument)과 관련된다. Arrow 교수는 다음과 같이 주장한다 :

If the number of public instruments are sufficiently many and powerful, the publicly-optimal policy is controllable in general with stable instruments. If the public instruments are few and ineffective, then the public optimal policy is not controllable, and analytic interest shifts to the determination of the second best policy and to the stability of the instruments needed to achieve it.

따라서, 최적의 수평적 자원배분의 결과인 사적 경제부문의 개인당 자본(k_p)과, 사회보장부문의 개인당 자본(k_s)을 장기 균형성장 궤도(P_{**}, k_{**})로 유도하기 위한 최적 저축률(s_*)과 최적 사회보장세율(θ_*)의 동태적 조절 메카니즘을 이론적으로 규명하기 위해서, 우선 상기한 2개의 최적 개인당 자본스톡의 비율($r_{p,s} \equiv k_p^*/k_s^*$)을 다음과 같이 정의한다.

$$r_{p,s} \equiv \frac{k_p^*}{k_s^*} = \frac{s_* f(k_p, k_s) - s_* \theta_* [f(k_p, k_s) - rk]}{\theta_* \Omega_* [f(k_p, k_s) - rk]} \quad \cdots\cdots\cdots\cdots (146)$$

즉,

$$r_{p,s} = \frac{(1-\theta_*) s_* f(k_p, k_s) + s_* \theta_* rk}{\theta_* [f(k_p, k_s) - rk]} \cdot \frac{1}{\Omega_*} \quad \cdots\cdots\cdots\cdots\cdots\cdots\cdots (147)$$

여기서

$$0 < s_* < \frac{nk_{**}(t) - \theta_*(t)\Omega_*(t)\{f[k_{**}(t)] - r(t)k_{**}(t)\}}{f[k_{**}(t)] - \theta(t)\{f[k_{**}(t)] - r(t)k_{**}(t)\}} < \Omega_*(t) < 1 \quad \cdots\cdots (148)$$

$$0 < \theta_*(t) = \frac{s_* f[k_{**}(t)] - nk_{**}(t)}{[s_* - \Omega_*(t)]\{f[k_{**}(t)] - r(t)k_{**}(t)\}} < \tau < s_* < 1 \quad \cdots\cdots (149)$$

$$r_{p,s} = \left[\frac{1-\theta_*}{\theta_*} \frac{s_* f(k_p, k_s)}{wh\left(1 - \dfrac{\tau+\theta_*}{1-\tau-\theta_*}\hat{\varepsilon}\right)} \frac{s_* rk}{wh\left(1 - \dfrac{\tau+\theta_*}{1-\tau-\theta_*}\hat{\varepsilon}\right)} \frac{r-n}{re^{(r-n)t} - n}\right] \quad \cdots\cdots (150)$$

따라서 $r_{p,s}$ 는 θ , s , k_p , k_s , t 의 함수임을 알 수 있다.

$$r_{p,s} = r_{p,s}(\theta, s, k_p, k_s, t) \quad \cdots\cdots (151)$$

또한, $r_{p,s}$ 의 시간당 변화율 $\dot{r}_{p,s}(t)$ 는 다음과 같다.

$$\dot{r}_{p,s}(t) = \frac{dr_{p,s}}{dt} = \frac{d\left[\dfrac{k_p(t)}{k_s(t)}\right]}{dt} = \frac{\dot{k}_p(t)k_s(t) - k_p(t)\dot{k}_s(t)}{[k_s(t)]^2} \quad \cdots\cdots (152)$$

여기서

$$\dot{k}_p(t) = s(t)[\{1-\theta(t)\}f\{k_p(t), k_s(t)\} + \theta(t)r(t)k(t)] - nk_p(t)$$

$$\dot{k}_s(t) = \theta(t)\Omega(t)[f\{k_p(t), k_s(t)\} - r(t)k(t)] - nk_s(t)$$

다음으로, k_p^* 와 k_s^* 를 자원배분하는 2개의 정책변수, 즉 저축률(s)과 사회보장세율(θ)의 상호경합적 관계를 규명하기 위하여, 한계변환율($MRTS_{s,\theta}$)을 다음과 같이 정의한다.

$$MRTS_{s,\theta} \equiv \left.\frac{ds}{d\theta}\right|_{\dot{r}_{p,s}=0} = \frac{\partial \dot{r}_{p,s}(t)/\partial\theta}{\partial \dot{r}_{p,s}(t)/\partial s} \quad \cdots\cdots\cdots\cdots (153)$$

여기서

$$\frac{\partial \dot{r}_{p,s}(t)}{\partial\theta} = \frac{1}{[k_s(t)]^2}\left[k_s(t)\frac{\partial \dot{k}_p(t)}{\partial\theta} - k_p(t)\frac{\partial \dot{k}_s(t)}{\partial\theta}\right]$$
$$= -\frac{w(t)h(t)\{s(t)k_s(t) + k_p(t)[\theta(t)\Omega_\theta(t) + \Omega(t)]\}}{[k_s(t)]^2} \quad (154)$$

$$\frac{\partial \dot{r}_{p,s}(t)}{\partial s} = \frac{f[k_p(t), k_s(t)] - \theta(t)w(t)h(t)}{k_s(t)} > 0 \quad \cdots\cdots\cdots (155)$$

따라서 $MRTS_{s,\theta}$ 는 다음과 같이 마이너스(-) 기울기 값을 갖는다는 것을 알 수 있다.

$$MRTS_{s,\theta} \equiv \left.\frac{ds}{d\theta}\right|_{\dot{r}_{p,s}=0} = \frac{w(t)h(t)\left\{s(t) + \frac{k_p(t)}{k_s(t)}[\theta(t)\Omega_\theta(t) + \Omega(t)]\right\}}{f[k_p(t), k_s(t)] - \theta(t)w(t)h(t)} < 0$$
$$\cdots\cdots\cdots\cdots\cdots\cdots\cdots\cdots (156)$$

즉,

$$MRTS_{s,\theta} \equiv \left.\frac{ds}{d\theta}\right|_{\dot{r}_{p,s}=0} = -\frac{w(t)h(t)\left\{s(t) + \frac{k_p(t)}{k_s(t)}\right\}}{f[k_p(t), k_s(t)] - \theta(t)w(t)h(t)} < 0$$
$$\cdots\cdots\cdots\cdots\cdots\cdots\cdots\cdots (157)$$

[그림 6-4]에서 원점에 대하여 볼록한 곡선 : $\dot{r}_{p,s} = d\left(\frac{k_p}{k_s}\right)/dt = 0$ 을 자르는 45° 직선$(s=\theta)$의 왼편 영역$(s>\theta)$ 중에서 $L_0 L_*$ 곡선 부분이 최적 저축률(s_*)과 최적 사회보장세율(θ_*)의 조합을 선택함으로써 도달할 수 있는 장기 균형성장 궤적(P_{**}, k_{**})이다. 이와 반면에 P. A. Samuelson 교수의 최적 사회보장시스템(청년 부양방식)에 의한 장기 균형성장 궤적, 즉 황금률 성장궤도(the Golden Rule Path)는 수직선 $s_0 s_g$ 이다.

이제, 본 연구의 가설적 목표(즉, 단견적 저축행위로 인한 초기 자본부족 상태를 사회보장세율(θ)을 부과하여 동 기금(k_s)을 확충함으로써 세대간 사회복지함수(SW)를 극대화)에 의거하여 동태적 효율성이 만족되는 장기 균형성장 궤도에 접근하게 됨에 따라 사회보장세율(θ)을 점진적으로 감소시킨다.

$$\frac{d\left(\frac{ds}{d\theta}\Big|_{\dot{r}_{p,s}(t)=0}\right)}{d\theta} = -\frac{\frac{d}{d\theta}\left[wh\left(s+\frac{k_p}{k_s}\right)(f-\theta wh) - wh\left(s+\frac{k_p}{k_s}\right)\frac{d}{d\theta}(f-\theta wh)\right]}{(f-\theta wh)^2}$$

$$= -\left(\frac{wh}{f-\theta wh}\right)^2\left(s+\frac{k_p}{k_s}\right) < 0 \quad \cdots\cdots (158)$$

여기서

$$f = wh + rk > wh > \theta wh > 0$$

$$(f-\theta wh)ds + wh\left(s+\frac{k_p}{k_s}\right)d\theta = 0 \, (\dot{r}_{p,s} = 0 \text{ 를 위하여})$$

$$(wh)d\theta + \frac{1}{s + k_p/k_s}(f - \theta wh)ds = 0$$

$$k_s < k_p$$

$$0 < \theta < \tau < s < 1, n > 0$$

[그림 6-4] 저축률(s)과 사회보장세율(θ)의 상호경합적 관계

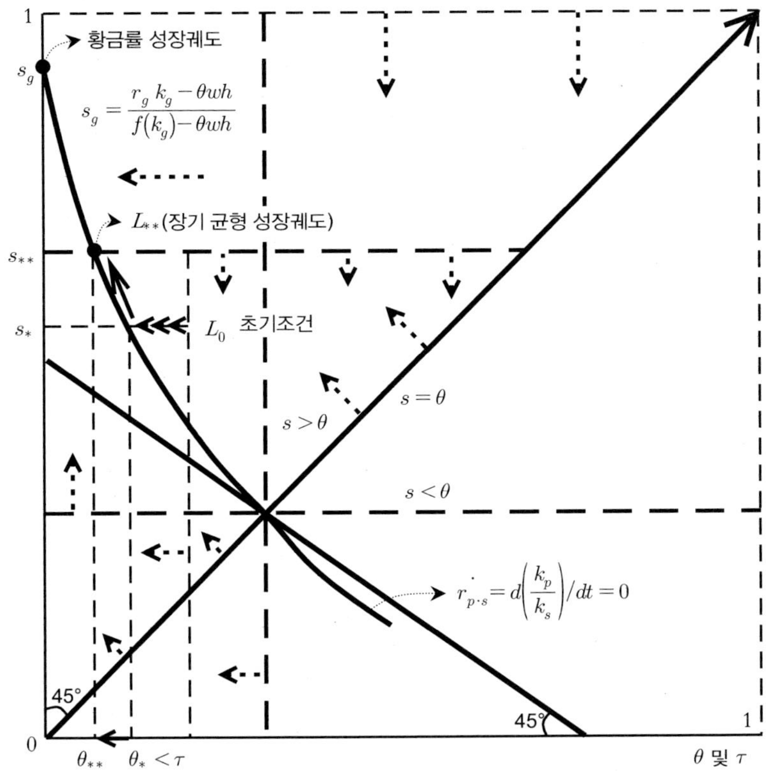

[그림 6-5]에서 $\theta_* L_{**}$ 이 본 연구의 장기 균형성장 궤적인데, θ_* 에서 L_{**} 로 향할수록 사회보장세율(θ_*)은 감소한다. 이에 따라 사회적 자본(k_s)은 자동적으로 감소한다. 이와 대조적으로 P. A.

Samuelson 교수의 최적 사회보장 시스템은 사회보장세율(θ) 없이 오직 현행 사회보장세율(τ)에 의하여 황금률 성장궤도(S_{**})를 추구한다.

[그림 6-5] 장기 균형성장 궤도에 따른 최적 사회보장세율(θ_*)의 단조 감소

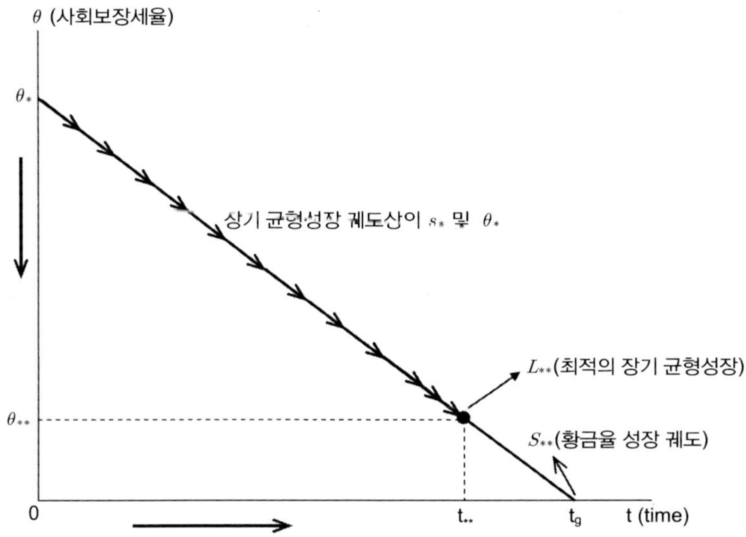

10) P. A. Samuelson과 본 연구의 비교

이제, 본 연구는 상기의 분석을 기초로 P. A. Samuelson(1958, 1965, 1968, 1975a and b)와 본 연구를 비교·요약하고자 한다.

본 연구는 Arrow and Kurz(1969)의 동태적 자원배분 모형 하에서 초기 자본스톡의 과다(capital abundance)와 라이프-사이클 저축가설(Life-Cycle Saving Hypothesis)을 가정한 P. A. Samuelson 교수(1975a)의 최적 사회보장(Optimal Social Security) 이론을 초기 자본스톡의 부족(capital shortage)과 케인지언 저축함수(Keynesian Saving Function) 및 피구(A. C. Pigou)의 단

견성(Private Myopia)을 가정한 '대칭적' 입장에서 최적 저축률(s_*)과 최적 사회보장세율(θ_*)을 도입함으로써 수직적 및 수평적 자원배분에 의한 동태적 효율성(dynamic efficiency)을 추구할 수 있는 분석 모형을 제시하였다.

본 연구의 모형에서 2가지의 정책변수는 2개 즉 ① 최적 저축률(s_*)과 ② 최적 사회보장세율(θ_*)이다. 전자는 수직적 자원배분을, 후자는 수평적 자원배분을 각각 동시적으로 결정한다. 본 연구의 최적 사회보장정책이란 기존 사회보장세율(τ)에 의하여 조달된 재원으로써 사회보장의 균형 예산을 유지하는 반면에 사회보장기금(K_S)을 확충하기 위한 목적으로 가설적으로 도입된 '추가적' 사회보장세율(θ_*)이 최적 저축률(s_*)과 연계되어 최적 장기 균형성장 궤도로 유도하는 동태적 과정을 말한다. 본 연구의 사전 조건은 다음과 같다 :

$$0 < s < 1\ ,\ 0 < \theta < \tau < 1\ ,\ 0 < \theta + \tau < 1\ ;$$
$$f'(k_s) = f'(k_p) = f'(k) = r \geq \rho > n > 0$$

상기한 모형의 동태적 분석을 통하여, 본 연구는 다음과 같은 최적 경제성장 및 사회보장정책을 위한 5개의 정리(theorem)를 제시하였다. 이 정리(定理)들을 요약하면 다음과 같다. 세대간 사회복지의 극대화를 위한 최적 저축률(s_*)과 최적 사회보장세율(θ_*)은 차선의 정책(the second-best policy)으로서 최적의 '수직적' 자원배분과 최적의 '수평적' 자원배분을 통하여 초기 자본스톡의 부족 상태($k_0 < k_{**}$)를 동태적으로 효율적인 장기 균형성장 궤도로 유도한다. 이 상태에서, 현

재 및 미래의 모든 세대들의 사회복지가 극대화되며, 모든 변수들의 동태적 운동(dynamic motion)이 장기 균형치에 수렴되는 자율성(autonomousness)의 특성을 갖게 되며, 장기 균형치는 유일하게 존재(unique existence)하며 동태적으로 안정적(dynamic stable)이다. 본 연구의 모형에서 설정된 가정 및 조건 하에서, 최적 사회보장은 최적 경제성장 궤도에서 오직 하나만 존재한다.

본 연구와 P. A. Samuelson 교수(1975)의 "Optimal Social Security in a Life-cycle Growth Model"의 이론적 배경 및 모형의 차이는 〈표 6-4〉에 상세히 요약되어 있으며, 그 주요 차이점은 다음과 같다.

(1) 본 연구의 최적 사회보장은 '차선의 정책'(the second-best policy)인 반면에 Samuelson 교수의 최적 사회보장은 '최선의 정책'(the first-best policy)이다. 이 차이는 근본적으로 상이한 가정에 대한 상이한 결과의 소산이다. 본 연구의 초기 조건은 피구의 단견성(Pigouvian myopia)과 관련된 케인지언 저축함수 가정을 나타내는 자본스톡의 부족(capital shortage)인 반면에 Samuelson 교수의 초기 조건은 완전 예견성(perfect foresight)과 관련된 라이프-사이클 저축함수 가정을 나타내는 자본스톡의 과다(capital abundance)이다.

(2) Samuelson 교수의 경우, 다수(multiple)의 최적 사회보장은 무한히 존재하는 반면에 본 연구에서는 오직 하나의 최적 사회보장만이 존재한다.

(3) 본 연구의 동태적 자원배분의 분석모형에서는 민간경제부문과 사회보장부문 사이의 '수평적' 최적 자원배분(vertical, optimal resource allocation)이 유일하게 존재하고 이 최적배분은 매우 중요한 것인 반

면에, Samuelson 교수의 모형에서는 상기의 자원배분이 전혀 고려되지 않았으며 또한 중요하지 않다.

〈표 6-4〉 최적 자원 배분 모형의 비교 : P. A. Samuelson 대 본 연구

<table>
<tr><th colspan="2" rowspan="2">기준
조건</th><th colspan="2">최적 '수직적' 자원배분</th><th colspan="2">최적 '수평적' 자원배분</th></tr>
<tr><th>유일한 최적치</th><th>동태적 안정성 혹은 불안정성</th><th>유일한 최적치</th><th>동태적 안정성 혹은 불안정성</th></tr>
<tr><td colspan="2">$r > \rho > n > 0$
(본 연구)</td><td>존재</td><td>안정</td><td>존재</td><td>안정</td></tr>
<tr><td colspan="2" rowspan="2">$0 < r < n < \rho$
(P. A. Samuelson)</td><td rowspan="2">존재</td><td rowspan="2">안정</td><td>존재</td><td>不안정</td></tr>
<tr><td colspan="2">Samuelson(1975)에는 고려되지 않았음</td></tr>
<tr><td colspan="2">$\rho > n = r > 0$
(The Golden Rule)</td><td>존재</td><td>不안정</td><td>존재하지 않음</td><td>N/A</td></tr>
<tr><td rowspan="2">$n = 0$
(인구정체 상태)</td><td>$r > \rho > n = 0$</td><td>존재</td><td>안정</td><td>존재</td><td>不안정</td></tr>
<tr><td>$r < n = 0 < \rho$</td><td>非현실적
($\because r < 0$)</td><td>N/A</td><td>非현실적
($\because r < 0$)</td><td>N/A</td></tr>
</table>

따라서 사회보장은 경제성장과 상호 모순적 관계가 아니라 상호 보완적 관계를 가질 수 있다는 것을 알 수 있다. 사회보장이 자본형성에 부정적인 효과를 산출한다는 이유로 사회보장과 경제성장의 관계를 상호갈등적 관계로 정립시킨 전통적 견해는 부적절하다.

사실, 경제성장과 사회보장의 관계는 2 기간 생애주기(two periods life-cycle)의 미시적 및 비교정태적 차원에서 분석할 문제라기보다는, 본 연구가 시도한 것과 같이 거시경제적 및 동태적 차원에서 분석되어야 될 성격의 문제이다.

그러나 거시경제적 및 동태적 모델 하에서도 사회보장이 민간부문의 저축률을 감소시킴으로써 경제 전체의 자본스톡을 감축시켜 경제성장을 저해할 가능성도 있다. 그러므로 최적 사회보장제도가 필요하고 자본감축의 부정적 효과를 상쇄시킬 수 있는 최적 저축률(s_*)과 최적 사회보장세율(θ_*)이 동시적으로 결정되어야 한다. 이들 최적 통제변수(s_* 과 θ_*)의 값은 주어진 시각의 최적 경제성장 궤도상에서 세대간 사회복지함수(SW)의 극대화를 위한 필요조건으로부터 각각 계산될 수 있다.

여기서 밝혀두고자 하는 것은 아무리 '최적 통제'라고 하더라도 '통제'를 거부하는 사회적 반응이 나타날 수 있다. '통제'를 선택할 것인가 혹은 피구(A. C. Pigou)의 단견성(myopia)로 야기된 초기 자본스톡의 부족($k_0 < k_{**}$)으로 인한 낮은 수준의 개인당 소비 및 사회복지 상태에서 계속 머무를 것인가의 문제는 K. J. Arrow 교수(1961)의 사회적 선택 이론(Theory of Social Choice)과 관련된 문제이다.

마지막으로, 미래의 발전적 연구를 위하여, 본 연구는 다음과 같은 연구방향을 제언한다 : (1) P. A. Samuelson 교수(1975)의 최적 인구성장(Optimal Population Growth) 이론을 본 논문의 모형 하에서 분석하는 것이며 ; (2) 일반균형 모형 하의 조세 귀착(Tax-Incidence) 문제를 도입시켜 노동공급에 대한 사회보장의 효과와 자본과 노동 사이의 소득분배를 분석하는 것이다.

〈표 6-5〉 본 연구의 모형과 P. A. Samuelson 모형의 비교

Study / Viewpoint	Y. T. Lim	P. A. Samuelson
Title	Optimal Economic Growth Model with Social Security	Optimal Social Security in a Life-Cycle Growth Model
Theoretical Background	1. Samuelson's theorem of Optimal Social Security (particularly over-funded social security system). 2. Two Optimal Allocation Problems: the vertical allocation of current output between consumption and private savings and the horizontal allocation of a given total capital stock between the private investment and the public investment 3. Feldstein's idea on the dynamic accumulationof Social Security Fund. 4. Arrow and Kurz's theorem of Optimal Resource Allocation over time 5. Koopman's model of Optimal Economic Growth. 6. The Phelps-Koopmans theorem of Dynamic Efficiency in case of 'infinite' time-horizon	1. Samuelson's Pure Consumption Loan Model. 2. Samuelson's Two-part Golden Rule (i.e., an optimal capital accumulation and an optimal consumption allocation) 3. Samuelson's Optimal Rate of Population Growth 4. Samuelson's Optimal Social Security (particularly pay-as-you-go financing of social security program) 5. The Phelps-Koopmans theorem of Dynamic Efficiency in case of 'finite' time-horizon
A Priori Assumption	An initial capital shortage compared to the Target Path	An initial capital abundance compared to the Target Path
The Initial Condition	$0 < n \equiv g + \lambda < \rho < r = f = f_p = f_s$ The social time-preference rate (ρ) is considered, but an optimal rate of population growth (n_*) is not considered.	$0 < n_* < r = f'(k)$ An optimal rate of population growth (n_*) is considered, but the social time-preference rate (ρ) is not considered.

〈표 6-5〉 계속

Study / Viewpoint	Y. T. Lim	P. A. Samuelson
Objective Function	Multi-generational Social Welfare Function	Two-period Social Utility Function
Target Path	The long-run Equilibrium Growth Path	The Golden-Rule Path
Optimal Policy to be sought	An optimal policy of capital accumulation	An optimal policy of capital decumulation
Optimal Control Variable(s)	An optimal private saving rate (s_*) for an optimal capital accumulation and an optimal incremental social security tax rate (θ_*) for an optimal capital allocation through an optimal public investment of social security fund	An optimal private saving rate (s_*) for an optimal capital accumulation and an optimal population growth rate (n_*) for the attainment of the Goldenest Golden-Rule path
State Variable(s)	The ratio of total capital to labor (k), per capita private capital (k_p), and per capita public capital (k_s).	The ratio of total capital to labor (k).
Time Horizon	An infinite time-horizon	Two time-periods with overlapping generations
Social Security System	An Optimal Over-funded Social Security Program	An Optimal Pay-as-you-go Financing of Social Security Program
Number of Optimal Social Security Program	Unique optimal social security program	An infinite number of different optimal social security programs
Social Security Tax	Two rates of social security taxes : the existing rate (τ) used to finance social security benefits payment (B) under a pay-as-you-go financing system ; and an optimal incremental social security tax rate (θ_*) used to generate social security fund.	A single rate of social security tax (τ), being independent of time t.
Social Security Benefits	An exogenous variable. Subject to balanced-budget policy of social security.	An endogenous variable. Subject to the budget identity of the Steady-state social security program.

〈표 6-5〉 계속

Study / Viewpoint	Y. T. Lim	P. A. Samuelson
The Private Saving Behavior	The Keynesian-Saving Hypothesis	The Life-cycle Saving Hypothesis
The Conditions for the Present Market	Perfect certainty Perfect competition No externality	Perfect certainty Perfect competition No externality
The Conditions for the Future Market	Short-run perfect foresight but the Pigouvian myopia	Long-run perfect foresight
Dynamic Equilibrium	Satisfied in the target path by the condition $r=\rho$ with the initial condition : $r>\rho>n>0$	Satisfied in the Golden Rule path by the condition $r=n$ with the initial condition : $\rho>n>r>0$
General Equilibrium	Satisfied along with one-sector consumption-oriented optimal growth path at which the condition of $\rho=r=f=f_p=f_s$ is satisfied	Not general but partial equilibrium in the sense that the horizontal resource allocation is not considered
Existence of An Interior Optimality	Exists	Exists
Dynamic Efficiency	Satisfied along an optimal trajectory	Satisfied only in the target path
Dynamic Stability	Stable	Stable in case of the Vertical Resource Allication Unstable in case of the Horizonal Resource Allication

3. 최적 국민건강보험 모형[32]

1) 최적 의료자원배분 모형

(1) 기본 가정

'건강'이란 세계보건기구(WHO)에 의하면 육체적, 정신적, 신체적 및 사회적으로 완전히 양호한 상태를 말한다. 한편, '병'(病)은 병(病)의 원인이 명확한 상태를, '질병'(疾病)은 세균이나 병원체가 원인이 되어 인체의 조절기능이 비(非)정상적으로 작용하는 상태를, '질환'(疾患)은 '질병'뿐만 아니라 생리적 기능의 이상(異常) 상태를 각각 말한다.

따라서 본 연구는 '건강'을 '질환'과 대칭적 개념으로 사용하고자 하며, '질환을 갖고 있는 사람'을 '환자'(患者)라고 정의하고자 한다. 여기서 유의할 것은 '환자'란 질환을 갖고 있는 사람 중에서 의료서비스를 받고 있는 사람만을 말하는 것이 아니라 모든 종류의 질환이 발생하여 건강의 리듬이 파괴된 인체의 이상을 갖고 있는 사람을 말한다는 점이다.

상기와 같은 정의 및 개념과 함께, 의료자원의 최적 배분 모형(Optimal Medical Resources Allocation)을 설정하기 위한 기본가정은 다음과 같다 :

(1) 분석의 편의상, 중앙계획당국(central planning authority)이 매 시간(t)마다 건강보험 적용인구와 의료급여 대상인구를 포함하는 전체 의료보장인구(L)를 건강한 사람(healthy persons, H)과 환자(ill persons, I)로 확

---

32 이 모형은 임양택(1984, 1985)을 수정 및 보완했으며 이것을 다시 2011년 사회정책연합 공동학술대회(2011. 9. 23)에서 발표함으로써 복지 전문가들과 깊이 토의되었음을 밝힌다. 이어서, 저자는 홍콩대학에서 개최(2011. 12. 9~12)되는 「Health System Reform in Asia 2011 Conference」에서 "An Optimal Dynamic Model of National Health Insurance System" 논문을 발표할 예정이다.

실히 구별할 수 있으며, 또한, 환자(I) 중에서 어떤 환자가 의료서비스를 받아야 할 것인지 혹은 어떤 환자가 자연요법(spontaneous remedies)에 의존해야 할 것인지를 확실히 구별할 수 있다고 각각 가정한다.

(2) 환자(I)는 의료서비스(medical services) 혹은 민간요법(spontaneous remedies)에 의하여 다시 건강한 사람(H)이 될 수 있다.

(3) 주어진 시각(t)의 의료자원(medical resource, R)은 의사·간호원 등과 같은 모든 인적 자원(human resource)과 병원·의약품 등과 같은 모든 물적 자원(physical resource)을 합한 것이다. 의료자원은 모두 동질적(homogeneous)이며 의료서비스부문과 비(非)의료서비스 부문 사이에서의 자유유동성(free mobility)을 갖는다.

상기의 3가지 가정 하에서, 다음과 같은 2가지의 의료자원의 배분 문제가 제기될 수 있다 :

(1) 주어진 시각(t)에 있어서 환자(I) 중에서 얼마만큼의 비율이 의료서비스의 혜택을 받을 수 있을 것인가?

(2) 주어진 시각(t)의 의료자원(R) 중에서 얼마만큼의 비율을 의료서비스부문에 투입해야 할 것인가?

그러나, 분석의 편의상, 본 연구는 어떤 시각(t)에 있어서 환자의 수(I)에 상수 S_1을 곱한 S_1I 만큼의 환자들이 현재 의료서비스를 받고 있다고 가정한다. 그리고 주어진 전체 의료자원(R) 중에서 상수 S_2 를 곱한 S_2R 만큼의 의료자원량이 건강한 사람(H)을 '산출'하기 위하여 의료서비스 체계에 투입된다고 가정한다.

(2) 효율적 의료서비스 시스템을 위한 최적 조건

의료서비스 체계(medical service system)에 의하여 '산출'되는 건강한

사람(H)의 수(Y)를 다음과 같은 '생산함수' 형태로 나타낼 수 있다.[33]

$$Y = f(S_1 I,\ S_2 R) \cdots\cdots (1)$$

여기서

$$S_1 = S_1(t),\ 0 < S_1 < 1$$

$$S_2 = S_2(t),\ 0 < S_2 < 1$$

그리고, 분석의 편의상, 식(1)을 다음과 같은 콥-더글라스(Cobb-Douglas) 생산함수로 표시할 수 있다고 가정하고, 이를 '의료서비스 성과 함수'(medical-service performance function)라 명명하고자 한다.[34]

$$Y = A \cdot (S_1 I)^{\alpha} \cdot (S_2 R)^{\beta} \cdots\cdots (2)$$

여기서

A : 의료서비스 체계의 효율성을 나타내는 매개변수, $A > 0$

α : 의료서비스 체계가 환자(I)의 건강을 회복시키는 정도를 나타내는 매개변수, 즉

$$\alpha = \frac{\partial Y}{\partial (S_1 I)} \cdot \frac{S_1 I}{Y},\ 0 < \alpha < 1,\ \alpha = \text{상수} \cdots\cdots (3)$$

β : 의료자원(인적자원 및 물적자원)이 의료서비스 체계에 투입됨

33 이와 같은 함수를 연구에 적용한 예로서 Martin S. Feldstein(1968)을 들 수 있다.

34 본 연구의 '의료서비스 성과 함수'와 유사한 개념을 갖는 것으로서 '의료의 생산함수'가 있는데, 예로서 U. Reinhardt(1972)을 들 수 있다.

으로써 환자(I)의 건강을 회복시키는 정도를 나타내는 매개변수

$$\beta = \frac{\partial Y}{\partial (S_2 R)} \cdot \frac{S_2 R}{Y}\ ,\ 0 < \beta < 1\ ,\ \beta = \text{상수} \quad \cdots\cdots (4)$$

상기와 같은 '의료서비스 성과 함수'(Y)는 다음과 같은 중요한 특성을 갖는다고 가정한다. 즉, 의료서비스를 현재 받고 있는 환자($S_1 I$)가 의료서비스를 수혜함에 따라 매 시각(t) 건강을 회복하는 사람의 수(Y)가 증가한다.

$$f_1 = \frac{\partial f}{\partial (S_1 I)} = \frac{\alpha Y}{S_1 I} > 0 \quad \cdots\cdots (5)$$

그리고 의료서비스 체계에의 의료자원(R)의 투입량($S_2 R$)이 증가함에 따라 매 시각(t) 건강을 회복하는 사람의 수(Y)는 증가한다. 즉,

$$f_2 = \frac{\partial f}{\partial (S_2 R)} = \frac{\beta Y}{S_2 R} > 0 \quad \cdots\cdots (6)$$

그러나 의료서비스를 받고 있는 환자의 수($S_1 I$)와, 의료서비스 체계에의 의료자원(R) 투입량($S_2 R$)이 동일한 비율로 증가한다면 건강을 회복하는 사람의 수(Y)는 물론 증가할 것이지만, 그 증가율은 투입요소의 증가율 보다는 작다.[35] 즉,

---

35 상기의 가정은 Cobb-Douglas 생산함수의 $\alpha + \beta = 1$ 의 가정과 대조를 이룬다. 즉, Cobb-Douglas 생산함수는 규모에 대한 보수 불변(CRS)의 특성을 갖는 반면에 본 연구의 '의료서비스 성과 함수'는 규모에 대한 보수 감소(DRS)의 특성을 갖는다는 것이다.

$$0 < \alpha + \beta < 1 \quad \cdots\cdots (7)$$

식(7)의 가정은 '의료서비스 성과 함수'가 규모에 대한 보수의 체감(DRS: Decreasing Returns to Scale)의 특성을 갖는다는 것을 의미한다. 이 가정은 현실적이라고 말할 수 있다. 왜냐하면 의료서비스 체계에의 의료자원(R)의 투입량(S_2R)의 기회비용은 매우 크지만, 일반적으로 의료서비스 체계의 효율성이 높더라도 인간의 수명이 제한되어 있으므로 의료자원(R)의 투입에 의한 환자 발생률(morbidity)이나 사망률(mortality)의 감소 비율은 상대적으로 낮기 때문이다.

한편, 의료서비스 체계의 성과를 평가하기 위한 목적함수(objective function)는 다음과 같다.

$$V = \int_0^\infty \{hH + j(1 - S_1)I + q(1 - S_2)R\}e^{-\rho t}dt \quad \cdots\cdots (8)$$

여기서

V : 목적함수

$\rho = \rho(t), \rho > 0$: 매 시각(t), 의료보장인구(L)가 인적 및 물적 의료자원(R)을 사용하여 창출할 수 있는 경제적 가치의 총합에 대한 사회적 할인율(social discount rate)

h = 상수, $h > 0$: 건강한 사람(H)이 매 시각(t) 산출할 수 있는 개인당 경제적 가치

hH : 모든 건강한 사람(H)이 매 시각(t) 산출할 수 있는 경제적 가치의 총합

j = 상수, $j > 0$: 환자의 개인당 '한계비용' 즉, 환자(I)가 어

떤 경제활동에 종사함으로써 매 시각(t) 창출할 수 있는 경제적 가치

$(1-S_1)I$: 현재 의료서비스를 받고 있는 않는 환자의 수

$j(1-S_1)I$: 현재 의료서비스를 받고 있지 않는 모든 환자 $(1-S_1)I$ 가 어떤 제한된 생산과정에 종사함으로써 매 시각(t) 창출할 수 있는 경제적 가치

$(1-S_2)R$: 비(非)의료서비스 부문에 투입된 인적 및 물적 의료자원(R)

$q=$ 상수, $q>0$: 비(非)의료 서비스 부문에 투입된 인적 및 물적 의료자원 $(1-S_2)R$의 단위당 '한계비용' 즉, 상기의 단위당 의료자원이 매 시각(t) 창출할 수 있는 경제적 가치

$q(1-S_2)R$: 비(非)의료서비스 부문에 투입된 의료자원 $(1-S_2)R$ 이 의료서비스 체계에 투입됨으로써 산출될 수 있는 건강한 사람(H)을 산출하고, 이들이 다시 어떤 경제활동에 종사함으로써 창출할 수 있는 경제적 가치의 총합

식(8)의 목적함수(V)를 구성하는 건강한 사람의 수(H), 환자의 수(I), 전체 의료자원량(R)은 모두 시간(t)의 함수이다.

$$H=H(t)\ ,\ I=I(t)\ ,\ R=R(t) \quad \cdots\cdots (9)$$

따라서 상기한 3가지 경제적 가치의 총합, $hH+j(1-S_1)I+$

$q(1-S_2)R$ 은 사회적 할인율(ρ)을 적용할 필요가 있다. 왜냐하면 경제학에서는 미래의 경제적 가치보다 현재의 경제적 가치가 보다 더 중요시되기 때문이다.

사회적 할인율(ρ)을 양수$(\rho>0)$로 가정하고 시간대(time horizon)를 현재시각$(t=0)$으로부터 무한대$(t=\infty)$로 잡은 이유는 최적통제이론(optimal control theory)에 있어서 최적 의료자원배분이 존재하기 위한 '수학적 필요성' 때문이다.[36]

한편, 건강한 사람의 수(H)의 시간당 변화율$(\dot{H}\equiv dH/dt)$과 환자의 수(I)의 시간당 변화율$(\dot{I}\equiv dI/dt)$은 각각 다음과 같이 정의한다.

$$\dot{H}=\frac{dH}{dt}=f(S_1 I,\ S_2 R)+\epsilon(1-S_1)I-\delta H \quad \cdots\cdots (10)$$

$$\dot{I}=\frac{dI}{dt}=\delta H-f(S_1 I,\ S_2 R)-\epsilon(1-S_1)I \quad \cdots\cdots (11)$$

여기서

$\delta=$ 상수, $\delta>0$: 건강한 사람(H)이 질환에 걸리게 되는 확률

δH : 건강한 사람(H)이 질환에 걸려 환자가 된 사람의 수

$\epsilon=$ 상수, $\epsilon>0$: 자연요법에 의하여 건강을 회복하는 환자의 비율

$S_1 I$: 현재 의료서비스를 받고 있는 환자의 수

$(1-S_1)I$: 환자(I) 중에서 의료서비스를 받고 있지 않는 사람의 수

$\epsilon(1-S_1)I$: 환자(I) 중에서 의료서비스를 받고 있지 않되 자

36 이에 관한 상세한 내용은 T. C. Koopmans(1965)을 참조할 수 있다.

연요법에 의존하고 있는 사람의 수

즉, 건강한 사람의 수(H)의 변화율($\dot{H} \equiv dH/dt$)은 3가지 즉 ① 의료서비스 체계에 의하여 건강을 회복한 사람의 수, $Y = f(S_1 I, S_2 R)$, ② 의료서비스를 받지 못하고 있는 환자 $(1 - S_1)I$ 중에서 자연요법에 의하여 건강을 회복한 사람의 수, $\epsilon(1 - S_1)I$, ③ 건강한 사람(H) 중에서 질환에 걸려 환자가 된 사람의 수, δH로 구성된다. 또한, 환자 수(I)의 시간당 변화율은 건강한 사람의 수(H)의 변화율($\dot{H}$)을 구성하는 각 요소에 마이너스(-)를 곱한 것의 합과 같다.

상기한 2개의 미분방정식 식(10)과 식(11)에 관련된 초기조건(initial condition)은 다음과 같다고 가정한다 :

$$H(0) = H_0 > 0 \quad \cdots\cdots (12)$$

$$I(0) = I_0 > 0 \quad \cdots\cdots (13)$$

따라서 식(12)와 식(13)은 건강한 사람 수(H)의 동태적 변화과정을, 식(11)과 식(13)은 환자 수(I)의 동태적 변화과정을 각각 나타낸다.

이제 식(1)~식(13)을 이용하여 주어진 시각(t)에 있어서 의료자원(R)의 최적 배분(Optimal Medical-Resources Allocation)을 통하여 의료서비스의 혜택을 받을 최적 환자 수($S_1^* I$)와, 의료서비스부문에의 최적 의료자원 투입량($S_2^* R$)을 각각 도출하고자 한다. 이 두 가지 문제를 해결하기 위하여 다음과 같은 동태적 모형을 설정할 수 있다.

Maximize

$$V = \int_0^{\infty} \{hH + j(1-S_1)I + q(1-S_2)R\} e^{-\rho t} dt \cdots \text{식(8)로부터}$$

subject to

$$Y = f(S_1 I,\ S_2 R) = A \cdot (S_1 I)^{\alpha} \cdot (S_2 R)^{\beta}$$

$$\cdots\cdots \text{식(1) 및 식(2)로부터}$$

$$\dot{H} = f(S_1 I,\ S_2 R) + \epsilon(1-S_1)I - \delta H \cdots\cdots \text{식(10)으로부터}$$

$$\dot{I} = \delta H - f(S_1 I,\ S_2 R) - \epsilon(1-S_1)I \cdots\cdots \text{식(11)로부터}$$

with

$$H = H(t),\ I = I(t),\ R = R(t) \cdots\cdots \text{식(9)로부터}$$

$$H(0) = H_0 > 0,\ I(0) = I_0 > 0,\ R(0) = R_0 > 0$$

$$S_1 = S_1(t),\ S_2 = S_2(t),\ 0 < S_1 < 1,\ 0 < S_2 < 1$$

$$A > 0,\ 0 < \alpha < 1,\ 0 < \beta < 1,\ 0 < \alpha + \beta < 1$$

$$h = h(t) > 0,\ j = j(t) > 0,\ q = q(t) > 0,\ \rho = \rho(t) > 0$$

$$\epsilon = \epsilon(t) > 0,\ \delta = \delta(t) > 0$$

상기한 동태적 모형을 L. S. Pontryagin, V. G. Boltyanskii, R. V. Gamkrelide, and E. F. Mischenko(1962)의 극대원리(maximum principle)에 의거하여 최적 해(解)를 구하기 위해서, 우선 다음과 같은 Hamiltonian 함수 H_v를 설정하고자 한다.[37]

37 여기서 주의할 것은 Hamiltonian 함수(H_v)가 건강한 자의 수(H)와 표기상 비슷한 부호를 갖고 있다는 점이다.

$$Hv = hH + j(1-S_1)I + l(1-S_2)R +$$
$$P_H\{f(S_1 I,\ S_2 R) + \epsilon(1-S_1)I - \delta H\} +$$
$$P_I\{\delta H - f(S_1 I,\ S_2 R) - \epsilon(1-S_1)I\} \cdots\cdots\cdots (14)$$

여기서

$$V_* = \underset{S_1 I, S_2 R}{Max} \int_0^{\infty} \{hH + j(1-S_1)I + q(1-S_2)R\} e^{-\rho t} dt \cdots (15)$$

$$P_H = P_H(t) \equiv \frac{\partial V_*}{\partial H}$$ 건강한 사람(H)의 개인당 잠재 가격(shadow price) ……… (16)

$$P_I = P_I(t) \equiv \frac{\partial V_*}{\partial I}$$ 환자(I)의 개인당 잠재가격 ……… (17)

상기의 식(14)에서 보조변수(auxiliary variable)인 P_H와 P_I는 각각 본 모형의 2가지 통제변수(control variable)인 의료서비스의 최적 수혜 대상자 수 $S_1^* I$와 의료서비스 부문에의 최적 자원투입량 $S_2^* R$에 의하여 극대화된 경제적 가치 V_*에 대한 건강한 사람(H)의 개인당 잠재가격(P_H)과 환자(I)의 개인당 잠재가격(P_I)을 각각 나타낸다.

여기서 본 연구는 건강한 사람(H)의 개인당 잠재가격은 환자(I)의 개인당 잠재가격보다 높다고 가정한다. 즉,

$$P_H > P_I \cdots\cdots\cdots (18)$$

상기의 두 잠재가격, P_H와 P_I는 각각 다음과 같은 미분방정식을 만족시킨다.[38]

$$\dot{P}_H = \frac{dP_H(t)}{dt} = \rho P_H - \frac{\partial H_v}{\partial H} \quad \cdots\cdots (19)$$

즉,

$$\dot{P}_H = \rho P_H - h + (P_H - P_I)\delta \quad \cdots\cdots (20)$$

그리고

$$\dot{P}_I \equiv \frac{dP_I(t)}{dt} = \rho P_I - \frac{\partial H_v}{\partial I} \quad \cdots\cdots (21)$$

즉,

$$\dot{P}_I = \rho P_I - j(1 - S_1) + (P_H - P_I)\left\{\frac{\partial Y}{S_1 I} + \epsilon(1 - S_1)\right\} \quad \cdots\cdots (22)$$

우선, 식(8)의 목적함수를 극대화하기 위한 필요조건은 다음과 같다.[39]

$$\frac{\partial H_v}{\partial S_1 I} = 0 \quad \cdots\cdots (23)$$

그리고

$$\frac{\partial H_v}{\partial S_2 R} = 0 \quad \cdots\cdots (24)$$

한편, 의료서비스의 최적 수혜대상자 수($S_1^* I$)와 의료서비스부문에의 최적 자원투입량($S_2^* R$)이 존재하기 위한 충분조건은 전술한 필

38 이에 관한 상세한 내용은 H. W. Kuhn and A. W. Tucker(1951), K. J. Arrow, L. Hurwicz and H. Uzawa(1961)을 참고할 수 있다.

39 이에 관한 상세한 내용은 H. Halkin(1964)을 참고할 수 있다.

요조건 외에 다음과 같은 횡단성(Transversality) 조건이 만족되어야 한다.[40] 즉,

$$\lim_{t \to \infty} e^{-\rho t} P_H(t) \geq 0 \cdots\cdots (25)$$

$$\lim_{t \to \infty} e^{-\rho t} P_H(t) H(t) = 0 \cdots\cdots (26)$$

$$\lim_{t \to \infty} e^{-\rho t} P_1(t) \geq 0 \cdots\cdots (27)$$

$$\lim_{t \to \infty} e^{-\rho t} P_1(t) I(t) = 0 \cdots\cdots (28)$$

상기의 횡단성(Transversality) 조건은 다음과 같은 2가지 의미를 갖는다 :

첫째, 건강한 사람(H)의 개인당 한계기여(P_H)에 대한 현재가치($e^{-\rho t}P_H(t)$)와, 환자(I)의 개인당 한계비용(P_I)에 대한 현재가치(P_I)는 모든 시각(t)에 있어서 '0'보다 작아서는 안 된다.

둘째, 시간(t)이 무한히 경과함에 따라 건강한 사람(H)의 잠재가격($P_{\hat{H}}$)과 환자(I)의 개인당 잠재가격(P_I)은 점점 작아져서 결국 '0'에 접근하게 되며, 이 경우 할인된 가치의 총합(V_*)은 극대화된다.

전술한 두 필요조건, 식(23)과 식(24)는 각각 다음과 같이 정돈될 수 있다 :

$$(f_1 - \epsilon)(P_H - P_I) = j \cdots\cdots (29)$$

그리고

---

40 이에 관한 상세한 내용에 대해서는 예를 들어 O. L. Mangasarian(1966), K. J. Arrow and M. Kurz(1970)을 참고할 수 있다.

$$f_2(P_H - P_I) = \rho \text{ ......} \quad (30)$$

우선, 식(29)의 경제적 의미는 의료서비스의 단위당 '한계수익' $(f_1 - \epsilon)(P_H - P_I)$과 환자의 개인당 '한계비용'$(j)$가 일치해야 한다는 것이다. 상술하면, 환자$(I)$는 의료서비스를 받거나 혹은 자연요법에 의존할 수 있는데, 의료서비스에 의하여 건강을 회복하는 비율(f_1)에서 자연요법에 의존하는 환자의 비율(ϵ)을 뺀 의료서비스의 단위당 '한계생산'$(f_1 - \epsilon)$과, 건강한 사람(H)의 개인당 잠재가격(P_H)에서 환자(I)의 개인당 잠재가격(P_I)을 뺀 $(P_H - P_I)$를 곱한 결과치인 $(f_1 - \epsilon)(P_H - P_I)$는 의료서비스의 단위당 '한계수익'을 나타낸다. 이와 반면에, 식(29)의 j는 환자(I)가 어떤 제한된 생산과정에 종사함으로써 경제적 가치를 창출할 수 있는 환자 개인당 기회비용, 즉 환자의 개인당 '한계비용'을 나타낸다.

다음으로, 식(30)의 경제적 의미는 의료서비스부문에 대한 의료자원투입량 S_2R의 단위당 '한계수익' $f_2(P_H - P_I)$가 의료자원의 단위당 '기회비용'(ρ)와 일치되어야 한다는 것이다. 상술하면, f_2는 의료서비스부문에 투입된 의료자원 S_2R이 건강한 사람(H)을 산출할 수 있는 '한계생산'을 나타낸다. 그리고 한계생산 f_2에, 건강한 사람(H)의 개인당 잠재비용(P_H)과 환자(I)의 개인당 잠재가격(P_I)의 차이$(P_H - P_I)$를 곱한 $(P_H - P_I)f_2$는 의료서비스부문에 대한 의료자원투입량 S_2R의 단위당 '한계수익'을 나타낸다. 이와 반면에, ρ는 의료자원(R)의 단위당 '한계비용'을 나타낸다.

상기한 두 필요조건 즉 식(25)와 식(26)으로부터 다음과 같은 경제적 함의를 도출할 수 있다. 즉, 식(8)의 목적함수인 경제적 가치의 총합(V)을 극대화하기 위해서는 의료서비스의 최적 수혜대상자 수 $(S_*^1 I)$와 의료서비스 부문에의 의료자원의 최적 투입량$(S_*^2 R)$이 다음과 같이 결정되어야 한다는 것이다. 즉, 매 시각(t), 의료서비스의 한계 수익, $(f_1 - \epsilon)(P_H - P_I)$이 환자$(I)$의 개인당 '한계비용' (j)와 일치함과 동시에, 의료자원투입량 $S_2 R$의 단위당 '한계수익' $(f_2(P_H - P_I))$가 의료자원의 단위당 '기회비용' (ρ)와 일치하도록 결정한다는 것이다.

상기의 두 필요조건인 식(29)와 식(30)을 결합하면 다음과 같은 관계를 도출할 수 있다. 즉,

$$P_H - P_I = \frac{j}{f_1 - \epsilon} = \frac{\rho}{f_2} \quad \cdots\cdots (31)$$

혹은

$$j \cdot f_2 = \rho(f_1 - \epsilon) \quad \cdots\cdots (32)$$

따라서 의료서비스의 최적 수혜대상자 수 $S_*^1 I$와 의료서비스부문에의 최적 의료자원투입량 $S_*^2 R$이 존재하기 위해서는 의료서비스 체계가 환자(I)의 건강을 회복시켜 건강한 사람(H)을 만드는데 의료서비스의 '한계생산'(f_1)은 환자(I) 중에서 자연요법에 의존하는 환자(I)의 비율(ϵ)이 항상 커야 된다는 것이다. 즉,

$$f_1 > \epsilon \quad \cdots\cdots (33)$$

만약 상기의 조건과 반대인 경우$(f_1 < \epsilon)$에서는 의료서비스의 최적

수혜대상자 수($S_*^1 I$)와 의료서비스부문의 최적 의료자원투입량($S_*^2 R$)은 존재할 수 없다.

(3) 의료서비스의 최적 수혜대상자 수와 의료서비스 부문에의 최적 자원투입량

이제, 상기의 분석을 이용하여, 어떤 시각(t)의 환자(I) 중에서 의료서비스를 받아야 할 환자(I)의 최적 수($S_1^* I$)와, 의료서비스부문에 대한 의료자원(R)의 최적 투입량($S_2^* R$)을 각각 도출하고자 한다. $S_1^* I$는 식(5)를 식(29)에 대입함으로써, $S_2^* R$는 식(6)을 식(30)에 대입함으로써, 각각 다음과 같이 도출할 수 있다. 즉,

$$S_1^* I = \frac{\alpha(P_H - P_I)}{\epsilon(P_H - P_I) + j} Y \quad \cdots\cdots (34)$$

그리고

$$S_2^* R = \frac{\beta(P_H - P_I)}{\rho} Y \quad \cdots\cdots (35)$$

여기서

$Y = f(S_1 I,\ S_2 R) = A \cdot (S_1 I)^{\alpha} \cdot (S_2 R)^{\beta}$ · 식(1) 및 식(2)로부터

$\alpha = \frac{\partial Y}{\partial (S_1 I)} \cdot \frac{S_1 I}{Y}$ ⋯⋯ 식(3)으로부터

$\beta = \frac{\partial Y}{\partial (S_2 R)} \cdot \frac{S_2 R}{Y}$ ⋯⋯ 식(4)로부터

상기의 두 최적치 $S_1^* I$와 $S_2^* R$를 통하여 다음과 같은 일반적 의미를 도출할 수 있다. 우선, 의료서비스의 최적 수혜환자 수 $S_1^* I$

는 의료서비스 체계의 성과(Y)가 좋을수록, 의료서비스 체계가 환자(I)의 건강을 회복시키는 정도(α)가 높을수록, 환자(I) 중에서 자연요법에 의존하는 비율(ϵ)이 낮을수록, 그리고 환자(I)가 어떤 제한된 생산과정에 종사함으로써 매 시각(t) 산출할 수 있는 경제적 가치를 증가시킬 수 있는 환자의 개인당 기회비용(j)이 낮을수록, 각각 증가한다는 것을 알 수 있다.

다음으로, 의료서비스부문에의 최적 의료자원투입량 S_2^*R 는 의료서비스 체계의 성과(Y)가 좋을수록, 의료서비스 부문에 투입된 의료자원(R)이 환자(I)의 건강을 회복시키는 정도(β)가 높을수록, 의료자원(R)의 단위당 기회비용(ρ)이 낮을수록, 의료서비스의 최적 수혜 대상자 수(S_1^*I)와 의료서비스부문에의 최적 의료자원 투입량(S_2^*R)에 의하여 극대화하고자 하는 경제적 가치의 총합(V_*)에 대한 건강한 사람(H)의 '한계기여', 즉 건강한 사람(H)의 잠재가격(P_H)이 높을수록, 그리고 환자(I)의 경제적 가치의 총합(V_*)에 대한 '한계비용', 즉 환자(I)의 잠재가격(P_I)이 낮을수록, 각각 증가한다는 것을 알 수 있다.

상기한 필요조건을 이용하여 건강한 사람의 수(H)의 시간당 변화율$(\dot{H})$과 환자 수(I)의 시간당 변화율$(\dot{I})$을 각각 도출할 수 있다. 우선, 전자$(\dot{H})$는 의료서비스 체계(식(1) 및 식(2))가 최적의 의료 성과를 산출하고 있다는 가정 하에서, 건강한 사람의 수(H)의 시간당 변화율$(\dot{H})$은 식(10)에 식(34)와 식(35)를 대입하면 다음과 같이 도출된다. 즉,

$$\dot{H}= A\left\{\frac{\alpha(P_H-P_I)Y}{\epsilon(P_H-P_I)+j}\right\}^{\alpha}\cdot\left\{\frac{\beta(P_H-P_I)Y}{\rho}\right\}^{\beta}+\epsilon(L-H)$$

$$- \epsilon \left\{ \frac{\alpha(P_H - P_I)Y}{\epsilon(P_H - P_I) + j} \right\} - \delta H \quad \cdots\cdots (36)$$

여기서

$L = L(t) \equiv H(t) + I(t)$, 주어진 시각 t 에서의 총인구 수

다음으로, 환자 수(I)의 시간당 변화율$(\dot{I})$은 상기와 동일한 가정 하에서, 식(11)에 식(34)와 식(35)를 대입함으로써 도출될 수 있다. 즉,

$$\dot{I} = \delta(L - I) - A \left\{ \frac{\alpha(P_H - P_I)Y}{\epsilon(P_H - P_I) + j} \right\}^{\alpha} \cdot \left\{ \frac{\beta(P_H - P_I)Y}{\rho} \right\}^{\beta}$$

$$- \epsilon I + \epsilon \left\{ \frac{\alpha(P_H - P_I)Y}{\epsilon(P_H - P_I) + j} \right\} \quad \cdots\cdots (37)$$

2) 국민건강보험의 최적 정책

전술한 분석은, 확실성(certainty)의 가정 하에서, 환자(I) 중에서 의료서비스의 최적 수혜환자 수$(S_*^1 I)$와 의료서비스부문에의 최적 의료자원투입량$(S_*^2 R)$이 결정되었다. 그러나 건강한 사람(H)과 환자(I)를, 그리고 의료서비스 수혜 환자$(S_*^1 I)$와 자연요법 의존 환자 $\{\epsilon(1 - S_1)I\}$를 매 시각 확실히 구별할 수 있다는 가정은 의학적으로나 현실적으로 불가능한 일이다.

이제, 본 연구는 불확실성(uncertainty)의 전제하에서,[41] 중앙계획당국의 최적 통제에 의해서가 아니라, 국민건강보험(National Health Insurance)

41 K. J. Arrow(1963)은 불확실성의 가정 하에서 최적의 민간의료보험 이론을 제시했다. 그러나 본 연구의 분석대상은 민간의료보험 문제가 아니라 국민건강보험문제이다.

이라는 제도 하에서 개인의 합리적 의사결정과 관련된 개인적 최적 의료자원배분 문제를 분석하고자 한다.

우선, 여러 가지 의료상황(medical conditions)에 대하여 각 개인이 합리적인 의사결정을 내릴 수 있도록, 어떤 의료상황(i)이 발생할 수 있는 확률(P_i)이 주어졌다고 가정한다. 또한, 분석의 편의상, 각 개인의 신분과는 관계없이 치료방법이 동일하다고 가정한다.

상기의 가정 하에서, 본 연구는 '국민건강보험의 최적 정책'(optimal policy of national health insurance)에 관하여 논하고자 한다. 여기서 말하는 '국민건강보험의 최적 정책'이란 다음과 같은 2가지의 관점에서 평가된다.

첫째, 국민건강보험 가입자의 기대효용수준(U)이 주어진 제약 조건하에서 매 시각 극대화되어야 한다.

둘째, 국민건강보험공단이 매 시각 균형예산을 유지해야 한다.[42]

(1) 국민건강보험 가입자의 최적 조건

상기의 가정 하에서, 모든 의료상황($i = 1, 2, \cdots, n$)에 대한 개인의 총 기대효용 수준(U)은 환자 자신의 질환을 치료하기 위하여 사용된 개인적 의료비지출(medical expenditure)의 수준과, 환자 자신의 초기 자산(A_0)에서 건강보험료(health insurance premium) 및 개인의 의료비 부담 수준(the share of medical expenditure)을 제외한 순(純)자산(net wealth)에 의하여 결정된다고 가정한다.[43]

---

42 국민건강보험공단이 매 시각 '균형예산'을 유지해야 한다는 것은 다소 비(非)현실적인 평가 기준일 수 있지만 국민건강보험공단이 영리추구의 기관이 아니라는 점에서 합리적인 평가기준이라고 말할 수 있다.

43 이에 관한 상세한 내용은 J. von Neumann and O. Morgenstern(1947)를 참

$$U = \Sigma_{i=1}^{n} P_i U_i(m_i,\ A_0 - C - g_i) \cdots\cdots (38)$$

여기서

i : 각 의료상황(예를 들어 건강, 간염, 맹장염, 암 등)을 나타내는 지수.

P_i = 상수 > 0 : 어떤 의료상황($i = 1, 2, \cdots, n$)가 발생할 수 있는 확률.

C= 상수 > 0 : 건강보험 가입자가 국민건강보험공단에 납부하는 건강보험료[44]

m_i : 의료상황($i = 1, 2, \cdots, n$)이 발생하였을 경우, 개인(환자)이 부담하는 의료비 지출 수준(g_i)과, 국민건강보험공단이 지급하는 의료급여지출액($m_i - g_i$)을 합한 총 의료비 수준.

$A_0 - C - g_i$: 의료상황($i = 1, 2, \cdots, n$)이 발생하였을 경우, 환자 개인의 초기 자산(A_0)에서 건강보험료(C)와 개인의 의료비 부담 수준(g_i)을 모두 지불한 후의 나머지 순자산.

U_i : 어떤 특정한 의료상황($i = 1, 2, \cdots, n$)이 발생하였을 경우, 환자가 건강 회복을 위하여 지출할 의료비 수준(m_i)과 개인의 순자산($A_0 - C - g_i$)에 의하여 결정되는 개인의 기대효용 수준.

$P_i \cdot U_i$: 어떤 특정한 의료상황($i = 1, 2, \cdots, n$)이 발생하였을 경우, 개인의 기대효용(expected utility)의 수준.

U : 모든 가능한 의료상황($i = 1, 2, \cdots, n$)에 대한 개인의 총 기대효용 수준.

고할 수 있다.

44 분석의 편의상, 의료보험료(C)는 모든 의료적 상황($i = 1, 2, \cdots, n$)에 대하여 일정하다고 가정하기 때문에 'C_i' 대신에 'C'로 표시하고 있다.

여기서 유의할 것은 건강보험료(C)는 국민건강보험공단이 결정한 상수이며, 의료상황($i=1,2,\cdots,n$)이 발생할 확률(P_i)도 국민건강보험 가입자의 입장에서 보면 외생변수라는 점이다.[45]

상기와 같은 개인의 효용함수(U)는 다음과 같은 특성을 갖는다고 가정한다.

$$\left.\begin{array}{ll} \partial U_i/\partial m_i > 0, & \partial U_i/\partial (A_0 - C - g_i) > 0 \\ \partial^2 U_i/\partial m_i^2 < 0, & \partial U_i^2/\partial (A_0 - C - g_i)^2 < 0 \end{array}\right\} \cdots\cdots\cdots\cdots\cdots (39)$$

즉, 어떤 의료상황($i=1,2,\cdots,n$)이 발생하였을 때, 따른 개인의 의료비(g_i)와 국민건강보험공단의 의료급여지출액을 합한 총 의료비(m_i)의 한계효용($\partial U_i/\partial m_i$)과, 개인의 건강보험료($C$)와 의료비 부담금을 모두 지불한 후의 나머지 순자산($A_0 - C - g_i$)의 한계효용($\partial U_i/\partial (A_0 - C - g_i)$)은 각각 '0'보다 크며, 총 의료비($m_i$)의 한계효용($\partial U_i/\partial m_i$)과 순자산의 한계효용($\partial U_i/\partial (A_0 - C - g_i)$)은 모두 체감한다는 것이다.

이제, 불확실성하의 최적 의료자원배분 문제를 분석하기 위하여, 분석의 편의상, 각 의료상황($i=1,2,\cdots,n$)에 대한 환자 개인의 의료비 부담 수준(g_i)는 그 환자(I)의 건강 회복을 위하여 사용될 총 의료비 수준(m_i)의 증가함수라고 가정한다. 즉,

---

45 국민건강보험료(C)가 외생적으로 결정되는 상수라는 것은 수많은 의료보험가입자 중에서 특정 개인을 위한 의료지출부담은 그 부담수준에 관계없이 외생적으로 주어진 국민건강보험료(C)에 아무런 영향을 미치지 못한다는 것을 의미한다.

$$g_i = g(m_i),\ g'(m_i) \equiv \frac{dg(m_i)}{dm_i} > 0 \quad \cdots\cdots (40)$$

여기서

g : 개인의 의료비 부담 함수

따라서 건강보험 가입자가 직면하고 있는 불확실성 하의 최적 의료자원배분 문제는 다음과 같은 모형으로써 나타낼 수 있다.

Maximize

$$U = \sum_{i=1}^{n} P_i U_i(m_i,\ A_0 - C - g_i) \quad \cdots\cdots \text{식(38)로부터}$$

Subject to

$$g_i = g(m_i) \quad \cdots\cdots \text{식(40)으로부터}$$

건강보험료(C)와 의료상황$(i=1, 2, \cdots, n)$이 발생할 확률(P_i)이 국민건강보험 가입자의 입장에서 보면 외생적 변수이므로 국민건강보험 가입자의 기대효용함수(U)를 극대화하기 위한 필요조건은 다음과 같다.[46]

$$\frac{\partial U}{\partial m_i} = \left[\frac{\partial U_i}{\partial m_i} + \frac{\partial U_i}{\partial[A_0 - C - g(m_i)]} \cdot \frac{d[A_0 - C - g(m_i)]}{dm_i}\right] P_i$$

$$= \left[\frac{\partial U_i}{\partial m_i} + \frac{\partial U_i}{\partial[A_0 - C - g(m_i)]} \cdot \frac{dg(m_i)}{dm_i}\right] P_i = 0 \quad \cdots\cdots (41)$$

46 여기서 유의할 것은 상기한 국민건강보험 가입자의 기대효용 극대화를 위한 필요조건과 대조적으로 Milton Friedman and L. J. Savage(1948)은 위험부담(risk)과 관련하여 개인의 민간 의료보험에 대한 수요조건이라는 점이다.

그런데 확률 $P_i \neq 0$이므로 상기의 식(41)은 다음과 같이 나타낼 수 있다.

$$\frac{\partial U_i}{\partial m_i} = \frac{\partial U_i}{\partial [A_0 - C - g(m_i)]} \cdot \frac{dg(m_i)}{dm_i} \quad \cdots\cdots (42)$$

따라서

$$MRSm_i,\ [A_0 - C - g(m_i)]$$
$$\equiv \frac{\partial U_i/\partial m_i}{\partial U_i/\partial [A_0 - C - g(m_i)]} = g'(m_i) \quad \cdots\cdots (43)$$

그러므로 어떤 시각(t)에서 건강보험 가입자의 초기 의료자원(R_0)과 건강보험료(C) 그리고 의료상황(i)의 발생확률(P_i)가 주어졌을 때, 건강보험 가입자의 총 기대효용수준을 극대화하기 위한 필요조건은 의료상황$(i = 1, 2, \cdots, n)$에 대한 총 의료지출 수준(m_i)과 개인의 순자산 $[A_0 - C - g(m_i)]$ 사이의 한계대체율(marginal rate of substitution)이, 국민건강보험공단의 의료급여지출액과 국민건강보험 가입자인 환자의 의료비 부담 수준이 유발시키는 총 의료비의 한계비용 $g'(m_i)$와 일치해야 된다는 것이다.

한편, 국민건강보험공단의 균형예산은 의료상황$(i = 1, 2, \cdots, n)$이 발생하였을 경우, 개별 건강보험 가입자가 납부하는 건강보험료(C)와, 국민건강보험공단이 지급해야 하는 기대 의료비의 총합 $\sum_{i=1}^{n} P_i(m_i - g_i)$이 일치하는 것을 말한다. 즉,

$$C = \sum_{i=1}^{n} P_i(m_i - g_i) \quad \cdots\cdots (44)$$

여기서 유의할 점은 다음과 같이 2가지를 들 수 있다:

첫째, 식(44)의 $\sum_{i=1}^{n} P_i(m_i - g_i)$는 의료상황$(i=1,2,\cdots,n)$이 발생했을 경우, 국민건강보험공단의 기대비용(expected cost)을 나타내는 것일 뿐, 국민건강보험공단의 실제비용(actual cost)을 의미하는 것은 아니라는 점이다. 즉, 국민건강보험공단의 모든 관리운영비는 정부지원(국고보조 및 담배부담금)에 의하여 충당된다고 가정한다.

둘째, 의료상황$(i=1,2,\cdots,n)$이 발생되었을 경우, 건강보험 가입자가 개인적으로 지불해야 되는 의료비 부담 수준을 나타내는 식(40)의 $g(i)$는, 분석의 편의상, 그 환자의 건강 회복을 위해 사용될 총 의료비 수준(m_i)의 선형함수라고 가정한다.[47]

즉,

$$g_i = g(m_i) = a + bm_i \quad \cdots\cdots (45)$$

여기서

a, b : 상수. $a > 0$, $b > 0$

그러므로 본 연구에서 정의한 국민건강보험의 최적 정책을 보다 구체화시키기 위해서는 2가지 조건, 즉 ① 건강보험 가입자의 순기대효용 수준을 극대화시키고, ② 국민건강보험공단의 균형예산을 유지한다는 평가 기준을 동시에 만족시킬 수 있는 개인의 의료비

47 본 연구의 경우와 같이, 개인의 의료비 부담수준이 총 의료지출수준의 선형함수로서 가정한 대표적인 예로서 Martin S. Feldstein(1970)을 들 수 있다. 이와 대조적으로, 개인의 의료지출비 부담수준이 총 의료지출수준의 비(非)선형함수를 가정하는 경우에 대한 상세한 논의를 위해서 H. B. Chenery(1956) 및 E. MaIinvaud(1967)을 참조할 수 있다.

부담 함수, 식(45)의 상수 a 와 b 의 값을 구하고자 한다. 상기의 a 와 b 의 값은 다음과 같은 기대효용함수의 극대화 모형에 의하여 구할 수 있다.

Maximize

$$U = \sum_{i=1}^{n} P_i U_i(m_i\,,\ A_0 - C - a - bm_i) \quad \cdots\cdots (46)$$[48]

with respect to a 와 b

따라서 상기의 모형에 대한 필요조건은 다음과 같다.

$$\frac{\partial U}{\partial a} = 0 \quad \cdots\cdots (47)$$

$$\frac{\partial U}{\partial b} = 0 \quad \cdots\cdots (48)$$

우선, 식(47)의 $\partial U / \partial a$ 다음과 같이 계산될 수 있다.

$$\begin{aligned} \frac{\partial U}{\partial a} &= \sum_{i=1}^{n} P_i \frac{\partial U_i}{\partial m_i} \cdot \frac{\partial m_i}{\partial a} \\ &\quad + \sum_{i=1}^{n} \frac{\partial U_i}{\partial (A_0 - C - a - bm_i)} \cdot \frac{\partial (A_0 - C - a - bm_i)}{\partial a} \\ &= - \sum_{i=1}^{n} P_i \frac{\partial U_i}{\partial (A_0 - C - a - bm_i)} \left(\frac{\partial C}{\partial a} + 1\right) = 0 \quad \cdots (49) \end{aligned}$$

(※ 식(42)와 식(45)를 적용)

---

48 식(46)은 식(38)에 식(45)를 대입한 것이다.

혹은

$$\frac{\partial C}{\partial a} = -1 \quad \cdots\cdots (50)^{49}$$

다음으로, 식(48) $\partial u / \partial b$는 다음과 같이 계산될 수 있다.

$$\begin{aligned}\frac{\partial U}{\partial b} &= \sum_{i=1}^{n} P_i \frac{\partial U_i}{\partial m_i} \cdot \frac{\partial m_i}{\partial b} \\ &+ \sum_{i=1}^{n} \frac{\partial U_i}{\partial (A_0 - C - a - bm_i)} \cdot \frac{\partial (A_0 - C - a - bm_i)}{\partial a} \\ &= -\sum_{i=1}^{n} P_i \frac{\partial U_i}{\partial (A_0 - C - a - bm_i)} \frac{\partial C}{\partial b} \\ &- \sum_{i=1}^{n} P_i \frac{\partial U_i}{\partial (A_0 - C - a - bm_i)} m_i = 0 \quad \cdots\cdots (51)\end{aligned}$$

(※ 식(42)와 식(45)를 적용)

혹은

$$\frac{\partial C}{\partial b} = -\frac{\sum_{i=1}^{n} P_i \frac{\partial U_i}{\partial (A_0 - C - a - bm_i)} m_i}{\sum_{i=1}^{n} P_i \frac{\partial U_i}{\partial (A_0 - C - a - bm_i)}} \quad \cdots\cdots (52)$$

한편, 국민건강보험의 최적 정책을 위한 필요조건인 식(50)과 식(52)가 국민건강보험공단의 균형예산 조건인 식(44)를 만족시키는지의 여부를 검토해보면 식(50)의 최적 조건 $\partial C / \partial a = -1$은 항상 성

49 $\partial U / \partial a = 0$의 조건이 식(49)와 같은 간단한 형태로 도출된 근본적인 요인은 건강보험료(C)는 국민건강보험공단이 모든 의료상황(i)을 고려함으로써 결정된 외생적 변수로서 가정하기 때문이다.

립한다는 것을 알 수 있다. 즉,

$$\frac{\partial C}{\partial a} = \frac{\partial [\sum_{i=1}^{n} P_i (m_i - a - bm_i)]}{\partial a}$$

$$= \sum_{i=1}^{n} P_i (-1) = -1 \quad (\therefore \sum_{i=1}^{n} P_i = 1) \cdots\cdots (53)$$

그러나 식(52)의 성립 여부는 다음과 같은 2가지의 경우, 즉 ① 모든 의료상황$(i=1,2,\cdots,n)$에 대하여 건강보험 가입자와 국민건강보험공단이 함께 부담할 총 의료비 부담 수준 m_i가 동일한 경우와, ② 각 의료상황 i에 대하여 총 의료비 부담 수준 m_i가 상이한 경우로 나누어 각각 검토해야 된다.

① $m_1 = m_2 = \cdots = m_n$ **의 경우**

의료상황$(i=1,2,\cdots,n)$이 발생하였을 경우, 만약 환자 개인의 의료비(g_i)와 국민건강보험공단의 의료급여지출액$(m_i - g_i)$을 합한 총 의료비 수준 m_i가 모든 의료상황$(i=1,2,\cdots,n)$에 대하여 동일하다면, 식(52)의 $\partial U_i / \partial (A_0 - C - a - bm_i)$도 모든 의료상황에 대하여 동일하게 된다. 따라서 식(52)는 다음과 같이 변형된다. 즉,

$$\frac{\partial C}{\partial b} = -\sum_{i=1}^{n} P_i m_i \quad (\because \sum_{i=1}^{n} P_i = 1) \cdots\cdots (54)$$

이 경우, 상기와 같이 변형된 최적 조건이 국민건강보험공단의 균형예산 조건 식(44)를 만족시키는지의 여부를 검토하고자 한다.

$$\frac{\partial C}{\partial b} = -\sum_{i=1}^{n} P_i \left[(1-b)\frac{\partial m_i}{\partial b} - m_i \right] \quad \cdots\cdots (55)$$

따라서 식(54)와 식(55)가 일치되기 위해서는 다음과 같은 조건이 성립되어야 함을 알 수 있다. 즉,

$$(1-b)\frac{\partial m_i}{\partial b} = 0 \quad \cdots\cdots (56)$$

여기서 $\partial m_i / \partial b \neq 0$이므로 식(56)은 다음과 같은 조건을 의미한다.

$$\frac{\partial g(m_i)}{\partial b} = b = 1 \quad \cdots\cdots (57)$$

즉, 모든 가능한 의료상황$(i=1, 2, \cdots, n)$에 대하여 건강보험 가입자와 국민 건강보험공단이 함께 부담해야 될 총 의료비 부담수준 m_i가 각각 동일할 경우, 국민건강보험 가입자의 개인적 의료비 부담 함수 $g(m_i) = a + bm_i$ 의 기울기 $(dg(m_i)/dm_i)$인 b 는 '1'이어야 된다는 것이다.

따라서, 환자 개인의 의료비(g_i)와 국민건강보험공단의 의료비급여지출액$(m_i - g_i)$을 합한 총 의료비 수준 m_i가 모든 의료상황$(i=1, 2, \cdots, n)$에 대하여 동일할 때, 만약 총 의료비 부담 수준의 변화량(dm_i)을 국민건강보험공단이 부담하는 것이 아니라 건강보험 가입자가 전적으로 부담하게 된다면, 건강보험 가입자의 기대효용 수준이 극대화될 뿐만 아니라 국민건강보험공단의 균형예산이 성립될 수 있으며, 나아가 국민건강보험의 최적 정책이 실시될 수 있다는 것을

알 수 있다.

한걸음 더 나아가, 상기의 경우, 의료기술의 발달이나 불합리한 의료서비스 시스템의 제도적 개혁을 통하여 총 의료비 부담 수준을 감소시킬 수 있다면, 그 혜택을 건강보험 가입자의 의료비 부담을 감소시키는데 사용하는 것이 국민건강보험의 최적 정책임을 유추할 수 있다.

② $m_1 \neq m_2 \neq \cdots \neq m_n$**의 경우**

모든 가능한 의료상황$(i=1,2,\cdots,n)$에 대하여 국민건강보험 가입자와 국민 건강보험공단이 함께 부담하는 총 의료비 부담 수준 m_i 가 각각 상이할 경우, 식(52)의 $\partial U_i / \partial (A_0 - C - a - bm_i)$ 도 모든 의료상황$(i=1,2,\cdots,n)$에 대하여 각각 상이하게 된다. 따라서, 이 경우, 식(52)은 식(54)와 같이 간략한 형태로 변형할 수 없게 된다. 그러나 전자의 경우를 기준으로 하여 유용한 정책적 시사점을 유추해 볼 수 있다.

우선, 총 의료비 부담 수준 m_i가 증가하면 건강보험 가입자의 의료비 개인부담 수준 $g(m_i) = a + bm_i$이 증가하는 반면에 개인의 순자산 $A_0 - C - g(m_i)$ 은 감소할 것이다. 그리고 개인의 순자산 $A_0 - C - g(m_i)$ 이 감소함에 따라 한계효용체감의 법칙에 의하여 개인의 순자산에 대한 한계효용 $\partial U_i / \partial [A_0 - C - g(m_i)]$ 은 증가할 것이다. 따라서 총 의료비 부담 수준 m_i와 개인의 순자산에 대한 한계효용 $\partial U_i / \partial [A_0 - C - g(m_i)]$ 은 동일한 방향으로 변화한다는 것을 알 수 있다. 그러므로 식(52)에서 분자의 총합계는 항상 분모의 총합계보다 크다는 것을 알 수 있다.

따라서 모든 의료상황$(i=1,2,\cdots,n)$에 대하여 건강보험 가입자와 국민건강보험공단이 함께 부담해야 될 총 의료비 부담수준 m_i 가 각각 상이할 경우, 식(52)는 다음과 같은 부등식으로 표시할 수 있다.

$$\frac{\partial C}{\partial b} < -\sum_{i=1}^{n} P_i m_i \quad \cdots\cdots (58)$$

이 경우, 상기와 같이 변형된 최적 조건이 국민건강보험공단의 균형예산 조건인 식(44)를 만족시키기 위해서는, 식(56)과는 대조적으로, 식(55)의 오른편 항에 있는 $(1-b)\frac{\partial m_i}{\partial b}$ 가 다음과 같은 부등식으로 변형되어야 함을 알 수 있다.

$$(1-b)\frac{\partial m_i}{\partial b} < 0 \quad \cdots\cdots (59)$$

여기서 $\partial m_i / \partial b$ 의 부호는 '부'$(-)$이므로, 식(59)는 식(57)과는 대조적으로 다음과 같은 부등식으로 나타낼 수 있다.

$$\frac{\partial g(m_i)}{\partial m_i} = b < 1 \quad \cdots\cdots (60)$$

그러므로 모든 가능한 의료상황$(i=1,2,\cdots,n)$에 대하여 건강보험 가입자와 국민건강보험공단이 공동 부담해야 될 총 의료비 부담 수준(m_i)이 각각 상이할 경우, 건강보험 가입자의 개인적 의료비 부담 함수$g(m_i)=a+bm_i$ 의 기울기 b 는 '1' 보다 작아야 한다. 즉, 이 경우, 총 의료비 부담 수준의 변화율(dm_i)은, 건강보험 가입자가 전적으로 부담하는 것이 아니라, 건강보험 가입자와 국민건강보험공단이 공동으로 분담하는 것이 건강보험 가입자의 기대효용 수준이 극대화될 뿐만 아니라 국민건강보험공단의 균형예산이 성립될 수 있으며, 나아가 건강보험의 최적 정책이 실시될 수 있다는 것을 알 수 있다.

상기의 분석을 통하여, 다음과 같은 중요한 국민건강보험(national health insurance)의 정책적 시사점을 도출할 수 있다. 즉, 전술한 국민건강보험의 최적 정책을 위한 필요조건은 환자의 건강 회복을 위하여 사용된 의료비를 국민건강보험공단이 전담해야 하는지 혹은 환자와 국민건강보험공단이 분담해야 되는지에 관한 논쟁[50]을 해결할 수 있는 하나의 이론적 기초가 될 수 있다는 점이다.

(2) '국민건강보험세'의 최적 세율

제5장에서, 저자는 복지재정의 안정화를 도모하기 위하여 토지불로소득에 부과하는 '사회보장세'(Social Security Tax)의 도입을 주장하였다. 여기서 유의할 것은 복지재정이라 함은 국민연금 재정뿐만 아니라 국민건강보험 재정도 포함하는 것이며, 또한 '사회보장세'의 부과로 조성될 '사회보장기금'(Social Security Fund)은 국민연금기금뿐만 아니라 국민건강증진기금으로도 사용될 수 있다는 점이다.

그러나 '사회보장세'라는 신규 목적세의 도입에 심각한 조세저항이 야기되어 끝내 저자의 제안이 받아들여지지 않을 경우, 2012년부터 당장 국민건강보험 재정이 파탄되는 것을 막아야 하기 때문에

---

50 이 논쟁에 관한 상세한 내용을 위해서는 Karen Davis(1975)의 연구를 참조할 수 있다.

상기의 두 복지제도의 재정을 동시적으로 확충하는 대신에 국민건강보험 재정만이라도 안정화시킬 목적으로 저자는 다음과 같은 재원조달 방안을 제안한다.

구체적으로, 본 연구는 국민건강보험의 재정적 안정 기반을 확충하기 위한 목적으로, 가칭 '국민건강보험세'(θ)을 어떤 소득 혹은 자산 W에 부과하여 국민건강증진기금(K_M)을 확충하고 이 기금의 $\varnothing$의 비율만큼의 자본($\varnothing K_M$)을 환자의 진료비를 보조하는데 사용한다고 가정한다. 또한, 나머지 $(1-\varnothing)K_M$ 을 '국민건강 보험기금'(K_M)의 증식을 위하여 수익성이 높은 의료산업부문에 투자하는데 사용한다고 가정한다.

여기서 유의할 것은 본 연구는 건강보험 재정의 안정화를 위하여, 나아가 초고령화 추세에 대응하여 의료보장성을 높이기 위한 목적으로 가설적으로 도입한 가칭 '국민건강보험세'(θ)를 소득 혹은 자산에 부과한다는 점이다. 그 이유는, 전술한 바와 같이, 현행 건강보험료 부과 방식이 불합리하고 불공정하기 때문이다.

물론, 프랑스가 의료보장성을 높이기 위해 최근에 담배부담금을 인상하였듯이, 한국의 경우에서도 이미 존재하는 정부지원금 제도 하에서 담배부담금을 인상할 수 있다. 또한, 술이나 휘발유 등 건강에 위해(危害)한 물품에 건강보험 재정 부담금이나 목적세를 신설할 수 있을 것이다. 그러나 가칭 '국민건강보험세'의 부과대상으로서 보험가입자의 소득 혹은 자산이 그 세원(稅源)이 되어야 가장 합리적이고 바람직하다고 저자는 생각한다.

상기의 가설적 시나리오에 따라, 국민건강증진기금(K_M)의 시간당 변화율 $dK_M(t)/dt$ 은 보험가입자의 소득 혹은 자산 W에 가칭 '국민건강보험세율'(θ_*)을 곱한 징수액(θW)과 국민건강증진기금(K_M)을 수익률(r)이 높은 의료산업부문에 투자함으로써 얻게 되는 이자수익(rK_M)을 합한 것으로 나타낼 수 있다.[51]

$$\frac{dK_M(\hat{t})}{dt} = \theta W(\hat{t}) + r(t)K_M(\hat{t}) \quad \cdots\cdots (61)$$

여기서

$\theta =$ 상수, $0 < \theta < 1$

$t =$ 국민건강세의 징수액 $\theta W(t)$ 이 자본시장에 투자되는 시점

$\hat{t} =$ 국민건강기금 $K_M(t)$ 가 이자소득 $r(t)K_M(\hat{t})$ 를 벌어

---

51 만약 '국민건강보험세'를 보험가입자의 소득 혹은 자산 W 에 부과하는 것이 아니라 '최적 국민연금제도'(Yang-Taek Lim, 1978 and 2011 ; 임양택, 1985)에 경우와 같이 근로소득에 부과한다면 '국민건강증진기금'은 다음과 같이 나타낼 수 있다 :

$$K_M(t) = w(t)e^{\lambda t}L(t)h[\hat{w}(t)]\left(\frac{\alpha(t)}{1-\alpha(t)}\hat{\epsilon}\right)\theta(t) = dT_2(t)$$

여기서

$\tau =$ 현행 사회보장세율(혹은 국민건강보험세율), $0 < \tau < 1$, $\tau =$ 상수

$\alpha(t) \equiv \tau + \theta(t)$

$0 < \alpha \equiv \tau + \theta < 1$, $0 < \theta < \tau < 1$

$\alpha =$ 사회보장세율(혹은 국민건강보험세율)의 증가율

$\tau =$ 현행 사회보장세율(혹은 국민건강보험세율)

$\theta = d\tau =$ 사회보장세율(혹은 국민건강보험세율)의 증가분

$\hat{w}(t) = (1-\tau-\theta)w(t) = \overline{w}(1-\theta)$

$\overline{w}(t) = (1-\tau)w(t)$

$\hat{\epsilon} = \frac{d\log h(\hat{w})}{d\log(\hat{w})}$, $\hat{\epsilon} < 0$, $\hat{\epsilon} =$ 상수, 순임금율 $\overline{w} \equiv w(1-\tau-\theta)$ 에 대한 노동공급(작업시간으로 계산된)의 비(非)보상된 탄력성

$\epsilon = \frac{d\log h(\overline{w})}{d\log(\overline{w})}$, $\epsilon < 0$, $\epsilon =$ 상수, 순임금율 $\overline{w} \equiv w(1-\tau)$ 에 대한 노동공급의 비(非)보상된 탄력성

다시 국민건강기금에 투입되는 시점

여기서 세원(稅源) W 은 자연성장률 n으로 증가한다고 가정한다. 즉,

$$W(t) = W_0 e^{nt} \quad \cdots\cdots (62)$$

여기서

W_0 : 초기$(t=0)$의 세원

따라서 식(61)에 식(62)를 대입하여 다음과 같은 1계, 상수계수, 비(非)동차 선형미분방정식(the first order, constant coefficient, nonhomogeneous linear differential equation)을 세울 수 있다.

$$\frac{dK_M(\hat{t})}{dt} - r(t)K_M(\hat{t}) = \theta W_0 e^{n\hat{t}} \quad \cdots\cdots (63)$$

식(63)의 양변에 적분인자 λ 를 곱하면 다음과 같다.

$$\lambda \frac{dK_M(\hat{t})}{dt} - \lambda r(t) K_M(\hat{t}) = \lambda \theta W_0 e^{n\hat{t}} \quad \cdots\cdots (64)$$

상기의 적분인자(integrating factor) λ 는 다음과 같이 둘 수 있다.

$$\lambda = e^{s(-r)d\hat{t}} = e^{(-r)\hat{t} + c_1} \quad \cdots\cdots (65)$$

여기서

c_1 : 임의의 상수

그리고 식(64)는 다음과 같이 쓸 수 있다.[52]

$$\frac{d[\lambda K_M(\hat{t})]}{dt} = \lambda\,\theta\,W_0\,e^{n\hat{t}} \quad \cdots\cdots (66)$$

식(66)의 양변에 적분을 취하여 얻은 결과를 다시 $K_M(t)$ 에 대하여 정리하면 다음과 같다.

$$K_M(\hat{t}) = \theta\,W_0\,\frac{e^{n\hat{t}}}{n-r(t)} + e^{r\hat{t}}\,\frac{c_2}{e^{c_1}} \quad \cdots\cdots (67)$$

여기서

c_1, c_2는 임의의 상수

상기의 식(67)에 초기조건 $K_M(0)=0$ 을 적용한 결과에 $c_1/e^{c_1} = \theta\,W_0/(n-r)$ 를 대입하면 $K_M(t)$의 일반해(general solution)를 다음과 같이 구할 수 있다.

$$K_M(\hat{t}) = \frac{\theta\,W_0}{r(t)-n}(e^{r\hat{t}} - e^{n\hat{t}}) \quad \cdots\cdots (68)$$

식 (68)에서, 본 연구는 $r > n$ 이라고 가정한다. 이 조건은 초기

52 그 이유는 $\lambda\frac{dK_M(\hat{t})}{dt} - \lambda r(t)K_M(\hat{t}) = \frac{d[\lambda K_M(\hat{t})]}{dt} = \lambda\theta W_0 e^{n\hat{t}}$ 이기 때문이다.

$(t=0)$ 자본부족 상태의 경우, 최적 사회보장제도의 존재를 보증하기 위한 필요조건[53]임과 동시에 국민건강증진기금(K_M)을 조성하기 위한 '최적 건강보험세율'(θ_*)의 존재를 보증할 수 있는 필요조건이다.

이제, 국민건강증진기금(K_M)의 최적 의료자원배분을 위한 필요조건을 도출하기 위한 의료서비스의 성과$(\hat{Y})$는 의료서비스를 받고 있는 환자의 수$(S_1 I)$와 국민건강보험공단에 의한 환자 진료비의 보조금$(\varnothing K_M)$으로 결정된다고 가정한다.

$$\hat{Y} = f(S_1 I,\ \varnothing K_M) = \hat{A}(S_1 I)^{\hat{\alpha}}(\varnothing K_M)^{\hat{\beta}} \quad \cdots\cdots (69)$$[54]

여기서

$\hat{Y}$: 국민건강증진기금(K_M)이 도입되었을 경우의 의료서비스 시스템의 성과

$\hat{A}$: 상기의 경우, 의료서비스 체계의 효율성을 나타내는 매개변수, $\hat{A} > 0$

$\hat{\alpha}$: 의료서비스 체계가 환자(I)의 건강을 회복시키는 정도를 나타내는 매개변수, $0 < \hat{\alpha} < 1$

$\hat{\beta}$: 국민건강증진기금(K_M)의 일부인 $\varnothing K_M$을 환자의 진료비를 보조하는데 사용됨으로써 환자(I)의 건강을 회복시키는 정도를 나타내는 매개변수, $0 < \hat{\beta} < 1$

---

53 이 조건에 관한 이론적 규명을 위해서는 Yang-Taek Lim(2011)을 참조할 수 있다.

54 이 함수의 특성은 식(1)~식(5)에 모두 설명되어 있기 때문에 여기서는 생략한다.

이제, 본 연구는 의료서비스의 최적 수혜대상자 수 $S_1^* I$, 국민건강증진기금(K_M)으로부터 환자 진료비의 최적 보조금 $\varnothing K_M$, 의료서비스 산업부문에의 최적 투자액$(1-\varnothing)K_M$ 을 각각 도출하기 위한 모형은 다음과 같다.

Maximize

$$\hat{V} = \int_0^\infty \{hH + j(1-S_1)I + r(1-\varnothing)K_M\}e^{-\rho t}dt \cdots\cdots\cdots (70)$$

subject to

$$\dot{\hat{H}} = \frac{d\hat{H}}{dt} = \hat{f}(S_1 I,\ \varnothing K_M) + \epsilon(1-S_1)I - \delta H \cdots\cdots\cdots (71)$$

$$\hat{Y} = \hat{f}(S_1 I,\ \varnothing K_M) = \hat{A}(S_1 I)^{\hat{\alpha}}(\varnothing K_M)^{\hat{\beta}} \cdots\cdots\cdots (72)$$

$$\dot{I} = \frac{dI}{dt} = \delta H - \hat{f}(S_1 I,\ \varnothing K_M) - \epsilon(1-S_1)I \cdots\cdots\cdots (73)$$

$$\dot{K}_M = \frac{dK_M}{dt} = \frac{\theta W_0}{r-n}(re^{rt} - ne^{nt}) \cdots\cdots\cdots (74)$$

with

$H = H(t)$; $I = I(t)$; $H(0) = H_0$; $I(0) = I_0$; $K_M(0) = 0$

$S_1 = S_1(t),\ 0 < S_1 < 1$; $S_2 = S_2(t),\ 0 < S_2 < 1$

$h = h(t)$; $j = j(t)$; $r = r(t)$; $\delta = \delta(t)$; $\epsilon = \epsilon(t)$

$0 < \alpha < 1,\ \alpha =$ 상수 ; $0 < \beta < 1,\ \beta =$ 상수 ; $0 < \alpha + \beta < 1$

$0 < r < 1, r =$ 상수; $0 < n < 1, n =$ 상수; $0 < \theta < 1, \theta =$ 상수

$\hat{A} > 0,\ \hat{A} =$ 상수 ; $\rho > 0,\ \rho =$ 상수

상기의 모형에 대한 Hamiltonian 함수 $\hat{H}$는 다음과 같다.

$$\widehat{H} = hH + j(1-S_1)I + r(1-\varnothing)K_M +$$
$$P_{\widehat{H}}[\hat{f}(S_1 I,\ \varnothing K_M) + \epsilon(1-S_1)I - \delta H] +$$
$$P_1[\delta H - \hat{f}(S_1 I,\ \varnothing K_M) - \epsilon(1-S_1)I] \cdots\cdots (75)$$

여기서

$$P_H = P_H(t) = \frac{\partial \widehat{V_*}}{\partial H} \cdots\cdots (76)$$

$$P_I = P_I(t) = \frac{\partial \widehat{V_*}}{\partial I} \cdots\cdots (77)$$

$$\widehat{V_*} = \underset{S_1 I, S_2 K_M}{Max} \int_0^{\infty} \{hH + j(1-S_1)I + r(1-\varnothing)K_M\} e^{-\rho t} dt \cdot (78)$$

그리고 상기의 P_H와 P_I는 다음과 같은 2개 미분방정식의 조건을 매 시각 만족시킨다. 즉,

$$\dot{P}_H \equiv \frac{dP_H(t)}{dt} = \rho P_H - \frac{\partial \widehat{H}}{\partial H} \cdots\cdots (79)$$

$$\dot{P}_I \equiv \frac{dP_I(t)}{dt} = \rho P_I - \frac{\partial \widehat{H}}{\partial I} \cdots\cdots (80)$$

따라서 식(70)의 극대화를 위한 필요조건은 다음과 같다.

① $\frac{\partial \widehat{H}}{\partial S_1 I} = 0 \cdots\cdots (81)$

즉,

$$(P_H - P_I)(\widehat{f_1} - \epsilon) = j \cdots\cdots (82)$$

식(82)의 조건은, 식(25)의 그것과 f_1 과 $\widehat{f_2}$ 의 차이가 있을 뿐 똑같다. 식(85)는 다음과 같은 경제학적 의미를 나타낸다. 즉, 의료서비스의 최적 수혜대상자 수(S_1^*I)와 국민건강증진기금(K_M)으로부터 환자 진료비의 최적 보조금 $\varnothing^* K_M$ 을 결정함에 있어서 의료서비스의 '한계수익'$(P_H - P_I)(\hat{f}_1 - \epsilon)$이 환자의 개인당 '한계비용' j 와 일치되어야 한다는 것이다.

$$② \quad \frac{\partial \widehat{H}}{\partial \varnothing K_M} = 0 \quad \cdots\cdots (83)$$

즉,

$$(P_H - P_I) f_2 = r \quad \cdots\cdots (84)$$

또한, 식(82) 및 식(84)의 최적 조건은 식(31)의 그것과 ρ 와 r 의 차이가 있을 뿐, 다음과 같이 나타낼 수 있다.

$$P_H - P_I = \frac{j}{f_1 - \epsilon} = \frac{r}{f_2} \quad \cdots\cdots (85)$$

식(84)의 국민건강증진기금(K_M)의 투자수익률 r 는 국민건강증진기금(K_M)의 단위당 '한계비용'(기회비용)을 나타낸다. 그리고 f_2 는 국민건강증진기금(K_M)의 일부$(\varnothing K_M)$가 환자의 진료비를 보조해 줌으로써 환자를 건강한 사람으로 만들어 내는데 기여한 국민건강증진기금(K_M)의 '한계생산'을 나타낸다.

따라서 국민건강증진기금(K_M)의 최적 자원배분을 위한 필요조건 식(84)는 건강한 사람(H)의 개인당 잠재가격(P_H)에서 환자(I)의 개인당 잠재가격(P_I)을 뺀 $(P_H - P_I)$에 국민건강증진기금(K_M)의 단위당

'수익률'(f_2)을 곱한 '한계수익'$(P_H - P_I)r$ 을 동 기금의 단위당 '한계비용'(r)이 일치할 때, 의료서비스의 최적 수혜대상자 수 $S_1^* I$ 와 국민건강증진기금(K_M)으로부터 환자 진료비의 최적 보조금 $\varnothing^* K_M$ 이 결정된다는 것을 의미한다.

상기의 2개 최적치 즉, ① 의료 서비스의 최적 수혜대상자 수 $S_1^* I$ 와 ② 국민건강증진기금(K_M)에 의한 환자 진료비의 최적 보조금 $\varnothing^* K_M$ 은 식(69)에 두 필요조건 식(82)와 식(84)를 각각 적용함으로써 다음과 같이 도출할 수 있다.

$$S_1^* I = \frac{\hat{\alpha} Y (P_H - P_I)}{j + \epsilon (P_H - P_I)} \quad \cdots\cdots (86)$$

상기의 식(86)의 $S_1^* I$ 와 식(34)의 $S_1^* I$ 는 형태상 동일하지만 의료서비스 체계가 환자(I)의 건강을 회복시키는 정도를 나타내는 탄성치(α 와 $\hat{\alpha}$)에서 차이가 난다. 전자(국민건강증진기금 K_M 이 도입된 경우)에는 $\hat{\alpha}$ 을, 후자(K_M 이 도입되지 않은 경우)에서는 α 를 각각 포함한다. 그리고

$$\varnothing_* K_M = \frac{\hat{\beta} Y (P_H - P_I)}{r} \quad \cdots\cdots (87)$$

한편, '국민건강보험세'(θ)의 부과대상인 가입자 자산의 초기 수준(A_0)과, 국민건강증진기금(K_M)에 의한 환자 진료비의 보조 비율($\varnothing_*$)이 정해졌을 때, 동 기금(K_M)을 확충하기 위한 '최적 건강보험세율'(θ_*)는 식(68)에 식(87)을 대입함으로써 다음과 같이 도출할 수 있다.[55]

---

55 여기서 유의할 것은 본 모형에서 최적 통제변수는 $S_1 I$ 와 $\varnothing K_M$ 이며, '국민건강보험세율'(θ_*)는 동 기금(K_M)을 결정하는 외생변수라는 점이다. 즉, θ는 식(61)과 식(68)을 경유하여 식(87)을 결정한다는 점이다. 따라서 식(88)의 θ

$$\theta_* = \frac{\beta Y(P_{\hat{H}} - P_I)(r-n)}{\varnothing W_0 r(e^{rt} - e^{nt})} \cdots\cdots (88)$$

따라서 국민건강보험 가입자의 초기 자산 W_0와 국민건강진흥기금(K_M)에 의한 환자 진료비 보조 비율 $\varnothing$가 주어졌을 때, 동 기금(K_M)으로부터 환자 진료비의 보조에 의하여 환자가 의료서비스에 의하여 건강을 회복하는 정도(β)가 높을수록, 의료서비스의 성과(Y)가 클수록, 동 기금의 투자수익률(r)이 낮을수록, '최적 국민건강보험세율'(θ_*)은 높아져야 한다는 것을 알 수 있다.

여기서 유의할 것은 θ_*는 β 및 Y에 대해는 플러스(正)의 관계를, r에 대해서는 마이너스(負) 관계를 각각 보인다는 점이다. 주어진 모형에서, θ_*와 β 및 Y의 관계는 논리적으로 당연하다. θ_*와 r의 역(逆)관계는 K_M의 투자수익률(r)이 높을수록, '국민건강보험세율'(θ_*)이 낮아지기 때문에, 동 기금의 생산적 투자가 매우 중요하다.

와 $\varnothing$을 역(逆)관계로 해석해서는 안 된다는 것이다.

제7장

요약 및 결론

본 연구의 목적은, 본 저서의 이름에서 나타나있듯이, '한국형 복지사회를 위한 청사진'을 제시하는 것이다. 이 청사진은 저출산 및 인구 고령화 추세에 의한 복지재정의 위기상황을 인식하고, 더 나아가 '갑작스러운 통일'에 의한 북한 주민의 의료 및 최저 생계비 요구 폭증에 대비할 수 있도록, 건전한 복지재정 시스템을 갖춘 지속가능한 복지제도를 디자인하는 것을 의미한다. 이를 위하여, 복지제도의 2대 지주인 국민연금제도와 국민건강보험제도의 제도적 개혁(단순히 계수적 조정이 아니라) 방안과 최적 모형을 제시하는 것이다.

저자가 '한국형 복지사회를 위한 청사진'이라는 제목에서 '한국형'을 강조한 이유는 한국의 '합리적' 복지제도는 한국적 특수 상황(특히, 저출산 및 고령화, 한반도 분단 및 체제 불안정, 급작스러운 남·북한 통일 가능성, 이에 대비한 사회통합의 필요성 등)을 고려해야 하기 때문이다. 모름지기, 사회보장제도란 유럽의 선진복지국가들의 역사에서도 나타나 있듯이, 단지 경제적 능력에 의하여 도입 및 실시되는 것이 아니라 오랜 문화적 전통과 사회적·정치적 투쟁과 도전의 역사적 산물인 것이다.

또한, 한국의 복지는 '보편적 복지'(Universalisticistic Welfare) 혹은 '선택적 복지'(Selective Welfare)의 단점과 수정과정(예로서, 유럽의 경우, 확정급여제에서 확정기부제로의 조정 등)을 답습할 필요가 없으며, 한국의 사회경제적 특수성을 고려해야 하기 때문이다. 그 기본방향은 바로 성장과 복지의 상호보완적 기능을 바탕으로 한 완전고용의 추구이다. 복지재정의 위기는 재정 수급의 불균형으로부터 기인하는 것인데, 복지급여의 수요가 폭증하는 요인은 경기침체로 인한 대량실업과 이로 인한 빈곤계층의 급증 때문이다. 따라서 경제성장과 분리된 복지제도는 장기적으로 포말(泡沫)로 끝날 수밖에 없다. 성장과 복지는 경제발전과 사회발전의 상호보완적 메카니즘에 의하여 결합되어야 한다. 구체적으로 말하면, 건전한 복지재정의 기반 구축은 '적극적 노동시장정책'(Active Labor Market Policy)에 의한 양호한 고용기반을 확립하는데 있는 것이다. 고용은 개인에겐 '최상의 복지'임과 동시에 국가 재정부담을 줄여주는 첩경이다. '양호한 직장'(decent jop)의 공급이 바로 '한국형 복지사회' 건설의 요체임과 동시에 노사간·계층간·세대간 갈등을 근원적으로 해결할 수 있는 핵심적 요소인 것이다.

상기의 연구목표에 따라, 저자는 국민연금제도의 기존 개혁방안과 국제기구(세계은행, 국제노동기구, OECD/EDRC)의 권고안을 개관하였고 선진국(일본, 미국, 영국, 프랑스, 독일, 스웨덴, 덴마크, 남유럽)의 연금제도 개혁 추이를 분석함과 동시에 이들의 시사점을 도출하였다. 또한, 국민건강보험제도의 운영 현황을 적용 대상자와 건강보험재정의 측면에서 개관한 다음, 국민건강보험의 재정적자 요인을 분석함과 동시에 해결방안을 제시하였다.

본 연구가 지향하는 가치는 경제성장과 사회보장의 조화이다. 이를 위한 최적 동태적 장·단기 모형 하에서, 저자는 사회보장(특히 국민연금)이 포함된 장기 균형성장의 존재성, 유일성, 동태적 안정성을 수리경제적으로 증명하였고 동태적으로 비(非)효율적인 상태에서 동태적으로 효율적인 장기 균형상태로 유도할 수 있는 조절 메카니즘을 제시하였다. 그리고 동태적 효율성(dynamic efficiency)을 위한 최적 저축율(Optimal Saving Rate)과 최적 사회보장세율(Optimal Social Security Tax Rate)을 도출하고 이들의 경합적 관계를 조정함으로써 세대간 사회복지함수의 극대화를 위한 정책적 메카니즘을 제시하였다.

또한, 인구구조의 변화가 경제성장과 사회보장의 동태적 상호작용에 대하여 미치는 파급효과를 분석하기 위하여, 본 연구는 인구성장률(n)의 3가지 경우, 즉 ① $n > 0$, ② $n = 0$, ③ $n < 0$ 으로 나누어 인구구조의 변화에 따른 사회보장정책의 유형과 장기 균형성장 궤도(P_{**}, k_{**})의 존재성 및 동태적 안정성 여부를 각각 분석하였는데, 그 분석결과를 요약하면 다음과 같다.

(1) 인구가 증가하는 경우($n > 0$), 동태적 비효율성 상태($r > \rho > n > 0$ 혹은 $0 < r < n < \rho$) 이든 간에, 즉 초기 자본축적이 과소($k_0 < k_{**}$)이든 혹은 과다($k_0 > k_{**}$)이든 간에, 최적 저축률(s_*)과 최적 사회보장세율(θ_*)에 의하여 동태적으로 효율적인 장기 균형성장 궤도(P_{**}, k_{**})로 수렴할 수 있는 수직적 및 수평적 자원배분은 존재한다. 그러나 전자($k_0 < k_{**}$)의 경우 과다 적립방식 사회보장(Over-funded Social Security)에 의한 장기 균형은 동태적으로 안정적이지만 후자($k_0 > k_{**}$)의 경우 청년 부양방식 사회보장(Pay-as-you-go financing Social Security)에 의한 장기 균형은 동태적으로 불(不)안정적이다.

(2) 인구가 정체된 경우($n = 0$), 초기 자본부족($k_0 < k_{**}$)의 동태적 비효율성 상태를 동태적 효율성 상태(P_{**}, k_{**})로 전환시키고자 하는 최적의 수직적 및 수평적 자원배분 정책은 존재하지만 이와 반대인 초기 자본과다 상태($k_0 > k_{**}$)에서는 최적의 필요조건이 마이너스 이자율($r < 0$)을 요구하므로 상기의 최적 사회보장정책은 존재할 수 없다. 또한, 동태적 안정성의 측면에서 보면, 상기의 경우($n = 0$), 초기 자본부족($k_0 < k_{**}$)의 동태적 비효율성 상태를 동태적 효율성 상태(P_{**}, k_{**})로 전환시키고자 하는 최적의 수직적 자원배분이 존재할 뿐만 아니라 동태적으로 안정적인 반면에 최적의 수평적 자원배분은

존재하지만 동태적으로 불안정적이다.

(3) 인구가 감소하는 경우($n < 0$), 초기 자본축적이 과소($k_0 < k_{**}$)일 때, 수직적 및 수평적 자원배분 정책에 의한 장기균형은 존재하지만 두 자원배분 정책은 모두 동태적으로 불안정적이다. 한편, 초기 자본축적이 과다($k_0 > k_{**}$)일 때, 수직적 및 수평적 자원배분의 최적 조건은 비(非)현실적 가정 즉 마이너스 이자율($r < 0$)을 필요로 하므로 두 자원배분 정책은 모두 성립되지 않는다.

또한, 본 연구는 건강보험 재정의 안정화 및 의료보장성 제고를 위한 정책방안을 도출하기 위하여 최적 의료자원 배분 모형을 제시하였고, 이에 의거하여, ① 의료서비스 수혜환자의 최적 수, ② 의료서비스부문에의 물적 및 인적 의료자원의 최적 투입량, ③ 국민건강증진기금의 확충을 위한 최적 국민건강보험세율, ④ 국민건강보험공단의 환자 진료비에 대한 최적 보조금 비율을 도출하였다. 그리고 상기의 분석결과를 토대로, 다음과 같은 국민건강보험의 최적 정책을 제시하였다.

(1) 의료서비스의 최적 수혜환자 수($S_1^* I$)는 의료서비스 체계의 성과(Y)가 좋을수록, 의료서비스 체계가 환자(I)의 건강을 회복시키는 정도(α)가 높을수록, 환자(I) 중에서 자연요법에 의존하는 비율(ϵ)이 낮을수록, 그리고 환자(I)가 어떤 제한된 생산과정에 종사함으로써 매 시각(t) 산출할 수 있는 경제적 가치를 증가시킬 수 있는 환자의 개인당 기회비용(j)이 낮을수록 증가한다.

(2) 의료서비스부문에의 최적 의료자원 투입량($S_2^* R$)은 의료서비스 체계의 성과(Y)가 좋을수록, 의료서비스 부문에 투입된 의료자원(R)이 환자(I)의 건강을 회복시키는 정도(β)가 높을수록, 의료자원

(R)의 단위당 기회비용(ρ)이 낮을수록, 의료서비스의 최적 수혜 대상자 수(S_1^*I)와 의료서비스부문에의 최적 의료자원 투입량(S_2^*R)에 의하여 극대화 시키고자 하는 경제적 가치의 총합(V_*)에 대한 건강한 사람(H)의 '한계기여', 즉 건강한 사람(H)의 잠재가격(P_H)이 높을수록, 그리고 환자(I)의 경제적 가치의 총합(V_*)에 대한 '한계비용', 즉 환자(I)의 잠재가격(P_I)이 낮을수록 증가한다.

(3) 국민건강보험 보험가입자의 초기 자산(W_0)이 주어지고 국민건강진흥기금(K_M)에 의한 환자 진료비 보조 비율($\varnothing$)이 결정되었을 때, 동 환자가 의료서비스에 의하여 건강을 회복하는 정도(β)가 높을수록, 의료서비스의 성과(Y)가 클수록, 동 기금의 투자수익률(r)이 낮을수록, '최적 국민건강보험세율'(θ_*)은 높아져야 한다.

(4) 상기한 최적 국민건강보험 정책은 국민건강보험 가입자의 최적 조건과 국민건강보험제도의 재정문제를 근본적으로 해결할 수 있는 이론적 기초를 제공할 뿐만 아니라 국민건강증진기금(K_M)의 생산적 투자를 통하여 의료산업을 육성하고 의료서비스 시설을 확대함으로써 중요한 신(新)성장동력산업인 의료산업의 경쟁력을 높일 수 있는 정책방향을 위한 하나의 이론적 근거로 활용될 수 있을 것이다.

본 연구는 '합리적 복지제도'를 위한 한국의 선택으로서 거시적으로는 '高부담 · 廣복지'를, 미시적으로는 노인복지와 보육 및 아동복지를 각각 주장하고 연금재정의 건전화를 위한 본 연구의 개혁방안으로서 현행 '청년부양방식'(Pay-as-you-go financing method)을 '과다적립방식'(Over-funded System)으로 전환하고, 토지 불로소득에 부과하는 '사회보장세'(Social Security Tax)를 도입하며, 이로써 조성될 '사회보장기금'(Social Security Fund)을 고(高)부가가치 의료서비스 산업에 투자함과 동시에 유망한 의료관광사업을 활성화하고, 현행 확정급여제(Defined-Benefit Plan)를 확정기부제(Defined-Contribution Plan)로 전환하는 것 등을 제시하였다.

저자가 '한국형 복지모형'으로서 노인복지와 보육 및 아동복지를 중심으로 설계할 것을 주장하는 근본 이유는 한 마디로 가족중심의 한국사회가 붕괴되는 것을 막기 위함이다. 현재 50대 내지 60대 이상의 한국 부모들은 대개 1~2명의 성년 자녀들을 '캥거루'처럼 껴안고 살고 있다. 이 '위대한' 부모들도 곧 '노인'이 되어 부양이 필요하지만 제대로 자리 잡지 못한 자식들에게 의존할 수 없는 처지이다. 이러한 상태를 그대로 방치해두면, 가족 중심의 한국 사회는 조만간 붕괴 및 해체될 것이다. 그 조짐은 이미 세대간 갈등으로 표출되고 있으며 지난 서울특별시 시장의 보궐선거(2011. 10. 26)에서 '세대간 대결'로 터져 나왔다. 이것은 2012년 총선 및 대선에서는 더욱 더 심각한 양상을 보일 것이다.

한편, 기획재정부가 정치권에서 제시하는 각종 복지정책을 추진하기 위한 연간 소요액을 추정한 결과를 보면, 기초노령연금 확대 5조 4천억 원, 무상보육 5조 1천억 원, 반값 등록금 3조~3조 6천억 원, 무상의료가 20조~39조 원 등 적게는 총 41조 1천억 원에서 많게는 60조 원에 달하는 것으로 나타났다. 이 소요액(60조 원)은 2011년도 국가 전체 예산 309조 원의 5분의 1에 해당한다. 2010년 총 복지예산은 81조 원이었고, 2011년에 86조 원으로 책정됐다. 따라서 상기의 소요액(60조 원)은 중앙정부 총 예산의 28%를 차지한다. 한국의 국가채무(IMF의 회계기준에 의거)가 약 447조 원이며, GDP대비 국가채무 비율은 44.9%이다. 여기서 유의해야 할 것은 현재 재정파탄에 빠진 스페인의 국가채무 비율이 46.1%이며, 아일랜드의 그것이 46%라는 점이다.

전술한 복지재원의 소요액을 감안하여, 우리는 국가적 선택을 해야 한다. 즉, 현행대로 '저(低)부담-저(低)복지'의 '선택적' 자유주의형 혹은 '보수-조합주의형'의 복지국가를 계속 유지할 것인가? 아니면 '고(高)부담·광(廣)복지'의 사회민주주의형의 '포괄적' 복지국가를 선택할 것인가는 결국 국민이 선택할 문제이다. 그러나 '저(低)부담·고(高)복지'는 가까운 일본과 남(南)유럽 국가들의 경우에서 보는 바와 같이 망국(亡國)의 '사회적 질환'이다. 따라서 세제개혁을 동반한 연금보험료 및 건강보험료의 부담 증가와 연금급여액의 하향 조정이 불가피하다. 그렇지 않을 경우, 빚을 내서 연금과 복지제도를 지탱하는 일본의 상황이 한국에서도 곧 전개될 수 있을 것이다.

어느 국가이든 간에, 복지 문제의 핵심은 합리적 재원조달방안과 이에 대한 국민합의이다. 즉, 저(低)급여의 현행 수준에서 고(高)급여로 전환하려면 저(低)부담에서 고(高)부담으로의 전환은 필수적 과제이다. 여기서 제기될 수 있는 문제가 어느 소득계층이 한국사회의 대내적 통합을 위하여 얼마만큼 복지재정의 부담을 기꺼이 감수할 것인가이다.

그러나 저자는 일부 진보세력(진보신당과 민주노동당)이 주장하는 '부유세'의 도입을 반대한다. 진보신당은 상위 5% 부유계층과 1% 대기업을 과세대상으로 삼아 소득세·법인세·상속증여세·종합부동산세 등에 누진 세율의 '사회복지세'를 부과하여 매년 15조 원을 확보하자고 주장한다. 한편, 민주노동당은 과세대상을 모든 납세자로 삼아 소득세·법인세·상속증여세·특별소비세 등에 누진적 부가세율을 적용하여 매년 13조 원을 조달할 수 있다고 주장한다. 그러나 저자는 상기한 '부유세' 도입이 추구하는 조세정의의 구현 정신은 충분히 이해하지만 '실현가능성'이라는 측면에서 찬성할 수 없다. 왜냐하면 지난 노무현 정부 시절, 연간 3조 원의 '종합부동산세'를 징수하면서 얼마나 심각한 사회·정치적 갈등을 겪었는가를 한국인 모두가 잘 알고 있기 때문이다.

참고로 유럽의 선진 복지국가들은 최소한의 세금이라도 저(低)소득층에서 거둠으로써 납세 의무를 성실히 이행하도록 하고, 납세액이 많든 혹은 적든 간에 그 세수(稅收)가 다시 복지지출에 투입되는 재정구조를 갖고 있다.

한국의 경우, 소득세 면세점 이하(근로소득자 1인 888만 원; 4인 가구 1,774만 원)의 소득자가 무려 전체 국민의 50%이상으로 과도하게 많다. 현재 과세표준 1,200만 원 이하인 사람도 6%의 소득세를 납부하게 돼 있지만, 이런 저런 공제를 적용하면 공제액이 소득액을 잠식해서 세금을 내지 않는 납세자 비율이 근로소득세의 경우 무려 40.3%(2009년 기준)에 이른다. 이와 대조적으로, OECD 주요 국가의 소득세 면세자 비율은 20~30% 수준이다.

자영업자들이 내는 종합소득세도 마찬가지다. 상술하면, 국내 자영업자는 550만 명으로 추정되지만 소득세를 납부하겠다고 신고한 사람은 357만 명이며, 이들 중에서도 소득세를 실제로 납부한 사람은 겨우 276만 명 정도다. 이 결과, 전체 자영업자의 절반가량이 역시 소득세를 내지 않는 셈이다.

상기의 대안으로서, 오건호(2011)는 '보편적 복지'를 위한 '참여재정방식'의 증세를 제안하고 기존 직접세(근로소득세 · 종합소득세 · 양도소득세 · 이자배당기타소득세 ; 법인세 ; 종합부동산세, 상속증여세, 특별소비세)에 '누진적 사회복지세율'을 적용하여 약 20조 원을, 국민건강보험료 인상과 보험료 체계 개편을 통해 약 15조 원을 각각 조성할 수 있다고 주장한다.

저자는 오건호(2011)의 '참여재정방식'을 보편적 복지를 위한 '보편적 조세부담'의 측면에서 높이 평가하고 '사회보장세'라는 목적세의 도입에 찬성하지만 그 과세대상의 측면에서 반대한다. 예로서, 이자배당기타소득세에 10%의 단일 사회복지세율을 적용하는 것은 주가에 큰 악영향을 끼쳐 약 0.4조 원의 세수(稅收)를 증대시키려고 하다가 훨씬 더 큰 국가적 손실을 유발할 것이며, 법인세에 10~30%의 누진적 사회복지세율을 적용하는 것은 기업의 투자의욕을 더욱 더 저상(沮喪)시켜 '최상의 복지'인 고용 감축을 유발할 것이며, 종합부동산세에 대한 30%의 단일 사회복지세율을 적용하는 것은 저자의 주장과 상치된다. 저자는 현재 유명무실한 종합부동산세 제도를 폐지하고 부동산 보유를 건물 보유와 토지 보유로 분리하여 기업의 비(非)업무용 토지와 가계의 비(非)생계용 토지의 순(純)가치 증가분 즉 토지 불로소득에 '사회보장세'를 적용함이 바람직하다고 생각한다.

저자는 '포괄적 복지'(Comprehensive Welfare)를 위한 재원조달 방안으로서 헨리 조지(Henry George, 1839~1897)의 경제사상과 '지대조세제'(Land Value Taxation) 및 조세이동(Tax Shift)의 원리에 기초를 두고 토지 불로소득에 부과하는 '사회보장세'(Social Security Tax)의 도입을 제안하고, 이로써 조성될 '사회보장기금'(Social Security Fund)의 투자방안(예로서, 의료서비스 산업화와 의료관광사업의 활성화)을 주장한다.

상술하면, 헌법재판소가 세대별 합산에 대한 위헌 판결(2008년)을 존중하여, 이미 유명무실한 현행 주택분 '종합부동산세제'(국세)를 폐지하고 부동산(현재 토지와 건물을 합한 고정자산)의 보유를 건물 보유와 토지 보유로 분리하여 비(非)업무용 기업의 토지와 비(非)생계용 가계의 토지의 순(純)현재가치 증가분, 즉 토지보유기간 동안 발생한 연간 지대(地貸)의 현재가치 총액에서 토지매입 지가(地價)의 원금(元金) 및 이자(利子)지급액을 공제한 금액에 대하여 '사회보장기금'(Social Security Fund)을 조성하기 위한 목적으로 일정한 세율의 '사회보장기금세'(Social Security fund Tax)를 부과하되 관련 기업에 대하여서는 법인세를, 관련 가계에 대하여서는 건물보유에 대한 건물분 재산세 및 거래세(취득세와 등록세)를 감면하는 세제개혁안을 제안한다. 그 징수액을 '사회보장기금'으로 확충하여 누란지위(累卵之危)에 놓여 있는 사회보장제도(국민연금제도와 국민건강보험제도 등)의 재정 확충에 충당할 것을 제안한다.

전술한 바와 같이, '사회보장기금'을 조성하기 위한 목적으로 토지 불로소득에 부과하는 '사회보장세'의 도입 및 이를 위한 세제개편으로 창출될 수 있는 기대효과는 다음과 같다 :

(1) 남기업(2007, 2010, 2011)의 추정 결과를 인용하면, 토지보유세(국세의 국토보유세 + 지방세의 재산세)의 실효세율을 1.5%로 높이는 경우, 무려 연간 74조 원의 세수를 확보할 수 있다(남기업, 2011). 구체적으로, 2009년 말 공시지가로 계산하면, '토지보유세'는 약 74조 원[(3,464조 원/0.7)×0.015]을 징수할 수 있는데, 이는 지대(地代)의 약 40% 정도가 되는 것으로 추정된다(남기업, 2011). 토지의 연간 임대가치(지대) 총액은 2009년 현재 재산을 소득으로 환산하는 비율에 따라 연간 약

104조 원 내지 173조 원이 된다. 전자는 보수적 기준인 3%를, 후자는 보건복지부의 현행 기준인 5%를 각각 적용한 것이다.

(2) 한국의 토지 불로소득의 사유화가 소득분배의 불균등과 양극화의 근본적 요인이다(임양택, 2007). 구체적으로, 행정자치부 발표자료에 의하면, 2005년 12월 현재 주민등록 총 세대 1,785만 세대의 60%인 1,070만 세대가 개인 토지를 소유하고 있다. 토지가액 기준의 세대 분포를 보면, 1천만 원~5천만 원 사이가 728만 세대(40.8%)로 가장 높은 비중을 차지하며, 10억 원~50억 원의 토지소유자는 14만 세대(0.778%), 50억 원~100억 원의 토지소유자는 6,600세대(0.037%)이고, 100억 원 이상 토지소유자는 1,900세대(0.01%)로 각각 집계되었다.

또한, 행정자치부가 발표(2007년 10월)한 「2006년 토지소유 현황 통계」에서도 확인할 수 있다. 즉, 2006년 말 기준으로, 한국의 토지 소유자 중에서 상위 1%(50만 명)가 민유지의 57%, 상위 10%(약 500만 명)가 민유지의 98.4%를 소유하고 있는 것으로 나타났다.[1]

한편, 통계청이 2008년에 발표한 「2007년 말 기준 국가자산통계 추계결과」에 따르면 2007년 현재 한국의 토지가격은 GDP의 3.7배로 프랑스(3.0배), 미국(2.8배), 호주(2.8배), 캐나다(1.1배), 일본(2.4배, 2006년 기준) 등 주요국보다 높게 나타났다. 이 발표에 따르면 2007년 한국의 토지가격은 3조 5,780억 달러로서 국토면적이 100배에 달하는 캐나다 토지가격의 2.3배에 해당하고, 한국 국토의 77배에 달하는 호주의 토지가격의 1.4배에 달한다.

상기와 같이, 토지소유의 극심한 집중도에 따른 토지 불로소득

---

[1] 참고로, 삼성전자가 소유한 부동산은 18조 7천억 원이고, 롯데는 9조 5천억 원, 현대자동차 8조 7천억 원, LG는 6조 1천억 원, SK는 7조 7천억 원으로 조사되었다(국민일보, 2005. 9. 25).

을 추계해보면 다음과 같다. 1998년 이후 남한 지역에서 최근 10년간(1998년~2007년) 발생한 토지 불로소득의 전체 규모는 약 2,002조원이었던 반면에, 조세 및 부담금을 통하여 환수된 토지 불로소득의 징수액(취득과세 + 보유과세 + 이전과세 + 개별부담금)은 약 116조원(즉, 환수비율이 5.8%에 불과)으로 추산된다(변창흠 · 안균오, 2009; 남기업, 2009). 이러한 상기의 천문학적 불로소득(총 1,886조 원)이 한국 사회의 빈부격차의 주된 원인인 것이다.

따라서 토지의 불로소득에 '사회보장세'를 부과하면, 토지가치가 상승하더라도 그 이익이 토지소유자에게 불로소득으로 귀착되지 않고 조세로 모두 징수되므로 소득과 부(富)의 분배가 토지 불로소득에 의해 악화되는 것을 사전에 방지할 수 있을 것이다.[2]

(3) 상기의 '사회보장세'로 조성된 '사회보장기금'은 남한 주민의 복지문제뿐만 아니라 통일 후 북한 주민의 최저 생계비 지급을 통하여 민족의 사회통합(Social Integration)을 추구할 수 있는 소중한 재원이 될 수 있다.

참고로, 통일연구원 및 대외경제정책연구원은 2013년 통일을 가정할 때 초기 1년간 최소 553조 원의 체제통합비용이 소요될 것이며, 만약 북한 주민의 사회보장 수준을 남한 주민의 최저생계비 수준으로 맞춘다면 249조 원이 필요할 것이라고 발표했다(조선일보, 2011. 07. 12). 그 재원조달 방법은 2015년부터 남·북한 신뢰 구축에 따른 점진적 국방비 절감을 통하여 2015~2040년의 25년간 총 5,853억 달러(약 633조 원)의 국방비 절감액, 통일 후 국가 신용도 상승에 따른 해

---

2 박성욱(2007)은 토지보유에 대한 증세는 상위집단의 후생수준을 낮추는 반면 하위집단의 후생수준은 높이는 효과가 있다는 분석결과를 발표했다.

외자본 조될 수 있을까? 2015년부터 남·북한 신뢰구축이 가능할 것인가? 설혹 남·북한 신뢰 구축이 가능하더라도, 한국의 국방비가 절감될 수 있으리라고는 기대하기 어렵다.

만약 급작스런 통일이 이루어진다면, 북한 지역에서의 대량실업 사태와 북한으로부터 남한으로의 급격한 인구이동에 따른 혼란, 그리고 이에 따른 북한지역 노동력의 고갈, 북한주민의 최저생활보장, 의료 수요 등과 같은 사회적 욕구가 분출할 것이다. 이러한 사회적 혼란상태는 통일 자체의 정당성을 무너뜨릴 수 있을 것이다. 심지어, 과거 남·북한 예멘의 경우와 같이 군사충돌이 야기될 가능성도 있을 것이다.

만약 남한 주민이 남한 자체의 복지재정 위기로 인하여 북한 주민의 사회보장에 대한 재정보조를 할 경제적 여력이 없다면, 북한 주민들은 사회보장 수준이 월등히 높은 남한지역으로 이주하려는 엑소더스(Exodus)가 벌어질 것이다. 따라서 남한은 한국사회 자체의 안전을 위해서라도 남·북한 간의 사회보험 급여수준 차이만큼 보조금을 지급함으로써 북한주민이 남한지역으로 대거 이주하려는 것을 억제해야 할 것이다. 따라서 남한사회뿐만 아니라 통일 후의 북한주민까지 고려하여 한국의 현행 사회보장제도를 다시 설계할 필요가 있는 것이다.

저자(임양택, 1999, 2000, 2005, 2007)의 남·북한 5단계 통합 모형에서 제3단계인 사회 통합(Social Integration)은 지난 50여 년 동안 이질적인 체제 속에서 형성되어 온 자본주의 문화와 사회주의 문화를 복지사회(Welfare Society)의 틀 속에 융합시킴과 동시에 각종 사회제도(*예로서, 재산권, 사법제도, 행정제도, 교육제도 등*)를 통합하고 '최대다수 최대행복'

(The Greatest Happiness of the Greatest Number)을 위한 사회보장제도(의료, 연금, 산업재해보험 등)를 확충하는 것이다. 특히, 남·북한 양측의 사회보장제도를 우선 통합하는 것이 매우 중요하다. 남북한 주민의 삶의 질을 제도적 차원에서 결정하는 사회보장제도의 통합은 실질적인 의미에서 경제통합보다 더 중요하다고 말할 수 있다(임양택, 2011).

전술한 바와 같은 기대효과를 인식함에도 불구하고, 기업의 비(非)업무용 토지와 가계의 비(非)생계용 토지에 대한 '사회보장세'를 부과하고 이와 동시에, 법인세 및 가계의 건물분 재산세 및 거래세(취득세와 등록세)를 감면하자는 저자의 세제 개혁안은 다음과 같은 비판과 조세저항을 받을 수 있다. 즉, 과세대상이 아무리 기업의 비(非)업무용 토지와 가계의 비(非)생계용 토지라고 하더라도 '사회보장세'(Social Security Tax)라는 이름으로 '토지가치세'(Land Value Tax)를 부과하는 것은 사유재산권의 침해가 아니냐라는 비판이 예상된다. 그러나 상기의 세제개혁안의 정당성을 사상적 측면에서 조명하면 다음과 같다.

(1) 로크(John Locke, 1632~1704)의 「시민정부론」(*Two Treatises of civil Government*, 1690)에서 찾을 수 있다. 로크는 '사유재산권'에 대한 '단서'로서 "*적어도 그에 못지 않은 질의 충분한 양이 다른 사람에게도 공동의 것으로 남아 있는 경우에만 사적 소유권이 인정된다*"고 강조한다.[3]

---

[3] 상기한 '로크의 단서'는 자유주의 철학가인 노직(Robert Nozick, 1938~2002)에 의하여 "다른 *사람을 불리하게 하지 않는 경우*"로 다소 수정되었다. 상술하면, 정부의 개입을 극소화함으로써 최대의 자유를 추구하는 노직(Robert Nozick) 자신도 다음과 같이 역설한다 : "*물자를 차지함으로써 로크의 단서에 위배되는 것처럼 보이는 경우에도 보상을 하여 다른 사람을 불리하게 만들지 않는다면 그 물자를 차지할 수 있다. 그러나 다른 사람들에게 보상하지 않고 물자를 차지한다면 이는 취득에서의 정의의 원리에 어긋나므로 부당한 취득이 된다*"(Nozick, 1974, p178).

이 '단서'에 의하면 토지란 사적 소유권의 대상이 될 수 없다는 것이다.[4] 즉, 토지의 사유재산권에 관한 정의(正義)의 입장은 그대로 유효하다. 왜냐하면 토지의 불로소득이 소득분배 불균등을 더욱 더 악화시키는 주범이기 때문이다.

또한, 한국의 경우, 성호 이익(星湖 李瀷) 선생(1681~1763)의 균세(均稅) 및 균전제(均田制)와 다산 정약용(茶山 丁若鏞) 선생(1762~1836)의 원목(原牧) 및 여전제(閭田制)에서 찾을 수 있다(임양택, 2007, 2008, 2011).

(2) 상기와 같은 사상적 및 철학적 주장과 더불어, 저자는 한국의 역사적 사실의 측면에서 토지 불로소득에 대한 '토지가치세', 즉 '사회보장기금세' 부과의 정당성을 다음과 같이 논술하고자 한다. 즉, 한국의 토지개혁(1949)이 대한민국의 존립과 번영에 지대한 공헌을 하였듯이, 이젠 '제2의 토지개혁'으로서 '선진 복지사회'로의 기반을 갖추어야 한다는 점이다.

상술하면, 1949년 6월 21일 『농지개혁법』을 제정하여 경자유전(耕者有田)의 원칙을 실현하고 농민의 농지소유 상한을 원칙적으로 3정보로 한정하는 등의 '농지개혁'을 단행하였다. 당시, 이승만 대통령은 1950년 3월27일 '농지개혁안 실시에 관한 건'에서 "*농민들에게는 농지를 제공해 자작농으로 육성하고, 지주들은 보상과 적산불하 등을 통해 산업자본으로 육성하겠다*"는 취지를 밝혔다.

상기와 같은 배경 하에서, '농지개혁'은 전(前)근대적 지주계급을

[4] 존 로크(John Locke)의 사유재산권 정당화의 논변은 다음과 같이 요약될 수 있다 :(1) 자연물의 최초상태는 공동소유의 상태이다 ; (2) 사적소유권의 성립은 다음 조건을 만족해야 한다. 즉, ① 자기소유권 : 각 개인은 자신의 인신에 대해 소유권을 가진다, ② 노동의 부가 : 자기소유권과 자신의 노동이 결합함으로써 사유재산권이 발생하게 된다. 그러나 상기한 로크의 '단서'가 '사유재산권'의 전제가 된다.

해체함에 따라 신분질서에서 해방된 농민의 자녀들은 교육의 기회를 가질 수 있었고, 산업화와 함께 당당한 대한민국의 시민으로서 직장을 가질 수 있었다. 사실, 농지개혁이 이루어지지 않았다면, 지주계급의 기득권은 자유민주주의 발전을 가로막았을 것이며, 오늘날 재벌의 족벌체제에 못지않은 사회경제적 발전의 저해요인이 되었을 것이다. 또한, '농지개혁'은 산업자본을 형성하였으며, 그 결과 자유민주주의와 근대화의 기초를 마련했으며, 한국 사회가 전통적 농업국가에서 현대적 공업국가로 전환하는 길을 열었다.[5]

아무쪼록, 저자는 본 저서 『한국형 복지사회를 위한 청사진』이 제안하는 '사회보장세'가 정착 및 가동되어 북한을 포함한 대한민국의 최대다수 최대행복의 복지사회를 건설하는데 유용한 방안이 되기를 간절히 소망한다.

---

5 여기서 유의할 것은 한국의 '농지개혁'이 분단과 전쟁의 상황에서 이루어졌다는 점이다. 상술하면, 해방 이후 북한에서는 '토지개혁'이 신속하게 추진됐다. 이에 대응하여, 미국이 남한의 '농지개혁' 과정에 적극적으로 개입했다. 그 이유는 냉전체제 하의 동아시아에서 안정적인 반공(反共)국가를 만들기 위해서는 농민의 지지가 필요했기 때문이다. 사실, 한국전쟁(1950~1953) 당시에 농민들이 북한 인민군에 호응하지 않았던 이유가 바로 토지를 가졌기 때문이었을 것으로 짐작된다.

참고문헌

강성호 · 임병인(2005), "공적연금의 민간저축 구축효과에 대한 실증연구: 가구특성별 접근," 「경제분석」 제11권 제2호, 한국은행 금융경제연구원, pp. 135~163.

강희돈 · 소인환(2005), "국민연금과 인구고령화가 민간소비 저축에 미치는 효과," 「조사통계월보」, 12월, 한국은행, pp. 23~61.

건강보험하나로 시민회의, "모든 병원비를 국민건강보험 하나로 해결하는 재정 해법," 2011. 5. 13.

고경환 · 장영식 · 강지원 · 김진욱 · 최성용 · 정영애(2011), "2009년도 한국의 사회복지지출 추계와 OECD국가의 장애인 소득보장체계비교," 정책보고서 No.17, 보건복지부, p109.

고경환 · 장영식 · 도세록 · 이연희 · 도세록 · 이연희(2000), "OECD 추계방법에 의한 한국의 순사회복지 지출 추계," 한국보건사회연구원 용역보고서.

고경환 · 장영식 · 도세록(1999), "韓國의 社會保障費 推計 : 1990-1997 : OECD 推計方法을 中心으로," 한국보건사회연구원 동향자료.

고경환(2010), "사회복지지출의 국제 비교," 「보건복지 Issue & Focus」, 23호, 보건사회연구원.

고정민 · 강성욱(2007), 「의료서비스산업 고도화와 과제」, 삼성경제연구소 연구보고서(2/8).

곽숙영(2011), "최근 OECD의 정책방향 전환이 한국 사회정책에 주는 함의," 2011 사회정책연합 공동학술대회, 한국사회보장학회, 2011. 9. 23~24.

국민연금관리공단(2010), 「국민연금통계연보」, 서울 : 국민연금관리공단.

국민연금발전위원회(2003), "2003 국민연금 재정계산 및 제도개선방안,".

김병주(2009), 「유아교육 재정의 확충: 교육불평등 해소의 출발점」, 제38회 국회인권포럼 세미나.

김상용 · 정우형(2004), 『토지법』, 법원사.

김성숙(2011), "OECD 주요국의 공적연금제도와 개혁동향," 국민연금연구원.

김수완(2004), "영국의 공적연금 개혁 - 복지국가의 전략적 선택과 평가," 『한국사회정책』, Vol. 11, No. 1, 한국사회정책학회.

김영범(2000), 『복지국가에 대한 비교사회학적 접근 : 에스핑 안데르센을 중심으로』, 전통과 현대사.

김용하(2005), "국민연금의 포괄적 개혁방안," 「응용경제」, 제7권, 제2호, 국민연금발전위원회.

김윤상(2009), "자유주의 사회보장 설계 : 지대를 재원으로 하는 생존권보험,"

한국행정논집, 제2권 제3호, pp. 775~794.
김윤상(2009), 『지공주의 : 새로운 토지 패러다임』, 경북대학교 출판부.
김정식·성태윤·서승환(2010), “건강보험 장기재정추계”, 2010 건강보험 재정 안정을 위한 정책과제 심포지엄 발표.
김태일(2011), “복지재정의 쟁점분석,” 2011 사회정책연합 공동학술대회, 한국사회보장학회, 2011. 9. 23~24.
김태정(2011), “인구 고령화의 파급영향 및 대응방향 : 노동공급 및 연금제도를 중심으로,” 「경제학 연구」, Vol. 59, No. 2, pp. 5~39.
남광희(2008), 「공적연금이 민간저축에 미치는 영향」, 「한국경제연구」, 제 22권, pp. 29~51.
남기업(2007), “토지가치공유의 관점에서 본 자유지상주의의 새로운 가능성,” 대한정치학보, 제14권 3호, pp. 345-366.
남기업(2009), “헨리 조지와 지대조세제,” 기독교사회문제연구소 주최, 평화한국정기세미나(2009/11/24).
남기업(2010), “헨리 조지의 경제사상,” 법철학회, pp. 1~17.
남기업(2010), 『공정국가 - 대한민국의 새로운 국가 모델』, 도서출판 개마고원.
남기업(2011), “일석이조(一石二鳥)형 세제개혁 : 복지수요를 줄이고 복지재정을 확충하기 위한 세제개혁 전략,” 토지+자유연구소, 제5호.
남기업(2011), 「패키지형 세제 개혁 : 복지 수요 감소와 복지 재정 확충을 위한 조세 개혁전략」, 민노당/세세상연구소 주최 “복지비용, 누가 내야 하나” 토론회 자료집, 2011. 3. 24.
남찬섭(2005), “한국 복지국가의 성과와 전망 : 복지개혁과 그 딜레마,” 『교수논총』, 제16집(2004), 서울신학대학교 출판부, pp. 18~116.
류점동(2009), “개발이익환수정책이 주택가격에 미친 영향에 관한 연구”, 건국대학교 대학원 행정학과 박사학위논문, 서울 : 건국대학교.
박성욱(2007), “부동산에 대한 과세의 거시경제적 효과,” 『금융경제연구 제285호』, 한국은행금융경제연구원.
박유성(2011), “100세 쇼크,” 조선일보세계.
박형수(2010), “장기재정추계와 정책과제,“ 한국재정학회 추계학술대회.
박형수·전병목(2009). 「사회복지재정분석을 위한 중장기 재정추계모형개발에 관한 연구」, 보건복지부 용역보고서.
방하남·김원식·김호경·이호경·신기철(2001), “기업연금제도 도입방안 연구,” 『연구보고서 2001-06』, 한국노동연구원.

변창흠·안규오(2009), "개발이익 환수규모 추정과 개발부담금제도 개선방안 연구," 대한국토도시계획학회, 2009 춘계산학협동 학술대회 발표자료.

석상훈·김헌수(2011), "노인빈곤의 실태와 대응방안," 2011 사회정책연합 공동학술대회, 한국사회보장학회, 2011. 9. 23~24.

송호근(2011), "복지국가로 가는 비상구 : 복지정치의 구조와 한계," 2011 사회정책연합 공동학술대회, 한국사회보장학회, 2011. 9. 23~24.

신성휘·최기홍(2010), "중첩세대 동태 일반균형 모형에 의한 국민연금 재정정책의 세대내, 세대간 후생변화 분석," 한국은행 금융경제연구원, 「경제분석」, 제16권, 제2호, pp. 1~46.

안종범 외(2011), 「저출산·고령화에 대비한 장기 복지 재정계획 수립 방향」, 기획재정부 연구용역보고서.

오건호(2011), "복지국가 실현을 위한 복지재정전략과 참여재정운동," 2011 사회정책연합 공동학술대회, 한국사회보장학회, 2011. 9. 23~24.

유진성(2011), "정부의 유아교육 문제점과 개선방향," 한국경제연구원.

윤석명·김원식·박상현(1999), "공적연금과 사적연금의 균형적 발전방안," 『연구보고서 99-09』, 한국보건사회연구원.

윤석명·오완근·신화연(2007), 「국민연금의 사회보장자산(SSW) 추정 및 민간부문 저축에 대한효과분석」, 「한국경제의 분석」제13권 제2호, pp. 113~170.

윤석명·주은선(2000), "공적연금 유형의 국제비교 : 주요국 이원연금체계를 중심으로," 「연구보고서 2000-07」, 국민연금연구센터.

윤희숙(2011), "한국경제구조변화에 비춘 최근 빈곤동향의 이해," 2011 사회정책연합 공동학술대회, 한국사회보장학회, 2011. 9. 23~24.

이만우·김진영·김대철(2008), "국민연금기대자산 추정 및 노동공급에 미치는 효과 : 남성기구주 임금근로자의 노동시간을 중심으로," 「재정학연구」, 통권 제 56호, 한국재정학회, pp. 143~187.

임경묵·문형표(2003), "공적연금이 가계저축에 미치는 영향", 「인구구조 고령화의 경제적 영향과 대응과제(Ⅰ)」(최경수·문형표·신인석·한진희 편), 제5장, 제 1절, 한국개발연구원.

임양택(1984), "의료정책의 최적이론," 「경제학연구」제32집 제1호, 한국경제학회.

임양택(1985), 「醫療保險制度의 改善方向과 最適醫療保險 政策」, 한양대학교 경제연구소 연구총서, No. 2.

임양택(1999), "남북한 5단계 통합모형과 민간 통일운동의 방향 : '興民統'을 중심으로", 島山學術論叢 제 7집, 3월.

임양택(2000), "남북한 경제통합의 모형과 과제," 「남북통일과 민족통합」, 흥사단민족통일운동본부 출판부.

임양택(2005), "남북한 통일방안에의 규범적 접근 : 경제통합을 중심으로," 2005 경제학공동학술대회, 2월 24일.

임양택(2007), 『한국의 비전과 국가경영전략』, 파주 : 나남출판사.

임양택(2008), 「'新실용주의' 철학의 논리 구조에 관한 연구 - 동·서양 철학을 중심으로」, 『경제연구』 29권 2호, 한양대학교 경제연구소.

임양택(2011), "최적 의료자원 배분 모형과 국민건강보험의 재정 안정화에 관한 연구", 사회정책연합학술대회, 한국사회보장학회, 한국보건복지인력개발원, 9. 23.

임양택(2011), "장기 균형성장과 최적 사회보장의 동태적 특성에 관한 연구", 사회정책연합학술대회, 한국사회보장학회, 한국보건복지인력개발원, 9. 24.

임양택(2011), 『성장과 분배의 통합 : 신(新)실용주의 철학의 제창』, 서울 : 한양대학교출판부.

임양택(2011), 『쿼바디스 도미네 : 성장·복지·통일을 위한 청사진』, 파주 : 나남.

전강수김윤상 역(2003), 『헨리 조지의 세계관』, 도서출판 진리와 자유.

전병목(2010), 「사회보험재정전망과 정책과제」, 한국조세연구원 연구보고서.

전영준·유일호(2004), 「일반균형계산모형을 이용한 사회보장정책에 대한 후생분석」, 「경제학연구」 제52집 제1호, pp. 221~266.

전영준·한도숙(1997), "우리나라 국민연금제도의 개선방향," 『연구보고서 00-04』, 한국조세연구원.

전영준(2011), 「조세 재정정책 개편의 재정부담 귀착 분석: 세대간 회계를 이용한 접근」

정승일(2011), "복지국가와 부동산 세제 개편," 2011 사회정책연합 공동학술대회, 한국사회보장학회, 2011. 9. 23~24.

조경엽·황상현(2011), "감세정책과 물가안정", 한국경제연구원, KERI Brief, pp. 11~19.

조승수(2011), "우리나라 조세재정 현황과 사회복지세 도입 의의," 복지세금이다 토론회 발표문, 2011. 1. 20.

조장옥(2004), "인구구조 변화가 거시경제에 미치는 효과," 「고령화의 경제적 파급효과와 대응과제」, 서울 : 한국경제연구원, pp. 33~87.

최현수·류연규(2003), "우리나라의 노인빈곤 동향 및 빈곤구성에 대한 연구", 「한국노년학」, Vol. 23, No. 3.

통계청(2000), "기대수명," 통계정보국 정보서비스팀.

통계청(2005), "기대수명," 통계정보국 정보서비스팀.

프레드 해리슨(전강수·남기업 역, 2009), 『부동산 권력 : 투기와 거품 붕괴의 경제학』, 범우사.

한국개발연구원(2004), 「인구고령화와 거시경제」, 서울 : 한국개발연구원.

한국개발연구원(2010), 「OECD 한국경제보고서」.

허문영·전강수·남기업(2009), 『통일대비 북한토지제도 개편방향 연구』, 통일연구원.

헨리 조지(김윤상 역, 1997), 『진보와 빈곤』, 비봉출판사.

홍기석(2003), 「인구구조 고령화의 경제적 영향과 대응과제」, 서울 : 한국개발연구원.

홍성내·김주일·김철주(2009), "독일 복지국가 재구조화의 양상과 성격," 「한독사회과학논총」, 제19권 제1호, pp. 59~88, 한독사회과학회.

홍헌호(2011), "보편적 복지 확대를 위한 복지재원 조달방안," 2011 사회정책연합학술대회, 2011. 09. 24, 한국사회보장학회.

Aaron, Henry J.(1966), "The Social Insurance Paradox." Canadian Journal of Economics and Political Science 32: 371-74.

Aaron, Henry J.(1967), "Social Security: International Comparisons" *Studies in the Economics of Income Maintenance.* Washington, D.C : The Brookings Institution.

Ando, A. and Franco Modigliani(1963), "The Life-cycle Hypothesis of Saving : Aggregate Implication and Tests," American Economic Review, March 1963, pp. 55~84.

Arrow, K. J.(1963), "Uncertainty and the Welfare Economics of Medical Care", *American Economic Review*, Vol. 53.

Arrow, K. J.(1969), "Optimal Public Investment Policy and Controllability with Fixed Private Saving Ratio," *Journal of Economic Theory*, Vol. 1, pp. 141~177.

Arrow, K. J. and M. Kurz(1970), *Public Investment, The Rate of Return and Optimal Fiscal Policy*, Baltimore : Johns Hopkins Press.

Arrow, K. J.(1971), *Essays in the Theory of Risk Bearing*, Chicago.

Arrow, K. J., L. Hurwicz, and H. Uzawa(1961), *Constant Qualification in Nonlinear Programming, Naval Res. Logist Quart*, Vol. 8.

Attanasio, O. P. and A. Brugiavini(2003), "Social Security and Households' Saving" *Quartorly Journal of Economics*, Vol. 118, No. 3, pp. 1075~1191.

Auerbach, A. J. and L. J. Kotlikoff(1987), *Dynamic Fiscal Policy*, Cambridge: Cambridge University Press.

Barro, R.(1973), "The Control of Politicians: An Economic Model," *Public Choice*, 14.

Bellman, Richard(1953), *An introduction to the theory of dynamic programming*, RAND Corp.

Bergson, Abram(1938), "A Reformulation of Certain Aspects of Welfare Economics," *Quarterly Journal of Economics*, Vol. Ⅱ, pp. 310~334.

Bernheim, B. D.(1987), "The Economic Effects of Social Security: Toward a Reconciliation of Theory and Measurement", *Journal of Public Economics*, Vol. 33, pp. 273~304.

Butler, M.(1999), "Anticipated Effects of Looming Public-Pension Reforms," *Carnegie-Rochester Conference Series on Public Policy*, Vol. 50, pp. 119~159.

Cagan, Phillip(1965), *The Effect of Pension Plans as Aggregate Savings*. New York : National Bureau of Economic Research, Occasional Paper 95.

Cass, D. and M. E. Yarri(1967), "Individual Saving, Aggregate Capital Accumulation and Efficient Growth," in *Essays on the Theory of Optimal Economic Growth*, edited by K. Shall, Cambridge, Massachusetts : MIT Press.

Chenery, H. B.(1956), "Resource Allocation for Economic Development", *American Economic Review*, Vol. 59, No. 5.

Cooley, T. F. and J. Soares(1996), "Will Social Security Survive the baby Boom?," *Carnegie-Rochester Conference Series on Public Policy*, Vol. 45, pp. 89~121.

Cooley, T. F.(1999), "Government Debt and Social Security in a Life-Cycle Economy : A Comment," *Carnegie-Rochester Conference Series on Public Policy*, Vol. 50, pp. 111~117.

d'Autume, A.(2003), "Aging and Retirement Age : What Can We Learn from the Overlapping Generations Model?," mimeo, University Paris I Pantheon-Sorbonne.

Davis K.(1975), *National Health Insurance : Benefits, Costs, and Consequences*, Washington D. C. : The Brookings Institution.

Diamond, P. A. and J. A. Hausman(1984), "Individual Retirement and Savings Behavior," *Journal of Public Economics*, Vol. 23, pp. 81~114.

Diamond, P. A. and J. A. Mirrless(1971), "Optimal Taxation and Public Production I and II," *American Economic Review*, March and June, pp. 8~27 and 261~278.

Diamond, P. A.(1965), "National Debt in a Neoclassical Model," *American Economic Review*, Vol. 55, pp. 1126~1150.

Economist(2006), "Reforming Pensions : A Way out of the Mess"(5/25).

Esping-Andersen, Gosta eds.(1987), *Stagnation and Renewal in Social Policy: the Rise and Fall of Policy Regimes*, London : M. E. Sharpe.

Esping-Andersen, Gosta eds.(1996), *Welfare States in Transition*, London : Sage Publication.

Esping-Andersen, Gosta(1985), *Politics against Market*, Princeton : Princeton University Press.

Esping-Andersen, Gosta(1990), *The Three Worlds of Welfare Capitalism*, Princeton : Princeton University Press.

Esping-Andersen, Gosta(1999), *Social Foundations of Postindustrial Economies*, Princeton : Princeton University Press.

Esping-Andersen, Gosta(2002), *Why we needs a new Welfare State*, Oxford University Press.

Feldstein, M. S.(1974a), "Social Security, Induced Retirement and Aggregate Capital Accumulation," *Journal of Political Economics*, Vol. 82, September/October.

Feldstein, M. S.(1974b), "Tax Incidence in a Growing Economy with Variable Factor Supply," *Quarterly Journal of Economics*, Vol. 88, pp. 551~573.

Feldstein, M. S.(1975), "Toward a Reform of Social Security," *The Public Interest*, Vol. 40, Summer.

Feldstein, M. S.(1976), "Social Security and Saving : The Extended Life Cycle Theory," *American Economic Review*, Vol. 46, May, pp. 77~86.

Feldstein, Martin, and Anthony Pellechio (1979), "Social Security and Household Accumulation: New Microeconometric Evidence," *Review of Economics*, 905~926.

Friedman, M. and L. J. Savage(1948), "The Utility Analysis of Choices Involving Risk," *Journal of Political Economy*, Vol. 56.

Gale, W. G.(1998), "The Effects of Pensions on Household Wealth: A Reevaluation of Theory and Evidence," *Journal of Political Economy*, Vol. 106, No. 4, pp. 706~723.

Gottschalk, P. and Smeeding, T. M.(1997), "Cross-national Comparisons of

Earnings and Income Inequality," Journal of Economic Literature, Vol. 35.

Gough, I.(1981(1990)), *the Political Economy of the Welfare State*, London : Macmillan Press, 김연명·이승욱 역, 『복지국가의 정치경제학』, 한울.

Gruber, Jonathan and David A. Wise(1999), *Social Security and Retirement Around the World*, Chicago: University of Chicago Press.

Halkin, H.(1964), "On the Necessary Conditions for Optimal Control of Nonlinear Systems," *Journal of Analyse Mathematics*, Vol. 12.

Hubbard, R. G.(1986), "Pension Wealth and Individual Savings: Some New Evidence," *Journal of Money, Credit and Banking*, Vol. 18, No. 2, pp. 167~178.

Huggett, Mark and Gustavo Ventura(1999), "On the Distributional Effects of Social Security Reform," *Review of Economic Dynamics*, Elsevier for the Society for Economic Dynamics, vol. 2(3), pages 498-531.

Iglesias, August and Robert J. Palacios(2001), "Managing Public Pension Reserves : Evidence from the International Experience," in Holtzmann, Robert and Joseph Stiglitz(eds.)(2001), *New Ideas About Old Age Security: Toward Sustainable Pension Systems in the 21st Century*, Washington D. C. : The World Bank

Imrohoroglu, Selahattin(1995), "A Markov switching model for the Hungarian price stabilization plan of 1924", *Journal of Macroeconomics*, Elsevier, Vol. 17(2).

Imrohoroglu, Selahattin(1999), "The risk-sharing implications of alternative social security arrangements : A comment", Carnegie-Rochester Conference Series on Public Policy, Elsevier, Vol. 50(1), June.

Katona, George(1965), *Private Pension and Individual Saving*, Ann Arbor : Survey Research Center Institute for Social Research, The University of Michigan.

King, M. A. and L-D. L. Dicks-Mireaux(1982), "Asset Holdings and the Life-Cycle", *Economic Journal*, Vol. 92, pp. 247~267.

Koopmans, T. C. and P. A. Diamond and R. E. Williamson (1964), "Stationary Utility and Time Perspective," *Econometrica*, Vol. 32, pp. 82~100.

Koopmans, T. C.(1960), "Stationary Ordinal Utility and Impatience," *Econometrica*, Vol. 28, pp. 287~309.

Koopmans, T. C.(1965), "On the Concept of Optimal Economic Growth," in *Study Week on the Econometric Approach to Development Planning*, Pontificiae Scientiarum Scripta Varia, Vol. 28, Chicago : Rand McNalley.

Koopmans, T. C.(1967), "Objectives, Constraints and Outcomes in Optimal

Growth Models," *Econometrica*, Vol. 35, January, pp. 1~15.

Korpi, Walter and Joakim Palme(1998), "The Paradox of Redistribution and Strategies of Equality: Welfare State Institutions, Inequality and Poverty in the Western Countries," *politics of welfare structures*, February.

Kotlikoff, L. J.(1979), "Social Security and Equilibrium Capital Intensity, *Quarterly Journal of Economics*," Vol. 93, pp. 233~254.

Kuhn, H. W. and A. W. Tucker(1951), *Nonlinear Programming Proceedings Second Berkely Symposiums Mathematics Statistics and Probabilities*, Berkely California : University of California Press.

Lehmbruch, G. eds.(1982), *Patterns of Corporatist Policy Making*, London : Sage.

Leimer, D. R. and S. D. Lesnoy(1982), "Social Security and Private Saving: New Time-Series Evidence," *Journal of Political Economy*, Vol. 90, No. 3, pp. 606~629.

Lim, Yang-Taek(1985), *A Study on Optimal Medical Insurance Policy*, Seoul: Hanyang University Economic Research Institute. (Korean)

Lim, Yang-Taek(2007), "Optimal Economic Growth and Human Capital : Some Implications for the Korean Education System", In George E. Lasker & Kensei Hiwaki, ed., Sustainable Development and Global Community Vol. VIII, Windsor, Ontario : The IIAS (the International Institute for Advanced Studies), pp. 31~43.

Lim, Yang-Taek(2008), "Korea's Prospects and National Management Strategies," Keynote Speech delivered at the 20th International Conference on Systems Research, Informatics and Cybernetics(July 24~30th), Baden-Baden, Germany.

Lim, Yang-Taek(2010), "Neopragmatic Solutions to the Structural Problems of South Korean Peninsula and East Asian Community," *International Journal of Asian Economics*, Vol. 1, No. 1.

Lim, Yang-Taek(2011), "Neopragmatism as an Alternative for New Liberalism", Inha-LeHavre International Symposium, Inha University, October, 21th.

Lim, Yang-Taek(2011), "Optimal Social Society for Intertemporal Resoruce Allocation," *International Journal of Asian Economics*, Vol. 2, pp. 100~270.

Malinvaud, E.(ed.)(1967), *Activity Analysis in the Theory of Growth and Planning*, New York.

Mangasarian, O. L.(1966), "Sufficient Conditions for the Optimal Control of Nonlinear System," *SIAM Journal on Control*, Vol. 4.

Marmor, Theodore R. and Philip R. de Jong(1998), "Ageing, social security and affordability," *International studies on social security*, v. 3.

Modigliani, Franco(1944), "Liquidity Preference and the Theory of Interest and Money," *Econometrica.*

Murray, Roger F.(1968), *Economic Aspects of Pensions : A Summary Report*, New York : National Bureau of Economic Research.

O'connor, J.(1984), *Accumulation Crisis*, Oxford : Basil Blackwell.

OECD(2001), *OECD Economic Surveys : KOREA.*

OECD(2003), *OECD Health Data*, Paris : OECD.

OECD(2006), *Pensions at a glance : 2005*, Paris : OECD.

OECD(2009), *OECD Health Data*, Paris : OECD.

OECD(2009), *Society at a Glance.*

OECD(2011), "A Framework for Growth and Social Cohesion in Korea".

OECD(2011), *Better Policies for Better Lives.*

OECD(2011), *Society at a Glance.*

Pechman, Joseph A., Henry J. Aaron and Taussig K. Michael(1968), *Social Security : Perspectives for Reform*, Washington, D.C. : The Brookings Institution.

Phelps, E. S.(1966), *Golden Rules of Economic Growth : Studies of Efficient and Optimal Investment*, Essays 5 and 12, New York : W.W. Norton and Company.

Pigou, A. C.(1952), *The Economics of Welfare, 4th edition*, London : MacMillan Publishing Company.

Pontryagin, L. S., V. G. Boltyanskil, R. V. Gamkrelide and E. F. Mischenko (1962), *The Mathematical Theory of Optimal Process*, New York : Interscience.

Reinhardt, U.(1972), "A Production Function for Physician Services," *Review of Economics and Statistics*, Vol. 54, No. 1.

Reviglio, Franco(1967), "Social Security: A Means of Savings Mobilization for Economic Development," *IMF Staff Papers*, July.

Sabine, Basil Ernest Vyvyan(1966), *History of Income Tax*, London: Allen & Unwin.

Sachs, Jeffrey D.(2009), *Common Wealth : Economics for a Crowded Planet*, New York : Penguine Press.

Samuelson, P. A(1938), "A Note on the Pure Theory of Consumer's Behaviour," *Economica*, No. 5, Nr. 17, Februar.

Samuelson, P. A.(1947), *Foundations of Economic Analysis*, Harvard University Press.

Samuelson, P. A.(1958), "An Exact Consumption-Loan Model of Interest with or without the Social Contrivance of Money," *Journal of Political Economy*, Vol. 66, December, pp. 467~482.

Samuelson, P. A.(1965), "A Catenary Turnpike Theorem," *American Economic Review*, Vol. 55, June, pp. 486~496.

Samuelson, P. A.(1968), "The Two-Part Golden Rule Deduced as the Asymptotic Turnpike of Catenary Motions," *Western Economic Journal*, March, pp. 85~93.

Samuelson, P. A.(1975a), "The Optimum Growth Rate for Population," *International Economic Review*, Vol. 16, October, pp. 531~538.

Samuelson, P. A.(1975b), "Optimum Social Security in a Life-Cycle Growth Model," *International Economic Review*, Vol. 25, October, pp. 539~544.

Shell, Karl and Joseph E. Stiglitz(1967), "The Allocation of Investment ina Dynamic Economy," *Quarterly Journal of Economics*, Vol. 81, November, pp. 592~609.

Streek, W(1997), "German Capitalism: Does it Exit? Can it Survive?", *New Political Economy*, Vol. 2, No. 2.

Uzawa, Hirofumi(1961), "On a Two-Sector Model of Economic Growth," *Review of Economic Studies*, v. 29.

Vickrey, William(2001), "Site Value Taxes and the Optimal Pricing of Public Services" in Giacalone, J. A. et al. eds., *The Path to Justice: Following in the Footsteps of Henry George*, Malden: Blackwell Publishing.

Von Neumann, John and Oskar Morgenstern(1947), *Theory of Games and Economic Behavior*, Princeton University Press.

World Bank(1994), 「*Averting Old Age Crisis*」, New York : Oxford University Press.

찾아보기

ㅂ

ㅅ

ㅇ

ㅈ

ㅊ

A

B

C

D

E

F

G

H

I

J

임양택(林陽澤)

(한양대학교 경제금융대학 교수)

■ 학력 및 경력

- 부산중·고등학교 졸업 (1967)
- 고려대학교 정치외교학과 졸업 (1971)
- 미국 조지아주립대 경제학 박사 (1978)
- 미국 유니온대학교 조교수 (1978~1979)
- 한양대학교 경제금융대학 학장 (2001. 3~2002. 8 ; 2006. 8~2008. 7)
- 한양대학교 경제금융대학 교수 (1979. 7~현재)
- International Journal of Asian Economics의 편집인 (Editor-in-Chief, 2010. 3~현재)

■ 수상

- 한양대학교 「백남학술상」 (2002. 5. 15)
- 미국 BWW Society : 「세계 문제 및 해결 학술상」 (Global Issues & Solutions Award) (프랑스 파리, 2002. 8. 8)
- 캐나다 IIAS (International Institute for Advanced Studies in Systems Research and Cybernetics) :
  - 「우수학술상」 (Outstanding Scholarly Contribution Award) (독일 바덴바덴, 2008. 7. 30)
  - 「올해의 저서상」(The Book of the Year Award), 독일 바덴바덴, 2008. 7. 30
  - 「글로벌리더십상」(Distinguished Global Leadership Award), 독일 바덴바덴, 2010. 8. 6

■ 대표 저서

- 「한국의 비전과 국가경영전략」(나남출판사, 2007) ※ 문화체육관광부가 「우수 학술도서」로 선정 (공고 : 제2008-51호 ; 2008. 7. 17)
- 「Korea in the 21st Century」(미국 NOVA Science, 2000)
- 「21世紀 亞洲經濟的 展望与 挑戰」(中國社會科學院, 1999)
- 「아시아대예측」(매일경제신문사, 1999)
- 「비전없는 국민은 망한다」(매일경제신문사, 1995)

■ 문학 활동

- 백두산문인협회와 계간 「백두산문학」에서 공모한 제14회 "신인문학상 : 詩부문" (2006. 11. 7)
- 백두산문인협회와 계간 「백두산문학」에서 공모한 제21회 "신인문학상 : 수필부문" (2010. 1. 23)

■ 정책자문 활동

- 민주평화통일자문회의 상임위원 (2011. 6~현재) (경제과학기술위원회 소속)
- 국방부 정책자문위원 (1988. 1~2005. 2)
- 재정경제부 금융발전심의회 위원 (1992. 9~1995. 8)
- 보건사회부 국민복지연금실시준비위원 (1984~1986)

■ 사회 활동

- (사)아시아경제협력재단 이사장 (2009. 6~현재)
- 아시아평화경제연구원 원장 (2010. 3. 27~현재)
- 흥사단민족통일운동본부 공동대표 (2006. 3~현재)
- 우리투자증권(주) 사외이사 (2009. 5. 29~2011. 5)
- 한국조폐공사 사외이사 (2003. 5~2006. 4)
- 도산아카데미연구원 사회발전연구회 회장 (2001. 1~2001. 12)

■ 해외 활동

- The IIAS (International Institute for Advanced Studies in Systems Research and Cybernetics (캐나다 소재) 이사회 이사 (2010. 1~현재)
- The BWW Society & The Institute for the Advancement of Positive Global Solutions (미국 소재) 정규 회원 (2009. 12. 15~2011. 1. 15)
- 미국 Oklahoma 州의 명예부지사 (2002. 7. 25~2006. 7)

■ 세계인명록(Bibliotheque: World Wide, USA)에의 선정

- The Preeminent 500 (2011)
- "500 Distinguished Professors & Scholars of the BWW Society/IAPGS" (2004)
- "500 Great Minds of the Early 21st Century" (2002)
- "The Asia 500 Leaders for the New Century" (2000)
- "The Barons 500 Leaders for the New Century" (1999)